Mafia

DIE GESCHICHTE DER ORGANISIERTEN KRIMINALITÄT

Mafia

DIE GESCHICHTE DER ORGANISIERTEN KRIMINALITÄT

LEITENDER BERATER
FRANK SHANTY

h.f.ullmann

52 Bolwarra Rd, Elanora Heights, NSW, 2101, Australia
www.millenniumhouse.com.au

Originaltitel: *Mafia. The Necessary Reference to Organized Crime*
ISBN: 978-1-921209-77-2

Herausgeber: Gordon Cheers

Mitherausgeberin: Janet Parker

Artdirector: Stan Lamond

Projektleitung: Carol Jacobson

Leitender Berater: Frank Shanty

Autoren: Jonathan Carlozzi
Nicolas Giannakopoulos
David Hompes
Thomas Hunt
Lorenzo Picchi
Frank Shanty
Charles S. Tumosa
Andrew L. Urban
Yue Ma, Ph.D., J.D., LL.M.

Covergestaltung: Jacqueline Richards

Leitung Design: Jacqueline Richards

Design: Warwick Jacobson

Kartengestaltung: Warwick Jacobson

Bildrecherche: Carol Jacobson

Register: Diane Harriman

MIX
Paper from responsible sources
FSC® C008047
www.fsc.org

Fotografien auf Buchdeckel und einführenden Seiten:
Umschlagvorderseite: Digitalfoto einer Pistole mit Spiegelbild.
Umschlagrückseite: Wagen mit von der Polizei markierten Schusslöchern.
Seite 1: Michael Bizarro, Joseph Aiello, Joseph Rubinello, Jack Monzello und Joseph Russio (von links nach rechts) müssen sich wegen der versuchten Erschießung von Al Capone und Antonio Lombardo verantworten, 1927.
Seite 2–3: Digitale Fotomontage einer auf den Betrachter gerichteten Pistole.
Seite 4–5: Ein afghanischer Bauer auf seinem Mohnfeld an der Straße von Kabul nach Jalalabad.

Sonderausgabe

Übersetzung aus dem Englischen: Ursula Fethke
Produktion: Büro für Lektorat & Producing, Dr. Doris Hansmann, Köln
Satz: Alexander Werzeiser
Projektkoordination: Swetlana Dadaschewa, Anke Moritz

Gesamtherstellung: h.f.ullmann publishing GmbH, Potsdam

Printed in China, 2013

ISBN 978-3-8480-0309-9

10 9 8 7 6 5 4 3 2 1
X IX VIII VII VI V IV III II I

www.ullmann-publishing.com
newsletter@ullmann-publishing.com

INHALT

CRIME SCENE DO NOT ENTER

Mafia und organisierte Kriminalität
Gefahr für die globale Sicherheit

RECHTE SEITE Bewaffnete somalische Piraten stellen eine kontinuierliche Bedrohung für die gesamte ostafrikanische Küstenschifffahrt dar.

Einst von eher lokaler Bedeutung, sind Verbrecherbanden heute grenzüberschreitend organisiert und bedrohen die Sicherheit von Staaten und die Beziehungen zu ihren Nachbarn. Viele Regierungen sehen darin eine unmittelbare Gefahr für die nationale und globale Sicherheit.

Verbrecher und Terroristen

Diese Bedrohung, deren Ausmaß und Reichweite lange übersehen wurde, hat ein internationales Problem entstehen lassen. Sie gefährdet eine bereits angeschlagene Weltwirtschaft und besitzt sogar das Potenzial, Integrität und Legitimität ganzer Regierungen zu untergraben. Darüber hinaus stellen auch Verbindungen zwischen gewaltbereiten nichtstaatlichen Akteuren wie Terroristen und Rebellen die internationale Gemeinschaft vor eine Herausforderung.

Während des Kalten Krieges waren die Beziehungen zwischen den Nationen noch im Gleichgewicht, da die beiden Supermächte USA und UdSSR in ihren jeweiligen Einflusssphären für eine gewisse Stabilität sorgten. Als die Spannungen zwischen den beiden Atommächten abnahmen, öffneten sich die Grenzen, und es begann mit dem Austausch von Menschen, Waren und Ideen der Eintritt in eine neue Ära der internationalen Kontakte.

Globalisierung

Die Globalisierung von Handel, Gewerbe und Arbeitskräften wirkte sich jedoch nicht nur auf die Wirtschaft der einzelnen Staaten aus, sondern machte auch grenzüberschreitende kriminelle Aktivitäten zum internationalen Phänomen. Überdies bescherten die Fortschritte in Kommunikationstechnologie und Verkehrswesen den Sicherheitskräften des 21. Jahrhunderts einen wahren Albtraum.

Obendrein hat der Prozess der Globalisierung auch Kooperationen innerhalb der organisierten Verbrechermilieus gefördert, die ihre Macht stärken und das Vorgehen der Polizei erschweren. In den 1990er-Jahren entpuppte sich das transnationale Verbrechen als wichtiges Sicherheitsanliegen und fand weltweit die Aufmerksamkeit von Staaten und Behörden. Es gefährdet inzwischen ganze Regierungen und unterminiert die Ökonomien von Wirtschaftsmächten und Entwicklungsländern gleichermaßen.

UNTEN Ein bulgarischer Bauer präsentiert bei Protesten gegen die Regierung in Sofia 2009 ein Anti-Mafia-Plakat.

Drogenhandel

Neben dem Welthandel in all seinen Facetten ist auch die Sicherheit von Staaten durch die Expansion des organisierten Verbrechens bedroht. Das Spektrum reicht hier vom Unterlaufen internationaler Finanzregulierungen bis hin zum Schmuggel von Arbeitsmigranten, Waffen und Nuklearmaterial. Angesichts der Tatsache, dass es immer mehr Atomwaffenländer gibt, steigt auch die Gefahr, dass die Nukleartechnik oder einzelne ihrer Komponenten in die Hände von gewaltbe-

reiten nichtstaatlichen Akteuren gelangen. Schon die illegale Weitergabe von Klein- und Leichtwaffen schürt regionale Konflikte, die sich über die Landesgrenzen hinweg ausbreiten und Feindseligkeiten in größerem, vielleicht auch internationalem Rahmen entfachen könnten.

Nirgendwo allerdings zeigt sich der länderübergreifende Charakter der organisierten Kriminalität so deutlich wie im Drogenhandel. Er stellt eine wichtige Einnahmequelle für viele weltweit auftretende Verbrechervereinigungen dar und bewegt sich in einer Größenordnung von schätzungsweise 100 bis 400 Milliarden Dollar jährlich.

OBEN Zollfahnder vernichten große Mengen von beschlagnahmten Drogen in Afghanistan.

Bündnisse

Transnationale Unterweltgruppen gehen häufig Allianzen mit anderen Vereinigungen ein, die national oder international operieren. Oft sind es reine Zweckbündnisse, die aus einem gemeinsamen Bedürfnis heraus geboren werden und beiden Parteien beim Erreichen ihrer Ziele helfen sollen. Derartige Absprachen können je nach Umständen kurzfristig angelegt sein oder aber zu einer längerfristigen strategischen Kooperation ausgebaut werden.

Das organisierte Verbrechen floriert vor allem in Ländern, denen es an einer einheitlichen politische Struktur ebenso mangelt wie an starken, gut ausgebildeten oder ausgerüsteten Sicherheitskräften und deren Regierung folglich nur wenig Kontrolle über ihr Hoheitsgebiet hat. Gerade in solchen Staaten sind Regierungs- und Behördenkreise anfällig für Korruption, Erpressung und Bestechung, während weite Bevölkerungsschichten nach mehr Wohlstand und Lebensstatus streben.

RECHTS Ein Carabiniere bewacht im neapolitanischen Umland das Auto von Raffaele Ciotola und seiner Frau, die von der Camorra ermordet wurden. Ihr Sohn sagte sich kurz zuvor von der Camorra los.

Was ist organisierte Kriminalität?

Um ein besseres Verständnis von der organisierten Kriminalität zu bekommen, ist es wichtig, eine begriffliche Klärung vorzunehmen. Die Definitionen allerdings variieren je nach der Rechtssituation einzelner Staaten und Justizorgane. Da Uneinigkeit darüber herrscht, was genau das organisierte Verbrechen ausmacht ist, hat man sich darauf geeinigt, dass mit dem Begriff „organisiert" durchgängige Muster und Modi Operandi gemeint sind, die als eine Form der kriminellen Verschwörung über längere Zeit andauern und mehrere staatliche oder nichtstaatliche Akteure einbinden.

Der Begriff kann sich aber auch auf den Einfluss beziehen, den eine Gruppe in Regierungszirkeln geltend macht, um ein Vorgehen gegen ihre Aktivitäten zu verhindern. Und schließlich wendet man den Terminus „organisiert" auch auf kriminelle Vereinigungen an, die ein Monopol auf bestimmte Dienstleistungen oder Produkte durchgesetzt haben.

UNTEN Im afrikanischen Mali signalisieren tätowierte und schwarz geschminkte Augen die Zugehörigkeit zur Mafia.

Vorgehen

Gruppen des organisierten Verbrechens funktionieren ganz ähnlich wie Wirtschaftsunternehmen, die ihren Kunden Waren und Dienstleistungen offerieren, doch fallen ihre Angebote aus dem legalen Rahmen heraus. Die organisierte Unterwelt wird vor allem auf Geschäftsfeldern aktiv, die ein hohes Umsatzpotential bei möglichst geringem Risiko versprechen.

Strukturen

Es gibt keine einheitliche Organisationsstruktur krimineller Gruppen. Sie arbeiten in unterschiedlichen Arbeitsmodellen, die komplex ausfallen und aus einer Vielzahl von Einzelpersonen und Untergruppen bestehen können. Die Art ihres Aufbaus wird von den Bedürfnissen und Operationszielen der jeweiligen Gruppe bestimmt und wandelt sich, wenn es in ihrem Wirkungsfeld zu Veränderungen kommt. Traditionelle Verbrechergruppen wie die sizilianische Mafia unterliegen einem hierarchischen Aufbau.

Dagegen neigen moderne Gruppen zum Agieren innerhalb netzwerkartiger Strukturen. Viele der hier vorgestellten großen Organisationen sind in der Lage, international zu operieren, und stellen damit eine Gefahr für die globale Sicherheit dar. Als Geheimbünde sind sie in ihrer Existenz von Verschwiegenheit und Vertrauen abhängig. Sie haben überdies Zugang zu modernen Informations- und Kommunikationstechnologien, die ihnen das Abwickeln des Tagesgeschäfts erleichtern.

Beziehungen zu Staaten und Wirtschaftsunternehmen

Große Unterweltgruppen sind landesweit aktiv und pflegen bisweilen symbiotische Beziehungen zum Staats- und Regierungsapparat. Dabei haben sie das Erreichen, Fördern und Vorantreiben ihrer organisatorischen und operativen Ziele stets fest im Blick.

Erreichen sie mit Erpressung, Einschüchterung und Bestechung nicht ihr Ziel, so greifen sie oft auch zu brutaler Gewalt, was die öffentliche Sicherheit gefährdet und die Staatsautorität unterhöhlt. Mithilfe von Bestechung und Nötigung unterwandern sie zudem legale Wirtschaftsunternehmen oder gründen Strohfirmen, um ihre illegalen Aktivitäten zu tarnen.

Hauptantrieb und Operationsgrundlage bei allem ist der Profit. Dabei spielt die Fähigkeit, große Geldmengen zu „waschen", eine entscheidende Rolle für das Überleben krimineller Gruppen. Zu diesem Zweck und um Zugang zum globalen Finanzsystem zu erhalten, nutzen sie Staaten, denen es an ausreichender Kontrolle über ihr Bankensystem mangelt.

Opfer und Verbündete

Kriminelle Vereinigungen üben gezielt Gewalt aus, um ihre Interessen durchzusetzen oder um Einfluss auf Personen zu nehmen, die eine Gefahr für ihre Geschäfte darstellen. Oft handelt es sich dabei um Angehörige des politischen Establishments oder der Sicherheitskräfte. Unbeteiligte Zivilisten werden nicht ins Fadenkreuz genommen und geraten höchstens versehentlich einmal in die Schussbahn. Da die Verbrechergruppen international tätig sind, lassen sie sich nur schwer unterwandern. Inzwischen wächst die Furcht, dass sie schon bald ganze Staatsregierungen unterminieren werden und – wie in Mexiko bereits geschehen – Einfluss auf die Beziehungen zu politischen Verbündeten nehmen.

Entscheidende Reaktion

Angesichts dieser gefährlichen kriminellen Gruppen und ihrer bewaffneten nichtstaatlichen Akteure ist es umso wichtiger, dass unsere Antwort auf diese Bedrohung multilateral ausfällt und Nationalstaaten in Bereichen zusammenarbeiten, die ihre kollektive Sicherheit betreffen.

Die länderübergreifende Kriminalität erfordert konzertierte und breit gefächerte internationale Anstrengungen. Stoppen lässt sie sich nur, indem Finanztransaktionen gesetzlich reguliert, der Informationsfluss zwischen nationalen Behörden gefördert und gegenseitige Rechtshilfe bei der Verhaftung und Auslieferung gewährt werden.

Neben dem Terrorismus wird unser Hauptaugenmerk im 21. Jahrhundert auf dem organisierten Verbrechen liegen und darauf, wie es zu bekämpfen ist.

UNTEN Die Zelle von Al Capone im Staatsgefängnis von Philadelphia wirkt fast gemütlich mit dem Gemälde, dem Ohrensessel und Capones geliebtem Schreibschrank.

1 URSPRÜNGE

Ursprünge Die erste Mafia

OBEN Sizilianische Männer an der Ufermauer von Palermo, der Heimat der ersten nachweislichen Mafia.

Welcher Unterschied besteht zwischen organisiertem Verbrechen und Mafia? Wann lässt sich der Begriff „Mafia" auf eine kriminelle Vereinigung anwenden? Einfach ausgedrückt spricht man dann von Mafia, wenn eine kriminelle Organisation erheblichen Einfluss auf Politik und Gesellschaft gewinnt.

Garduña

In seiner Erzählung *Rinconete y cortadillo* erwähnt der spanische Dichter Miguel de Cervantes die Verbrechergruppe der Garduña, die 1417 in Sevilla gegründet worden war und als erste namentlich bekannte kriminelle Organisation gilt. Sie war spezialisiert auf Auftragsmorde und das Eintreiben von Schutzgeldern.

Kopf der Gruppe war den Statuten zufolge der *hermano mayor*, meist eine bekannte Persönlichkeit von politischem Einfluss, die den Provinzbossen, den *capatazes*, vorstand. Das Fußvolk setzte sich zusammen aus den *guapos*, auch *punteadores* genannt,

und den *floreadores* oder Schlägern, die sich meist aus entlaufenen Häftlingen rekrutierten. Zusätzliche Informationen über geplante Verbrechen lieferten die *fecelles* – Adelige und Angehörige des Inquisitionstribunals. Die Organisation beschäftigte auch Kinder und Jugendliche zwischen zehn und 15 Jahren, die nach ein oder zwei Jahren in der Verbrecherhierarchie aufsteigen konnten.

Sizilianische Mafia

Die erste und bedeutendste kriminelle Vereinigung, deren Rolle in Gesellschaft und Politik so wichtig war, dass sie als Mafia bezeichnet werden kann, entstand in Sizilien. Aus diesem Grund kann die Sizilianische Mafia als Vorgängerin aller Verbrecherorganisationen weltweit gelten.

Der sizilianische Adel ließ sich bei seinen Fehden von Kriminellen unterstützen und machte sich die schwachen und ineffizienten politischen Institutionen zu Verbündeten. Indem die Grundbesitzer den erfolgreichsten, brutalsten und intelligentesten Verbrecher in ihrem Hoheitsgebiet zum „Paten" ernannten und bei den politischen Machthabern einführten, nahm die Verflechtung von Verbrechertum und politischem System ihren Anfang.

Auch wenn die Frühzeit der Mafia auf Sizilien nicht genauer dokumentiert ist, so weiß man doch, dass sie zur Zeit der spanischen Herrschaft in hohem Maße Politik und Gesellschaft beherrschte.

OBEN Der Stich zeigt den Dichter Miguel de Cervantes, der erstmals eine kriminelle Organisation erwähnte.

Die sizilianische Mafia
Cosa Nostra

OBEN Fehlender Wohlstand war für die meisten Familien das Ergebnis eines jahrhundertelangen mafiösen Schutzes.

Das Wort „Mafia" tauchte erstmals im Titel des Lustspiels *I mafiusi di la Vicaria* auf, das von Giuseppe Rizzotto und Gaspare Mosca in Mundart verfasst und 1863 uraufgeführt wurde.

Der Begriff

Dem informativen Bericht eines der Schauspieler zufolge beteiligte sich die Theatergruppe von Rizzotto und Mosca 1862 an den Festivitäten zu Ehren der heiligen Rosalia, der Schutzpatronin von Palermo. Als der Erfolg ausblieb, riet Gastwirt Iachinu Funciazza, der Kopf des lokalen Verbrecherbundes, zu spielen, was die Leute mehr interessieren würde – vielleicht etwas über das Leben der Häftlinge in La Vicaria, dem Gefängnis von Palermo.

Das daraufhin verfasste und aufgeführte Stück erzählt die Geschichte einer Verbrecherorganisation, die im Gefängnis eine eigene Hierarchie aufbaut, andere Häftlinge erpresst und gegen Wohlverhalten Schutz und Sicherheit gewährt. Der Bericht des Schauspielers Natale Cirino erwähnt, dass die Kriminellen im Lustspiel nicht gut wegkamen, da die Schauspieler sich über ihr vulgäres und bäurisches Verhalten lustig machten. Das Publikum war begeistert, das Stück erfolgreich, doch die ehrenwerte Gesellschaft zeigte sich pikiert. Damit künftige Aufführungen ungestört über die Bühne gehen konnten, musste Rizzotto, dessen Partner Mosca inzwischen ausgeschieden war, notgedrungen einen dritten Akt ergänzen, damit der Mafiaboss – Iachinu Funciazza höchstpersönlich – sein Gesicht wahren konnte.

> Der Mafioso ist jemand, der stets Achtung bekunden und bekundet haben möchte. Wird er beleidigt, wendet er sich nicht an das Gesetz.
>
> Giuseppe Pitrè (1841–1916), italienischer Volkskundler und Ethnograf

Das Wort verbreitet sich

Noch größer als der Erfolg des Stückes war jener des Wortes *mafia*, das rapide Verbreitung fand und in den 1880er-Jahren nach Amerika gelangte. Die schon früh zwischen Mafia und Medien gepflegten Bande sollten auch künftig in vielerlei Gestalt bestehen bleiben und dabei ebenso schädliche wie irreführende Klischees und Mythen produzieren. Übrigens kam das Wort nur im Titel des Lustspiels vor, im Stück selbst heißt der Verbrecherbund *camorra* – ein Begriff, der heute die kriminellen Vereinigungen Neapels und der umliegenden Region Kampanien bezeichnet.

Etymologie

Der Ursprung des Wortes *mafia* ist unklar. Die einen sehen in ihm eine Ableitung von *ma fia* („meine Tochter"), dem legendären Ausruf einer Mutter, als ihre Tochter während der Sizilianischen Vesper 1282 von einem französischen Soldaten vergewaltigt wird. Einer anderen These zufolge gilt *mafia* als Akronym des Schlachtrufs *Morte ai francesi Italia anela* („Tod den Franzosen wünscht Italien").

Überzeugender erscheint eine Theorie, der zufolge das Wort arabischer Herkunft ist und sich entweder von mahias (Arabisch für Wagemut) oder *mu afah* (Schutz oder Sicherheit) ableitet.

Nach der allgemein anerkannten Definition des sizilianischen Gelehrten Umberto Santino bezeichnet das Wort *mafia* „eine Gruppe von kriminellen Vereinigungen, allen voran die Cosa Nostra [Mafia], deren Zweck darin besteht, mittels Gewalt und illegaler Aktivitäten Vermögen anzuhäufen und Machtstellungen einzunehmen. Sie agiert über ein umfassendes Netzwerk, folgt einem kulturellen Code und genießt in gewissem Maße sozialen Konsens".

OBEN Mafiosi? Durchaus möglich. In Palermo war die Mafia um 1898 in allen sozialen Institutionen und Gesellschaftsschichten gegenwärtig.

Machtsystem

Es gibt klare Unterschiede zwischen der Mafia und dem organisierten Verbrechen: Erstere verfügt über einen gesellschaftlichen und politischen Status, der anderen kriminellen Gruppen versagt bleibt. Wichtig vor allem zum Verständnis der sizilianischen und italienischen Mafia ist auch die spezielle Natur ihres Machtsystems. Mafiös ist ein System erst dann, wenn das organisierte Verbrechen sich institutionalisiert hat und straflos bleibt sowie integraler Bestandteil des allgemeinen sozialen und politischen Machtsystems wird.

OBEN Die erzwungene Einigung Italiens 1861, mit der Sizilien an Italien gelangte, legte den Keim zum Gedeihen der Mafia in ihrer modernen Ausprägung.

Die Ursprünge

Die Mafia erschien nicht plötzlich mit der Einigung Italiens 1861. Tatsächlich war sie in der sizilianischen Geschichte stets präsent gewesen. Das System an sich existierte, noch bevor es das Wort *mafia* gab, und entwickelte sich über Jahrhunderte hinweg weiter.

Frühe Einflüsse

Schon im frühen 13. Jahrhundert warb der sizilianische Adel Räubergruppen an, stellte sie unter seinen Schutz und setzte sich bisweilen sogar an ihre Spitze. Diese Entwicklung nahm ein solches Ausmaß an, dass politisches Banditentum zur Normalität wurde.

Historische Dokumente aus dem 16. Jahrhundert schildern Erpressungsmethoden auf dem Markt von Palermo, wie sie auch heute noch praktiziert werden, um Kontrolle über ein Territorium zu erlangen.

Landgerichtsbarkeit

Das Phänomen der Mafia hat einen seiner entscheidenden Ursprünge in der Rechtsprechung Siziliens. Die Adeligen, politisch vereint und im sizilianischen Parlament vertreten, übten die Gerichtsbarkeit auf ihren Ländereien als feudales Vorrecht aus.

Zudem wurde 1569 im Rahmen einer Reform in Sizilien eingeführt, dass die aus Juristenkreisen ausgewählten Richter der weltlichen Gerichte sowie Kirchengerichte ihr Amt nur zwei Jahre lang ausüben durften. Tatsächlich konnten sich aber nur Grundbesitzer ein Gerichtsverfahren leisten, was bedeutete, dass die Richter – Rechtsanwälte, die ihren Posten auf Zeit ausübten – kein Interesse daran haben konnten, ihren künftigen Mandanten die Stirn zu bieten.

Die Inquisition

Neben den unterschiedlichen regionalen Rechtspraktiken sorgte das Inquisitionstribunal für weitere Schwierigkeiten. Offiziell sollte es jede Häresie gegen die katholische Kirche unterdrücken, tatsächlich aber fungierte es als politisches Unterdrückungs-

OMERTÀ

Die *omertà* – das solidarische Schweigen – ist ein kulturell akzeptierter Verhaltenskodex der Mafia. Wer immer es wagt, sich über die Organisation zu äußern, muss mit Vergeltung, Einschüchterung, gesellschaftlicher Isolation und Gewalt rechnen.

Das Wort hat seinen Ursprung in *umiltà* (Demut) und meint die Unterordnung unter die Wünsche der Organisation. Durch die Lautverschiebung des „l" zum „r", wie sie typisch ist für den sizilianischen Dialekt, bildete sich zunächst umirtà, später *omertà* heraus.

Noch heute beugen sich die italienischen Medien dem Kodex der *omertà*. Zeitungen und Fernsehsender werden weitgehend kontrolliert von Regierung, Parteien, Banken und großen Industriekonzernen, die meist in Kontakt zur Mafia stehen. Aus diesem Grund ist die Mafia kein Thema der Medien, und falls doch, dann meist als folkloristische Erscheinung, was ein falsches Bild von ihrem Einfluss auf die Gesellschaft vermittelt – und so dauert das Schweigegebot weiterhin an, das Italien seit Jahrhunderten beherrscht.

1860 Palermo wird nach dem Einmarsch Garibaldis eine italienische Stadt.

1869 Der Polizeichef von Palermo, Albanese, wird von einem Mafioso erstochen, als er versucht, den Angreifer zu erpressen.

1872 Gaspare Galati erwähnt die Verfolgung der Mafia bei einem Streit über eine Zitronenplantage.

1898–1900 Ermanno Sangiorgi, Polizeichef von Palermo, zeichnet ein genaues Bild der sizilianischen Mafia.

instrument im Dienste der spanischen Regierung. Eng verbunden mit dem Tribunal waren die privilegierten *familiari* (Vertraute), die von der Steuer befreit waren und Waffen tragen durften. Sie mussten sich auch nicht dem *ex abrupto*-Verfahren unterziehen, das ansonsten auf einfache Denunziationen oder gar Falschaussagen hin in Gang kam.

Für die spanische Regierung wäre es unklug gewesen, sich die sizilianische Aristokratie zum Feind zu machen, die mit ihren „Privatsheriffs" unzufriedene Teile der Bevölkerung unter Kontrolle hielt, und so wurden Verbrecher und adelige Mordanstifter regelmäßig freigesprochen.

Auch die Polizeikräfte, die *compagnie d'armi* (bewaffnete Trupps) und die *gendarmeria reale* (königliche Gendarmerie), waren keineswegs immun gegen Korruption, da sie selbst weitestgehend aus Kriminellen bestanden. Kein Wunder also, dass diese „Polizisten" eine eigene Form der polizeilichen Arbeit entwickelten: Einen Teil des Diebesguts gaben sie zurück an den Eigentümer, kassierten dafür eine Vermittlungsgebühr und teilten dann den Rest der Beute mit Verbrechern aus dem eigenen Milieu.

Teil des Systems

Die Hauptaktivitäten der Mafia konzentrierten sich neben Gewaltverbrechen auf Viehdiebstahl – ein kompliziertes Vergehen, das eine präzise Vorbereitung und umfassende Kontakte erforderte –, Entführung, Diebstahl und Landverwaltung. Bei Letzterer pachteten die Steuereintreiber Land vom Adel und verpachteten es weiter an Bauern, die seit jeher nur Hunger und Armut kannten.

Aus diesem System heraus entwickelte sich die Mafia. In der Praxis eine Gesellschaft ohne Staat, stützte sie sich auf die Komplizenschaft von Aristokratie, Verbrechern, Kirche und anderen sozialen Institutionen. Dass sie heute vor allem in Ländern gedeiht, deren Institutionen schwach, korrupt und ineffizient sind, ist einleuchtend.

OBEN Die Polizei schützt die Bewohner, Ende 19. Jahrhundert. In und um Palermo soll kein Reisender vor Räubern und Messerstechern sicher gewesen sein.

Amerikanische Mafia
Der Beginn

OBEN Die prachtvolle Architektur im französischen Viertel von New Orleans täuscht darüber hinweg, dass dort einst die Kämpfe der frühen US-Mafia tobten.

New Orleans war die erste Heimat der Mafia in Amerika. Kurz nach dem Amerikanischen Bürgerkrieg brach in der Stadt eine Fehde zwischen zwei kriminellen Banden aus, die in der sizilianischen Kolonie die Oberhoheit über die Unterwelt beanspruchten.

Ideales Klima

Die lebhafte kosmopolitische Hafenstadt New Orleans liegt direkt an der Mündung des Mississippi. Immigranten, die damals nach Arbeit suchten, wurden auf den Werften fündig, aber auch Gemüsefarmen, Zucker- und Baumwollplantagen im Umland boten ein bescheidenes Auskommen, und wer ein Boot hatte, konnte in den Gewässern nach Austern und Krabben fischen.

Raffaele Agnello, 1829 als Spross einer wohlhabenden Familie in Palermo geboren, kam mit 30 Jahren über den Atlantik und fand wie so viele Neuankömmlinge in der „Crescent City" (Sichelstadt) ideale Verhältnisse vor. Allerdings hatte der Mafioso wenig Interesse an ehrlicher Arbeit, er beutete lieber seine fleißigen Landsleute aus. Die Schutzgeldzahlungen der Einwanderer machten ihn reich und mächtig, und er ging brutal gegen jeden vor, der sich ihm in den Weg stellte. Schließlich wagte es in der italienischen Community nur noch eine aufmüpfige Bande, ihm die Stirn zu bieten.

UNTEN Die Werften von New Orleans waren Brutstätten von Verbrechen und Korruption im Schatten der Mafiaclans.

Bandenkrieg

Als Litero Barba, der Chef der *messinesi*, am Abend des 28. Oktober 1868 nach Hause ging, wurde er in der Altstadt des „French Quarter" von einem unbekannten Gangster erschossen. Agnello konnte den Verdacht kurzfristig auf den afroamerikanischen Lokalpolitiker und Geschäftsmann Octave Belot lenken, doch als dieser beweisen konnte, dass er sich zur Zeit des Mordes gar nicht in der Stadt aufgehalten hatte, wurde der Mafiaboss selbst verdächtigt.

Trotz aller Versuche von Agnellos Bruder Peppino, die Spannungen einzudämmen, machte Barbas Topmann Joseph Banano den Agnello-Gangster Alphonse Mateo für den Mord verantwortlich. Als Mateo daraufhin das Messer zog, erschoss Banano ihn ohne Zögern mit einer Pistole.

In den Wochen darauf ordnete Agnello bewaffnete Überfälle auf die Häuser und Geschäfte der *messinesi* an. Ende März 1869 schien es zunächst, als seien die Rebellen am Ende, doch am 1. April wurde Agnello bei seinem Siegeszug durch das French Quarter erschossen. Danach zerfiel seine Organisation.

OBEN Die überlaufene Canal Street war um die Jahrhundertwende das Herz von New Orleans. Von hier aus hielt das Gangstertum Einzug in die Stadt.

Who kill-a the chief? (Wer hat den Chef umgebracht?)

Anti-italienischer Slogan nach der Erdmordung von Polizeichef David Hennessy 1890 durch die Mafia

Peppinos Exil

Peppino Agnello versuchte, den Krieg seines Bruders fortzusetzen und liquidierte Banano sowie dessen Freund Pedro Allucho. Danach nahmen die *messinesi* wiederum Peppino mehrfach aufs Korn, hatten damit aber nur wenig Erfolg. Bei einem Angriff auf dem Lafayette Square 1869 konnte er unverletzt entkommen, im Jahr darauf erholte er sich von einer Stichwunde in der Brust, und auch eine von den Ärzten zunächst für lebensbedrohlich gehaltene Schussverletzung vom 13. September 1871 überlebte er wider Erwarten.

Im April 1872 wurde er schließlich vom Gangster Joseph Maressa auf dem Picayune-Kai in einen Faustkampf verwickelt, während Maressas Gefolgsleute mit Schusswaffen heranströmten. Als der umzingelte Peppino auf den vertäuten Schoner *Mieschief* sprang, feuerte Maressa einmal, Peppino brach auf dem Deck zusammen und starb kurze Zeit später.

Stuppagghieri

Ohne die Agnellos verschwand die traditionelle, auf *palermitani* gestützte Mafia aus New Orleans. An ihre Stelle trat die Bande der *stuppagghieri*, die in der radikaleren Mafiatradition des sizilianischen Städtchens Monreale wurzelte, und übernahm unter dem Matranga-Clan die Herrschaft über die Unterwelt.

OBEN Der Stich zeigt den Lynchmob, der sich nach den Freisprüchen im Hennessy-Prozess vor dem Gefängnis von New Orleans versammelte.

Die Rache der Crescent City

Das Regiment der *stuppagghieri* wurde 1879 durch die Ankunft des flüchtigen sizilianischen Bandenchefs Giuseppe Esposito gestört. In seinem Heimatland wegen Entführung, Raub und Mordes gesucht, war er von der italienischen Polizei 1877 gefasst worden, aber auf dem Weg zum Gericht geflohen und per Schiff in die USA entkommen. In New Orleans stieg er unter dem Pseudonym Vincenzo Rebello zum Oberhaupt der lokalen sizilianischen Unterwelt auf.

Die italienischen Behörden erfuhren über einen Informanten von seinem Verbleib und kontaktierten über Privatdetektive in New Orelans die beiden Kriminalbeamten David und Mike Hennessy. Ohne Wissen ihrer Vorgesetzten passten die Cousins Esposito am 5. Juli 1881 auf seiner tagtäglichen Route ab und zwangen ihn mit vorgehaltener Waffe, in den Polizeiwagen zu steigen. Als die lokalen Mafiosi davon erfuhren, war es schon zu spät: Esposito war bereits per Dampfer auf dem Weg nach New York zur Auslieferungsanhörung.

Die Provenzano-Matranga-Fehde

Espositos Gefolgsleute, allen voran der Provenzano-Clan, beschuldigten die *stuppagghieri* und die Gangsterfamilie Matranga des Verrats. In den folgenden Jahren stritten die beiden rivalisierenden Lager um illegale und legale Geschäfte, und die Gewalt eskalierte immer wieder, bis die *stuppagghieri*, die über gute Kontakte zum Geschäftsmann Joseph Macheca und dem korrupten politischen Apparat verfügten, sich schließlich durchsetzen konnten. 1890 versuchte der frisch ernannte Polizeichef David Hennessy, über Joseph Macheca die blutigen Rivalitäten zu beenden, doch er erreichte nur eine kurze Unterbrechung. Später fand er heraus, dass Macheca den *stuppagghieri*-Anführer Charlie Matranga sogar zur Gewalt ermutigt hatte.

Prozess und Korruption

Am 5. Mai 1890 geriet eine Gruppe Matranga-Dockaufseher auf dem Heimweg von der Arbeit in einen Hinterhalt der Provenzano-Gangster. Dabei wurden drei Männer schwer verletzt, unter ihnen auch Charlie Matrangas Bruder Antonio.

Hennessy persönlich leitete die Ermittlungen und ließ die Anführer der Provenzanos wegen Überfalls und versuchten Mordes verhaften. Die *stuppagghieri* waren sogar zum Bruch mit dem Verhaltenskodex der Mafia bereit, indem sie mit der Polizei zusammenarbeiteten. Es wurden drei Gerichtsverfahren angestrengt – eines für jeden

1868 Joseph Macheca und seine Gang überfallen Häuser von Afroamerikanern in New Orleans.

1888 David Hennessy wird Polizeichef, obwohl die Mafia 1882 seine Entlassung aus dem Polizeidienst durchgesetzt hatte.

1891 Charles Matranga wird Anführer der Mafia in New Orleans.

1895 Frank Costello, 1891 in Italien geboren, zieht samt Familie nach New York.

1899 Alphonse Capone wird in Brooklyn im Revier der Five Points Gang geboren.

Verletzten – und die Provenzanos im ersten Verfahren verurteilt, obwohl sie Alibis hatten. Erst als Beamte aus Hennessys eigener Abteilung die Provenzano-Alibis bestätigten, wurde das Urteil zum großen Zorn der Matrangas aufgehoben.

Noch vor dem zweiten Verfahren nahm Hennessy Ermittlungen gegen die Matrangas auf, und als Macheca davon hörte, warnte er ihn, sich herauszuhalten, wenn er nicht „in der Kiste" landen wolle. Doch der Polizeichef setzte seine Untersuchung ungerührt fort.

Ermordung

Nur einen halben Straßenblock von seinem Haus entfernt wurde Hennessy am späten Abend des 15. Oktober 1890 von mehreren Schüssen getroffen. Nach seinem Angreifer gefragt, konnte er noch *dagos* – ein Schimpfwort für Italiener – flüstern und starb am nächsten Morgen im Charity Hospital.

Unter den 19 Männern, die wegen Mordes angeklagt wurden, befanden sich auch Joseph Macheca und Charlie Matranga. Neun von ihnen kamen Anfang 1891 vor Gericht und wurden allesamt freigeprochen, obwohl die Staatsanwaltschaft beweisen konnte, dass die Verteidigung zuvor Geschworene bestochen hatte.

UNTEN Karikatur der Jury, die sich nach der Ermordung des Polizeichefs David Hennessy von der Mafia einschüchtern lässt.

Lynchmorde

Trotz des Freispruchs brachten die Angeklagten die Nacht im Parish Prison zu, wo noch zehn weitere Gefangene auf ihren Prozess warteten. Früh am nächsten Morgen versammelte sich eine aufgebrachte Menge von mehreren tausend Menschen auf der Canal Street und zog zum Gefängnis. Dort angelangt, stürmte sie durch eine Nebentür und schickte Hinrichtungskommandos in die Zellen.

Diese erschossen neun Gefangene und hängten zwei auf – angeblich, um die Korruption durch die Mafia zu bekämpfen. Dem Gangsterboss Charlie Matranga ebenso wie seinem Topmann allerdings wurde kein Haar gekrümmt.

Politischer Einfluss

In der zweiten Hälfte des 19. Jahrhunderts stärkten korrupte politische Führer den Einfluss der Immigranten, vor allem solche, die ihnen zu Wahlsiegen verhelfen konnten. Einwanderer mit Mafiakontakten erwiesen sich auch als nützlich, wenn es um das Einschüchtern von Opponenten ging. Diese Praxis verbreitete sich rasch in den Großstädten und trug entscheidend zur Etablierung der Mafia in den USA bei.

ABFÄLLIGE BEZEICHNUNG

Das Schimpfwort *dago*, das sich in Amerika auf italienische Einwanderer bezieht, hat wohl mehrere Ursprünge und leitet sich möglicherweise vom spanischen „diego" ab, der Bezeichnung für spanischstämmige Immigranten. Eine andere Theorie sieht in *dago* eine Abkürzung von *day laborers* (Tagelöhner), was italienische Immigranten, des Englischen kaum mächtig, zu *day-os* verballhornten.

Italienische Arbeiter legen eine Spaghettipause ein. Um 1900 strömten viele italienische Immigranten in die USA, wo sie enge Gemeinschaften bildeten.

Yakuza Die Ursprünge

1603 Die berühmte Tokaido-Straße zwischen Kioto und Tokio wird gebaut. Die Banden operieren an den Wegstationen.

1735–1740 Die Feudalherren erkennen den Status der *tekiya*-Bosse offiziell an.

1893 Der frühe Yakuza Jirocho von Shimizu stirbt. Er hatte die größte Spielerbande in Japan geführt und war ein Volksheld.

Die japanischen Verbrechergruppen nennt man Yakuza. Ya-ku-za bedeutet im Japanischen 8-9-3 und bezeichnet eine wertlose Kartenhand in einem traditionellen Kartenspiel.

Spielregeln

Wie der Name Yakuza schon andeutet, geht das organisierte Verbrechen in Japan auf Spielerbanden zurück, die Mitte des 18. Jahrhunderts aufkamen. Bei dem traditionellen Kartenspiel *hanafuda* („Blumenkarten") erhält jeder Spieler drei Karten: Gewinner ist derjenige mit der höchsten Punktzahl, die sich aus der letzten Ziffer der Kartensumme ergibt. Die Folge 8-9-3 summiert sich zu 20 und hat daher keinerlei Wert.

Die frühen Spielerbanden gebrauchten diese Ziffernkombination zunächst im Sinne von „unnütz". Später diente sie als Bezeichnung für die Banden selbst, die sich zwar als nutzlos für die Gesellschaft empfanden, gleichzeitig aber stolz waren auf ihren Status als Außenseiter.

UNTEN Drei bewaffnete Samurai posieren vor einem Teehaus. Nach dem Bürgerkrieg schlossen sich arbeitslose Samurai zu Banden zusammen.

Gebt den Bauern weder Leben noch Tod.

Ieyasu Tokugawa (1543–1616), erster Shogun der Tokugawa-Zeit

Geistige Ahnen

Vom 12. bis ins 19. Jahrhundert wurde das feudale Japan von Militärfürsten, den Shogunen, regiert. Damals arbeitete die mächtige Kriegerkaste der Samurai für die regionalen Machthaber, um deren Ländereien in den ständigen kriegerischen Auseinandersetzungen zu schützen.

Nach dem Bürgerkrieg – 1604 von dem großen Shogun Ieyasu Tokugawa beendet – waren rund 500.000 Samurai ohne Aufgabe. Viele machten als Kaufleute oder in der Verwaltung Karriere, andere aber nutzten ihre Erfahrungen in den Kampfkünsten und wurden zu Räubern. Diese unzufriedenen Samurai bildeten schon bald vagabundierende Banden, stolzierten durch die Straßen und setzten die wehrlose Stadtbevölkerung mit Gewalttaten unter Druck.

Auch wenn diese Banditen als Vorläufer der japanischen Unterwelt gelten können, identifizieren sich die heutigen Yakuza nicht mit ihnen. Sie sehen sich vielmehr in der Nachfolge jener, die diesen Räubern Einhalt geboten: junge Männer, die sich zum Schutz der Stadtbürger zu Banden zusammenschlossen und die heute noch als Volkshelden aus der Vergangenheit Japans verehrt werden. In diesen ritterlich gesinnten Männern aus dem einfachen Volk sehen die modernen Yakuza ihre geistigen Ahnen, sie selbst verstehen sich als Gesetzlose mit Herz, willens, für die einfachen Leute einzutreten.

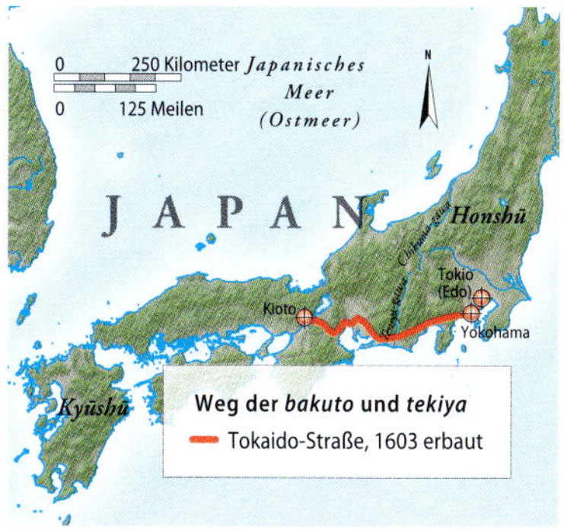

Spieler und Straßenhändler

Diese Bürgerwehren wurden – ebenso wie die Samurai-Banditen – schon im späten 17. Jahrhundert von den Shogunaten ausgemerzt, daher lässt sich nur schwer eine direkte Verbindung zur modernen Yakuza herstellen. Die direkten Vorgänger der Yakuza-Gangster sind zwei geschäftstüchtige Gruppen, die hundert Jahre später in Erscheinung traten: die *bakuto* (Spieler) und die *tekiya* (Straßenhändler).

Die *tekiya* verstanden sich meisterhaft darauf, minderwertige Waren betrügerisch an den Mann zu bringen. Ihre Anführer kontrollierten alle kriminellen Aktivitäten auf den Märkten, die Zuteilung der Stände und sogar die Verfügbarkeit bestimmter Waren. Sie trieben zudem Schutzgelder von Händlern ein, die bei mangelnder Zahlungsbereitschaft mit dem Diebstahl ihrer Waren, dem Vertreiben der Kundschaft und physischen Attacken rechnen mussten.

Um die Betrügereien einzudämmen und Revierkämpfe zu vermeiden, ernannte die Regierung einige Bandenchefs sogar zu „Aufsehern" und stellte sie damit fast den Samurai gleich. In dieser toleranten Haltung zeigte sich schon früh ein spezielles Merkmal des organisierten Verbrechens in Japan: die Bereitschaft der Regierung, Kriminelle gezielt für sich einzusetzen und mit ihnen zusammenzuarbeiten.

UNTEN Der Räuberheld Kumonryu („Neun Drachen") aus dem Roman *Suikoden* lässt sich kunstvoll mit Drachen tätowieren.

Glücksspiel

Überhaupt spielte die Regierung eine ungute Rolle bei der Entwicklung der Spielerbanden, denn schon früh begannen Regierungsbeamte, diese anzuwerben. Unter der Shogunat-Verwaltung waren die regionalen Machthaber dafür verantwortlich, Arbeitskräfte für Bau- und Bewässerungsprojekte und andere öffentliche Arbeiten zu stellen. Sie wandten sich dafür an Arbeitsvermittler – meist die Chefs von Spielhöllen. Die Wettgeschäfte dienten dem Anlocken von potenziellen Arbeitern und sorgten gleichzeitig dafür, dass die Besitzer sich ihren Anteil an den Arbeiterlöhnen sichern konnten.

Die Spieler selbst kamen aus unterschiedlichsten sozialen Gruppen, darunter Bauern, Arbeiter, Gesetzlose und Sumoringer ebenso wie Kaufleute und Samurai. Allmählich organisierten sie sich in festen Banden und bildeten so die Keimzelle für die organisierte Kriminalität in Japan. Die Yakuza übernahm von ihnen nicht nur den Namen, sondern auch Gebräuche wie das Tätowieren und das Fingerabschneiden.

Triaden Geheimbünde

Im Lauf der chinesischen Geschichte bildeten sich immer wieder Geheimbünde, die Schutz vor Verbrechern und Machthabern boten.

Kriminelle Bruderschaften

Obwohl die chinesischen Kaiser mit eiserner Faust regierten, gelang es ihnen nicht, das Volk zu kontrollieren. Vor diesem Hintergrund können einige Geheimbünde als durchaus ehrenhaft gelten, während andere in die Kriminalität abdrifteten.

Chinas erste Triaden-Gesellschaft

Die Tiandihui (*T'ien-ti Hui*, Himmel- und Erde-Gesellschaft), die auch Hung-Gesellschaft genannt wurde, war in den Provinzen Fujian und Guangdong aktiv und unterstützte als Geheimbund Bedürftige. Fanden Bauern beispielsweise keine Arbeit oder verloren ihr Land, so wandten sie sich an die Tiandihui mit der Bitte um Hilfe. Die Aufnahmebedingungen dort waren weniger streng als bei anderen Geheimbünden, doch da sie dieselben Hilfeleistungen gewährte, war sie überaus populär.

UNTEN Auf den geschäftigen Straßen von Schanghai tummelten sich Ende des 19. Jahrhunderts Verbrecherbanden.

Initiation

Mit der Mitgliedschaft verband sich die Pflicht, die Brüder zu schützen und neue Mitglieder zu werben, damit die Gesellschaft expandieren konnte. Nach einer Initiationszeremonie bekam der Neuankömmling eine Mitgliedsurkunde ausgehändigt und wurde in die Geheimnisse der Gesellschaft – bestimmte Handzeichen, mystische Gebete und Losungswörter – eingeweiht.

Schutzverband

Ein Mitglied konnte sich in Notlagen an seine Verbündeten wenden. Die Tiandihui half bei finanziellen Problemen, aber auch, wenn ein Mitglied ausgeraubt oder durch Schutzgeldforderungen unter Druck gesetzt wurde. In solchen Fällen sandte sie Schläger aus, die für ihren Bruder Rache übten und die Dinge regelten. Das Sicherheitsnetz, das sich daraus ergab, war meist der Hauptgrund für einen Beitritt zu der Geheimgesellschaft.

Da nahezu alle Mitglieder ihre Bruderschaft um Rache ersuchten, dauerte es nicht lange, bis die verschiedenen Bünde in kriegerische Auseinandersetzungen untereinander gerieten und es zu Blutvergießen kam. Diese Rachekriege, in China *xie dou* genannt, sind der Vendetta der italienischen Mafia vergleichbar.

OBEN Chinesische Spieler auf dem Weg zur Hinrichtung. Auf dem *cangue* (der Halsgeige) ist zu lesen, welches Verbrechen sie begangen haben.

Bürgenprinzip

Die Tiandihui erwarben mit der Rekrutierung neuer Mitglieder ein Vermögen, da diese Aufnahmegebühren, Mitgliedsbeiträge sowie eine Gebühr an den Bürgen zahlen mussten, der sie eingeführt hatte. Zwar ging es den Mitgliedern hauptsächlich um den Schutz, den die Gesellschaft ihnen bieten konnte, doch erwies sich der Beitritt oft auch als einträglicher Karriereschritt, da das Anwerben neuer Mitglieder ein durchaus lukratives Geschäft bedeutete.

Raub

Daneben verdienten die Gesellschaften an den Mieteinnahmen ihrer Besitzungen und an Kreditwucherei. Als sich die Tiandihui durch die anwachsende Anhängerschaft immer mehr Macht erwarb, ging sie auch zu Überfällen über. Niemand war mehr vor ihr sicher. Sie raubte Zivilisten mit ebensolcher Brutalität aus wie Mitglieder rivalisierender Bruderschaften, woraufhin noch mehr Männer der Tiandihui beitraten, in der Hoffnung, dann endlich vor Raubüberfällen sicher zu sein. All dies geschah am helllichten Tage, bis die sogenannten Geheimbünde schließlich von der Qing-Dynastie in den Untergrund gedrängt wurden.

GEHEIMGESELLSCHAFTEN UND KAISERMACHT

Für die politischen Machthaber in China stellten die Geheimbünde stets eine große Gefahr dar. Zahlreiche Quellen berichten von Aufständen unter der Führung von Bruderschaften, die eine ausreichend große Gefolgschaft um sich versammelt hatten.

In den 1760er-Jahren befahl der Tiandihui-Anführer Lu Mao neu aufgenommenen Mitgliedern, ein staatliches Magazin, eine Schatzkammer und die Häuser der Oberschicht auszurauben, um mit der Beute eine Rebellion gegen die Qing-Herrscher zu finanzieren.

Die Qing-Dynastie war 1644 an die Macht gekommen und sah in den kriminellen Geheimbünden ohnehin ein ernstes Problem.

Als die von der Tiandihui organisierte Rebellion gescheitert war, gingen die Herrscher zum Gegenangriff über und befahlen ihrer Armee, das Problem zu lösen. Nach einer umfassenden militärischen Operation behaupteten die Heerführer zwar, die Gesellschaften seien damit unterdrückt, doch erwies sich dies als Lüge, denn die Geheimbünde waren so dramatisch angewachsen, dass sie nicht ohne Weiteres aufzulösen waren. Ihre Mitgliederzahlen gingen in die Hunderttausende, und ihre Macht erstreckte sich über ganz China bis in die Nachbarländer hinein. Der Angriff der kaiserlichen Armee hatte sie nur tiefer in die Illegalität zwingen können.

Ch'ien-lung, der vierte Qing-Kaiser. Besonders die Qing-Dynastie fürchtete die Geheimgesellschaften, doch der Versuch, sie auszulöschen, trieb die Gruppen nur in den Untergrund.

1711 Die British East India Company nimmt in Kanton den Handel auf.

1839 Der Erste Opiumkrieg bricht zwischen Großbritannien und China aus.

1856 Der Zweite Opiumkrieg bricht aus.

1898 Der Qing-Kaiser befiehlt soziale Reformen nach der Niederlage im Ersten Japanisch-Chinesischen Krieg.

Herkunft des Namens

Der Name der Triaden erklärt sich dadurch, dass diese die Welt als eine Einheit der drei Hauptkräfte in der Natur – Himmel, Erde und Mensch – verstanden. Aus diesem Grund schmückt ein Dreieck ihre Banner. Die Bezeichnung selbst fand erstmals Verwendung zur Zeit der britischen Hoheit über Hongkong.

Bis zum heutigen Tag arbeiten die Geheimbünde (huis) mit alten Ritualen und Traditionen, um die Disziplin nach innen zu stärken und sich gleichzeitig mit einem mystischen Flair zu umgeben. Zu diesem Zweck tradierten sie auch eigene Gründungsmythen, die je nach Triaden-Gruppe leicht variieren. Diese sollten neue Mitglieder mit einer Heldengeschichte beeindrucken und unterlagen im Lauf der Zeit immer wieder Modifikationen, etwa indem neue Themen integriert oder historische Ereignisse mit der chinesischen Folklore verknüpft wurden. Dies gilt auch für die Geschichte der „Ersten fünf Ahnen".

Folklore

Diese Erzählung setzt ein nach dem Untergang der Ming-Dynastie 1644, als die Mandschu die kaiserlichen Streitkräfte besiegt und Shunzhi zum ersten Kaiser der Mandschu- oder Qing-Dynastie gekrönt hatten. Doch schon unter dem zweiten Qing-Kaiser erhoben sich Stämme im Reich Silu. Die Qing-Armee, die auf eine Auseinandersetzung mit den Rebellen nicht vorbereitet war, bat den Kaiser um Verstärkung, woraufhin dieser eine Rekrutierungskampagne startete und all jenen hohe Ehren, Gunstbeweise und öffentliche Ämter versprach, die in die Armee eintreten und die Silu-Rebellen besiegen würden.

Fünf Ahnen

Auch im Shaolin-Kloster beschloss damals eine Gruppe von Mönchen, dem Kaiser ihre Dienste anzubieten, denn zum einen wollten sie die Invasion ausländischer Truppen nach China beenden, zum anderen ihre Kenntnisse des im Kloster praktizierten Kung-Fu einsetzen, in der Hoffnung, mit ihren Fähigkeiten für den Eintritt ins Shaolin-Kloster zu werben.

Eine Elitetruppe von 128 Mönchen kämpfte schließlich gemeinsam mit der kaiserlichen Armee gegen die Silu und besiegte diese binnen drei Monaten. Als Helden verehrt, lehnten sie die vom Kaiser angebotenen Ehrungen jedoch ab mit dem Hinweis, sie hätten nur ihre Bürgerpflicht erfüllt.

Dafür trat Cheng Kwan-tat, der Neffe eines Mönchs, die Stelle eines Garnisonskommandanten im Distrikt Wuzhou an. Der Großsekretär des Qing-Rats, Wong Chun-mei, aber neidete ihm den Posten und intrigierte gegen ihn, indem er den Kaiser Glauben machte, die Mönche selbst bereiteten einen Aufstand vor. Daraufhin befahl der Kaiser den Angriff auf das

LINKS Obwohl Opium illegal war, existierten in ganz China Opiumhöhlen, in denen das Rauschgift konsumiert und auch samt dem entsprechenden Zubehör verkauft wurde. Hier sieht man zwei wohlhabende Kaufleute in einer Opiumhöhle der Oberschicht.

Gesetzesbruch ist beim Kaiser dasselbe Verbrechen wie beim Untertan.

Chinesisches Sprichwort

Shaolin-Kloster und ließ es von den Qing-Truppen in Brand stecken. 110 Mönche kamen ums Leben, doch 18 Mönche überlebten den brutalen Angriff und konnten über den brennenden Berghang fliehen. Nachdem sie sich in Sicherheit gebracht hatten, starben 13 von ihnen an ihren Verletzungen und am Hunger. Die fünf überlebenden Mönche hießen Tsoi Tak-chung, Fong Tai-hung, Ma Chiu-hing, Wu Tak-tai und Lee Shik-hoi. Sie waren die „Ersten fünf Ahnen", auf die sich die Triaden in ihrem Gründungsmythos berufen.

In entlegenen Regionen Chinas stießen sie auf mehrere Ming-Anhänger, die den Sturz der Qing-Dynastie herbeiführen wollten und auch als die „Zweiten fünf Ahnen" bezeichnet werden. Mönche und Ming-Anhänger taten sich zu mehreren Geheimbünden zusammen und setzten ihre Mitglieder im Kampf gegen die Qing-Dynastie ein.

OPIUM

Nach dem Versuch der Qing-Dynastie, die Tiandihui auszulöschen, verwurzelte sich die Gesellschaft umso tiefer in der Unterwelt.

Opium war die Modedroge des späten 18. Jahrhunderts und weckte damit das Geschäftsinteresse der Geheimgesellschaften. Die in China verbotene Droge wurde von europäischen und amerikanischen Händlern ins Land geschmuggelt und an die Mitglieder der Tiandihui verkauft. Über deren Vertriebsnetz landete das Opium schließlich bei den Süchtigen auf den Straßen der Großstädte und Dörfer.

Damit vollzogen die Geheimbünde die Metamorphose vom wohltätigen Schutzverband zur Verbrecherorganisation.

Russische Mafia
Geächtete Bauern

Koordinierte kriminelle Aktionen, die sich gegen die herrschende Klasse richten, haben ihre Wurzeln auch im Russland der Zarenzeit.

Banditen

Im 17. und 18. Jahrhundert war das Räubertum ein sehr ernstes Problem in Russland. Es waren geächtete Bauern, die vom Staat zu Verbrechern erklärt, von den anderen Bauern aber als heroische Gerechtigkeitskämpfer verehrt wurden. Dies gilt beispielsweise für die berühmten Räuberhauptmänner Jemeljan Pugatschow (1742–1775) und Stenka Rasin (1630–1671), die unter der Parole „Freiheit und Gleichheit für alle" die Donkosaken in Volksaufständen gegen die Grundherren anführten und bessere Lebensbedingungen für die leibeigenen Bauern verlangten.

Der Zar schlug alle Revolten erbarmungslos nieder, Rasin und Pugatschow wurden ergriffen und hingerichtet. Doch avancierten die beiden Rebellenführer zu Helden und wurden in russischen Volksliedern verewigt.

Besser schafft man die Leibeigenschaft von oben ab, als abzuwarten, dass sie sich von unten abschafft.

Alexander II., 1818–1881, Kaiser von Russland

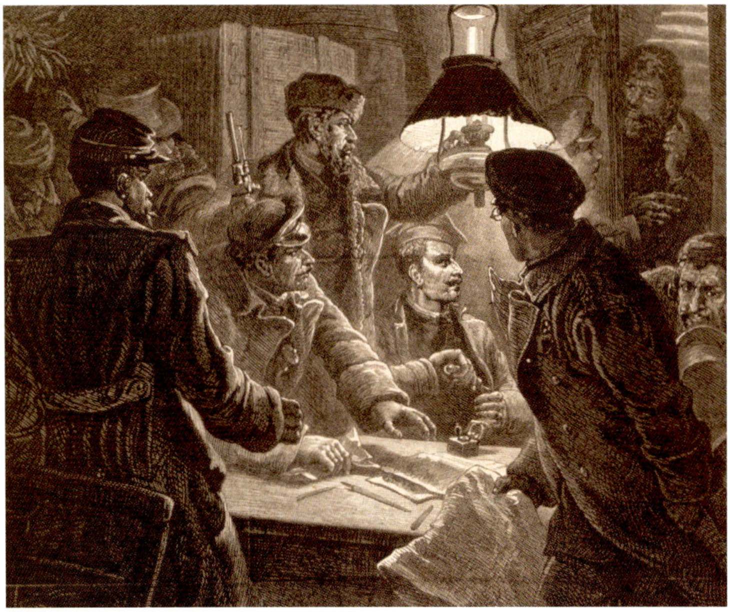

UNTEN Das Treffen eines Geheimbundes wird von der zaristischen Polizei gestört.

Geheimbünde

Während sich die meisten Länder Westeuropas zu Anfang des 19. Jahrhunderts einer demokratischen Gesellschaftsordnung annäherten, hielt Russland noch an seinem Feudalsystem fest. Die Unzufriedenheit mit den gesellschaftlichen Verhältnissen führte in Intellektuellen-, Bauern- und Soldatenzirkeln zur Gründung von Geheimbünden. Der bekannteste unter ihnen waren die Dekabristen. Sie hatten ihren Ursprung in dem 1816 von Offizieren der kaiserlich russischen Leibgarde gegründeten Wohlfahrtsbund, der sich 1820 in die gemäßigte Nördliche und die radikale Südliche Gesellschaft teilte. Dadurch aufgeschreckt verbot das Zarenregime 1822 alle Geheimbünde.

Zaristische Reformen

Im Dezember 1825 erhoben sich Soldaten, die den beiden Gesellschaften angehörten, gegen den Zar und verlangten nach Reformen. Zwar konnte das Regime den Aufstand noch einmal niederschlagen, doch die Notwendigkeit gesellschaftlicher Veränderungen war deutlich geworden. 1861 hob Zar Alexander II. die Leibeigenschaft auf. Allerdings waren die befreiten Leibeigenen schon bald empört über die schwerfällige und ungerechte Landzuteilung und über die hohen Steuern, die ihnen abverlangt wurden. Im ganzen Land formierten sich deshalb Geheimbünde, die bisweilen auch zu Gewalt als Mittel für die Durchsetzung politischer Reformen griffen.

OBEN Auf der sibirischen Gefängnisinsel Sachalin werden Nieten in die schweren Fußeisen eines Häftlings geschlagen.

Marxisten

Im späten 19. Jahrhundert entstanden weitere revolutionäre Zellen, und 1895 einte Lenin alle marxistischen Gruppen in St. Petersburg zur späteren Kommunistischen Partei Russlands. Diese Vereinigungen operierten verdeckt und setzten auf Attentate, Morde, Diebstahl und die Beschädigung von Regierungs- oder Privateigentum. Damals wurde der bewaffnete Raubüberfall, deklariert als „Enteignung von Privatbesitz", zum regulären Geldbeschaffungsmittel für die Sache der Revolution. Dagegen sah das Zarenregime in den Revolutionären eine neue Generation von Räubern in der langen Banditentradition Russlands.

Verbrecherbanden

Aber nicht alle Geheimbünde oder -gesellschaften hatten eine politische Agenda. Gruppen von Schmugglern, Wegelagerern und Dieben waren schon über Jahrhunderte eine alltägliche Randerscheinung im Zarenreich gewesen.

Bereits zur Zeit Peters des Großen (1682–1727) hatte es regelrechte Diebesarmeen gegeben, als allein in den Außenbezirken von Moskau mehr als 30.000 Diebe ihr Unwesen trieben. Doch waren diese nicht organisiert, sondern gingen in isolierten Kleinbanden und wohl ohne politische Ambitionen ihrem Gewerbe nach.

Im späten 19. und frühen 20. Jahrhundert sorgte die Industrialisierung in Russland für einen Anstieg der Kriminalität in den städtischen Zentren. Verbrecherbanden streiften durch die Elendsviertel von St. Petersburg und anderen prosperierenden Städten, und ein Kleinbandentum aus Taschendieben, Betrügern, Räubern und Fälschern breitete sich aus. Die Organisation innerhalb dieser Banden nahm zu, was in eigenen Gesetzen, Traditionen und Jargons seinen Ausdruck fand.

In der späten Zarenära schließlich verbündeten sich einige Räuberbanden mit kommunistischen Revolutionären, die die Zusammenarbeit mit der Unterwelt suchten, um Bankraube, Entführungen und Morde auszuführen.

Somit gab es schon vor der Revolution keine klare Unterscheidung mehr zwischen Revolutionären und Verbrechern – eine Entwicklung, die sich unter dem Sowjetregime verstärkte, als Stalin für seine Geheimpolizei Unterweltgrößen anwarb.

1670 Kosakenführer Stenka Rasin führt einen Angriff auf Astrachan und ruft dort eine Kosakenrepublik aus. 1671 wird er hingerichtet.

1773–1774 Jemeljan Pugatschow leitet mehrere Bauernaufstände gegen die Regierung.

1879 Die revolutionäre Gruppe „Land und Freiheit" teilt sich in die gemäßigte „Schwarze Umverteilung" und den radikalen „Volkswillen".

1882 Alexander III. erlässt Gesetze, die russische Juden aus ländlichen Gebieten vertreiben und ihren Zugang zur Bildung beschneiden.

1898 Erster Parteitag der marxistischen Sozialdemokratischen Arbeiterpartei Russlands.

2 AUFBRUCH INS 20. JAHRHUNDERT

HARLAN, KY.

Aufbruch ins 20. Jahrhundert

Globale Grundlagen

In der ersten Hälfte des 20. Jahrhunderts legten kriminelle Gruppen auf der ganzen Welt die Grundlagen für ihre Herrschaft über fast jeden Geschäftszweig, der gute Gewinne abwarf.

OBEN Lächelnd und elegant gekleidet – Al Capone auf dem Weg ins Gefängnis, wo er wegen Steuerhinterziehung einsaß.

Sizilien

Die Cosa Nostra war in Sizilien aus alten Geheimbruderschaften hervorgegangen und hatte in den Dörfern ein verbindliches System von Clangesetzen etabliert. Im Zweiten Weltkrieg gab Benito Mussolini seinem fähigsten Polizeibeamten Cesare Mori den Auftrag, die Insel unter Einsatz aller erforderlichen Mittel von der Cosa Nostra zu befreien. Mori ließ reihenweise Mafiosi verhaften, doch einige konnten nach Nordamerika flüchten, wo sie sich den italienischen Einwanderergruppen anschlossen.

USA

Nach den brutalen Kriegen, in denen sich die Verbrecherclans die Herrschaft über die amerikanische Unterwelt streitig gemacht hatten, erlebte die Mafia eine Blütezeit. In den frühen 1920er-Jahren gab es keine Gaunerei, bei der die amerikanische Mafia nicht ihre Finger im Spiel hatte: Alkoholschmuggel, Gewerkschaftskorruption, Glücksspiel, Prostitution, Kreditwucher, Erpressung, Betrug und alles, was Profit versprach.

Asien

In Asien machten vor allem zwei kriminelle Bruderschaften von sich reden. Die Yakuza in Japan war ein wichtiger Verbündeter von Politikern des rechten Flügels und ging unter dem Schutz der japanischen Regierung ihren Geschäften nach, die illegales Glücksspiel, Kreditwucher, Erpressung und Prostitution umfassten.

Daneben gab es in China die Triaden, die ebenso wie die Yakuza enormen politischen Einfluss im Land hatten. Ihre Macht war so groß, dass im frühen 20. Jahrhundert sogar eines ihrer Mitglieder der erste Präsident der Republik China wurde.

Russland

Im Gegensatz zum Italien Mussolinis war es in der Sowjetunion einer Verbrechergruppe gelungen, die Kontrolle über die Gefängnisse des Landes an sich zu reißen. Die „Diebe im Gesetz" verband der gemeinsame Hass auf die Kommunistische Partei und auf alle, die das System unterstützten. Nach der Haftentlassung übernahmen sie schnell eine führende Rolle in der Unterwelt mehrerer Großstädte.

Rauschgift

In Lateinamerika und Europa wurden Drogen zur populären Handelsware. Mächtige Gruppen nutzten damals die spektakuläre Nachfrage nach Heroin und Kokain zum Aufbau eines kriminellen Imperiums und häuften große Reichtümer an.

UNTEN Die gefesselte Leiche von Walter Sage wurde von der Staatspolizei in den Catskill Mountains gefunden. Er musste vermutlich sterben, weil er bei Mafiageschäften mit Glücksspielautomaten in Sullivan County betrogen hatte.

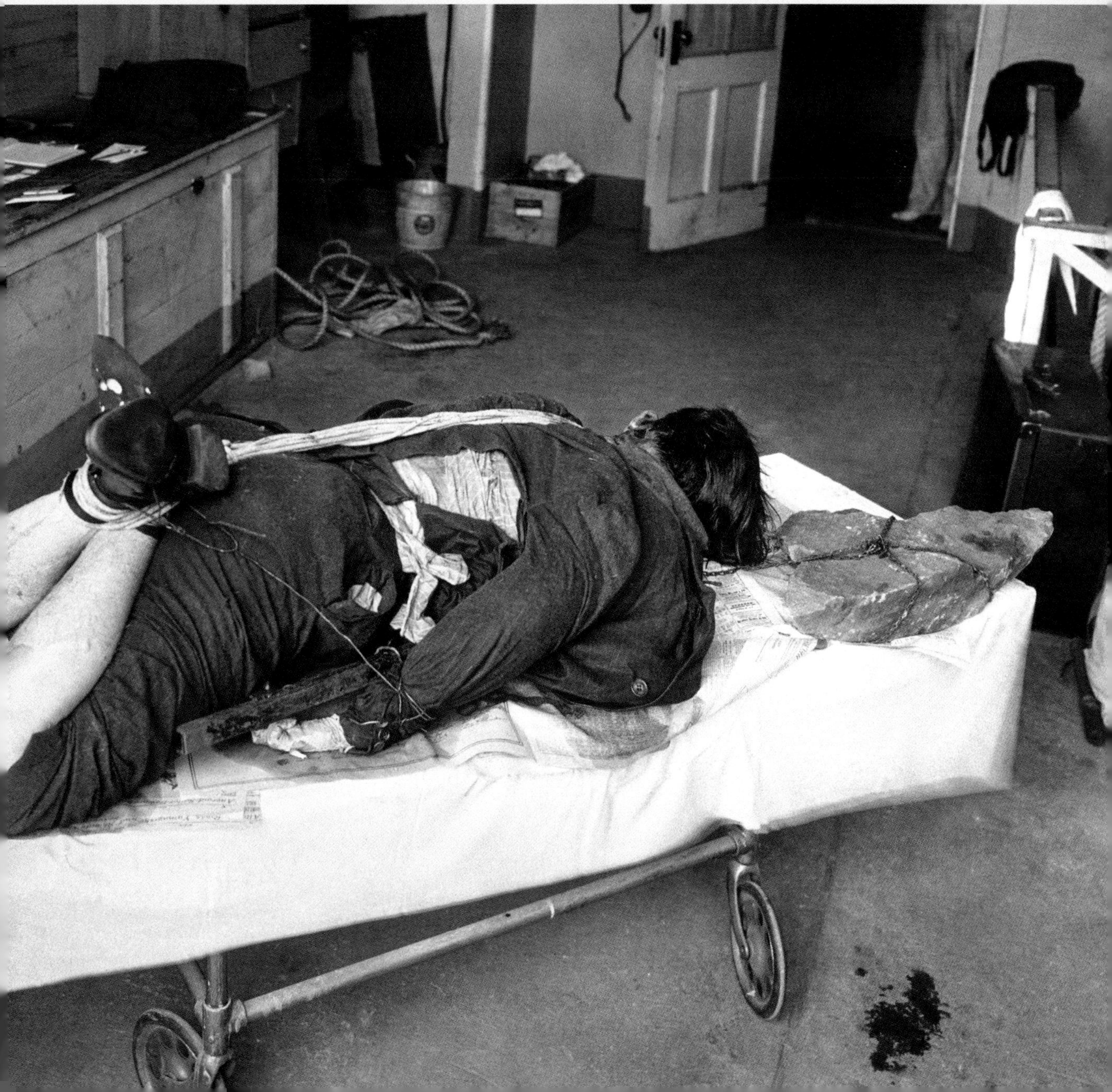

Die sizilianische Mafia
Faschismus und Macht

Mit dem Aufkommen des Faschismus in Italien wandelte sich die Lage der sizilianischen Mafia auf dramatische Weise.

Mussolini

Nach dem Marsch auf Rom wurde Mussolini 1922 Ministerpräsident. Im Mai 1924 stattete er Sizilien einen Staatsbesuch ab und gelangte auch in eine Kleinstadt bei Palermo, wo die Sicherheitsmaßnahmen mit augenscheinlicher Nachlässigkeit gehandhabt wurden. Als Mussolini den Bürgermeister deshalb zur Rede stellte, antwortete dieser, in seiner Gesellschaft habe der *Duce* (Führer) nichts zu fürchten. Dies bestätigte Mussolini in seinem Verdacht, dass der Staat auf der Insel machtlos war – eine Lektion, die er nicht vergaß, auch als er wenige Tage später nach Rom zurückkehrte.

Nach seinem Staatsstreich 1925 erinnerte er sich wieder an diesen Vorfall und beschloss, Sizilien nun unter Kontrolle zu bringen. Die Staatsautorität sollte endlich durchgesetzt und die Insel faschistisch werden. Da er wusste, dass eine Konfrontation mit der Mafia dabei unvermeidbar war, ernannte er Cesare Mori zum Präfekten von Palermo und räumte ihm Sonderbefugnisse ein. Welche Gestalt sie unter einer Diktatur annahmen, kann man sich leicht vorstellen.

OBEN Primo Cesare Mori (1871–1942) wurde 1926 von Mussolini zum Präfekten von Palermo ernannt. Der *Duce* befahl ihm, die Mafia auszumerzen, und betonte: „Wenn die Gesetze Sie behindern, erlassen wir neue."

Das beste Blut landet irgendwann in einem Narren oder einer Mücke.

Benito Mussolini (1883–1945), italienischer Diktator

Der „eiserne Präfekt"

Moris Aufgabe bestand weniger darin, die Mafia zu besiegen, als die Insel unter staatliche Kontrolle zu bringen. Im Oktober 1926 initiierte er in diesem Zusammenhang die gründlichste jemals gegen die Mafia gerichtete Polizeioperation.

Die harten militärischen Methoden, die ihm den Beinamen „eiserner Präfekt" einbrachten, sollten demonstrieren, dass die Autorität nun nicht mehr bei der Mafia lag, sondern beim Staat. Mori verbot jegliche Schutzgeldzahlungen (pizzo) und verfügte, dass ab sofort die Polizei für alle Probleme der öffentlichen Ordnung zuständig sei – dies kam einer Entmachtung der Mafiabosse oder *padrini* gleich.

Mori war umsichtig genug, sich die Unterstützung und das Wohlwollen der Bevölkerung zu sichern. Dennoch scheute er nicht vor brutalen Mitteln zurück bei seinem Versuch, „das Vermittlersystem zu beseitigen, bei dem der Bürger nur über Mittelsmänner an die Obrigkeit herantreten konnte und als Gefälligkeit erhielt, was ihm rechtmäßig zustand". So ließ er etwa weibliche oder ältere Verwandte von Mafiosi entführen, um diese zu zwingen, sich in die Hände der Carabinieri oder der Armee zu begeben. Manchmal belagerte er sogar ganze Städte.

Zwei Lager

Die Mafia hatte das faschistische Regime zwar nie offen unterstützt, doch sie stand ihm insgesamt positiver gegenüber als dem gemeinsamen Feind des Sozialismus. Nun spaltete sie sich angesichts des Angriffs in zwei Lager. Die Gegner des Faschismus wurden von Mori gnadenlos gejagt, ins Gefängnis gesteckt oder interniert, um dann per Massenverfahren zur Höchststrafe verurteilt zu werden. Anders verfuhr er mit jenen, die erkannten, dass es besser war, die Geschäfte über den Staat abzuwickeln, und sich zur Zusammenarbeit mit Mori entschlossen. Ihre Kooperation ging bisweilen so weit, dass sie im Tausch gegen eine Immunitätsgarantie bei der Verhaftung von Verbrechern mitwirkten. Auch die Haltung dieser Mafiosi änderte sich – die einst so landesstolzen Sizilianer entwickelten sich schon bald zu den glühendsten Patrioten Italiens. Innerhalb kürzester Zeit flohen 500 Mafiosi nach Amerika.

Moris Mission

Dem Faschismus gelang auf diese Weise ein schwerer Schlag gegen die Mafia. Weil Mori die Sache aber nur aus dem Blickwinkel der öffentlichen Ordnung sah, erlaubte er die „Umkehr" aller Mafiosi, die bereit waren, auf die Seite des Staates zu wechseln, und tastete auch die Macht der Großgrundbesitzer nicht an. Zu keiner Zeit nahm der Faschismus eine Landreform in Angriff, die mit einer Umverteilung des Besitzes die Machtbasis der Mafia ganz sicher zerstört hätte. Stattdessen konnte sich die bewaffnete Mafia später im rechten Augenblick erneuern.

Davon abgesehen aber leistete Mori Entscheidendes bei dem Versuch, die Staatsautorität durchzusetzen, die Unterstützung der Bevölkerung zu sichern und vor allem die Straffreiheit abzuschaffen. Dennoch wurde er 1929 seines Amtes enthoben und zum Senator ernannt – kurz zuvor hatte er Ermittlungen gegen Alfredo Cucco eingeleitet, den politischen Kopf des Faschismus in Palermo.

OBEN Der Faschistenführer Benito Mussolini beim Marsch auf Rom 1922. Am 31. Oktober ernannte ihn der König zum Ministerpräsidenten, während 25.000 Schwarzhemden durch die Hauptstadt paradierten. Später erhob er sich zum Diktator.

OBEN Orangenverkäufer, Palermo 1920. Die Kontrolle über die Landwirtschaft war eine Machtbasis der Mafia. Daran rührten auch die Faschisten nicht.

1915 Die Mafia ermordet Bernardino Verro, der faire Verträge für die Landarbeiter fordert.

1926 Cesare Mori wird Präfekt von Palermo. Ihm wird freie Hand bei der Vernichtung der Mafia gelassen.

1943 Sizilien ist unter Kontrolle der Alliierten.

1944 Salvatore Giuliano bricht aus dem Gefängnis von Monreale.

1946–47 Der Ciaculli-Krieg entbrennt zwischen den Familien Giardini und Greco über den Export von Zitrusfrüchten.

Mussolinis Sturz

Ein Jahr nach Kriegsausbruch trat Italien in den Zweiten Weltkrieg ein. Überzeugt, dass der Sieg Deutschlands in wenigen Monaten sicher war, traf Mussolini eine fatale Entscheidung für seine Armee, die nur ungenügend ausgerüstet war. „Ich brauche ein paar Tausend tote Soldaten, damit ich am Siegertisch sitzen kann", rechtfertigte der *Duce* sein Bündnis mit Hitler.

Der Krieg offenbarte auf dramatische Weise die Schwäche und prekäre Lage der italienischen Armee. Der russische Winterfeldzug 1942/43 erlegte den Soldaten größte Strapazen auf, die unter extremen Klimabedingungen in schwierigem Terrain mit den Deutschen als Verbündeten und den Russen als Gegnern kämpfen mussten. Nach dem Desaster des Russlandfeldzugs bereute der König den italienischen Kriegseintritt bitter. Aber er war nicht der Einzige, bei dem angesichts der hoffnungslosen militärischen Situation Zweifel aufkamen – vielen Faschisten erging es nicht anders. Im Juli 1943, nach der Invasion Siziliens durch die Alliierten, wurde der *Duce* deshalb vor den Faschistischen Großrat, den Dachverband des Faschismus, gerufen und von ihm abgesetzt.

Der König ging sogar noch einen Schritt weiter und ließ Mussolini verhaften. Er ernannte Marschall Badoglio zum Ministerpräsidenten und gab dem ehemaligen Generalstabschef den Auftrag, mit den Alliierten einen Waffenstillstand auszuhandeln. Am 3. September 1943 unterzeichnete der neue Regierungschef das Abkommen, am 8. September wurde es den Italienern bekannt gegeben.

RECHTS 5. Mai 1943: Die ersten amerikanischen Armeefahrzeuge rollen durch die sizilianische Bergstadt Pollina. Nachdem die Mafia unter Mussolinis Regime fast vernichtet worden wäre, erlebte sie unter der alliierten Militärregierung eine Wiedergeburt.

UNTERSTÜTZUNG FÜR DIE ALLIIERTEN

Im Sommer 1943 hielten sich mehrere Mafiamitglieder auf der Insel auf. Unter ihnen befanden sich Lucky Luciano – der Kopf der amerikanischen Mafia arbeitete in Palermo unter falschem Namen als persönlicher Dolmetscher der alliierten Verwaltung –, Albert Anastasia, Joe Adonis, Frank Costello, Vito Genovese, Nick Gentile und Joe Profaci. Alle hatten Ämter als „Befreier" inne und unterstanden dem amerikanischen Geheimdienst. Die Bande zwischen der sizilianischen Cosa Nostra und den Amerikanern verstärkten sich später bei illegalen Geschäften wie dem Drogenhandel. In der Nachkriegszeit hatte der Stillhaltepakt mit dem amerikanischen Geheimdienst das Ziel, den potenziellen Aufstieg der Kommunistischen Partei in Italien abzuwenden.

OBEN Albert Anastasia, der „Lord High Executioner" der Murder Inc., war einer von vielen Sizilianern, die nach dem Krieg in Amerika Karriere machten.

Parteigänger der Amerikaner

Im Sommer 1943 hatten die Alliierten die Operation Husky gestartet und waren in Sizilien gelandet. Die Mafiamitglieder, die in den Gefängnissen oder Internierungslagern des faschistischen Regimes einsaßen, kamen wieder frei und kehrten als Antifaschisten nach Hause zurück. Die Amerikaner akzeptierten, dass sich die Kriminellen als ihre Parteigänger ausgaben und über Nacht zu Kämpfern für die Demokratie mutierten, weil sie sich über die wichtige politische Rolle der Mafia auf der Insel im Klaren waren.

Der amerikanische Marinegeheimdienst American Office of Naval Intelligence (ONI) hatte schon nach dem Kriegseintritt der USA mit der amerikanischen Cosa Nostra zusammengearbeitet, um die New Yorker Hafengebiete vor Sabotageakten der Achsenmächte zu schützen. In der sogenannten Operation Underworld spielten Gangster wie Lucky Luciano und der Jude Meyer-Lansky eine führende Rolle. Auch das Office of Strategic Services (OSS), ein Vorläufer der CIA, nutzte während der Invasion Siziliens Kontakte zur Mafia.

Ernennung von Mafiosi

Die sizilianische Mafia unterstützte die amerikanischen Truppen bei ihrem Vorstoß in das schwierige, schroffe Landesinnere, indem sie die Strecke gegen deutsche Scharfschützen sicherte und einen enthusiastischen Empfang in den Inseldörfern organisierte. Dort feierte man das Eintreffen der Befreier, und nicht minder groß war die Begeisterung aufseiten der amerikanischen „Cousins" aus den Armeen von General Eisenhower und General Patton.

Danach berief die Führung der alliierten Militärregierung (AMGOT) viele Mafiamitglieder oder der Mafia nahestehende Personen auf wichtige Posten in der Verwaltung. Einige Mafiabosse wurden in ihren Städten sogar Bürgermeister.

UNTEN September 1943: Die US-Armee hüllt Palermo in einen schützenden Rauchmantel, um Mafiosi und Mafia-Bossen ihre Strategie zu signalisieren.

DON CALOGERO VIZZINI

Nach seinem Tod wurde „Don Calò“ in seinem Heimatdorf Villalba mit einem Begräbnis geehrt, das eines Staatschefs würdig gewesen wäre. Wer daran teilnahm, konnte auf einem Anschlag an der Kirchentür lesen: „Seine Mafia war nicht kriminell, sondern achtete das Gesetz, verteidigte alle Rechte und war großzügig im Geiste. Sie war Liebe.“ So lautet auch heute noch die Inschrift auf Don Calòs Grabstein. Dass er beschuldigt wurde, 39 Morde, sechs versuchte Morde, 36 bewaffnete Überfälle, 37 Diebstähle und 63 Erpressungen begangen zu haben, spielte offensichtlich keine Rolle.

Don Calogero Vizzini war das Oberhaupt der sizilianischen Mafia bis in die Jahre nach dem Zweiten Weltkrieg. Er war nicht nur ein wichtiger *gabellotto* (Pächter und Makler für Land der Großgrundbesitzer), sondern leitete auch die „Minenmafia“, die sich auf das Verpachten von Schwefelminen spezialisiert hatte, in denen Bergarbeiter unter sklavereiähnlichen Bedingungen schufteten.

Mit den zunehmenden Attacken des Regimes gegen die Mafia geriet auch Don Calò in Schwierigkeiten. 1927 wurde er für bankrott erklärt, später als Anführer der „Minenmafia“ verhaftet und angeklagt. Dank eidesstattlicher Aussagen zu seinen Gunsten blieb ihm das Gefängnis erspart, aber er war nicht vollständig freigesprochen.

Unmittelbar nach der Landung der Alliierten auf Sizilien wurde Vizzini von den Amerikanern zum Bürgermeister von Villalba ernannt und gehörte dort zu den glühendsten Anhängern der Unabhängigkeit Siziliens. Er erkannte jedoch, dass sie keine Zukunft haben konnte, und unterstützte als einer der ersten Mafiosi die katholischen Christdemokraten. Im Alter eine heruntergekommene Erscheinung mit nur wenigen verbliebenen alten Freunden starb er am 10. Juli 1954 einen friedlichen Tod.

OBEN LINKS Calogero „Don Calò“ Vizzini (1877–1954) wurde von den Medien als „Boss der Bosse“ dargestellt. Von der Polizei wurde er als Viehdieb beschuldigt, in seinen Kreisen aber wie ein Fürst behandelt.

LINKS Don Calòs Neffe steht neben dem Sarg. Sein Name ist ebenso wenig bekannt wie der von Vizzinis Nachfolger, da keiner der Kränze einen Namen trug.

Marionettenregierung

Während im Süden alle Zeichen auf einer Wiederbelebung der Mafia standen, sorgten sich die Landbesitzer in der Mafia um Norditalien, wo der Krieg noch tobte. Mussolini wurde am 12. September 1943 von einem deutschen Fallschirmjägerbataillon befreit und nach Deutschland gebracht, wo Hitler ihm die Rückkehr nach Italien und die Gründung einer neuen republikanischen Regierung unter deutschem Schutz befahl. Tatsächlich wurde am 23. September 1943 die Republik von Salò als Marionettenregierung der Deutschen ausgerufen.

Nach dem Waffenstillstand war die italienische Armee ohne Anweisungen von Regierungsseite geblieben und hatte sich aufgelöst. Einige Soldaten waren in deutsche Gefangenschaft geraten, andere geflüchtet und hatten sich als Widerstandskämpfer antifaschistischen Gruppen angeschlossen. Mit extrem schlechter Ausrüstung kämpften sie weiter gegen die Deutschen und gegen die Faschisten, die immer noch an Mussolini festhielten.

Befreiungskrieg

Die Tatsache, dass die Partisanen der Resistenza Seite an Seite mit den Alliierten kämpften, sorgte für Unruhe in den Reihen der Mafia, die sich nach der Landung der Alliierten in Sizilien neu formiert hatte, und bereitete auch den Großgrundbesitzern Sorgen. Der Widerstand hatte sich in Form von nationalen Befreiungskomitees politisch organisiert und umfasste mehrere antifaschistische Parteien. Durch die Dominanz der Arbeiterklasse waren die kommunistischen und sozialistischen Parteien dort am stärksten vertreten. Die Möglichkeit, dass diese Parteien später an der Regierung beteiligt sein würden und ihre politischen Programme umsetzen konnten, bedeutete in den Augen der Mafia eine Gefahr. Die Amerikaner teilten diese Haltung, unabhängig davon, dass alle noch auf derselben Seite kämpften.

Separatismus

Da sich die Mafia auf den Großgrundbesitz stützte, konnte sie sich weder dem faschistischen noch dem kommunistisch-sozialistischen Block anschließen und unterstützte die Sizilianische Unabhängigkeitsbewegung (MIS). Diese war kurz vor Landung der Alliierten entstanden und hatte rasch auf der ganzen Insel Unterstützung gefunden. In ihr fanden Gruppen mit heterogener politischer Abstammung zusammen – Fürsten, Monarchisten und Anwälte ebenso wie sozialistische Revolutionäre. Zumindest in der Anfangszeit hatte die MIS auch die Unterstützung der alliierten Streitmächte.

Obwohl der AMGOT jegliche politische Aktivität untersagt war, tolerierte sie die Entstehung der Separatistenbewegung. Einige Führer der MIS plädierten sogar dafür, Sizilien zum 49. Stern der amerikanischen Flagge zu machen.

OBEN Jeeps begleiten US-Generalmajor Keyes zum Königspalast in Palermo, wo sich die italienischen Kräfte ergeben. Damit endet auch der Krieg der Faschisten gegen die Mafia.

RECHTS In den Straßen von San Agata versorgt ein amerikanischer Marinesanitäter hinter der Frontlinie einen verwundeten Soldaten mit Blutplasma.

Guerillakrieg

Mit einer kleinen, aber äußerst zähen Freiwilligenarmee, die in gewisser Weise den alten Traum der Mafia von einem eigenem Staat repräsentierte, nahm die MIS im Herbst 1944 den bewaffneten Kampf auf – zum Teil als Reaktion auf die ständigen willkürlichen Angriffe der Polizeikräfte gegen ihre Anhänger. Der Versuch, eine separatistische Erhebung herbeizuführen, traf aber auf heftigen Widerstand und mündete in einen Guerillakrieg. Die italienische Regierung sah sich gezwungen, Polizei und Carabinieri durch die Entsendung einer Armee zu unterstützen, um die Revolte niederzuschlagen. Am 17. Juni 1945 starb Antonio Canepa, der Kommandeur und Begründer der Separatistenarmee, in einem Feuergefecht mit den Carabinieri. Sein Tod erregte den begründeten Verdacht, die Mafia sei direkt verantwortlich. Bei ihrer Antipathie gegen Begriffe wie „Sozialismus" und „Revolution" musste sie fraglos daran interessiert sein, sich eines solch subversiven Kämpfers zu entledigen.

Ein sizilianischer Bandit

Concetto Gallo wurde der neue Anführer der Separatistenarmee und verbündete sich in der Hoffnung auf einen Sieg der Aufständischen mit Banditen. Er schlug vor, der berüchtigtste und meistgesuchte Verbrecher ganz Siziliens, Salvatore Giuliano, solle sich der „Freiwilligenarmee für die Unabhängigkeit Siziliens" anschließen.

Giuliano war einverstanden und führte mit seiner Bande mehrere Angriffe auf Polizei, Carabinieri und die aus Rom geschickten Truppen. Im Mai 1946 erging ein Statut, das eine politische Lösung für die militärische Krise anstrebte: Es garantierte der Region Sizilien Verwaltungsautonomie und entzog damit der Sache der Separatisten wirksam die politische Grundlage. Die italienische Regierung gewährte politisch motivierten Verbrechen eine Amnestie, sofern keine Schusswaffen benutzt worden waren. Giuliano, der bis dahin unter dem Schutz der Mafia gestanden hatte, sah sich isoliert und verraten. In seiner exponierten Lage spielte er die antikommunistische Karte aus und gewann damit Protektion und Gunst der Mafia zurück.

RECHTE SEITE Voller Stolz auf seinen Ruf als „Robin Hood" posiert der 27-jährige Bandit und Separatist Salvatore Giuliano für die Kamera. Er konnte internationales Interesse wecken und zierte sogar die Titelseite des *Time Magazine*.

FAMILIENVERRAT

Nach dem Massaker von Portella delle Ginestre verlor Giuliano die Unterstützung der Mafia, und die Polizei nahm die Mitglieder seiner Bande eines nach dem anderen fest – ein übliches Standardverfahren der Mafia, die die Banditen für ihre Ziele einsetzte und sich ihrer wieder entledigte, sobald sie ihren Zweck erfüllt hatten. Giuliano wurde am 4. Juli 1950 tot im Hof eines alten Bauernhauses aufgefunden, also zwei Jahre, nachdem der Sieg der Christdemokraten bei den Wahlen von 1948 die unmittelbare Gefahr eines stärkeren kommunistischen Einflusses gebannt hatte. Er war von seinem Cousin Gaspare Pisciotta verraten worden, der als Bandenmitglied an mehreren Schießereien – auch der von Portella – beteiligt gewesen war. Doch er starb wohl von der Hand Luciano Liggios, einem Mafioso aus Corleone, der die stille Billigung von Landbesitzern und Regierungspartei hatte.

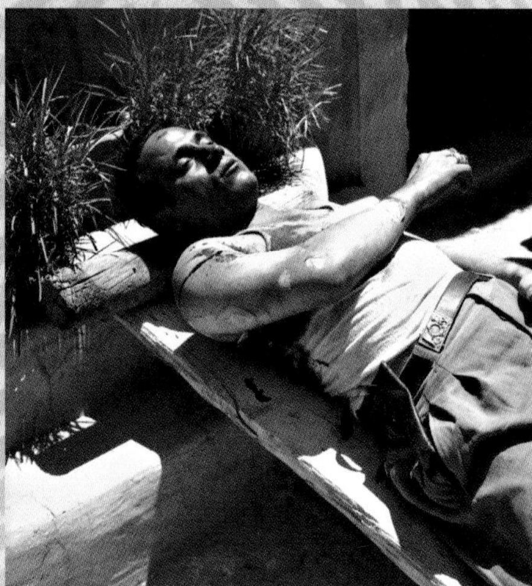

Als Salvatore Giuliano im Kugelhagel starb, soll er mehr als 100 Morde auf dem Gewissen gehabt haben.

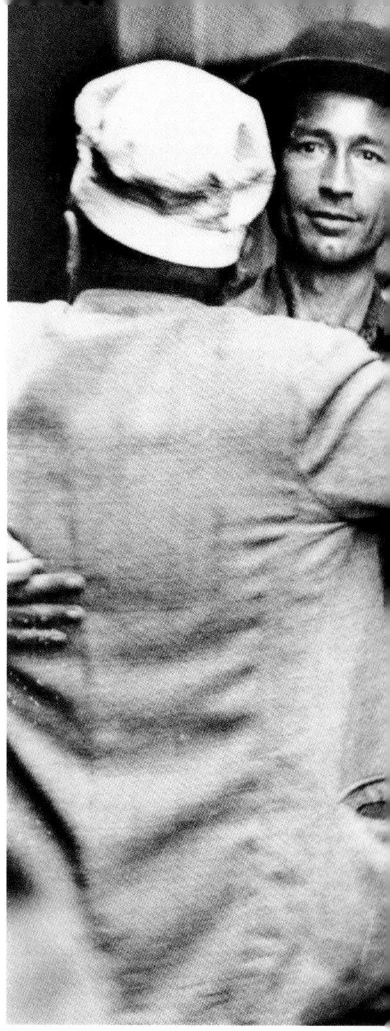

Das Blutbad vom 1. Mai 1947

Aus den sizilianischen Regionalwahlen von 1947 gingen die linken Parteien als Sieger hervor, was nicht zuletzt in dem neu eingeführten allgemeinen Wahlrecht begründet war. Nur wenige Tage später beging Giuliano sein brutalstes Verbrechen: Am Morgen des 1. Mai 1947 feuerte er in Portella delle Ginestre, einem Dorf bei Palermo, wo gerade der Wahlsieg und der Tag der Arbeit gefeiert wurden, auf Landarbeiter, Gewerkschaftler und jeden, der zufällig in seine Schussbahn geriet. Es starben elf Menschen, darunter auch zwei Kinder, 38 wurden verletzt.

Das Massaker war von der Mafia befohlen worden, in deren Schuld Giuliano stand, denn sie hatte ihm erheblichen Schutz gewährt. Es ging aber auch das Gerücht, Giulianos Blutbad habe den Segen gewisser nationaler und internationaler Kreise, die absolut dagegen waren, dass der Kommunismus auf italienischem Boden Fuß fasste.

Terrorismus

Der Terrorismus kehrte in den folgenden Jahrzehnten zurück, wann immer die Kommunisten in Italien scheinbar Fortschritte machten – mit tragischen Folgen für das ganze Land, in dem viel unschuldiges Blut vergossen wurde. Jüngste Forschungen in den Archiven des britischen Geheimdiensts haben ergeben, dass Giuliano nicht allein für das Blutbad von Portella delle Ginestre verantwortlich war, sondern auch eine Gruppe von Neofaschisten unter Führung des ehemaligen faschistischen

Kommandanten Fürst Junio Valerio Borghese. Tatsächlich weisen die nahe dem Tatort gefundenen Gewehrpatronen auf mehrere Schusslinien hin. Das Blutbad lag also offensichtlich nicht nur in der Verantwortung der Mafia, sondern auch in der einer antikommunistischen Verschwörung aus nationalen und internationalen Kräften.

OBEN Straßenmusiker, Sizilien 1947. Es gab viel zu feiern in diesem Jahr, denn Sizilien hatte eingeschränkte Autonomie durch die italienische Verfassung erhalten.

Vater, Sohn und Heiliger Geist

Beim Prozess gegen die Täter des Portella-Massakers wurde Gaspare Pisciotta zu lebenslänglicher Haft verurteilt, und dies, obwohl ihm zuvor eine Amnestie zugesagt worden war, wenn er bei der Gefangennahme seines Cousins Giuliano behilflich sein würde. Empört über den Verrat kündigte er an, die wahren Hintermänner des Gemetzels zu enthüllen. Am Tag der Urteilsverkündung tat er eine berühmte Äußerung, die Vieles über die Geschichte der Mafia und diejenige Italiens aussagt: „Wir sind ein Leib: Banditen, Polizei und Mafia. Wie der Vater, der Sohn und der Heilige Geist."

Gaspare Pisciotta wurde im Gefängnis mit einer tödlichen Dosis Strychnin vergiftet, die seinem morgendlichen Tuberkulosemedikament beigesetzt worden war. Seine Geheimnisse nahm er mit ins Grab. Was bleibt, ist die Erinnerung an ein Blutbad, bei dem unbeteiligte Zivilisten zu Opfern eines politischen Systems wurden, das offiziell allen politischen Flügeln offen Stand, in Wahrheit aber die Kräfte der Linken wirkungsvoll von der Macht ausschloss.

OBEN Eine Gruppe italienischer Männer und Jungen warten auf Ellis Island auf die Abfertigung. In den amerikanischen Großstädten erhielten die italienischen Immigranten Geld von den Parteien, damit sie bei anstehenden Wahlen für diese stimmten.

Die amerikanische Mafia
Das Gilded Age

Mitte des 19. Jahrhunderts entschieden amerikanische Parteiführer bewusst, Einwanderer als stetig wachsende Machtbasis zu umwerben. Dies ebnete den Weg für die Mafiosi des 20. Jahrhunderts.

„Parteimaschinen"

Einer der Ersten, die diese Strategie anwandten, war John Slidell. Er gehörte zum Ring, wie die „Parteimaschine" der Demokraten in New Orleans auch genannt wurde, die ein regelrechtes Patronagesystem aufbauen konnte. Slidells Schachzug zahlte sich umgehend in Wahlsiegen und den sich daraus ergebenden Posten aus. Dies wiederum stärkte die Position des Ringes und dehnte seinen Einfluss im politischen Wettbewerb staatsweit aus.

Die Demokraten in anderen Großstädten folgten Slidells Beispiel: Als Wellen deutscher, irischer und italienischer Einwanderer in Kansas City, Chicago und New York eintrafen, hieß die Partei sie willkommen, setzte sich für ihre Interessen ein und profitierte in der Folge von ihrem Stimmenkapital. Während die Demokraten effizienter beim Schmieden solcher Bündnisse waren, setzten die Republikaner ähnliche Praktiken in Städten wie Buffalo, Philadelphia und Atlantic City ein.

In den 1880er-Jahren wanderten eine Vielzahl von Italienern in die Vereinigten Staaten ein, und Politiker sahen entsprechend große Vorteile darin, Kontakte zu den eingewanderten Mafiosi und den Anführern der Straßengangs zu pflegen, die in den Little-Italy-Vierteln aus dem Boden schossen. Während die Gangster die Opposition einschüchterten und dafür sorgten, dass der „richtige Kandidat" gewählt wurde, boten die Parteichefs ihrerseits Patronageposten und Schutz vor Strafverfolgung. So waren Parteistrukturen und organisiertes Verbrechen in den Großstädten schon bald untrennbar verflochten.

In New Orleans arbeitete der Ring Ende des 19. Jahrhunderts sowohl mit dem Unterweltclan Matranga als auch dem Provenzano-Lager zusammen. Diese Allianzen sorgten dafür, dass bei offenkundig fragwürdigen Wahlen die Ring-Kandidaten mehr Stimmen erhielten, als es stimmberechtigte Wähler gab.

New York

Tammany Hall, das Hauptquartier der Demokraten in New York, suchte die Zusammenarbeit mit mehreren Unterweltgrößen, so auch den Five-Points-Gangstern Paolo „Paul Kelly" Vaccarelli, Frank Costello und Ciro Terranova. Vaccarelli führte das Kommando über die Straßengangs von Manhattan und hatte großen Einfluss bei den Dockarbeitergewerkschaften, sodass er Tammany Hall Anfang der 1900er-Jahre mit Wählerstimmen und Muskelkraft versorgen konnte. Costello pflegte nicht minder enge Beziehungen zu den Tammany-Politikern Jimmy Hines und Albert Marinelli.

Chicago

In Chicago taten sich die demokratischen Parteiführer Mike McDonald, Michael „Hinky Dink" Kenna und „Bathhouse" John Coughlin mit den Mafiabossen Antonio D'Andrea und Mike Merlo sowie dem Bordell- und Nachtclubbesitzer Jim Colosimo zusammen. Bei Colosimos Beerdigung 1920 befanden sich Kenna und Coughlin unter den zehn Stadträten, die als Ehrensargträger fungierten. Neben dem Sarg standen in Reih und Glied die Kongressabgeordneten John Rainey und Thomas Gallagher, mehrere Richter, Staats- und Bundesanwälte sowie Lokalpolitiker aus dem Wahlbezirk.

Kansas City

Die Pendergast Machine – die Parteiorganisation der Demokraten in Kansas City – umfasste mehrere prominente Glücksspieler und Gangsterbosse, darunter Johnny Lazia und Charles Binaggio. Lazia kontrollierte die illegalen Glücksspielgeschäfte der Stadt sowie den Alkoholschmuggel der 1920er- und frühen 1930er-Jahre und war ein enger Freund von Mafiaboss Tom Pendergast. Als Lazia am 10. Juni 1934 erschossen wurde, übernahm Binaggio seine Aufgaben und verbündete sich mit der nächsten Generation der Pendergast Machine. Er wurde am 5. April 1950 ermordet.

OBEN Die Zeitungskarikaturisten nahmen die Mafia oft aufs Korn. Hier führt ein Tammany-Hall-Polizist einen unverbesserlichen Reformer dem Richter vor.

UNTEN Der Demokrat John Coughlin war Stadtrat in Chicago und ein Freund von Jim Colosimo. Er wurde stets wiedergewählt.

DER ARTISCHOCKENKÖNIG

Ciro Terranova, der Halbbruder des Mafiabosses Giuseppe Morello, schuf sich selbst ein einzigartiges Metier: Er sicherte sich per Vertrag das Ankaufsrecht für alle nach New York verschifften Artischocken und wurde ihr Exklusivlieferant auf den Gemüsemärkten der Stadt. Eine deftige Preiserhöhung und die Beliebtheit des Distelgewächses in Little Italy sicherten Terranova ein beträchtliches Einkommen.

Dieser handgezeichnete Plan zeigt Gangster und die von ihnen kontrollierten Territorien in New York. Die Navy Street in Brooklyn war Nährboden für künftige Mafiagrößen.

1920 Jim Colosimo wird getötet, weil er Capone und Torrio den Zugang zum Alkoholhandel verwehrt.

1920 Nahe der New Yorker Polizeiwache eröffnen Schmuggler einen regulären Straßenladen, in dem Alkohol erfolgreich verkauft und getauscht wird.

1929 Capone befiehlt das Valentinsmassaker. Er selbst hält sich währenddessen in Florida auf.

1929 Als Lucky Luciano zum Mafiachef aufsteigen will, wird er mit einer Stichwunde im Gesicht „verwarnt".

1947 Al Capone stirbt an Herzversagen, vermutlich eine Spätfolge der Syphilis.

„WIR TÖTEN UNS NUR GEGENSEITIG"

Mit diesen Worten soll Benjamin „Bugsy" Siegel, langjähriger *associate* von Mafiaboss Charlie Luciano, angeblich einmal einen Bekannten beruhigt haben. Doch hatte seine Aussage wenig mit der Wahrheit zu tun.

Zu den ersten Angriffen der Mafia auf Gesetzeshüter zählen die Ermordung des Polizeichefs von New Orleans, David Hennessy, im Jahr 1890 und der Mordanschlag auf den New Yorker Polizeileutenant Joseph Petrosino, der sich 1909 im Zuge von Ermittlungen in Sizilien aufhielt. 1922 sahen Gangster nach einem missglückten Mordanschlag auf „Joe the Boss" Masseria ihren Fluchtweg von Streikposten versperrt und eröffneten das Feuer. Sie trafen sechs Menschen, einen von ihnen tödlich. Beim Valentinsmassaker 1929 schließlich töteten Capones Gangster auch zwei unbeteiligte Männer, die nicht zur gegnerischen Moran Gang gehörten: John May war Automechaniker, Reinhart Schwimmer ein Optiker.

Eine Menschenmenge versammelt sich, als die Chicagoer Polizei die Opfer des Valentinsmassakers abtransportiert. Die nach Art einer Exekution ausgeführten Fehdemorde ereigneten sich bei 2122 North Clark Street.

OBEN Die New Yorker Polizei untersucht die Leiche von „Joe the Boss" Masseria, der in einem Restaurant auf Coney Island erschossen wurde.

Frühe Mafiageschäfte

Um die Jahrhundertwende organisierten die Straßengangs in den amerikanischen Innenstädten regelmäßig volkstümliche Tanzfeste. Die Bandenmitglieder zwangen die lokalen Händler, rollenweise Tickets zu kaufen, indem sie mit Sachbeschädigungen oder anderen Repressalien drohten. Das Phänomen war so geläufig, dass sich der Begriff „racket", der ursprünglich nur die Tanzveranstaltung selbst bezeichnete, allmählich verallgemeinerte und heute „Verbrecherbande" oder „Gaunerei" bedeutet.

Padroni

Das *padrone*-System war eine frühe, halblegale Form des Menschenhandels, bei dem bereits etablierte Einwanderer in den USA als Arbeitsvermittler auftraten. Sie boten armen Familien in Sizilien Bargeld im Austausch für die Arbeitskraft eines oder mehrerer ihrer Kinder an. Die Familien willigten ein, da sie auf eine bessere Zukunft für ihren Nachwuchs hofften. So gelangten die Kinder in die USA und mussten überall dort arbeiten, wo sich ihr *padrone* die beste Rendite für seine Investition versprach. Schon in den 1870er-Jahren setzte Kritik am *padrone*-System ein, aber erst Ende 1905 gingen italienische und amerikanische Funktionäre effizient dagegen vor, indem sie ein Arbeitsbüro für italienische Emigranten gründeten.

Schwarze Hand

Eine Form der Erpressung, die in den Gemeinschaften von Little Italy üblich war, bestand in Drohbriefen der sogenannten Black Handers an Geschäftsleute. Sie forderten Geldzahlungen, waren mit bedrohlichen Zeichen versehen und trugen manchmal eine „Unterschrift" in Form eines Handabdrucks in schwarzer Tinte. Während einige Empfänger den Brief ohne weitere Konsequenzen ignorierten, wurden andere zur

Zielscheibe von Bombenanschlägen, Entführungen und Morden. Die junge Mafia in New Orleans soll ebenfalls diese Form der Schutzgelderpressung praktiziert haben.

Lotterien

Zu den lukrativsten und bestprotegierten Betätigungsfeldern der Mafia gehörte die Straßenlotterie, die von den Unterweltorganisationen landesweit betrieben wurde. Die Teilnehmer setzten dabei kleine Geldsummen auf bestimmte Zahlenreihen und konnten bei den Ziehungen große Bargeldpreise einstreichen.

Der Unternehmer Giosue Gallucci dominierte das Geschäft mit der Unterweltlotterie viele Jahre lang, bis er und sein Sohn am 17. Mai 1915 von Gangsterrivalen auf der East 109th Street erschossen wurden. Er hatte nicht nur gute Kontakte in die Politik, sondern protegierte auch sizilianische und italienische Straßengangs im New Yorker Stadtteil East Harlem.

OBEN Preiselbeerpflücker in New Jersey werden von einem *padrone* überwacht. Der Agent bot zunächst Geld für die Arbeitskraft armer italienischer Familien an, tatsächlich aber arbeiteten diese als seine Sklaven.

Dockarbeiter

Nachdem Mafiosi die Gewerkschaftsbewegung auf den geschäftigen Werften und Docks unterwandert hatten, kontrollierten sie die Arbeitskraft der Immigranten und konnten Provisionen von Schifffahrtsgesellschaften und Arbeitern verlangen. In diesem Segment betätigte sich auch der Provenzano-Clan von New Orleans. Das bekam auch Santo Oteri, ein Pionier der Obstspedition, zu spüren: Die vom Clan gesteuerten Hafenarbeiter weigerten sich 1881, eine Fracht reifer Bananen zu entladen, und nahmen ihre Arbeit erst auf, nachdem Oteri einen Großteil der Ladung an die mit den Provenzanos verbündeten Obsthändler abgetreten hatte.

Führende Familien

Gesucht wegen Polizistenmordes und Geldfälscherei, floh der Sizilianer Giuseppe Morello in den 1890er-Jahren aus seiner Heimatstadt Corleone in die USA. Eine Zeit lang arbeitete er mit seiner Großfamilie in Louisiana und in Texas, bevor er sich zum Umzug nach New York entschloss. Dort nutzte er seinen Einfluss auf die Mafiaorganisationen von New Orleans, Chicago und Buffalo, um zum Boss der Bosse über die junge amerikanische Mafia aufzusteigen.

Er hatte sein Hauptquartier in einem Sizilianerviertel in der Lower East Side von Manhattan und konnte von dort aus seinen Einflussbereich nach Norden bis East Harlem ausdehnen. In dieser Community befehligten seine Halbbrüder Vincent, Ciro und Nicholas Terranova eine skrupellose Straßengang. Ihr Stützpunkt war der berüchtigte „Mordstall", in dem sich Berichten zufolge Dutzende von Bandenmorden ereigneten. Morello erhielt noch zusätzliche Hilfe von entfernten Verwandten sowie von seinem Schwager Ignazio Lupo, genannt „der Wolf".

Lupo, der ebenfalls aus Corleone stammte, war nach der Ermordung eines Händlers vor der italienischen Justiz geflüchtet und Ende der 1890er-Jahre über den Atlantik gekommen. In New York widmete er sich im Bund mit Morello unter anderem den Schutzgelderpressungen der Black Hand Gang. Im Dezember 1903 wurde er zudem Mitglied von Morellos Familie, indem er dessen Halbschwester heiratete.

UNTEN Ignazio Lupo, genannt „der Wolf", ging auch in den USA seinem Gangster- und Mordmetier nach.

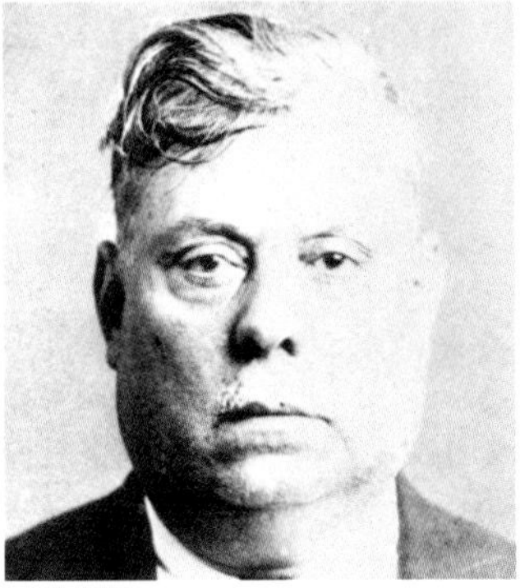

Säcke und Tonnen

Die strenge Disziplin in der Unterwelt erschwerte die Arbeit der Ermittler, denn die Gangmitglieder wussten genau, dass jegliche Auskunft über Morellos Geschäfte mit dem Tod geahndet wurde. Im „Sackmord" von 1902 wurde jemand hingerichtet, der zu viel geredet hatte. Als eine Gruppe Teenager am 23. Juli die New Yorker Bucht zum Baden aufsuchte, fiel ihnen in Ufernähe zwischen hohem Gras ein großer Kartoffelsack auf. Er enthielt die Leiche eines Mannes, der mit einem Schnitt durch die Kehle fast enthauptet worden war. Es handelte sich um den seit zwei Tagen vermissten Giuseppe Catania, genannt „Joe the Grocer", dem wohl seine Neigung, sich alkoholisiert über seine Unterweltkontakte auszulassen, zum Verhängnis geworden war. Man wusste, dass er sich am Tag seines Verschwindens noch mit Ignazio Lupo getroffen hatte, doch gab es keine weiteren Indizien, und so wurde von einer Anklageerhebung abgesehen.

Ein Jahr später verdächtigte Morello Giuseppe DePrima, an den Geheimdienst Informationen weitergegeben zu haben. Da DePrima sich im Gefängnis außer Reichweite befand, statuierte Morello ein Exempel an dessen nächstem männlichen Verwandten. Die Leiche von Benedetto Madonia aus Buffalo wurde in einer Tonne auf einem Bürgersteig in Manhattan gefunden, doch auch diesmal konnte die Polizei kein Beweismaterial gegen die Bandenchefs zusammentragen.

LINKE SEITE New Yorker Polizisten und Reporter mit dem „Sackmordopfer" aus dem East River. Der Kopf steckt in einem Jutesack.

Ich bin wie jeder andere auch. Ich decke nur die Nachfrage.

Al Capone (1899–1947), Chicagoer Mafiaboss

Betrügerische Firmenpleiten

Morello und Lupo gründeten die Erschließungsfirma „Ignatz Florio Genossenschaftsverein von Corleonesern". Sie verkauften Anteile und erwarben damit Grundstücke in New York, schlossen Verträge mit Bauunternehmern und liehen sich Tausende von Dollars, angeblich um den Bau von Wohnungen zu finanzieren. 1907 trat Morello urplötzlich als Präsident der Kooperative zurück, die kurz darauf Bankrott ging. In schneller Folge gingen außerdem zwei Lebensmittelgeschäfte mit Kontakten zu Lupo in Konkurs, und auch dessen Importfirma auf der Mott Street schloss ihre Türen mit einem Minus von 100.000 US-Dollar. Das Lebensmittelgeschäft von Salvatore Manzella war ebenfalls zahlungsunfähig. Allerdings stellten die Ermittler fest, dass kurz vor dem Konkurs Waren im Wert von mehreren Tausend Dollar verschwunden waren.

IDENTIFIKATION DES TONNENMORDOPFERS

Zunächst konnte das Opfer nicht identifiziert werden. Auf Drängen des Geheimdienstagenten William Flynn ging Detective Petrosino schließlich mit einem Foto ins Sing-Sing-Gefängnis und zeigte es den dort einsitzenden Mitgliedern der Morello-Fälscherbande. Der Häftling Giuseppe DePrima erlitt einen Schock, als er seinen Schwager Benedetto Madonia aus Buffalo wiedererkannte.

Der Geheimdienstmann William Flynn war der Mafia stets ein Dorn im Auge. Nachdem er die New Yorker Kripo umstrukturiert hatte, wurde er Direktor des Bureau of Investigation.

DIE ITALIENISCHE EINHEIT

Das New Yorker Polizeidepartment

OBEN Die Festnahme auf der Mulberry Street in New York findet das Interesse aller Altersgruppen der italienischen Community.

Nach Bombenanschlägen in italienischen Vierteln Anfang 1905 stellte der New Yorker Polizeikommissar William McAdoo einen fünfköpfigen Spezialtrupp aus italienischstämmigen Kriminalbeamten zusammen.

Die Leitung der neuen italienischen Einheit hatte Detective Joseph Petrosino inne, der 1895 der erste italoamerikanische Detective Sergeant des New Yorker Polizeidepartment (NYPD) war. Unter seiner Leitung ging der Spezialtrupp unerbittlich gegen die Schutzgelderpresser der Black Hand Gang und andere Verbrecher in Little Italy vor. Ein Jahr später erkannte der neue Kommissar Theodore Bingham die Bedeutung der Einheit und verstärkte sie. Nun unterstanden Petrosino 25 Männer sowie zehn weitere Beamte, die in Brooklyn unter Detective Sergeant Antonio Vachris arbeiteten.

Petrosino und seine Männer reihten in prestigeträchtigen Fällen einen Erfolg an den anderen. 1907 verhafteten sie Enrico Alfano, den Chef des örtlichen Camorra-Ablegers, und lieferten ihn an Italien aus, wo er wegen Mordes an seinen Rivalen Gennaro und Maria Cuocolo gesucht wurde. Der sizilianische Mafiaboss Raffaele Palizzolo, bekannt als Mörder des italienischen Politikers und Bankers Emanuele Notarbartolo, ließ sich dagegen 1908 von Petrosino überzeugen, seinen Besuch in New York abzubrechen und wieder über den Atlantik zu entschwinden.

Märtyrer der Polizei

Petrosino wurde im Februar 1909 von Bingham nach Italien geschickt, um dort Informationen über italoamerikanische Verbrecher zusammenzutragen. Da es sich um einen Geheimauftrag handelte, reiste er unter dem Decknamen Guglielmo DeSimone. Dennoch informierte Bingham die New Yorker Presse über den Einsatz, noch bevor der Ermittler in Sizilien eintraf.

Am 12. März 1909 sprach Petrosino auf der Suche nach Informanten aus der Unterwelt vor Ort mit Offiziellen. Danach aß der unbewaffnete 48-Jährige im Caffè Oreto in Palermo zu Abend und spazierte von dort aus zum Garibaldi-Garten auf der Piazza Marina. Am Gartentor wurde er von drei Kugeln tödlich getroffen. Die Polizei konnte keine Zeugen finden, obwohl mehrere Fenster zur Piazza Marina gelegen waren. Zwar wurde vermutet, dass der sizilianische Mafiaboss Vito Cascioferro die Hand im Spiel hatte, doch wurde dieser von Regierungsmitarbeitern geschützt und konnte ein bombensicheres Alibi vorweisen. Für den Mord an Petrosino konnte nie jemand strafrechtlich belangt werden.

OBEN Richter William McAdoo untersucht mit Beamten eine kugelsichere Weste, die aus nächster Nähe getestet wurde.

Auflösung der Einheit

Antonio Vachris stand als Nachfolger Joseph Petrosinos an der Spitze der italienischen Einheit des New York Police Departements. Unmittelbar nach dem Mord nahm er mehrere Brooklyner Unterweltgrößen fest und ließ sie wegen „Mitwisserschaft an der kürzlichen Ermordung eines Polizeibeamten von internationalem Ruf" verhaften, doch sie kamen bald wieder frei.

Vachris fuhr nach Italien, um Petrosinos Unterlagen abzuholen und im Mordfall zu ermitteln, musste seinen Besuch aber wegen politischer Querelen in New York vorzeitig abbrechen. Inzwischen war Theodore Bingham als Polizeikommissar abgesetzt worden, und sein Nachfolger William Baker hatte nur noch wenig Interesse an den Einsätzen Petrosinos und Vachris'. Er beorderte den Ermittler zurück und ließ die vielen mitgebrachten 742 Nachweise über kriminelle Delikte ad acta legen. Die italienische Einheit wurde aufgelöst und ihr Personal über verschiedene New Yorker Reviere verteilt. Antonio Vachris schied schließlich 1919 aus dem Polizeidienst aus und eröffnete ein Detektivbüro.

UNTEN Ein italoamerikanischer Polizeibeamter bewacht unter den Blicken der Bewohner von Little Italy ein abgesperrtes Bankhaus.

Wiederbelebung

Detective Sergeant Michael Fiaschetti befehligte die italienische Einheit, als diese zwischen 1918 und 1922 für kurze Zeit wiederbelebt wurde, als die Zahl der Gewalttaten der Black Hand Gang jäh anstieg. Obwohl Fiaschetti 150 Männer kommandierte, stand das Unterfangen unter einem schlechten Stern, weil die Sonderbehandlung der italoamerikanischen Verbrechen kontrovers diskutiert wurde.

Fiaschetti, ein ehemaliger Protegé Petrosinos, war zwar nicht weniger hartnäckig als sein Mentor, doch fehlte ihm eine elementare Eigenschaft: die Bereitschaft, uneigennützig im Sinne der Vorgesetzten zu handeln. Trotz mehrerer prestigeträchtiger Erfolge im Kampf gegen die italienische Unterwelt vergrätzte er mit seiner arroganten Art wichtige Leute in New York. 1922 etwa warf er einen einflussreichen Stadtpolitiker eigenhändig aus dem Büro der italienischen Einheit, nachdem er sich zuvor einen lautstarken Streit mit ihm geliefert hatte. Kurz darauf wurde die Einheit aufgelöst und Fiaschetti zum Streifendienst degradiert.

WOLF IM KÄFIG

Ignazio Lupo trat seine 30-jährige Haftstrafe im Februar 1910 im Bundesgefängnis in Atlanta an. Nach Wandlung der Strafe kam er im Juni 1920 auf Bewährung frei und geriet ins Fadenkreuz von Unterweltrivalen. Zwar überlebte er seine Gegner, doch stellte Präsident Roosevelt 1936 einen Verstoß gegen die Bewährungsauflagen fest, und Lupo musste zurück ins Gefängnis, wo er bis 1946 blieb. Im folgenden Jahr starb er.

Ignazio Saietta alias Ignazio Lupo konnte 16 Jahre lang der Haft entgehen, bevor er wieder im Gefängnis von Atlanta einsaß.

Geldfälscherei

Der US-Geheimdienst wusste seit geraumer Zeit von den Fälscheraktivitäten der Morello-Lupo-Bande. Gegen die unteren Chargen, die die Blüten auf der Straße weiterreichten, gab es ausreichend Beweise, doch den Köpfen der Gang ließ sich nichts nachweisen.

Im Mai 1909 bemerkte der Agent William Flynn, der das New Yorker Geheimdienstbüro leitete, dass in New York, Boston, Philadelphia, Pittsburgh, Buffalo, Chicago und New Orleans gefälschte Zwei- und Fünfdollarnoten im Umlauf waren, die ihrem Aussehen zufolge alle aus derselben Quelle stammten.

Flynn war davon überzeugt, dass die Morello Lupo Gang dahinter steckte. Schon vor dem sogenannten Tonnenmord hatte er die Gangleader heimlich überwachen lassen. Er wusste auch von Giuseppe Morellos Erfahrungen als Fälscher und von seinen zahlreichen Reisen in die Städte, in denen später die Blüten auftauchten. Außerdem besaß er eine Vorstellung von den Strategien, die Morello und Lupo anwandten, um selbst jeden direkten Kontakt mit dem Falschgeld zu vermeiden. Da alle vorherigen Versuche, gegen die Gang-Bosse vorzugehen, fehlgeschlagen waren, sammelte Flynn mit großer Sorgfalt Indizien, bevor er zum Angriff überging.

Informant

Der Geheimdienst konnte auch Sam Locino aus Pittston in Pennsylvania zur Mitarbeit bewegen, der Geschäftskontakte zu dem Morello-Helfershelfer Giuseppe Boscarino hatte. Flynn ließ von Locino per Post Proben der letzten Morello-Blüten anfragen und organisierte ein Treffen zwischen Boscarino und Locino, um den Kauf des Falschgelds zu besprechen.

In Zusammenarbeit mit dem US Postal Service schickte er mehrere belastende Briefe mit Falschgeldbestellungen per Einschreiben an Morello und dessen *associates*. Die eingeweihten Briefträger ließen sich den Empfang quittieren und außerdem von Zeugen die Identität der Empfänger schriftlich bestätigen. Auf diese Weise konnte Flynn eine Unmenge belastenden Materials zusammentragen.

UNTEN Unter Mithilfe des US Postal Service wurde einer der größten Falschgeldringe der USA gesprengt. Hier sortieren Arbeiter 1920 die Eingangspost.

Überläufer

Am 4. Juni 1909 leitete Flynn persönlich eine Razzia gegen mutmaßliche Fälscher, die sich in der New Yorker East 13th Street eingerichtet hatten. Sieben Personen wurden festgenommen. Einer von ihnen, Vincenzo Battaglia, gestand die Verbreitung von Falschgeld ein und behauptete, Morellos Kumpane Boscarino und Antonio Cecala hätten ihn gezwungen, die Blüten zu einem Viertel ihres Nominalwerts zu kaufen.

Der Durchbruch in dem Fall gelang, als der Drucker Antonio Comito sich bereit erklärte, gegen die Anführer auszusagen. Die Morello Gang – so sagte er – hatte sein Mitwirken durch Einschüchterung erzwungen. Er berichtete auch von Bandentreffs mit Morello und Lupo und

erinnerte sich, dass die Gang von der geplanten Ermordung des New Yorker Polizeilieutenants Joseph Petrosino gewusst und sie später gefeiert hatte.

UNTEN Auf dieser Gelddruckmaschine von 1935 wurden Millionen falscher Ein- und Fünfdollarnoten gedruckt.

Bosse hinter Gittern

Im November 1909 verhafteten Flynns Agenten 14 Männer wegen Geldfälscherei. Morello, Lupo, Cecala und fünf weitere Angeklagte kamen am 26. Januar 1910 vor Gericht. Die Vielzahl von Indizien überzeugte die Geschworenen, die für ihre Beratung kaum mehr als eine Stunde benötigten. Richter George W. Ray verurteilte die komplette Gruppe am 19. Februar zu einer Gesamtstrafe von 150 Jahren Haft im Bundesgefängnis in Atlanta. Morello erhielt 25 Jahre und eine Geldstrafe von 1000 Dollar, was ihn seine Führungsposition in der sizilianisch-amerikanischen Unterwelt kostete. Nachdem Ray sich die kriminelle Vorgeschichte Lupos angehört hatte, verurteilte er den „Wolf" zu 30 Jahren und 1000 Dollar. Keiner der Mitangeklagten kam unter einer Haftstrafe von zwölf Jahren davon.

Die Haft setzte Morello zu, und nach einem Jahr ging das Gerücht, er hoffe auf eine Strafminderung im Austausch gegen Informationen über den Petrosino-Mord. Zeitungsmeldungen zufolge soll er sich mit Offiziellen getroffen und das Mordkomplott gegen den Chef der italienischen Einheit geschildert haben. Seine Aussage wurde aber nie publik gemacht, weil Morello, so berichteten mehrere Zeitungen, es sich schließlich anders überlegt und seine Unterschrift verweigert habe.

Er litt an gesundheitlichen Problemen und fand auch in den Briefen seiner Familie kaum Trost. Im Frühjahr 1912 musste der ehemalige Boss der Bosse erfahren, dass sein Sohn Calogero bei einer Schießerei umgekommen war, vier Jahre später wurde sein Halbbruder Nicholas Terranova bei einem vermeintlichen Friedensgespräch mit Brooklyner Gangstern erschossen. Dank einflussreicher Freunde erreichte Morello schließlich eine Verkürzung seiner Haftstrafe auf 15 Jahre und kam wegen guter Führung im März 1920 frei.

Der Bordellkönig von Chicago

„Big Jim" Colosimo, im süditalienischen Kalabrien geboren, heiratete 1902 die Chicagoer Bordellchefin Victoria Moresco. Die Verbindung begründete seine Karriere als Verbrecher und legte den Grundstein zu einem umfassenden Gangsterimperium. Zunächst übernahm Colosimo das „New Brighton"-Bordell seiner Frau an der Armour Avenue und Archer Street und erweiterte seinen Aktionsradius, indem er neue Bordelle eröffnete und sich in bestehende Etablissements einkaufte. Bald besaß er auch Spielhöllen, Nachtclubs und Drogenspelunken.

Während die sizilianische Mafia jede Verwicklung in die Prostitution ablehnte, stand der Nichtsizilianer Colosimo außerhalb dieser Tradition. Er war nie Mafioso, auch wenn er Geschäftskontakte zur örtlichen Mafia unterhielt, in der Antonio D'Andrea und sein Topmann Mike Merlo das Sagen hatten.

Politik und Verbrechen

Außerdem pflegte Colosimo Kontakte zu den Chicagoer Demokraten. Die Kontrolle über die Bordelle im Levee District verschaffte ihm genug Geld und Einfluss, um eine Schlüsselposition zwischen dem Rotlichtmilieu und den Parteichefs Michael „Hinky Dink" Kenna und „Bathhouse John" Coughlin zu besetzen. Er trieb bei den Glücksspielläden und Bordelle im ersten Bezirk „Lizenzgebühren" – also Schutzgelder – ein und fungierte zudem als eine Art *padrone* für Neuankömmlinge in den italienischen Vierteln.

OBEN Jim Colosimo mit seiner zweiten Frau Dale Winter. Er hatte ihr noch vor seiner Scheidung einen Antrag gemacht.

FAMILIENVENDETTA?

Zu Beginn der Prohibitionszeit, als der illegale Alkoholhandel Geld in die Kassen spülte, machte Colosimo die bei ihm angestellte Varietésängerin Dale Winter zu seiner Lebensgefährtin. Nach 18 Jahren ließ er sich am 31. März 1920 von seiner Frau scheiden und verlobte sich mit Dale, noch bevor die Scheidungspapiere ausgestellt waren. Die Heirat folgte am 16. April.

Am Nachmittag des 11. Mai 1920 wurde Colosimo in sein Café gerufen, um eine Lieferung geschmuggelten Whiskey in Empfang zu nehmen. Er traf nach 16 Uhr ein, sprach noch mit mehreren Angestellten und begab sich dann in den Eingangsbereich. Die Arbeiter hörten zwei Schüsse, und als sie herbeieilten, lag Colosimo bereits tot auf dem Fliesenboden.

Die Polizei konzentrierte sich bei ihren Ermittlungen zunächst auf die Brüder der ersten Frau Victoria Moresco, die durch die Demütigung ihrer Schwester ein Motiv hatten, doch nach dem Verhör kamen beide wieder auf freien Fuß. Die Liste der Verdächtigen schien endlos, denn gleich ob Geschäftsleute, Politiker oder Unterweltrivalen – alle hatten einen Grund, den Tod des Bordellkönigs zu wünschen. Es wurde gemunkelt, ein Chicagoer Gangsterboss habe für den Anschlag auf Colosimo Frankie Yale und einen seiner New Yorker Kumpane angeheuert.

Auch wenn der Mord an Colosimo nicht geklärt werden konnte, weist der Finger der Geschichte auf den Mann, der von ihm am meisten profitierte: Johnny Torrio. Mithilfe Al Capones übernahm er die Kontrolle über Big Jims komplettes Rotlichtimperium.

Jim Colosimo hatte so viel Freunde, dass nach seinem Tod eine Unmenge von Personen auf der Liste der Verdächtigen stand.

Johnny Torrio und Al Capone

Der Reichtum und der Status von Jim Colosimo blieben dem Rest der Chicagoer Verbrecherwelt nicht verborgen, und so geriet er angeblich ins Visier unbekannter Black Hander.

Aus Furcht vor Repressalien rief er um 1909 den New Yorker Gangster Johnny Torrio zu Hilfe, der mit Paul Kelly zusammenarbeitete. Torrio übernahm nach seiner Ankunft in der „Windy City" die Leitung eines Bordells von Colosimo und stellte eine kleine Privatarmee zusammen.

1912 eröffnete Colosimo ein neues Lokal, das Restaurant „Colosimo's Café" an der 2126 South Wabash Avenue.

Bald nachdem sich Torrio mit Colosimo zusammengetan hatte, ließ er auch den Brooklyner Alphonse Capone nachkommen. Der in Amerika geborene Schläger war bekannt für seine Brutalität und hatte vorher in einem Nachtlokal des Gangsters Frankie Yale auf Coney Island gearbeitet. Das Trio Colosimo, Torrio und Capone herrschte nun gemeinsam über die florierende nichtsizilianische Unterwelt von Chicago. Während Colosimo bei seinen Unternehmungen mehr und mehr die Legalität suchte, kontrollierte Johnny Torrio einen Großteil der örtlichen Verbrecherszene, betrieb in der gesamten Region Zuhälterei und eröffnete einen eigenen Saloon, die „Four Deuces".

Als Colosimo 1920 ermordet wurde, übernahm Torrio seine Geschäfte, was die Vermutung nährte, er sei zusammen mit Al Capone für das Ableben des Bordellkönigs verantwortlich.

LINKE SEITE Entspannt verfolgt ein spöttischer Al Capone (Mitte) mit seinen Anwälten die Anhörung wegen Steuerhinterziehung vor dem Großen Geschworenengericht.

OBEN Den illegalen Alkohol versteckte man geschickt. Dieser vermeintliche Holzlaster transportierte tatsächlich hochwertigen Scotch.

Das „noble Experiment"

Mit dem Eintritt der USA in den Ersten Weltkrieg 1917 kam die Idee auf, Herstellung, Verkauf und Transport von berauschenden Getränken in einem „noblen Experiment" zu verbieten. Schon seit 1826 hatte man in den USA wiederholt den Alkoholbann ausgerufen. Der Vorschlag von 1917 stützte sich nun auf zwei Argumente: Die Abstinenzbewegung behauptete, die Herstellung alkoholischer Getränke verbrauche Getreideressourcen, die in Kriegszeiten für die Herstellung von Brot gebraucht würden, während die Sozialreformer in der Alkoholrestriktion ein Mittel sahen, trinkfreudige Einwanderer in den Griff zu bekommen und auch endlich den auf die Immigranten ausgerichteten Parteimaschinen entgegenzutreten.

Rumschmuggler und Schwarzbrenner

Als die Prohibition schließlich Gesetz wurde, hatte der 18. Zusatzartikel schon einiges an Unterstützung eingebüßt. Wer während des Krieges noch Restriktionen auf den Alkoholkonsum befürwortet hatte, sah 1920 keinen Sinn mehr in einem landesweiten Abstinenzzwang. Der Misserfolg der Prohibition erschien damit vorprogrammiert. Das organisierte Verbrechen in den USA, das sich bisher auf Glücksspiel, Rauschgifthandel, Schutzgelder und Prostitution konzentriert hatte, ahnte schnell, welch ungeheure Gewinne hier möglich wurden. Die Gangster der Küsten- und Grenzstädte verlegten sich auf Rumschmuggel und den illegalen Import von Markenwhiskey und -rum aus Kanada, Europa und der Karibik, Mafiabanden in Buffalo, Chicago, Detroit und New York leiteten den illegalen Alkohol weiter. Die Mafiaorganisationen im Landesinneren, etwa in Cleveland und Kansas City, entdeckten den lohnenden Handel mit Materialien und Geräten für die Schwarzbrennerei.

Konsolidierung

Die landesweite Kooperation der Alkoholschmuggler erwies sich als äußerst lukrativ. Die Torrio Capone Gang in Chicago nutzte vorteilhaft ihre alten Kontakte nach New York und bildete neue Allianzen mit Banden in Detroit, St. Louis und Philadelphia. Die Pittsburgher Mafia etablierte ihrerseits Beziehungen nach Chicago und zur Ostküste, wo es besseren Zugang zu den Alkoholimporten gab. In New York bündelte ein Verbrechernetzwerk unter Arnold Rothstein deutsche, jüdische, irische und italienische Kriminelle. Rivalisierende Gangster eröffneten sogar auf dem Bürgersteig eine „Alkoholbörse", wo sie ihre Überschüsse eintauschen konnten – unter dem Schutz der Mafiosi und der von ihnen geschmierten Polizei.

OBEN Beschlagnahmter Alkohol wurde vernichtet. Hier werden Bierfässer in den Rinnstein entleert.

Konkurrenz

Die Jagd nach den Schmuggeldollars sorgte aber auch für Konflikte zwischen den Unterweltorganisationen. In New York lag die Dutch Schultz Gang in Fehde mit der Rothstein Gang und bekam es später mit einer Rebellenfraktion unter Führung der Brüder Coll zu tun. In Detroit kam es zu mehreren aufsehenerregenden Morden, als sich Mafiagruppen die Führung streitig machten, und in Chicago lieferte sich der Torrio-Capone-Mob einen Kampf auf Leben und Tod mit irisch-jüdischen und sizilianischen Banden. Durch die zunehmende Gewalt und den Blutzoll unschuldiger Opfer wandelte sich auch die Haltung der Öffentlichkeit zu den Verbrechern.

18. ZUSATZARTIKEL

Der Kongress stimmte dem vorgeschlagenen 18. Zusatzartikel zur US-Verfassung Ende 1917 zu und reichte ihn an die Legislative der einzelnen Bundesstaaten weiter. Bis zum 16. Januar 1919 hatten mehr als genug Staaten seine Einführung ratifiziert. Da der Zusatz aber erst ein Jahr nach Ratifizierung in Kraft treten sollte, verabschiedete der Kongress am 21. November 1918 einen Eilantrag. Die sogenannte Kriegsprohibition war dazu bestimmt, während der Demobilisierung die Kontrolle über die heimkehrenden Truppen zu bewahren.

Doch für dieses Prohibitionsexperiment fehlte noch eine weitere Gesetzesmaßnahme, nämlich das Volstead-Gesetz, das die verbotenen Getränke festschrieb und das Finanzministerium ermächtigte, Restriktionen in Sachen Alkohol durchzusetzen. Der Kongress überstimmte das Veto von Präsident Woodrow Wilson und verabschiedete das Volstead-Gesetz am 28. Oktober 1919.

Mit Bannern protestieren New Yorker bei der Parade des 4. Juli gegen die Prohibition.

UNTEN Im ganzen Land wurden kleine Schwarzbrennereien aktiv. Diese bewaffneten Schwestern in Minnesota bewachen die Familienvorräte.

OBEN Joe „the Boss“ Masseria war der Mann, der angeblich „Kugeln ausweichen konnte“, und eine Schlüsselfigur im Krieg von Castellammare.

Krieg in der New Yorker Mafia

In der frühen Prohibitionszeit wurde die New Yorker Mafia von der Brooklyner Gang des Salvatore „Toto“ D'Aquila dominiert. Nach Giuseppe Morellos Verurteilung 1910 wegen Fälscherei stieg er zum Boss der Bosse der amerikanischen Mafia auf.

Als Morello um 1920 aus dem Gefängnis von Atlanta entlassen wurde, sah D'Aquila seine Position in Gefahr und fällte deshalb das Todesurteil über ihn und mehrere seiner Anhänger. Daraufhin brach ein Bandenkrieg aus.

Joe the Boss

Kopf der New Yorker Anti-D'Aquila-Front war Giuseppe „Joe the Boss“ Masseria. Der eingewanderte Sizilianer aus dem Städtchen Marsala leitete einen Trupp sizilianischer, kalabrischer und neapolitanischer Gangster. Zu seinen Anhängern gehörten Ciro Terranova aus East Harlem, Tommy Penocchio aus Manhattan und Frankie Yale aus Brooklyn.

Im Mai 1922 kostete der Bandenkrieg Morellos Halbbruder Vincent Terranova das Leben und noch am selben Tag wurde der Valenti-Helfershelfer Silvio Tagliagambe bei Handgreiflichkeiten tödlich verletzt. Eine Schießerei in der Nähe der Alkoholbörse von Lower Manhattan kostete zudem sechs Unbeteiligte das Leben. Die Polizei verhaftete den vom Tatort flüchtenden Masseria wegen Mordverdachts, musste ihn aber wieder freilassen.

Im August 1922 verlor Masseria fast den Krieg und sein Leben, als ihm zwei Attentäter in Manhattan in der Nähe seines Wohnblocks auflauerten. Doch es gelang ihm zu entkommen. Kurze Zeit später bekamen seine Männer Valenti zu fassen, als er gerade aus einem italienischen Restaurant an der East 12th Street trat. Mit einer Kugel in der Brust brach er tot auf der Straße zusammen.

DAS VALENTINSMASSAKER

Einer Legende zufolge traf sich die Gang von Bugs Moran am 14. Februar 1929 in einer Garage, um einen gekaperten Whiskeylaster in Empfang zu nehmen. Tatsächlich kam die Gruppe aber wohl zu einer Friedenskonferenz zusammen, denn die elegant gekleideten Topgangster wollten sicher keinen Lkw entladen. Als Polizisten verkleidet stürmten Capones Killer die Garage und töteten sechs Männer.

Die Leichen der Opfer liegen dort, wo Capones Männer sie mit abgesägten Schrotflinten niedergemäht hatten.

Neuer Boss der Bosse

Ohne seinen gefährlichsten Mann und angesichts eines Gegners, „der den Kugeln ausweichen konnte“, verlor D'Aquila schnell an Einfluss. 1926 zog er sich schließlich aus seinem Brooklyner Hauptquartier in Bath Beach zurück in ein Haus in der Bronx.

Giuseppe Masseria wurde durch Veteranen wie Morello und mit der Hilfe der Senkrechtstarter Charlie Luciano und Vito Genovese zum neuen Boss der Bosse. Die Tötung D'Aquilas vollendete am 10. Oktober 1928 schließlich den Sieg von „Joe the Boss“.

Aber Masseria lernte nicht aus den Fehlern seines Vorgängers. Er mischte sich ebenfalls in die Angelegenheiten anderer Mafiafamilien ein, indem er Al Capone zu seinem Vasallen machte und dessen Aktionen gegen konservative Chicagoer Mafiosi billigte. Masseria unterstützte den brutalen Sturz von Bossen in der Bronx, in Cleveland und Detroit und etablierte seine Verbündeten in Führungspositionen der Verbrecherclans in der Bronx und Brooklyn.

Der Krieg von Castellammare

Masserias Interventionen und seine Einführung von Nichtsizilianern in die amerikanische Mafia rief Unmut in den Reihen konservativer Mafiosi hervor, insbesondere jener, die aus dem westsizilianischen Städtchen Castellammare del Golfo eingewandert waren. Dieser enge Verband besaß Einfluss in Brooklyn, Buffalo und Detroit und war eng mit der Chicagoer Mafiaführung verbündet. Zwischen 1929 und 1931 entbrannte ein gewalttätiger Konflikt, der Krieg von Castellammare, zwischen den Anhängern Masserias und dem Castellammare-Netzwerk.

Chicago und Detroit

1929 wurde Joe the Boss gebeten, einen Streit zwischen dem Mafiaboss Joe Aiello und Al Capone zu schlichten. Er traf Aiello in Chicago. Mit von der Partie war auch der gebürtige Castellammarese Gaspar Milazzo, der eine führende Rolle in der Detroiter Unterwelt innehatte. Masseria bezog Front gegen Aiello.

Frustriert über Milazzos mangelnde Verhandlungsbereitschaft, unterstützte Masseria den Sturz des Detroiter Bosses. Sein Verbündeter Chester LaMare lockte Milazzo und seinen Leibwächter im Mai 1930 in einen tödlichen Hinterhalt auf einem Fischmarkt. Das konservative Lager reagierte prompt mit der Ermordung LaMares Anfang 1931.

Inzwischen hatte Aiello bei seiner Suche nach Verbündeten einen Anti-Capone-Pakt mit der irisch-jüdischen Gang von George „Bugs" Moran geschlossen. Capone entledigte sich dieser Bedrohung mit dem brutalen Valentinsmassaker vom 14. Februar 1929, und als Aiello im September 1930 bei einem Mordanschlag ums Leben kam, war Capone unbestrittener Herrscher über die Chicagoer Unterwelt.

OBEN Das Begräbnis von Gangster Frankie Yale erreichte Kultstatus. Tausende säumten die Straßen, um den Trauerzug auf dem Weg zum Holy-Cross-Friedhof in Brooklyn zu sehen.

UNTEN Das Hemd, das Joe Aiello bei seiner Ermordung trug, zeigt 37 Einschusslöcher. Sein Körper war von 50 bis 100 Kugeln durchsiebt und fast zweigeteilt.

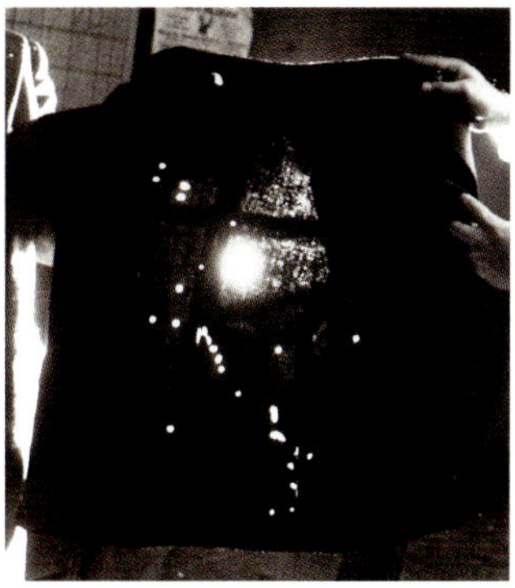

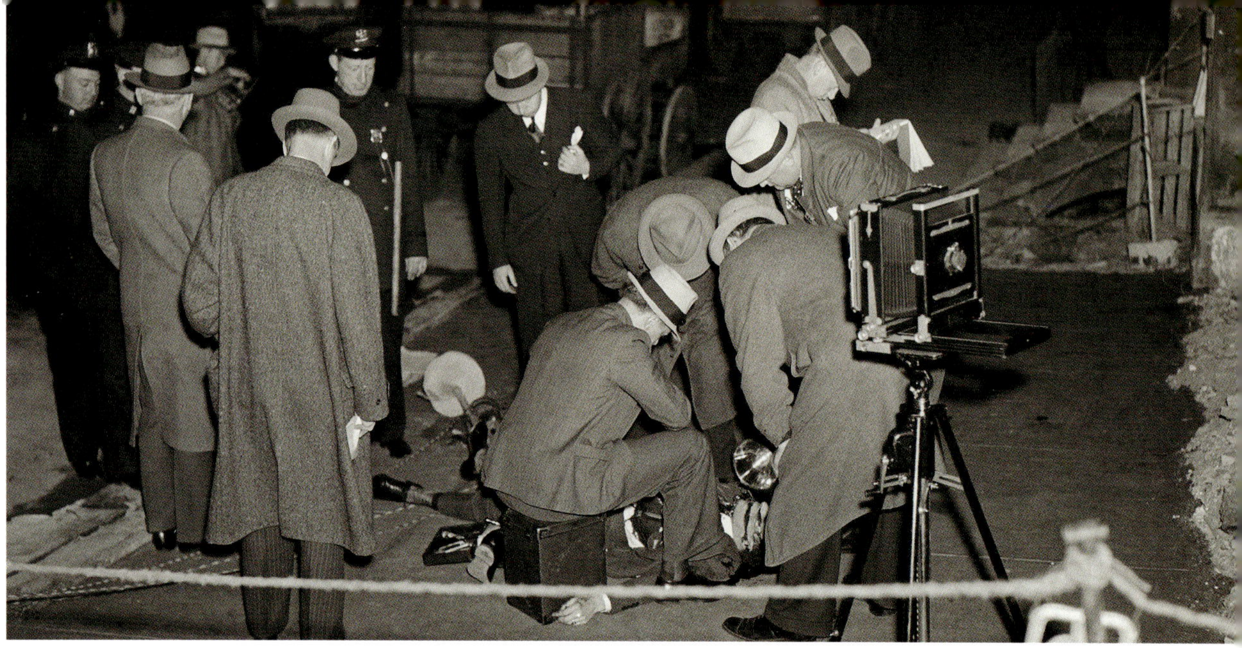

OBEN Die Polizei begutachtet den Tatort, nachdem der Lotteriebetreiber Johnny La Polla aus der Bronx im Mai 1937 an der East 102nd Street erschossen worden war.

New York

Bei seinem Versuch, sich die *castellammaresi* zu unterwerfen, demütigte Masseria ihren Boss Cola Schiro und setzte ihn ab. Während er Joseph Parrino als neues Oberhaupt unterstützte, sammelte sich die alte Schiro-Familie insgeheim um ihren Favoriten Salvatore Maranzano. Als Joe the Boss erfuhr, dass der Mafiaboss Gaetano Reina aus der Bronx mit dem konservativen Lager zusammenarbeitete, ließ er ihn im Februar 1930 umbringen und machte sich stark für Joe Pinzolo als neuen Chef der Reinaorganisation.

Das Blatt wendet sich

Nun ging das Castellammare-Lager, unterstützt durch Gelder und Schläger aus Buffalo, Philadelphia und anderen Städten, zum Gegenangriff über. Die Clans in der Bronx und in Brooklyn entledigten sich der von Masseria eingesetzten Anführer und konnten in der zweiten Jahreshälfte 1930 das Blatt gegen Joe the Boss wenden. Im August erschossen Maranzano-Gangster Masserias Chefberater Giuseppe Morello in seinem Büro in East Harlem. Drei Monate später wurden die Masseria-Verbündeten Manfredi „Al" Mineo und Steve Ferrigno durch einen Mordanschlag der *castellammaresi* in einem Mietshaus in der Bronx eliminiert. Daraufhin wechselte die Brooklyner Organisation von Mineo, der auf Salvatore D'Aquila gefolgt war, auf die Seite der *castellammaresi*.

Als sich Masseria Anfang 1931 um Friedensverhandlungen bemühte, setzte Maranzano den Krieg siegesgewiss fort, denn er wusste bereits, dass mehrere von Masserias Topleuten überlaufen wollten. Am 15. April wurde Joe the Boss bei einem Mittagessen mit seinen Bandenführern erschossen. Danach setzte sich Charlie Luciano an die Spitze der Masseria-Organisation und beendete den Krieg.

Unterweltkaiser

Maranzano ernannte sich selbst zum Boss der Bosse und hielt „Krönungszeremonien" auf Coney Island und in Chicago ab. Er verkündete, er würde von nun an die Zuständigkeit für die Alltagsgeschäfte abgeben und künftig über alle amerikanischen Mafiafamilien herrschen. Auf seiner geheimen Liste mit den Namen all jener, die nicht in die neue Ordnung passten, stand auch Luciano. Zu spät erkannte Maranzano, dass „Lucky" seine eigene Liste führte: Der neue Boss der Bosse kam am 10. September 1931 durch Messerstiche und Kugeln zu Tode.

CHARLIE „LUCKY" LUCIANO

Zwischen Herbst 1931 und Sommer 1936 war Charlie „Lucky" Luciano der einflussreichste Mafiaboss in den USA. Geboren am 11. November 1896 als Salvatore Lucania in dem sizilianischen Dorf Lercara Friddi, kam er bereits als Junge mit seiner Familie 1907 nach Amerika.

Zur Prohibitionszeit betrieb er Glücksspiel und Alkoholschmuggel und unterhielt Kontakte zum Mafia-Imperium von „Joe the Boss" Masseria. Luciano konnte mächtige Freunde um sich versammeln, aber er hatte auch gefährliche Feinde: So wurde er zu Beginn des Krieges von Castellammare von der Polizei mit Stich- und Schussverletzungen auf Coney Island aufgefunden, ohne dass er Angaben zu seinen Angreifern machen wollte.

Eine Verschwörung zwischen Luciano und seinen Verbündeten aus der Unterwelt führte im April 1931 zur Ermordung Masserias, woraufhin dessen Rivale Salvatore Maranzano zum obersten Chef der amerikanischen Mafia aufstieg. Da Luciano und Maranzano einander zutiefst misstrauten, war weiteres Blutvergießen unvermeidlich. Luciano schlug zuerst zu und ließ Maranzano im September 1931 in dessen Büros in der Park Avenue töten.

Doch rückte er nicht auf dessen Position als Boss der Bosse nach, sondern beanspruchte nur die Oberhoheit über den alten Masseria-Clan und setzte sich für die Bildung der sogenannten Kommission ein, eine Art Leitungsausschuss, der fortan – anstelle eines obersten Bosses – Streitigkeiten zwischen den verschiedenen Mafiagruppen schlichten sollte.

Luciano büßte seine Machtstellung 1936 ein, als er mit einem New Yorker Prostituiertenring in Verbindung gebracht und wegen Zwangsprostitution zu einer langen Haftstrafe verurteilt wurde. Seine Unterstützung des US-Militärs im Zweiten Weltkrieg brachte ihm zwar 1946 eine frühzeitige Haftentlassung ein, doch wurde er nach Italien abgeschoben. Von dort aus agierte er im Rauschgifthandel zwischen Europa und den USA, als er am 26. Januar 1962 einem Herzinfarkt erlag.

OBEN Lucky Luciano nach dem ersten Verhandlungstag im Gefängnistransporter. Er versucht noch, mit dem Taschentuch sein Gesicht zu verdecken.

UNTEN Lucky Luciano erliegt am Flughafen von Neapel einem Herzinfarkt. Hier wird der 65-Jährige in den Sarg gelegt.

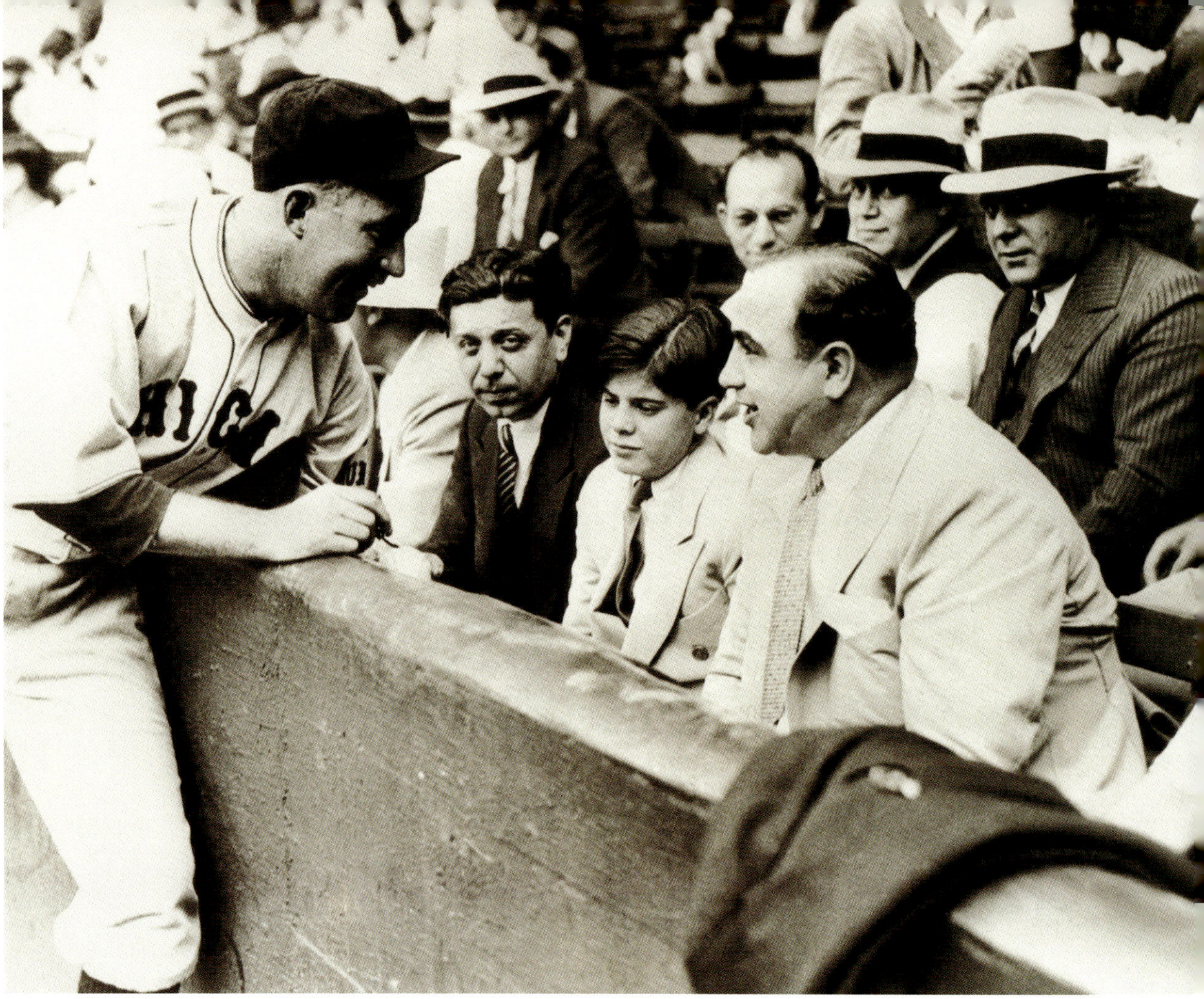

OBEN Bei einem Baseballspiel zwischen den White Sox und den Cubs plaudert Al Capone mit Gabby Hartnett von den Cubs, während dieser gerade einen Ball für Al (Sonny) jr. signiert.

Al Capone und der Steuerzahler

Das Finanzministerium hatte nur wenig Glück in seinem langen Kampf gegen Alkoholschmuggler wie Al Capone. Anders erging es der Bundessteuerbehörde (IRS), die mehrere führende Mafiaverbrecher belangen konnte.

Al Capone musste im Oktober 1931 wegen Steuerhinterziehung vor Gericht, denn während der kurzen Zeit als unbestrittener Zar der Chicagoer Unterwelt hatte er auf großem Fuß gelebt. Neben seinem Haus, den Unternehmen und Geschäften in Illinois unterhielt er auch einen luxuriösen Wohnsitz in Florida. Der IRS vermutete prompt unversteuertes Einkommen und erhob gegen ihn Anklage wegen Steuerhinterziehung.

Am 17. Oktober 1931 befanden die Geschworenen Capone für schuldig, eine Woche später wurde er zu elf Jahren Haft und einer Geldstrafe von 50.000 Dollar verurteilt. Zwar blieb ihm während der Berufungsanhörung die Haft erspart, doch im Mai 1932 wurde er ins Bundesgefängnis von Atlanta eingeliefert.

Seine psychische und physische Gesundheit nahm im Gefängnis Schaden, und er siedelte nach seiner Entlassung auf Bewährung Ende 1939 nach Palm Island in Florida über, wo ihn seine Familie bis zu seinem Tod an Herzversagen 1947 pflegte.

Die Steuerfahnder konnten auch Beweise vorlegen, die zur Anklage weiterer Mitglieder von Capones Unterwelt – dem sogenannten Chicago Outfit – führten, darunter auch Jake „Greasy Thumb" Guzik, T. J. Druggan und Frank Nitti.

Waxey Gordon

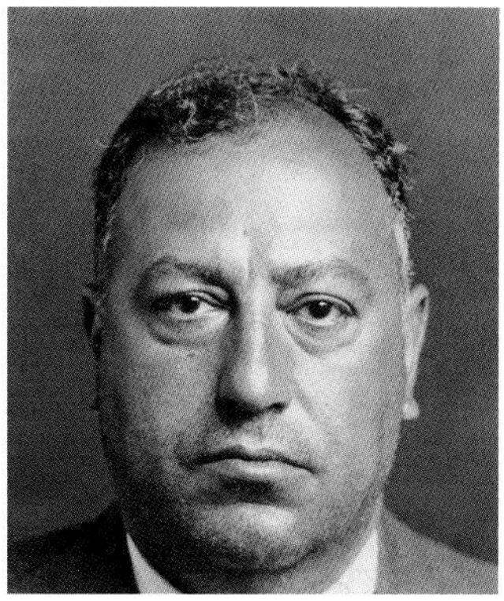

OBEN Irving Wexler, alias Waxey Gordon, war einer der erfolgreichsten Alkoholschmuggler in New York. Der IRS nahm ihn in seinem Versteck in White Lake fest.

Nach dem Fall Capone wandten sich die Steuerfahnder Waxey Gordon (eigentlich Irving Wexler) zu, einem Alkoholschmuggler im Gebiet New York/New Jersey. Nach Schätzungen des IRS hatte Gordon zur Hochzeit der Prohibition jährlich mehr als eine Million Dollar eingenommen. US-Staatsanwalt Thomas Dewey erhob 1933 Anklage, und binnen kürzester Zeit war der Fall entschieden: Die Geschworenen brauchten für ihre Entscheidung keine volle Stunde. Gordon erhielt zehn Jahre Haft.

Thomas Dewey und Dutch Schultz

Noch während der erfolgreichen Anklageerhebung gegen Waxey Gordon nahm Thomas Dewey den nächsten Gangsterboss unter die Lupe. Doch Dutch Schultz aus New York ließ sich nicht fassen und fand immer wieder Mittel und Wege, einer Verurteilung zu entgehen.

Zunächst tauchte er für zwei Jahre ab, doch als Dewey das Büro des Staatsanwalts verließ, stellte er sich der Anklage wegen Steuerhinterziehung. Die Verhandlung endete ergebnislos, die Geschworen waren sich uneinig. Daraufhin wurde ein zweites Verfahren wegen Steuerhinterziehung in Malone im Norden des Bundesstaats New York angesetzt. Der Gangsterboss traf mit seinem Gefolge frühzeitig ein und warf mit Geld nur so um sich, sodass er schlagartig zur Berühmtheit avancierte. Die örtlichen Geschworenen befanden ihn schließlich für unschuldig.

Aber Dewey hatte ihn nicht vergessen. Als Sonderstaatsanwalt kehrte er zurück in die Öffentlichkeit und gewann die nächste Anklage gegen Schultz wegen Steuerhinterziehung, diesmal über eine geringere Summe. Danach ermittelte er gegen Schultz' illegale Geschäfte. Doch bevor ein dritter Prozess eröffnet werden konnte, wurde der Gangster im Oktober 1935 erschossen, als er gegen Kaution auf freiem Fuß war.

"DUTCH SCHULTZ"

Arthur Flegenheimer wurde am 6. August 1902 in eine deutsch-jüdische Familie in der Lower East Side in Manhattan geboren. Schon 1920 verurteilte man ihn wegen Einbruchs zu einer Gefängnisstrafe. Danach verbündete er sich mit Jack „Legs" Diamond, Charlie „Lucky" Luciano und dem legendären Unterweltfinanzier Arnold Rothstein.

Der „Dutchman" steckte sich ein Territorium in der Bronx und in Harlem ab und betrieb zusammen mit Joey Noe eine illegale Kneipe. Auf seinen aggressiven Vorstoß in andere Harlemer Gaunerbranchen hin entbrannte eine Fehde mit Legs Diamond, der jedoch nach einem Mordanschlag 1929 aus der Stadt floh. Nach der Prohibition betätigte sich Schultz in der Schutzgelderpressung von Restaurants und in Betrügereien und übernahm zudem eine rentable Harlemer Straßenlotterie.

Schließlich geriet Schultz ins Fangnetz der Behörden. Zweimal ließ ihn Sonderstaatsanwalt Thomas Dewey ergebnislos vor Gericht stellen. Als Dewey eine dritte Anklage plante, verkündete der Gangster seinen Mafiafreunden, er würde den Staatsanwalt umbringen. Doch die Mafiakommission fürchtete einen solchen Mord und ordnete daraufhin Schultz' Tod an. Am 23. Oktober 1935 betraten bewaffnete Gangster sein Stammlokal. Als sie es wieder verließen, waren Schultz und seine drei Topleute tödlich verletzt, am nächsten Abend starb er im Newark City Hospital.

Gelassen gönnt sich Dutch Schultz 1935 im Kreis seiner Bewunderer eine Zigarette vor dem Bundesgericht in New York.

DIE MAFIA IM FILM

Die Unbestechlichen

OBEN Robert Stack als Eliot Ness in der Fernsehserie (1959–1963), die in Deutschland unter dem Titel „Chicago 1930" lief.

Zwei Fernsehserien (1959, 1993), ein Film (1987) und ein Videospiel (1991) – sie alle erzählen die faszinierende Geschichte des Finanzbeamten Eliot Ness, der im Chicago der 1920er-Jahre gegen den legendären Al Capone vorging.

Das Original

Besonders populär war die lange Fernsehserie von 1959 mit Robert Stack in der Hauptrolle, der seine unbestechlichen Beamten 118 Folgen lang dirigierte. Damals galt sie aufgrund ihrer schonungslosen Darstellung von Kriminalität und Kriminellen im Fernsehen als bahnbrechend.

Der Film

Das Drehbuch zum Film von 1987 schrieb David Mamet nach dem Buch von Eliot Ness, Regie führte Brian De Palma. Der Film erzählt, wie sich Ness (Kevin Costner) daran macht, den berüchtigten Al Capone (Robert De Niro) im Chicago der korrupten Prohibitionszeit zur Strecke zu bringen. Sein handverlesenes Team besteht aus Jim Malone (Sean Connery), einem knallharten Cop alter Schule, dem Polizeianwärter und Scharfschützen George Stone (Andy Garcia) sowie dem Buchhalter Oscar Wallace (Charles Martin Smith). Sean Connery bekam für seine Leistung einen Oscar als bester Nebendarsteller, und die Musik von Morricone wurde für den Oscar nominiert sowie in Großbritannien mit einem Academy Award ausgezeichnet.

Kevin Costner spielt Eliot Ness als netten Naivling, der beauftragt wird, den Staatsfeind Nr. 1 dingfest zu machen. Malone drängt ihn zu einem aggressiveren Vorgehen, als Ness bis dahin gewohnt war: „Er kommt mit 'nem Messer, Sie mit 'ner Kanone. Er schickt einen von euch ins Krankenhaus, Sie einen von denen ins Leichenhaus. So wird das in Chicago gemacht, und so kriegen Sie Capone."

Bekanntlich aber wurde Capone weder mit Muskelkraft noch mit Kanonen zur Strecke gebracht. Ihm wurde vielmehr zum Verhängnis, dass Oscar Wallace ein Missverhältnis zwischen Steuererklärung und Lebensstil auffiel.

Actionszenen

In seiner charakteristischen Manier baute Brian De Palma mehrere spektakuläre Actionszenen ein. Die berühmteste ist jene in der Union Station, wo Ness und Stone Capones Buchhalter Walter Payne (Jack Kehoe) verfolgen, der unter dem Schutz von

Wenn Sie sicher sein wollen, keinen faulen Apfel zu kriegen, holen Sie ihn nicht im Laden, sondern direkt vom Baum.

Malone (Sean Connery)

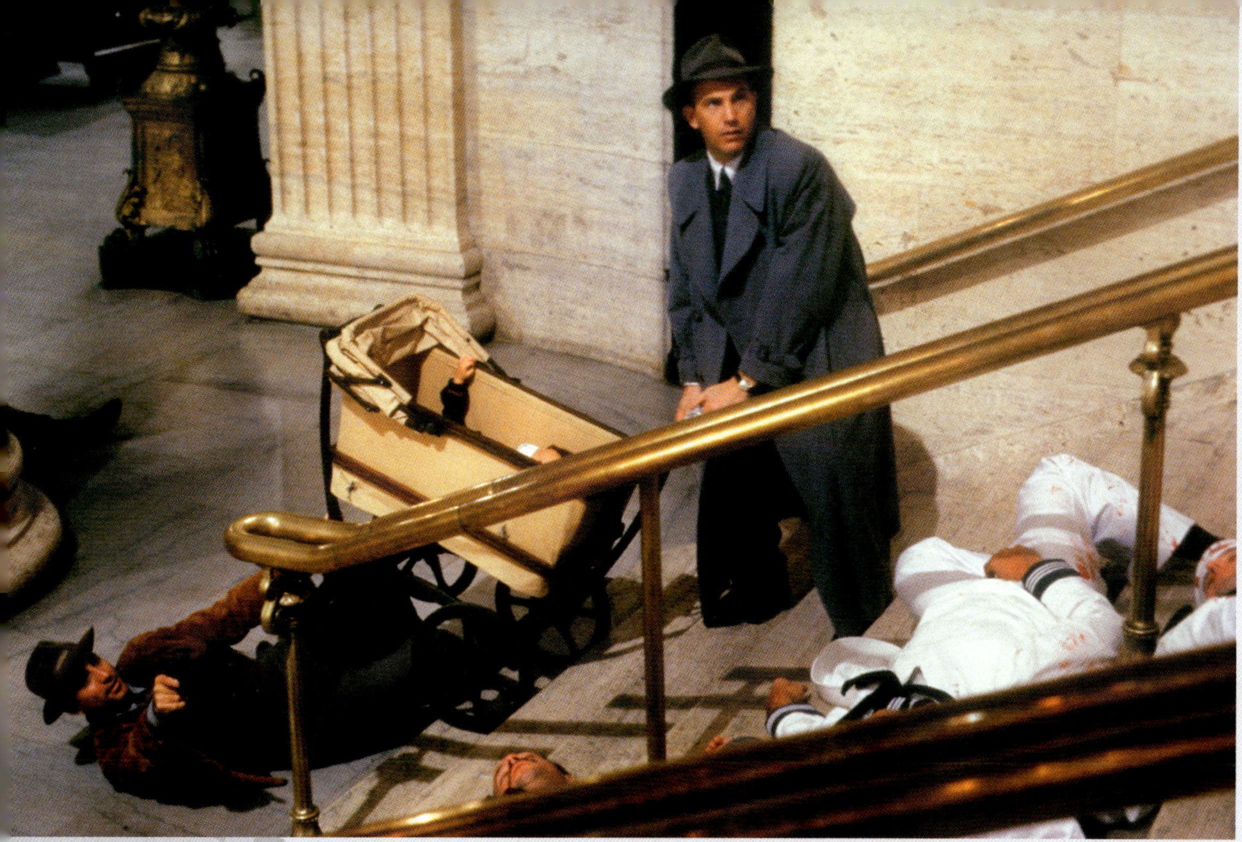

Schlägern versucht, die Stadt zu verlassen. Der ausgedehnte Schusswechsel erreicht seinen Höhepunkt auf der großen, breiten Treppe, wo inmitten von Gewehrschüssen ein Baby im Kinderwagen die Stufen herunterpoltert, dem sicheren Verderben entgegen.

In einer anderen Szene kann Malone den Mafiosobuchhalter George (Brad Sullivan) festsetzen und schlägt ihn zusammen, um belastende Informationen über Capone zu bekommen. Als das nicht gelingt, schießt Malone einem Schläger in den Mund, um George einzuschüchtern, denn dieser weiß nicht, dass der Mann bereits tot ist.

Am Ende des Films fragt ein Reporter Eliot Ness, was er als Nächstes vorhabe, wenn die Prohibition in Kürze aufgehoben werde. „Einen Drink nehmen", lautet die trockene Antwort.

OBEN Die Treppenszene ist eine Hommage an eine ähnliche Szene in dem Schwarz-Weiß-Film *Panzerkreuzer Potemkin* (1925) des legendären russischen Filmemachers Sergei M. Eisenstein.

ABSEITS DER KAMERA

Während des Castings traf sich Brian De Palma mit Bob Hoskins in Los Angeles, um ihm bei einem Drink die Rolle von Capone anzubieten, falls Robert De Niro absagen würde. Hoskins war einverstanden, und als De Niro schließlich unterschrieb, bedankte sich De Palma bei Hoskins, der einen „pay or play"-Vertrag hatte, und ließ ihm vom Studio 200.000 Dollar auszahlen. Hoskins rief De Palma an und fragte, ob es noch weitere Filme gebe, bei denen der Regisseur ihn nicht dabeihaben wolle.

Robert De Niro machte Al Capones Schneider ausfindig und ließ sich von ihnen exakt die gleiche Kleidung anfertigen, die Capone getragen hatte. Er bestand sogar auf derselben Seidenunterwäsche, obwohl sie im Film nicht zu sehen sein würde.

Robert De Niro in seiner Darstellung Al Capones, dem Lieblingsgangster der Steuerzahler.

OBEN In Nerz gehüllt, sagt die glamouröse Virginia Hill vor dem Senatsausschuss aus, dass ihr Einkommen von Freunden stamme. Bugsy Siegel wurde 1947 in ihrem gemeinsamen Haus erschossen.

UNTEN Meyer Lansky, einer der gewitztesten Gangster und Mafiabuchhalter, wird zum Tod von Albert Anastasia 1958 befragt.

Das Goldene Zeitalter der Mafia

Als Charlie Luciano 1932 seine Oberhoheit über die ehemalige Masseria-Organisation festigte, wurde statt der Position des Bosses der Bosse eine neu gegründete Kommission etabliert die innerfamiliäre Streitigkeiten schlichten und größere Aktionen unter den Familien koordinieren sollte.

Damit sank die Gefahr von Bandenkriegen deutlich, und die Mafiavereinigungen erlebten eine Blütezeit, indem sie in einem bis dahin nicht gekannten Ausmaß miteinander sowie mit nichtitalienischen Verbrecherorganisationen kooperierten. Jüdische Gangster wie Meyer Lansky, Louis „Lepke" Buchalter, Benjamin „Bugsy" Siegel und Mickey Cohen etablierten einträgliche Kontakte zur amerikanischen Mafia, um sich neue Territorien und Geschäftszweige zu erschließen.

Die neue Ordnung wurde schnell auf die Probe gestellt, und eine jüdisch dominierte Gang aus Brooklyn avancierte zum gefürchteten Vollstrecker der Mafia: Die Mitglieder der sogenannten Murder Inc. arbeiteten als Killer und wurden von Buchalter und Albert Anastasia koordiniert.

Prostitution und Glücksspiel

Die Prohibition endete 1933, als der 18. Zusatzartikel zurückgezogen wurde. Damit versiegte der Geldstrom aus dem Alkoholschmuggel, und die Verbrecherclans mussten sich neue Einkommensquellen erschließen.

Mehrere Gangster, die mit Luciano verbündet waren, verlegten sich auf das Bordellgeschäft. Daraufhin nahm sich Sonderstaatsanwalt Thomas Dewey den wachsenden Prostitutionsring vor. Mithilfe von Zeugenaussagen wurde Luciano als Kopf des Ringes zu 30 bis 50 Jahren Gefängnis wegen Zwangsprostitution verurteilt, aber auch die Abschiebung des mächtigen Bosses konnte der amerikanischen Mafia keinen Einhalt gebieten. Lucianos langjähriger *associate* Frank Costello übernahm die

BENJAMIN "BUGSY" SIEGEL

Siegel wurde am 28. Februar 1906 in Brooklyn geboren, wuchs dort gemeinsam mit dem späteren Gangsterkollegen Meyer Lansky auf und war ein Jugendfreund von Charlie Luciano. Sein Jähzorn bei Straßenkonflikten brachte ihm den Spitznamen „Bugsy" (verrückt) ein. Er soll mindestens 30 Leute auf dem Gewissen haben.

Zu Beginn der Prohibition schlossen sich Siegel, Meyer Lansky und einige Helfershelfer zum „Bugs and Meyer Mob" zusammen und heuerten Schmuggler zum Schutz von Alkohollieferungen an. 1937 wurde Siegel nach Südkalifornien geschickt, wo die Mafiaorganisation von Jack Dragna im Clinch mit dem Gangster Mickey Cohen lag. Siegel konnte den Konflikt entschärfen und stieg in Glücksspielgeschäfte im Großraum Los Angeles ein. Danach betätigte er sich unter anderem auf der Pferderennbahn, beim Wettdienst, in Casinos und im Drogenhandel.

Mitte der 1940er-Jahre wurde er auf Las Vegas aufmerksam und versenkte dort Unsummen von Mafiageldern beim Bau eines Hotels und Casinos mit Namen „The Flamingo". Explodierende Kosten in Millionenhöhe, Bauverzögerungen und die schlecht besuchte Eröffnung am 26. Dezember 1946 brachten seine Geschäftspartner in Rage.

Anfang Juni 1947 schließlich platzten die ersten Flamingo-Schecks. Damals vertraute Siegel einem Freund an, er müsse auf der Stelle mindestens 1,5 Millionen Dollar auftreiben. Am Abend des 20. Juni sprach er gerade mit seinem *associate* Allen Smiley, als ein Attentäter mit einem Militärkarabiner „M1" neun Mal durchs Fenster der Villa feuerte, in der Siegel mit seiner Freundin Virginia Hill lebte. Zwei Schüsse trafen Bugsy in den Kopf – er war sofort tot.

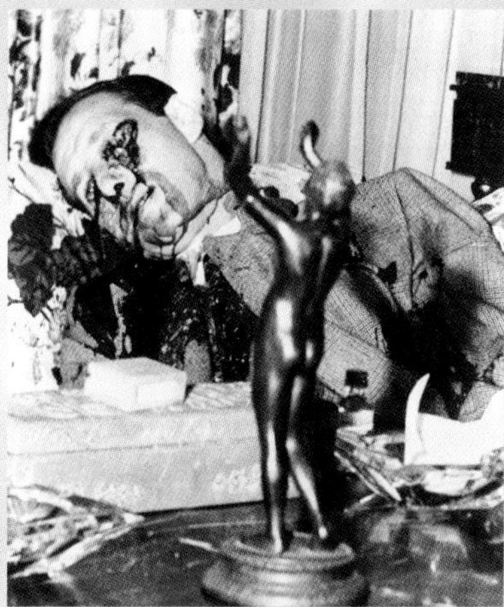

Bugsy Siegel starb auf dem Sofa seines Hauses in Beverly Hills. Seine Freundin Virginia Hill hielt sich währenddessen in der Schweiz auf.

Herrschaft über den größten Verbrecherclan New Yorks.

Wettdienst

Das Chicago Outfit brachte auch eine lukrative Agentur unter seine Kontrolle, die Ergebnisse von Pferderennen übermittelte. Getarnt als Pressedienst wurde sie zur wichtigsten Bezugsquelle für Rennergebnisse im Land.

Havanna und Las Vegas

Dem New Yorker Gangleader Meyer Lansky und dem Mafiaboss Santo Trafficante jr. aus Tampa gelang es, auf Kuba im Glücksspiel Fuß zu fassen, das zwar in Reichweite amerikanischer Urlauber und Großzocker lag, aber den amerikanischen Gesetzeshütern nicht zugänglich war.

Derweil arbeitete Lanskys Jugendfreund Benjamin „Bugsy" Siegel eine Zeit lang zusammen mit Mickey Cohen im Management südkalifornischer Spielhöllen, bevor er das Potenzial von Las Vegas erkannte, wo das Glücksspiel legal war. Mit finanzieller Rückendeckung seiner Unterweltfreunde ließ Siegel in Las Vegas das Edelhotel und Casino „The Flamingo" erbauen, was sich jedoch als Flop herausstellte.

Nach dem Zweiten Weltkrieg wuchs das Interesse daran, gegen die Dominanz der Mafia im Glücksspiel und anderen Geschäftsbranchen vorzugehen. So kam es zu den Anhörungen des Kefauver-Untersuchungsausschusses.

Yakuza Eine Elite

OBEN Das Gemälde *Tätowierungen* von Utagawa Kunisada zeigt, wie komplex die traditionelle Tätowierung der frühen Banditen war.

Obwohl die Yakuza auf Berufsspieler und Straßenhändler zurückgehen, waren sie nicht nur Straßengangster. Im späten 19. und frühen 20. Jahrhundert trat bei ihnen eine Elite hervor.

Infiltrierung

Zwischen dem späten 19. und frühen 20. Jahrhundert wandelte sich Japan von einer Feudalgesellschaft zum modernen Industriestaat. Die Yakuza hielten mit dem Wirtschaftswachstum Schritt und entdeckten neben Glücksspiel und Erpressung neue Geschäftszweige. Indem sie Hafen- und Gelegenheitsarbeiter für Reedereien sowie Bauprojekte in den Großstädten rekrutierten, konnten sie sich großen Einfluss sichern. Daneben kontrollierten sie das aufkommende Rikschageschäft in den Großstädten.

Muskeln spielen lassen

Mit der zunehmenden Militarisierung der Arbeiterbewegung tat sich noch eine weitere Profitmöglichkeit für die Gangster auf: Die Yakuza traten im frühen 20. Jahrhundert als Streikbrecher auf und kassierten von großen Minengesellschaften und Fabrikationswerken Geld dafür, dass sie Streiks eindämmten. Von entscheidender Bedeutung war jedoch das Engagement der Yakuza in der Politik und ihr wachsender Einfluss auf die

Dieser clanartige Geheimbund von Bossen, Ganoven und Gaunern ist die größte Bedrohung amerikanisch-demokratischer Ziele in Japan.

Colonel Charles Kades (1906–1996), Architekt der Nachkriegsverfassung Japans

Regierung. Im frühen 20. Jahrhundert etablierte sich in Japan die parlamentarische Politik: 1889 gab es das erste Parlament, und in den 1920er-Jahren folgte die Einführung des allgemeinen Wahlrechts. Die mächtigen und bestens organisierten Yakuza waren bereit, von dieser Situation zu profitieren.

LINKE SEITE Junge Japanerinnen reisen im frühen 20. Jahrhundert per Rikscha. Die Yakuza kontrollierten das Rikschageschäft in den Großstädten.

Politik machen

Als die Meiji-Regierung Mitte des 19. Jahrhunderts das Anti-Banden-Gesetz erließ, konnten sich die Yakuza durch Bestechung der Polizei ihren Handlungsspielraum erhalten. Zu Beginn der parlamentarischen Ära griffen sie zu neuen Mitteln: Sie betrieben nun Politik, um ihr Überleben zu sichern. Dabei unterstützten sie Politiker mit Geldern und Wählerstimmen und stellten so enge Bande zu wichtigen Offiziellen her, was ihnen ein gewisses Maß an Regierungsprotektion und Schutz vor polizeilicher Verfolgung einbrachte.

Mit Einführung der Demokratie entwickelte sich ein unheilvoller neuer Ultranationalismus. In einem Land, das der extremen Rechten zuneigte, fanden die Yakuza ein günstiges Klima vor und konnten ihren Einfluss auf die Politik weiter ausdehnen. Im Bündnis mit den Ultranationalen stiegen die Elite-Yakuza zu einer bedeutenden politischen Macht auf und spielten eine wichtige Rolle für den wachsenden Militarismus und die Expansionsgelüste Japans. Auch nach dem Zweiten Weltkrieg behielten sie ihre Schlüsselstellung in Politik und Gesellschaft, indem sie auf die Furcht vor den Kommunisten setzten.

1947 Der Tokioter *tekiya*-Boss Kinosuke Ozu wird vom *Saturday Evening Standard* als „Tokios eigener Al Capone" bezeichnet.

1948 Kodama kommt frei und nimmt Kontakt zu Ministerpräsident Ichiro Hatoyama auf.

1959 Die führende Yakuzabande Matsubakai hält eine Massenkundgebung ab.

1964 Die japanische Tageszeitung *Mainichi* bringt eine Artikelserie über Unterweltbanden und ihren Einfluss in Japan.

LINKS Dieses Badehaus im Freien ist bei Yakuzamitgliedern beliebt. Man sieht die im Alltag von Kleidung bedeckten Tätowierungen.

DER ALTE GANGSTER

RECHTE SEITE Streikende der Musselinfirma Jomo verlassen die Polizeiwache, wo sie um Vermittlung gebeten haben. Die Yakuzabanden waren in Arbeitskonflikte verwickelt und forderten Geld für den Betriebsfrieden.

Mitsuru Toyama (1855–1944) spielte eine so wichtige Rolle für die Verflechtung von organisiertem Verbrechen und Politik wie niemand sonst in Japan.

Dark Ocean Society

Toyamas südjapanische Heimatstadt Fukuoka lag in einem Bergbaugebiet, wo es eine große Gemeinschaft unzufriedener Ex-Samurai gab. Toyama organisierte die Soldaten, warb untätige Stadtgauner an und machte aus ihnen disziplinierte Arbeiter und Streikbrecher. Ganz in der Yakuzatradition erwarb er sich einen Ruf als örtlicher Robin Hood und „Kaiser der Slums", indem er auf der Straße Geld an seine Anhänger verteilte. Die Schonungslosigkeit, mit der er Bergarbeiteraufstände und -streiks unterdrückte, brachte ihm auch den Beinamen „Kaiser der Minen" ein.

Als Gründungsmitglied der Dark Ocean Society gelangte er zu nationaler Macht. Die 1881 gegründete Gesellschaft verfolgte das Ziel einer autoritären Herrschaft Japans nach innen und einer militärischen Expansion nach außen.

Zur Durchsetzung dieser ambitionierten Agenda startete Toyama eine erbitterte Kampagne und setzte Verbrechergelder ein, um Politikerkarrieren entsprechend ihrer ideologischen Ausrichtung zu fördern oder zu vernichten. Seine Dark-Ocean-Anhänger formierte er zu einer terroristischen Vereinigung, und in den Parlaments- und Regierungsstellen schaltete und waltete er mithilfe von Terror, Erpressung, Raub und Mord.

In den 1920er-Jahren brachten seine Schläger so viele prominente Politiker um, dass für die politische Landschaft der Ausdruck „Politik der Ermordung" geprägt wurde. Gegen Ende der 1920er waren die Liberalen und Linken quasi verstummt.

UNTEN Mitsuru Toyama (links) und andere Parteichefs treffen sich mit R.B. Ramos (Zweiter von links) von den Philippinen, um deren Forderung nach Unabhängigkeit zu unterstützen.

Black Dragon Society

1901 gründete ein Vertrauter Toyamas die Black Dragon Society, die auf die Dark Ocean Society folgte. Unter Toyamas Leitung setzte sie die Agenda ihrer Vorgängerin fort und konnte auf die Unterstützung von Regierung und Polizei zählen. Es ist Toyamas zweifelhafter Verdienst, die Verflechtung von organisiertem Verbrechen und Politik so weit vorangetrieben zu haben, dass noch heute in den Augen der Japaner keine klare Trennlinie zwischen Gangstern und rechtem Parteienflügel existiert.

Boss der Bosse

Toyama, der sein Privatleben zeitlebens abschirmte, wurde als „Boss der Bosse"

bezeichnet. In den 1930er-Jahren nahm seine Macht noch zu, und er war so einflussreich, dass er zum Abendessen mit hochrangigen Regierungsvertretern in den Kaiserpalast geladen wurde. Unter dem Einfluss seiner vielen Verbündeten in Machtpositionen schlug Japan unweigerlich den Weg militärischer Expansion ein, bis der Traum Toyamas und seiner Ultranationalen wahr wurde. Er gilt als entscheidender Weichensteller für Japans Hinwendung zum Militarismus und seine Verwicklung in den Zweiten Weltkrieg.

Der Kriegsausbruch im Pazifik beendete jedoch die „Affäre" zwischen der militaristischen Regierung und den Yakuza. Ihrer Macht nun gewiss, bedurfte die Regierung nicht länger ihrer Dienste. Daraufhin traten die meisten Yakuza in die Armee ein oder verschwanden im Gefängnis, weshalb sich auch die Reihen beim Fußvolk beträchtlich lichteten.

OBEN Ein erfahrener Tätowierer zeigt einem Yakuza mehrere Vorlagen.

Inspiration

Toyama starb 1944 mit 89 Jahren. Er hatte miterlebt, wie Japan große Teile Asiens und des Pazifikraums eroberte und wie das Reich, das er zu begründen geholfen hatte, wieder zerfiel. Sein Einfluss in der Unterwelt aber dauerte fort, und die Dark Ocean Society wurde zum Vorbild für die modernen Geheimbünde Japans. Noch heute ist der alte Gangster eine Quelle der Inspiration für die Yakuza sowie für die Rechten.

OBEN Ein Mann zeigt seinem Sohn Details an der Körperkunst stark tätowierter Männer. Trotz der kriminellen Assoziationen ließen sich viele US-Soldaten in Japan tätowieren.

Erfolgreich

Während der amerikanischen Besatzung von 1945 bis 1952 hatte die Auflösung der Geheimgesellschaften oberste Priorität bei den US-Behörden, die um die Rolle der Yakuza bei der Zunahme des Militarismus wussten. Trotzdem gelang den Gangstern ein schnelles Comeback.

Bei Kriegsende lag Japan in Trümmern. Da Lebensmittel und Artikel des täglichen Bedarfs knapp waren, entstand rasch ein Schwarzmarkt. In derlei Geschäften erfahren, übernahmen die Yakuza die Schattenwirtschaft und handelten mit Nahrungsmitteln und anderen lebenswichtigen Gütern, aber auch mit Drogen. Die Behörden waren nicht in der Lage einzugreifen, weil sie selbst von den Waren und Dienstleistungen der Yakuza abhängig waren.

„Schwarzer Vorhang"

Für die Verbindungsleute, die eine Brückenfunktion zwischen den Yakuza und Politikerkreisen übernahmen, etablierte sich der Begriff *kuromaku*, wörtlich „schwarzer Vorhang". Er stammt aus dem klassischen Kabuki-Theater und bezieht sich dort auf eine nicht sichtbare Person, die einen schwarzen Vorhang bedient und die Vorgänge auf der Bühne steuert. Heute bezeichnet er Dunkelmänner, die hinter den Kulissen die Fäden ziehen. Mitsuru Toyama war einer der berühmtesten Drahtzieher, und in der Nachkriegszeit fiel seine Rolle an Yoshio Kodama (1911–1984), auch er eine wichtige Unterweltgröße des 20. Jahrhunderts.

KRIEGSVERBRECHER KLASSE A

Mit einem Mix aus Verbrechen und politischem Handeln erweiterte Yoshio Kodama seine Machtbasis und machte dabei ein Vermögen.

OBEN Der politische Verbündete und Verbrecher Yoshio Kodama wurde von der japanischen Regierung kriegsdienstverpflichtet.

Ursprünge

1911 in Nihonmatsu geboren, wandte sich Kodama als Jugendlicher erst dem Sozialismus, dann dem Ultranationalismus zu. Er bewunderte Mitsuru Toyama und gründete in den frühen 1920er-Jahren seine eigene ultranationale Gruppe. Im Zweiten Weltkrieg wurde er mit dem Handel von Kriegsgerät und Drogen reich. Zwar verhaftete man ihn bei Kriegsende als Kriegsverbrecher der Klasse A, doch der Prozess fand nie statt – Kodama kam frei, nachdem er mit dem US-Geheimdienst vereinbart hatte, den antikommunistischen Kampf in Asien zu unterstützen. In der Folge setzte er sein Vermögen und seine Unterweltkontakte ein, um Arbeitskonflikte niederzuschlagen und kommunistische Sympathisanten ausfindig zu machen.

Politischer Sponsor

Als entscheidender Schachzug erwies sich die Finanzierung der Liberalen, die sich 1955 mit den Demokraten zur Liberaldemokratischen Partei (LDP) zusammenschlossen. Enge Verbindungen zur LDP und den Yakuza machten Kodama zum wichtigsten Einzelakteur Japans.

Vermittler

In der Nachkriegszeit sorgte die Ausbreitung des Bandenunwesens für erbitterte, blutig geführte Konfrontationen. Dass Kodama mehrere Gangs vereinigen und einen Waffenstillstand zwischen den beiden großen Yakuzaclans Yamaguchi-gumi und Inagawa-kai aushandeln konnte, beweist seine Autorität in der Verbrecherwelt.

In den frühen 1960er-Jahren erkannte er, welche Schlagkraft eine vereinte Bande gegen den Kommunismus aufbieten konnte, und entwarf daraufhin die Vision einer gesamtjapanischen Gangsterkoalition. Auch wenn es nicht dazu kam, erreichte er doch ein kurzlebiges Bündnis der sieben großen Tokioter Gangs.

Skandale

Kodama war auch in mehrere Skandale verwickelt, allen voran die Lockheed-Affäre der 1970er-Jahre. Der US-Flugzeughersteller zahlte ihm mehr als zwei Millionen Dollar, damit er den japanischen Markt zu seinen Gunsten beeinflusste. Kodama schmierte Politiker und stürzte den Präsidenten von All Nippon Airways, indem er eine Aktionärsgesellschaft von Yakuzagangstern stürmen ließ. Er konnte zwar das Geschehen steuern, doch führte der Skandal schließlich zu seinem Sturz. Zusammen mit 20 hohen Regierungsvertretern und LDP-Politikern, darunter auch Ministerpräsident Kakuei Tanaka, wurde er auf die Anklagebank geladen, musste aber wegen seines schlechten Gesundheitszustands nie vor Gericht erscheinen. Er starb 1984 mit 73 Jahren.

UNTEN Der Geschäftsführer von Marubeni wird zum Lockheed-Skandal befragt, der Japan erschütterte.

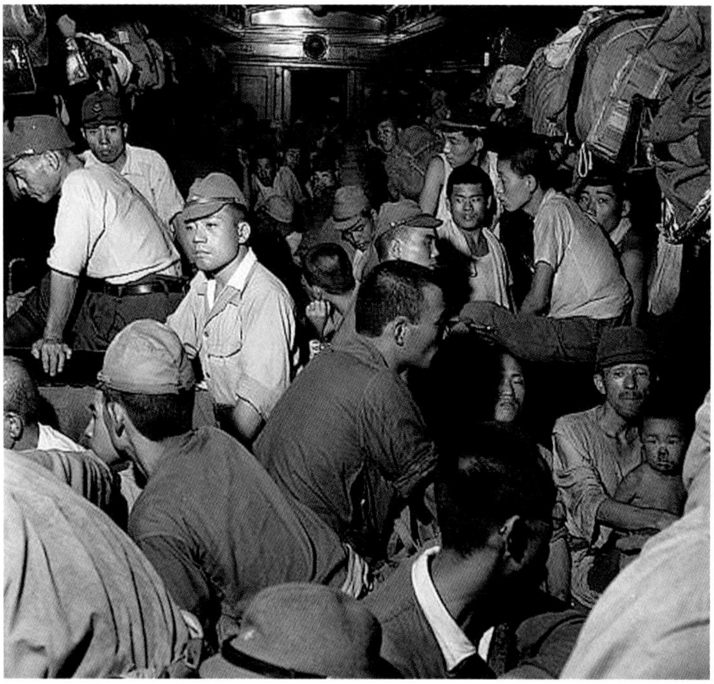

Luxussegment

Als die japanische Wirtschaft in den 1950er-Jahren in Schwung kam, wurde der Schwarzmarkt überflüssig. Sein Verschwinden konnte die Finanzbasis der Yakuza aber nicht schwächen – sie verlegten sich rasch auf profitablere Geschäfte mit Luxusartikeln, Drogen, Prostitution und Entertainment. Mit dem Ende der US-Besatzung in den frühen 1950er-Jahren kam auch das Revival der Yakuza in der Politik.

Ganoven

In der Nachkriegsära gewannen die *gurentai* (Ganoven) an Bedeutung, deren Reihen mit arbeitslosen Jugendlichen und demoralisierten Heimkehrern anschwollen. In dieser Zeit aufkeimender ethnischer Spannungen brach sich die Wut von Minderheiten Bahn, vor allem von Koreanern, Taiwanesen und Chinesen, die als Zwangsarbeiter ins Land gebracht worden waren. Es kam zu zahlreichen Fällen, in denen Japaner von Gangs der ethnischen Minderheiten attackiert wurden. Die entwaffnete und diskreditierte Polizei war nicht imstande, die Bandenwillkür einzudämmen.

OBEN Aus dem Krieg heimkehrende Soldaten drängen sich im Zug. Aus ihren Reihen speiste sich die Yakuzagruppe der *gurentai*.

Dieses Machtvakuum füllten nun die *gurentai*, die nicht nur Schutz vor den ethnischen Gangs boten, sondern diesen auch lukrative Geschäfte streitig machten, indem sie sich mit modernen Schusswaffen wie Maschinengewehren ausrüsteten. Angesichts ihrer Entstehung können die *gurentai* als eine gewalttätigere Form der Yakuza gelten.

AUSNAHME VON DER REGEL

Die Yakuza sind grundsätzlich reine Männerbünde. Die Bedeutung der Frau in ihren Kreisen blieb lange auf ihre Rolle als Prostituierte, Ehefrau und Freundin beschränkt, da sie nicht als Straßenkämpfer tauge. Aber auch die Frauen unterzogen sich oft umfassenden Tätowierungen, um ihre Verbundenheit zum Bandenleben und ihre Loyalität gegenüber den Männern oder Geliebten unter Beweis zu stellen.

In einem Yakuzaclan tritt nur die Frau des Anführers in Erscheinung. Ihr gebührt von den Bandenmitgliedern dieselbe Achtung wie ihrem Mann, aber als Nichtmitglied hat sie keinen Zugang zu den Geschäften. Es kommt auch vor, dass Frauen an die Spitze einer Bande aufsteigen, und es gab durchaus Frauen als Bosse, aber sie zeigten nur selten ihr Gesicht. Eine Ausnahme war Fumiko Taoka. Nach dem Tod des Yamaguchi-gumi-Paten Kazuo Taoka 1981 mussten Polizei und Unterwelt schockiert zusehen, wie die Witwe als neue Anführerin des Syndikats hervortrat. Unter ihr nahm die Mitgliederzahl zu, und das Territorium erweiterte sich, doch übergab sie drei Jahre später die Macht an ein Männerkonsortium.

OBEN Die Partnerinnen von Yakuzamitgliedern lassen sich oft tätowieren, um ihre Loyalität zur Gang zu demonstrieren.

OBEN Der ehemalige Ministerpräsident Kakuei Tanaka winkt Reportern zu, nachdem er für schuldig befunden wurde, Schmiergelder in Höhe von zwei Millionen Dollar von Lockheed angenommen zu haben.

Enge Bande

Da die konservative Regierung einen Sieg der Linken befürchtete, griff sie auf ihre Vorkriegstaktik zurück und aktivierte die Yakuza im Kampf gegen Kommunisten und Gewerkschaften. In den 1950er- und frühen 1960er-Jahren pflegten Regierungsvertreter – darunter auch Premier- und Justizminister – enge Bande zur Yakuza, die im Lauf der Zeit mehreren Regierungen die gewünschten Dienste leistete: Das Sabotieren von Gewerkschaftsversammlungen, das Schikanieren linker Politiker, die Mithilfe beim Vorgehen gegen Anti-Regierungs-Demonstrationen und beim Durchsetzen unpopulärer Regierungsbeschlüsse.

1960 gab es sogar Pläne in der Regierung, die Yakuza als zusätzlichen Sicherheitsdienst beim geplanten Besuch von US-Präsident Eisenhower einzusetzen. Ironischerweise musste die Regierung den Besuch absagen, nachdem ein Student bei einer gewalttätigen Konfrontation zwischen Anti-Amerika-Demonstranten und der Yakuza ums Leben kam.

Rückschläge

In den 1970er-Jahren löste der Lockheed-Skandal den Sturz Kodamas aus, der hochrangige Regierungsvertreter geschmiert hatte. Sein Verschwinden von der politischen Bühne war zwar ein Rückschlag für die Yakuza, nicht aber das Ende ihres Einflusses auf die Politik. Ihr Netzwerk umfasste immer noch gewählte Volksvertreter, aber die Korruption ging tiefer in den Untergrund.

Nach einem Strategiewechsel mutierten die Gangster zu modernen Industriellen, die es mit den in der Nachkriegszeit entstandenen Großunternehmen aufnahmen.

Triaden Ihre große Stunde

OBEN Zwei Boxer knien in Erwartung ihrer Strafe vor dem Obersten Gericht.

Ein wichtiges Ziel, das viele Triaden verband, war der Sturz des Qing-Herrschers. Doch saß dieser im Jahr 1900 noch immer auf dem Thron – keiner Triade war es gelungen, der Herrschaft der Qing-Dynastie ein Ende zu bereiten.

Geheimgesellschaft

Das Blatt sollte sich jedoch zu ihren Gunsten wenden. Die Mitglieder der Triaden stammten aus allen Gesellschaftsschichten, und unter ihnen waren erfolgreiche Geschäftsleute, Ärzte und Gelehrte. Einer von ihnen war Sun Yat-sen, der in der „Gesellschaft der drei Harmonien" aufgestiegen war. Für einen Umsturz benötigte er Männer, Geld und eine politische Bewegung, die er potenziellen Anhängern präsentieren konnte. Eine gute Möglichkeit zur Verbindung dieser Ziele war ein eigener Geheimbund, und so gründete er Ende November 1894 die Xing Zhong Hui, die „Vereinigung zur Wiederherstellung Chinas". Sein Timing war perfekt, denn nach der Ermordung eines japanisch-koreanischen Politikers in Schanghai hatte Japan den Qing im August offiziell den Krieg erklärt.

SUN YAT-SEN

Geboren 1866 als Sun Wen in Guangdong, lebte Sun mit zwölf Jahren bei seinem älteren Bruder auf Hawaii und lernte dort das Christentum kennen. Verärgert schickte ihn der Bruder zurück nach China, wo Sun Wen der San Ho Hui, der „Gesellschaft der drei Harmonien", beitrat und sich – wie in Triadenkreisen üblich – im Kung-Fu übte.

Schließlich siedelte er nach Hongkong über, ließ sich dort mit 18 Jahren taufen und nahm den Mandarinnamen Yat-sen an – auf diesen Affront hin beorderte ihn die Familie wieder zum Bruder nach Hawaii.

Doch der schwierige, junge Mann wollte sich nicht fügen: Er trat in Honolulu der Kwok-On-Wui-Triade bei, lieh sich Geld und flüchtete zurück nach China. Dort schrieb er sich überraschend an der Medizinischen Hochschule des Po-Chi-Krankenhauses in Guangzhou ein, sein Bruder zahlte die Studiengebühren. Später studierte er Medizin an der Universität Hongkong und nahm wieder Kontakt zur „Gesellschaft der drei Harmonien" auf. Seine neuen Triadenfreunde waren aktive Gegner der Qing-Dynastie und überzeugten Sun, an ihren Umsturzplänen gegen den Kaiser mitzuwirken.

Nach dem missglückten Coup von 1895 ging Sun Yat-sen ins Exil und brachte fast 16 Jahre damit zu, rund um den Globus die Werbetrommel für seine Ideen zu rühren. Der militärische Aufstand von 1911, der sich zur Revolution ausweitete, beförderte ihn noch im Exil an die Macht, als er zum Übergangspräsidenten der Republik China gewählt wurde.
Dr. Sun Yat-sen gilt als Vater des modernen China und starb 1925 mit 58 Jahren an Leberkrebs.

Sun Yat-sen war Mitglied der „Gesellschaft der drei Harmonien", die den Triaden zuzurechnen ist. Er machte politische Karriere und wird heute in China verehrt.

Aufstand

Als die Qing-Kräfte durch den Krieg gegen Japan gebunden waren und starke Verluste erlitten, beschloss Sun, zuzuschlagen. Der Aufstand sollte im folgenden Jahr am Feiertag des 26. Oktober erfolgen, an dem die Chinesen traditionell ihrer Ahnen gedenken. Dieser Tag war für Sun und seine Anhänger bedeutsam, weil sie ihr Vorhaben als Würdigung der Ming-Ahnen verstanden. Und doch endete das Ganze in einem Desaster. Während sie sich um die besten Waffen stritten, verpassten die Invasionstruppen ihr Schiff in Hongkong, und am nächsten Tag wurden fast 50 Triadenmitglieder von den Qing-Behörden verhaftetet, die inzwischen von den Plänen erfahren hatten.

Unterstützung durch die Triaden

Sun tauchte ab und ging erst nach Japan, dann nach Hawaii, wo er der Che Kung Tong („Für Gerechtigkeit") beitrat und schnell aufstieg. Auf der Suche nach Unterstützung für einen neuen Aufstand bereiste er die USA, doch leider waren die chinesisch-amerikanischen Triaden weniger an seiner Sache interessiert als erhofft und sagten – abgesehen von Geldspenden – keinerlei Unterstützung zu.

Während Sun nach Großbritannien, Japan und ins französische Indochina reiste, machten seine Triadenfreunde in Hongkong und China Fortschritte. Im Oktober 1911 begannen Suns Männer in Wuchang einen Aufstand, der sich über ganz China ausbreiten und schließlich den Sturz des Qing-Reichs herbeiführen sollte. Am 1. Januar 1912 schließlich wurde die Republik China unter ihrem ersten Präsidenten Sun Yat-sen ausgerufen.

OBEN Mitarbeiter und Parteikader der südchinesischen Regierung von Sun Yat-sen versammeln sich in Guangzhou (Kanton). Kurz darauf wurde General Qiung Ming 1922 Militärbefehlshaber.

1921 Gründung der Kommunistischen Partei.

1928 Chiang Kai-shek bildet eine Regierung in Nanking.

1949 Die Grüne Bande schafft Goldreserven der Bank of China.

1955 Die 14K-Bande in Hongkong zählt 80.000 Mitglieder.

1956 Die 14K-Bande wird zum Aufstand aufgestachelt und löst Unruhen in ganz Hongkong aus.

Dankeschön

Als Präsident erkannte Sun die Verdienste seiner Triadenfreunde zwar nicht offiziell an, doch behandelte er sie hinter den Kulissen mit größter Achtung und versorgte sie als Dank für ihre Rolle bei dem Sieg über das Qing-Reich mit wichtigen Regierungs- und Armeeposten. Obwohl die Triaden keine öffentliche Würdigung erhielten, schnellten die Mitgliederzahlen aller Banden nach der Gründung der Republik China in die Höhe. Ihre Macht war nun so groß, dass sie aus dem System nicht mehr wegzudenken waren. Da überrascht es auch nicht, dass Suns Nachfolger Chiang Kai-shek ebenfalls Mitglied bei den Triaden war.

Rote Bande

Abgesehen von den Topmitgliedern stammte der Großteil der Anhängerschaft von der Straße und lebte von Verbrechen. So auch Du Yuesheng, genannt „Großohr-Du", einer der wichtigsten Paten im Schanghai der 1900er-Jahre. Geboren Ende der 1880er, schloss er sich als Jugendlicher der Roten Bande an und suchte die Freundschaft zu ihrem Anführer Huang Jinrong oder „Pockennarben-Huang", der damals der mächtigste Gangsterboss in Schanghai und eine feste Größe im Opiumhandel war.

Nachdem Du geholfen hatte, gestohlenes Rohopium wiederzubeschaffen, wurde er zu Huangs wichtigstem Opiumkurier. Schon als Jugendlicher wurde er in den Straßen von Schanghai gefürchtet, denn er war berüchtigt für seine Gewalttätigkeit und schuf sich unter anderem einen Ruf als Auftragsmörder. Mit nur 21 Jahren kontrollierte er bereits einen Großteil der Opiumhöhlen rund um Schanghai und betrieb zudem eine

UNTEN Opfer des Schanghai-Massakers von 1927. Mit ihm wollten Chiang Kai-shek und die Grüne Bande das Land von Kommunisten reinigen.

Chiang Kai-shek (links), Präsident Roosevelt und Madame Chiang Kai-shek kommen 1944 zusammen, um eine Lösung für die Probleme Südostasiens zu suchen.

FREUNDE HÖHEREN ORTES

Du Yueshengs wichtigster Verbündeter war Chiang Kai-shek. Dieser stieg mit finanzieller und militärischer Unterstützung durch den jungen Du zum Präsidenten der Republik China auf und revanchierte sich bei seinem Mentor, indem er ihn zum Regierungsberater ernannte. Später stellte er ihn sogar an die Spitze des Nationalen Komitees zur Opiumbekämpfung, was letztlich bedeutete, dass Du sich selbst zu regulieren hatte. Während des Zweiten Weltkriegs floh dieser nach Hongkong, wo er sein Schattenimperium weiterbetrieb. Gezeichnet von jahrelangem Opiumkonsum und zunehmender Altersschwäche starb er am 16. August 1951 in Hongkong.

Im Leben gibt es keinen zweiten Take.

Slogan der Hongkonger Regierung, der sich gegen die Glorifizierung der Triaden in den Medien richtet

Kreditfirma für örtliche Ladenbesitzer und reiche ausländische Geschäftsleute. Angesichts dieser großen Erfolge wurde Du schon bald zum Roten Pfahl (siehe S. 83) befördert.

Opiumkartell

Als Roter Pfahl genoss Du Huangs volles Vertrauen und nutzte die Situation zu seinem Vorteil, indem er vorschlug, die Opiumgeschäfte der drei großen Schanghaier Banden – der Roten, der Grünen und der Blauen – zusammenzulegen. Huang erkannte die Vorteile einer solchen Kooperation und gab Du grünes Licht für sein Vorhaben. Als der misstrauische Boss der Grünen Bande nicht mitspielen wollte, brachte Du ihn kurzerhand um und übernahm seine Position. Die Verhandlungen mit der Blauen Bande erwiesen sich als deutlich unkomplizierter, und so entstand ein großes Opiumkartell.

Einbindung der Triaden

Unter seinem „Shan Chu" (Boss) Huang baute Du das gemeinsame Verbrecherreich aus, indem er der Grünen Bande mehr und mehr Triaden- und Gangstergruppen angliederte. Als Huangs Vize („Fu Shan Chu") häufte er enorme Reichtümer an, bis er mit 30 Jahren ein persönliches Vermögen von etwa 40 Millionen Dollar sein Eigen nennen konnte. Er pflegte Kontakte zu Kriminellen, wichtigen Politikern und Geschäftsleuten, die er unterstützte oder bedrohte, je nachdem, was gerade für seine Geschäfte nützlicher war.

UNTEN Die Karikatur zeigt einen Engländer, der im Schutz von Soldaten Opium an einen Chinesen verkauft.

OBEN Bei Hinrichtungen in China geht es brutal zu. Hier wird ein Mann – vermutlich ein Triadenmitglied – auf offener Straße vor Zuschauern enthauptet.

Hongkong

Ende des 19. Jahrhunderts reichten die Geschäfte mehrerer Triadenbünde über das Festland hinaus. Als chinesische Arbeiter auf der Suche nach einem besseren Leben mit ihren Familien nach Europa, Amerika und Südostasien auswanderten, gingen die Gangster mit. Zu Anfang des 20. Jahrhunderts schließlich stieg Hongkong zu einer Hochburg der Triadengesellschaften auf.

Verbot der Triadenmitgliedschaft

1842 wurde die britische Kronkolonie Hongkong proklamiert und sah sich sofort mit den bestehenden Triadengesellschaften konfrontiert. Zugleich entstanden weitere Bünde, die sich explizit gegen die britischen Herrscher richteten. In den drei Jahren der Machtübernahme über die Insel erließen die Briten Gesetze, die die Mitgliedschaft – und sogar die vorgebliche Mitgliedschaft – bei einer Strafe von drei Monaten Gefängnis und hundert Stockhieben verboten.

China selbst ging deutlich radikaler vor. Verurteilte Bandenmitglieder ließ man dort gleich per Enthauptung oder Strangulierung hinrichten. Dies veranlasste viele Triaden, nach Hongkong überzusiedeln.

Zweite Welle

In den 1930er-Jahren gab es mehrere mächtige Triadengruppen in Hongkong – die Wo, Chuen, Tung, Wo Shing, Fuk Yee Hing, Yee On und die Luen. Sie dominierten die Unterwelt, legten aber Wert auf eine legale Fassade.

Während sich einige als karitative Vereine eintragen ließen, existierte die Mehrzahl unter dem Tarnmantel von Kampfkunstvereinen. Sie warben mit Gesundheit und Ansehen, waren aber auch ein ideales Trainingszentrum für Jungrekruten und Fußsoldaten. Die eigentlichen Einkünfte stammten aus kriminellen Delikten wie Drogenhandel, illegalem Glücksspiel, Prostitution und Erpressung. Da ihre Anhängerschaft höchst heterogen war, konnten die Triaden auch mühelos in legale Firmen investieren.

Als Macht und Mitgliederzahlen wuchsen, nahmen auch die Streitigkeiten zwischen und innerhalb der Banden zu und mündeten in den 1930er-Jahren in zahlreichen Morden und Messerstechereien. Eine Lieblingswaffe der chinesischen Gangster war das Hackmesser, aber auch Messer und Schwert wurden häufig genutzt.

OBEN Kung-Fu-Studenten im chinesischen Wushu-Trainingszentrum in Shaolin. Die meisten Triaden praktizieren Kampfkünste.

Japanische Invasion

Im Dezember 1941 marschierte Japan in Hongkong ein und besetzte die Insel. Die Triaden bezogen unterschiedliche Positionen gegenüber den neuen Machthabern. Die einen opponierten gegen die japanische Armee, andere arbeiteten mit ihr zusammen. Tatsächlich war die projapanische Fraktion schon lange im Vorfeld von japanischen Spionen angeworben worden und hatte mehr als ein Jahrzehnt lang die Besatzung vorbereitet.

Projapanische Triaden

Zu den kollaborierenden Triaden gehörten auch die Wo Shing Wo und Yee On. Nachdem die Besatzer alle antijapanischen Bandenmitglieder eingesperrt oder getötet hatten, organisierten sie die loyalen Anhänger in einer gemeinsamen Gruppe, der Hing Ah Kee Kwan („Gesellschaft für das Blühende Asien"), die daran ging, alle jetzt noch verbliebenen antijapanischen Kräfte zu beseitigen. Neben chinesischen Beamten, Soldaten und Spionen räumte sie auch gleich die Konkurrenz aus dem Weg.

Die Japaner ließen nicht nur die kriminellen Aktivitäten dieser Gesellschaft zu, sondern kassierten sogar einen Anteil an den illegalen Einkünften. Exklusiv für die japanischen Soldaten stellten die Triaden spezielle Bordelle bereit. Von überallher strömte das Geld herein. Wie in so vielen Ländern boomte im Krieg der Schwarzmarkt, und die Opiumhöhlen machten sensationelle Profite angesichts der Tausenden von Kunden, die wenigstens für den Augenblick die Härten des Krieges vergessen wollten. Bei Kriegsende schließlich waren die Triaden reicher als jemals zuvor und für den globalen Wirtschaftsaufschwung bestens gerüstet.

Triadenhierarchie

In den Triadengruppen hat jeder Rang eine eigene Nummer. Der Anführer oder *shan chu* ist die 489 oder 21 (4+8+9). Auf ihn folgt die 438, also der für die Zeremonien verantwortliche Weihrauchmeister oder *heung chu*. Danach kommen der Berater (415), der „Rote Pfahl" (426), der ein Kung-Fu-Meister ist und dem militärischen Flügel angehört, der Bote (432), der den Kontakt zu anderen Triaden hält, und als niedrigster Rang die 49. Diese Zahl steht für die 36 (4x9) Initiationseide.

Die russische Mafia
Vory v zakone

RECHTE SEITE Die politischen Häftlinge im Straflager von Tiflis wurden in den 1920er-Jahren zu öffentlichen Bauarbeiten herangezogen.

In den turbulenten Jahren nach der Februarrevolution von 1917 boten Instabilität, Chaos, Panik und Lebensmittelknappheit ein ideales Klima für den Aufstieg von Verbrecherbanden.

Diebe im Gesetz

Fast ungestört gingen Taschendiebe, Betrüger, Räuber und Fälscher ihrem Gewerbe nach. Die bewaffneten Banden, die sich in den Wirren der Revolution als Schieber betätigt hatten, breiteten sich aus und wurden als *vorovskoi mir* („Diebeswelt") bekannt. Später ging daraus die Elite der Vory v zakone – die „Diebe im Gesetz" oder auch „Diebe, die sich zum Gesetz bekennen" – hervor.

Gulag

Während der Stalinära verhinderte die eiserne Faust des Diktators, dass sich das organisierte Verbrechen in der Sowjetgesellschaft einnisten konnte. Als 1930 wieder Ordnung einkehrte, wurden Diebe und Verbrecher in großen Scharen in Arbeitslagern – den Gulags – interniert, die sich über das ganze Land erstreckten. Sie wurden aber nicht nur für gewöhnliche Kriminelle erbaut, sondern mehrheitlich für politische Häftlinge wie Dissidenten, Intellektuelle, Parteifunktionäre und einfache Arbeiter und Bauern, die sich mit Stalins Politik der Zwangsindustrialisierung und Kollektivierung nicht einverstanden zeigten.

Ende der 1930er-Jahre befanden sich in der Sowjetunion 15 Millionen Menschen in Haft. Das ausgedehnte System der Gulags wurde der wichtigste Nährboden für die Geheimbruderschaften der Vory v zakone, die mit der sizilianischen Mafia und der japanischen Yakuza vergleichbar sind.

UNTEN Die Ruinen des ehemaligen Gulags von Pewek in der rauen ostsibirischen Wildnis.

Elitekriminelle

Die Vory v zakone waren eine Elite und der innere Kreis des Verbrechermilieus. Die *vory* (Diebe) verstanden sich nicht als gewöhnliche Taschendiebe oder Räuber, sondern als ehrenwerte Mitglieder einer kriminellen Untergrundorganisation.

Bei Weitem nicht jeder war dort zugelassen. Für die Aufnahme in die Bruderschaft musste man von einem regulären *vor* vorgeschlagen und bei einer allgemeinen Versammlung der *vory* gewählt werden. Dabei wurden die Führungskompetenz und die persönliche Macht des jeweiligen Verbrechers, seine Härte, sein Intellekt und sein Charisma in die Waagschale geworfen.

EHRENKODEX DER DIEBE

Die Vory v zakone hatten ihre eigenen Gesetze.

- Der *vor* muss seine Geburtsfamilie aufgeben und darf keine Familie gründen. Er hat nur eine Familie – die Bruderschaft.
- Der *vor* darf keiner legalen Arbeit nachgehen, sondern lebt ausschließlich von kriminellen Unternehmungen.
- Der *vor* muss Nachwuchs rekrutieren und ihm das Diebeshandwerk beibringen.
- Der *vor* darf nur wenig trinken und spielen und auch nur dann, wenn er die Schulden begleichen kann.
- Der *vor* muss andere Diebe moralisch und materiell unterstützen.
- Der *vor* muss die von der Diebesversammlung beschlossenen Strafen akzeptieren und befolgen.
- Der *vor* darf in keiner Form mit dem Staat zu tun haben. Er darf weder an dessen sozialen Aktivitäten teilnehmen, noch seinen sozialen Institutionen beitreten, Waffen in seinem Namen führen, Militärdienst leisten oder im Gefängnis arbeiten.

Die Haftbedingungen sind hart. Hier nimmt ein russischer Gefangener seinen Essnapf durch eine Öffnung in der Stahltür entgegen.

1927 Der Artikel 58 des Strafgesetzbuchs erlaubt die Festnahme aller, die konterrevolutionär handeln. Die Haftgründe bleiben oft vage.

1930 Der Begriff „Vory v zakone" wird landesweit bekannt.

1933 Die Zahl der Insassen in den Gulags erhöht sich auf über drei Millionen.

1949 Mehr als zehn Prozent des Sozialprodukts wird von den Häftlingen erwirtschaftet.

Ursprünge

Die kriminellen Gruppen fürchteten die Zeit hinter Gittern nicht, sondern sahen das Gefängnis in gewisser Weise sogar als ihre eigentliche Heimat an. Eine lange Haftzeit galt ihnen als Prestigefaktor und Ehrenzeichen. Die langen Aufenthalte in den Zuchthäusern boten die ideale Gelegenheit, eine eigene kriminelle Subkultur auszubilden. Politische Dissidenten haben Kleiderordnung, Tätowierungen und Sprache, Verhalten und sogar die „Hofhaltung" der *vory* beschrieben. Die Begegnung mit ihnen empfanden sie oft als die unangenehmste Erfahrung in ihrer Lagerzeit.

Bruderschaft

Zur zeremoniellen Aufnahme eines Neulings wurde eine sogenannte Krönung abgehalten. Der neue *vor* musste dabei einen Aufnahmeschwur leisten, um der Bruderschaft Loyalität zu geloben, und wurde auch vor den Strafen gewarnt, die Verstöße gegen diesen Schwur nach sich ziehen würden. Bei der Initiation erhielt der *vor* auch seinen Spitznamen. Das Vergeben und Annehmen von neuen Namen hatte aber nicht nur zeremonielle Bedeutung, sondern markierte den Beginn des neuen Lebens. Der angenommene Name signalisierte – ähnlich dem eines Mönches – die vollkommene Unterwerfung unter die Gesetze der Verbrecherwelt.

Arbeit in jeder Form galt als Kollaboration, selbst wenn sie vom Staat erzwungen wurde. Gemäß diesem Ehrenkodex weigerten sich die *vory* beharrlich, in den Straflagern zu arbeiten – nach sowjetischer Rechtslage ein Vergehen, das mit Schlägen, Aushungern oder Einsperren in die Kältezelle geahndet wurde. Die im Lager eingegangenen Bande hatten auch über das Ende der Haftzeit hinaus Bestand. Nach der

Haftentlassung schloss sich der *vor* einer *kodla* an, einer kleinen Diebesgruppe von 20 bis 30 Personen, die gemeinsam von ihren Verbrechen lebten. Normalerweise setzte sich die *kodla* aus Dieben unterschiedlicher Spezialisierungen wie Einbruch, Taschen- oder Autodiebstahl zusammen.

Professionelle Killer wurden weder innerhalb noch außerhalb der Gefängnismauern in der Bruderschaft geduldet, denn der Ehrenkodex der Diebe schloss Mord und Gewalt aus. Die *vory* sollten ganz ohne Blutvergießen stehlen und rauben, nur zur Selbstverteidigung oder wenn die Ehre auf dem Spiel stand, war es ihnen erlaubt, zu töten.

Neben dem Stehlen war in beschränktem Maß auch das Spielen erlaubt. Mit Karten konnte man aber nicht nur Geld verdienen, sondern sie sagten auch die Zukunft voraus, zum Beispiel die Aussichten von geplanten Diebstählen: So war ein gewonnenes Kartenspiel ein gutes Omen, während ein Dieb, der das Spiel verloren hatte, sein Vorhaben noch einmal überdachte und vielleicht von der Ausführung absah.

UNTEN Der russische Schriftsteller Alexander Solschenizyn schrieb den Roman *Archipel Gulag* über seine Zeit als politischer Häftling. Daraufhin wurde er ausgebürgert.

OBEN Eine verzweifelte Mutter präsentiert in der Moskauer U-Bahn ein Plakat und ein Foto ihres vermissten Sohnes. Als Russland in einer Welle der Kriminalität versank, verschwanden viele Menschen spurlos.

Das Diebesgesetz und die Frauen

Das Diebesgesetz propagierte die völlige Verachtung der Frau, die unter keinen Umständen Mitglied des privilegierten Clans werden konnte. Das brüderliche Leben in der Diebesgemeinschaft war eine Quelle des Stolzes und ließ keinerlei Raum für andere emotionale Bindungen, daher waren Ehefrauen und Familien nicht erlaubt. Trotzdem verbot das Diebesgesetz nicht per se die Ehe. So durfte ein *vor* zwar heiraten, aber keine echte Bindung an seine Frau haben. Ihr Status unterschied sich so kaum von dem einer Prostituierten: Sie war dazu da, die Bedürfnisse anderer zu befriedigen, hatte aber einen „Besitzer". Sexuelle Beziehungen zu Männern, die nicht der Diebesfamilie angehörten, waren der Frau untersagt – das galt auch für jede andere Frau, die mit der Bruderschaft zu tun hatte. Sie würde einen Nichtdieb töten, der eine sexuelle Beziehung mit ihr eingehen wollte.

Mutterkult

Obwohl enge familiäre Bindungen verboten waren, gab es in der Subkultur der Diebe nach außen hin einen demonstrativen Mutterkult, und die romantisierte Mutterfigur wurde in zahlreichen Liedern besungen. Doch galt der Kult nicht der eigenen Mutter – die Gleichgültigkeit der *vor* ihr gegenüber stand vielmehr in einem scharfen Gegensatz dazu. Höchstwahrscheinlich ist er eher im Zusammenhang mit dem traditionellen russischen Mutterkult zu sehen. Möglicherweise ist die in den Diebesliedern gepriesene Mutterliebe aber auch eine Metapher für die Bruderschaft selbst; in diesem Fall wäre sie zu verstehen als ein Loblied auf die Neugeburt des *vor* im Kreis der Diebe.

TÄTOWIERUNGEN

Russische Gangstermanier

Die russische Unterwelt verfügt über ein komplexes Tätowierungssystem. Es bildet eine Art Geheimsprache, die nur die Mitglieder der Bruderschaft verstehen.

UNTEN Ein russischer Häftling zeigt seine Tätowierungen. Jede einzelne verrät etwas über den Rang und Status des *vor*.

Symbole

Die *vory* behalten sich die exklusive Verwendung ihrer Tätowierungssymbole und Muster vor. Ein Nichtdieb wird für das Tragen von Tattoos der Vory v zakone deshalb mit dem Tod bestraft.

Im Kreis der *vory* gibt das komplexe System der Symbole Auskunft über den Träger, seinen Rang und Status, seinen Werdegang und seine Loyalitäten. Bis in die 1950er-Jahre hinein war ein von Dolchen durchbohrtes Herz ein typisches Tattoo der *vory*. Aus der Frühzeit kennt man auch vier Kartenasse in einem Kreuz, die die Mitgliedschaft in der Bruderschaft signalisieren. Heute tragen *vory* dagegen meist zwei Sterne auf der Brust, wo sie den Status eines Berufsverbrechers kennzeichnen, während dieselben Sterne auf den Knien vermitteln, dass der Träger sich vor nichts und niemandem beugt.

Status

Tätowierungen sind aber nicht nur ein Statussymbol, sondern werden von den *vory* auch zwangsweise zur Stigmatisierung von verachteten Kriminellen durchgeführt. Zwangstätowiert wird zum Beispiel, wer seine Spielschulden nicht begleicht oder den Diebeskodex anderweitig verletzt. Derartige Tätowierungen befinden sich meist auf der Stirn und sind als offene Demütigung des Trägers sowie zur Warnung für andere gedacht. Sie zeigen unverhohlen sexuelle Bilder, verhöhnen die ethnische Zugehörigkeit oder sexuelle Orientierung des Trägers oder informieren über seine Tätigkeit als Informant. Zu solch herabwürdigenden Tattoos griffen die Vory v zakone auch bei Verbrechen, die sie ablehnten – etwa Missbrauch und Vergewaltigung von Kindern.

Zum Tätowierungssystem der russischen Gangster gehören auch die vier Kartenfarben. Pik ist die Farbe der Diebe und Kreuz – als Schwertsymbol – die von Ex-Kämpfern. Karo und Herz sind rangniedrigen Verbrechern vorbehalten: Das meist zwangstätowierte Karo bedeutet, dass der Träger mit den Behörden kollaboriert hat, und Herz als sexuelles Symbol ist vorgesehen für Homosexuelle.

Macht im Gefängnis

Vor dem Großen Vaterländischen Krieg von 1941 bis 1945 begannen die Lageradministrationen, die Vory v zakone zu dulden. Ihr Ziel dabei war, die Unterwelt geschickt im Kampf gegen die politischen Häftlinge – die eigentlichen Feinde des Regimes – zu instrumentalisieren.

In den Gefängnissen ließ die Direktion den Dieben freie Hand gegenüber den politischen und normalen Häftlingen, denn die Horrorgeschichten über das Lagerleben dienten dazu, die Furcht vor dem Gefängnis zu schüren und so die politischen Feinde in Schach zu halten.

UNTEN Ein Sowjetsoldat bewacht einen Güterzug, umgeben von Gefallenen.

Häftlinge als Soldaten

Mit dem Ausbruch des Zweiten Weltkriegs wendete sich das Blatt für die *vory*. Da das Regime Soldaten brauchte, wurde den Gefangenen die Freiheit angeboten, wenn sie dafür in die Rote Armee eintraten. Schätzungsweise eine Million Häftlinge, darunter auch *vory*, gelangten auf diese Weise an die Front. Der bewaffnete Kampf aufseiten des Staates verletzte jedoch das Diebesgesetz, und als viele Diebe nach Kriegsende ins Gefängnis zurückkehrten, trafen sie auf empörte und rachedurstige *vory*, die ihrem Ehrenkodex treu geblieben waren und sich geweigert hatten, dem Staat zu dienen.

Waren denn Gefängnisse – die jeden Willen und jede Charakterstärke im Menschen töten, die in ihren Mauern mehr Laster beherbergen, als man irgendwo sonst auf dem Erdball antrifft – nicht stets Universitäten des Verbrechens?

Pjotr Kropotkin (1842–1921), russischer Anarchist

Kollaborateure

Verräter, die mit den Behörden zusammenarbeiteten, wurden als *suki* („Hündinnen") beschimpft. Den drohenden Ausschluss aus der Bruderschaft warteten die *suki* aber gar nicht erst ab, sondern bildeten schnell eine eigene Gruppe mit einem abgewandelten Ehrenkodex, der eine gewisse Kooperation mit dem Staat erlaubte. Daraufhin kam es zu einer Konfrontation beider Gruppen, die als „Krieg der Hündinnen" bekannt wurde.

Die Lageradministration stellte sich auf die Seite der *suki*, in der Hoffnung, diese würden den *vory* den Garaus machen. Den „Hündinnen" war der Umgang mit Waffen noch aus ihrer Armeezeit vertraut, und sie schreckten nicht vor Gewalt zurück, was von der Direktion unterstützt wurde, indem sie beide Fraktionen in demselben Gebäude unterbrachten, aber nur den *suki* das Tragen von Waffen erlaubten. Sie half auch bei der Identifizierung von *vory*, indem sie Gefangene zwang, sich auszuziehen, sodass sie anhand ihrer Tätowierungen erkannt werden konnten.

LINKE SEITE Sowjetsoldaten lauschen im Zweiten Weltkrieg der Ansprache ihres Kommandeurs.

Gefangene beim warmen Mittagessen in einem Gulag im nordsibirischen Norilsk, 1991. Damals hatte der Krieg der Hündinnen die *vory* schon erheblich reduziert.

ÜBERLEBENSWILLE

Die Diebe der alten Bruderschaft mussten sich entscheiden: Liefen sie nicht zur neuen Gruppe über, wurden sie getötet. Doch viele nahmen eher den Tod in Kauf als den Verrat ihrer Ideale, und so lichteten sich die *vory*-Reihen erheblich. Ende der 1950er-Jahre gehörte die Herrschaft der traditionellen Vory v zakone zwar der Vergangenheit an, aber sie war immer noch vorhanden.

Ihr Überlebenswille ermöglichte ihnen die Anpassung an die neuen Verhältnisse, und so überlebten sie ihre schlimmste Prüfung, um künftig ihren Part im russischen organisierten Verbrechen zu spielen.

Die Drogenkartelle
Das Geschäft mit dem Drogenhandel

Das weltweite Drogengeschäft ist vielschichtig und komplex. Es beinhaltet so unterschiedliche Akteure wie Bauern und organisierte Verbrechersyndikate.

RECHTS Zuschauer beobachten, wie Regierungsbeamte 1989 in Paraguay große Mengen konfiszierter Drogen vernichten.

Globaler Einfluss

Die weltweite Drogenproblematik birgt insofern viele Facetten, als sie erhebliche Auswirkungen auf die politische, wirtschaftliche und soziale Integrität von Staaten hat. Die Gewinne sind enorm hoch, und dementsprechend groß ist auch der Einfluss, den die Drogenbosse auf die Politik nehmen können, indem sie mit ihren Geldern – oft viele Milliarden Dollar – die Wirtschaft und die politischen Institutionen ganzer Länder korrumpieren.

Drogenhandel

Der Handel umfasst den illegalen Transport von Rauschmitteln wie Opium, Morphium, Heroin und Kokain, die international verboten oder nur kontrolliert erhältlich sind. Bei den kontrollierten Substanzen handelt es sich um pflanzliche oder synthetische Stoffe sowie Vorläuferstoffe wie etwa Acetanhydrid, das für die Herstellung von Heroin verwendet wird.

UNTEN Das Foto von 1927 zeigt eine Drogenhändlerin, die Kokainbeutel in ihren Handschuhen versteckt hat – damals eine recht geschickte Methode.

Die Drogenkette

Ausgangspunkt für den Drogenhandel ist der Erzeuger, der Produkte wie etwa Koka oder Rohopium anbaut oder herstellt, um sie an Händler oder Mittelsmänner zu verkaufen. Unter Umständen wird der Händler den Originalwirkstoff reinigen oder chemisch verändern, bevor er ihn an Schieber- und Schmugglerorganisationen oder andere kriminelle Gruppen übergibt, die die Drogen in die gewünschten Abnahmeländer oder -regionen bringen.

Wachsende Profite

Der Drogenhandel zählt zu den gewinnträchtigsten Geschäftszweigen nationaler und internationaler Verbrechergruppen. Angesichts der stetig wachsenden Nachfrage nach illegalen Drogen und der hohen Profite erweist sich der Kampf gegen den Handel als sehr schwierig. Milliarden von Dollar wurden bereits investiert, um ihn per Gesetzesverbot und Haftstrafen einzudämmen, doch aufgrund der vielschichtigen Facetten der Drogenproblematik war der Erfolg eher bescheiden. Kolumbien und Afghanistan, die wichtigsten Herstellerländer, haben in einigen Regionen zwar Erfolge bei der Drogenvernichtung und Eindämmung des Anbaus erzielt, doch hielt gleichzeitig die Problematik in anderen Gebieten Einzug oder intensivierte sich.

Durch Maßnahmen, die eigentlich die Drogenherstellung und den Handel mit Drogen einschränken und regulieren sollten, sind manche kriminelle Vereinigungen erst möglich geworden, die heute international agieren und eine Bedrohung für politische und Finanzsysteme weltweit darstellen.

OBEN Arbeiter wiegen in einem Labor in Peru Kokainpaste (*pasta*) ab und verpacken sie in Säcke.

OBEN In einer beliebten südkalifornischen Drogenstraße warnen Schilder vor den Strafen, die beim Drogenkauf drohen.

RECHTS Schon seit der Inkazeit werden Kokablätter gekaut, die man auch für die Herstellung von Kokain benutzt. Die Zähne dieses peruanischen Bergarbeiters haben sich durch das Kauen verfärbt.

Früher Gebrauch

Kokablätter dienten den indigenen Andenvölkern Boliviens, Brasiliens, Kolumbiens, Ecuadors und Perus seit jeher als Heilmittel gegen Beschwerden wie die Höhenkrankheit, Müdigkeit sowie Kopf- und Magenschmerzen. Aufgrund ihrer stimulierenden Eigenschaften, die das Wohlbefinden fördern, halfen die Blätter auch beim Verrichten von Arbeiten, die großen Krafteinsatz erforderten. Kokablätter enthalten neben den wichtigen Vitaminen A, B und C auch Nährstoffe, Proteine, Kohlenhydrate und Eisen. Die Indios sahen die heilige Pflanze mit ihren mystischen Eigenschaften als wichtig für das Überleben an, und so war Koka als wichtiger Bestandteil der Kultur bis in alle Lebensbereiche und Alltagsrituale hinein in das Sozialgefüge integriert. Außerdem fand es Verwendung bei religiösen und anderen Zeremonien wie beispielsweise Hochzeiten und Bestattungen.

FRÜHE VERBOTE

Die Massenkriminalisierung von Drogen nahm ihren Anfang mit dem Anti-Opium-Gesetz, das der amerikanische Kongress 1909 verabschiedete. Es untersagte das Opiumrauchen, das damals vor allem von chinesischen Einwanderern gepflegt wurde. Vorausgegangen war die Konvention von Schanghai, die 1908 eine internationale Kontrolle unerlaubter Drogen vereinbarte.

Das Opiumverbot trieb den Handel in den Untergrund und spielte damit Drogenschmugglern in die Hände. Um das neue Gesetz zu umgehen, wichen die Konsumenten auf das Opiumderivat Morphium aus. Doch folgte 1912 mit dem Haager Abkommen eine zweite internationale Konvention, und in den USA stellte der Harrison Narcotic Act von 1914 die nichtmedizinische Einnahme von Opium, Morphium und Kokain unter Strafe.

Mit der Genfer Konvention zur Unterdrückung des unerlaubten Verkehrs mit gefährlichen Drogen bemühte sich 1936 erstmals eine internationale Körperschaft, die Flut illegaler Substanzen einzudämmen und Strafen für Drogenschmuggler vorzusehen. Doch aus mehreren Gründen – auch der Ausbruch des Zweiten Weltkriegs trug dazu bei – war die Konvention, die 1939 in Kraft trat, nur ein weiterer erfolgloser Versuch, das wachsende globale Problem in den Griff zu bekommen.

1961, 1971 und Ende der 1980er-Jahre versuchten weitere internationale Verträge, die Erzeugung und den Vertrieb vieler illegaler Betäubungsmittel und psychotroper Substanzen stärker zu kontrollieren.

Auch die Vereinten Nationen erkannten, dass die durch illegale Betäubungsmittel verursachten Probleme ein globales Anliegen waren und sie sich sowohl in den Erzeuger- wie auch den Konsumentenländern auf Gesundheit und Sicherheit auswirkten. Dennoch konnten alle Bestrebungen nicht verhindern, dass sich das Drogenproblem ausweitete.

1938 kam es in New Orleans zu der bis dahin größten Verhaftungswelle von Drogenhändlern.

Der Drogenkrieg kann bei Tageslicht nicht bestehen. Er wird so plötzlich enden wie der Vietnamkrieg, sobald die Leute merken, was wirklich vorgeht.

Joseph McNamara, ehemaliger Polizeichef von Kansas City und San Jose, Fellow der Hoover Institution, 1976

Inkatradition

Man könnte sagen, dass die Kokapflanze eine entscheidende Rolle beim Ausbau des Inkareichs gespielt hat. Traditionell wird das Kokablatt gekaut, eine Sitte, die *acullico* genannt und bis heute praktiziert wird. Sie ist tief in den Andenkulturen verwurzelt und reicht zurück bis zur Zeit der Inkas. Der Gebrauch ist bei den indigenen Völkern weit verbreitet, er beginnt meist im Jugendlichenalter und wird dann kontinuierlich das ganze Leben lang gepflegt.

Verbotsversuche

Nachdem die Spanier Mitte des 16. Jahrhunderts das Inkareich erobert hatten, erkannten sie, welch besondere Kräfte und welchen kommerziellen Nutzen der Kokastrauch bot. Die Kolonialherren intensivierten den Anbau in Peru, übernahmen Kokaplantagen und betrieben Handel, indem sie die Blätter mit einem ansehnlichen Gewinn an indigene Arbeiter und Minenarbeiter verkauften. Diese Praxis griff immer mehr um sich, obwohl die katholische Kirche, die ja enormen Einfluss auf die Kolonisten hatte, die Pflanze verteufelte und ihre Ausrottung forderte. Nach vielen Versuchen, Koka zu verbieten, profitierte die Kirche letztlich doch vom Handel mit der Pflanze, indem sie eine Steuer von zehn Prozent darauf erhob. Indem Koka höher besteuert wurde als normale Waren, sicherte sich die Kolonialregierung einen steten Geldstrom.

Verwendung der Kokablätter

Alle Versuche, den Anbau der Pflanze zu unterdrücken und zu verbieten, schlugen fehl. Genau genommen begründeten die Spanier ihre Kolonialherrschaft in gewisser Weise auf dem Kokastrauch, indem sie die Blätter gezielt bei den indigenen Arbeitern einsetzten, die viele Stunden in den Silberminen schufteten. Koka steigerte ihre

UNTEN Dorfbewohner im peruanischen Kero kauen Kokablätter, während sie die Ernte des Tages sortieren.

Leistung und versprach höhere Profite – womit sich die Pflanze als wichtiger Wirtschaftsfaktor für die spanischen Kolonisten erwies. Auch weigerte sich die einheimische Bevölkerung, die harte Arbeit in den Minen ohne genug Kokavorräte zu leisten. Hunderttausende Indios sollten im Dienst für die spanischen Eroberer ihr Leben lassen.

Geschichte des Kokains

Vor der Entdeckung des Kokains war der Handel mit Kokablättern gering. Das änderte sich, als der Göttinger Doktorand Albert Niemann 1860 für seine Dissertation Kokain isolierte. In den folgenden beiden Jahrzehnten fielen Produktion und Verkauf im Gros der medizinischen Erzeugnisse noch vergleichsweise bescheiden aus. Anfang bis Mitte der 1880er-Jahre wurde Kokain in Medizinerkreisen bereits als Wunderdroge gehandelt, so auch von Sigmund Freud, der 1884 seine Abhandlung *Über Coca* verfasste. Darin referierte er über die positiven physischen und psychologischen Wirkungen, die Kokain auf den Benutzer hat.

Doch erst als der österreichische Augenarzt Karl Koller analgetische Eigenschaften feststellte, richtete sich die Aufmerksamkeit der Ärzte auf eine potenzielle medizinische Verwendung. Es folgte ein Durchbruch in der Schmerzbehandlung.

1901 Der US-Senat beschließt, den Verkauf von Opium und Alkohol an „unzivilisierte Rassen" zu verbieten.

1938 Seit dem Harrison-Gesetz von 1914 wurden 25.000 Ärzte wegen Rauschgiftdelikten angeklagt.

1956 In den USA verhängt das Rauschgiftbekämpfungsgesetz die Todesstrafe für alle über 18 Jahren, die Heroin an Minderjährige verkaufen.

1960 Eine UN-Kommission beziffert die Zahl der US-Drogensüchtigen auf 45.000.

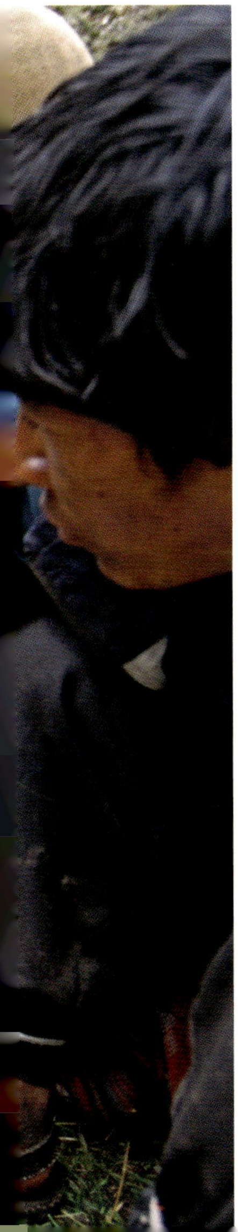

DER KOKASTRAUCH

Es gibt 250 Kokaarten, aber nur wenige enthalten genug von dem psychotropen Alkaloid, das eine legale oder illegale Massenproduktion lohnend macht. Der Kokastrauch *Erythroxylum coca* wächst in den Anden an der Westküste Südamerikas, also in Argentinien, Bolivien, Chile, Peru, Kolumbien, Ecuador und Venezuela.

Die immergrüne Pflanze *Erythroxylum coca*, die bis zu sechsmal im Jahr geerntet werden kann, erbrachte bis Mitte der 1980er-Jahre den Löwenanteil der globalen Kokainherstellung. Heute stellt die in Kolumbien gedeihende Art *Erythroxylum novogranatense* den Großteil des Kokains weltweit. Nach einer chemischen Behandlung ergeben die Kokablätter in der Regel etwa 0,5 bis 1 Prozent Kokain. Als in den 1970er-Jahren in den USA und Europa die Nachfrage nach der Droge stieg, konzentrierten sich die kolumbianischen Drogenhändler stärker auf die Verarbeitung der Blätter zu Kokainhydrochlorid.

OBEN Ein kolumbianischer Bauer inspiziert junge Kokablätter in der Provinz Caquetá.

UNTEN Blätter und Beeren der Kokapflanze. In einem lokalen Laboratorium werden die Blätter zu der Paste verarbeitet, aus der Kokain hergestellt wird.

Globale Nachfrage

Mit der wachsenden Nachfrage begann auch die Suche nach neuen Bezugsquellen. Dass der Kokaanbau in Afrika, Südostasien und Australien eingeführt wurde, war einzig und allein in der Kokainherstellung begründet. Die Kulturen in Indonesien, wo höherwertige Pflanzen durchschnittlich 1,5 Prozent Kokain pro Blatt hergaben, bedrohten in den frühen 1900er-Jahren die südamerikanischen Erzeuger und übertrafen schließlich die Kokaexporte Perus.

Allgemeiner Konsum

Seine schmerzlindernden Eigenschaften machten das Medikament in ganz Europa und den USA populär. Es war nun allgemein erhältlich und wurde geschnupft oder intravenös genommen. Die Zahl der Süchtigen stieg, als Kokain von den Ärzten auch gegen Morphiumsucht und Alkoholismus verschrieben wurde. So kam es, dass Morphiumabhängige ihre Sucht auf Kokain übertrugen oder sogar von beiden Substanzen abhängig wurden.

RECHTE SEITE Eine Peruanerin erntet Kokablätter an einem Hang bei Quillabamba in den Anden.

Da der Kokainpreis in den letzten Jahren des 19. Jahrhunderts bei etwa zwei Dollar pro 28 Gramm lag, war es auch für den Durchschnittsbürger gut erschwinglich. Außerdem wurde es eingesetzt, um die Arbeitsleistung zu steigern: Ähnlich wie die Indios in den Anden bekamen es Wanderarbeiter und alle Arbeiter zu kauen, die über viele Stunden hinweg anstrengende körperliche Tätigkeiten leisten mussten.

Eine Epidemie in den USA

Zu Beginn des 20. Jahrhunderts wurden die USA zum größten Abnehmer und importierten pro Jahr über 600 Tonnen Koka und Kokain. Der Konsum griff geradezu seuchenartig um sich – weniger als Analgetikum oder für medizinische Zwecke, sondern aufgrund der euphorischen Wirkungen. Ihren Höchststand erreichte die globale Kokainproduktion mit etwa 1500 Tonnen in den frühen 1900er-Jahren. Um die Produktionskosten zu senken und eine Zersetzung der Blätter während des Transports zu vermeiden, entstanden Laboratorien im Herkunftsland Peru.

Als Krankenhausaufenthalte und kokainbedingte Todesfälle im ersten Jahrzehnt des 20. Jahrhunderts Routine wurden, entpuppte sich die für harmlos gehaltene Droge als Gefahr für die öffentliche Gesundheit. Mit der wachsenden Zahl von Süchtigen erkannte auch das organisierte Verbrechen Profitchancen, und so wurde Kokain ab den 1920er-Jahren auch zum Problem der Gesetzeshüter.

VIN DE PAYS

1863 mixte der französische Chemiker Angelo Mariani (1838–1914) Wein mit einem Kokablattauszug. Ergebnis war der „Vin Mariani", der international Anklang fand und seinem Schöpfer nicht nur Reichtum und Ruhm einbrachte, sondern auch eine Medaille von Papst Leo XIII. Weitere Prominente, die sich von dem Elixier beeindruckt zeigten, waren Queen Victoria, Thomas Edison, Jules Verne und der amerikanische Präsident William McKinley.

Das farbenfrohe Etikett des Kokaweins aus dem 19. Jahrhundert. Er bestand aus Bordeaux, der das Kokain aus den Kokablättern auswusch.

OBEN Trotz ständiger Polizeipräsenz treffen sich in dieser Seitengasse in Bolivien Drogenhändler mit ihren Kunden inmitten eines familiären Treibens.

Eine Frage der Wahrnehmung

Dem Kokainkonsum schrieb man nicht nur einen Anstieg der Verbrechensrate zu, sondern auch Persönlichkeitsveränderungen, die bis dato unauffällige Personen dazu trieben, Vergewaltigungen, Morde und andere kriminelle Delikte und Gewalttaten zu begehen. Auf diese Vorstellung reagierte die Gesellschaft mit Angst und verstärkte ihre Bemühungen, sich vom Dämon Kokain zu befreien.

US-Gesetze

Einzelne Bundesstaaten in den USA erließen Gesetze, die die Abgabe von Kokain ohne eine Lizenz unter Strafe stellte. Außerdem wurden die Einzelstaaten durch Bundesgesetze unterstützt, doch das Problem ließ sich nicht auf dem Weg der Legislative

beseitigen. Sie drängte es nur in den Untergrund, wo das organisierte Verbrechen die Rolle der Pharmafirmen übernahm und für Interessenten Kokain bereitstellte – sofern sie bereit waren, inflationäre Preise für die Droge zu zahlen.

Ab etwa 1920 wurde Kokain wegen seiner toxischen Nebenwirkungen nicht mehr von den Ärzten als Analgetikum verschrieben, und bis Ende der 1920er-Jahre war die Nachfrage deutlich abgeebbt. Als der Zweite Weltkrieg ausbrach, stellte der Kokainkonsum schon kein zentrales Problem mehr dar.

OBEN Offiziere der kolumbianischen Armee beschlagnahmen das luxuriöse Inselanwesen des Drogenhändlers José „El Mexicano" Gacha vom Medellín-Kartell.

Die illegale Kokainindustrie

Als die modernen lateinamerikanischen Kokainkartelle in den späten 1960er-Jahren eine Vormachtstellung errangen, zogen sie rasch die Aufmerksamkeit von Justiz und Polizei auf sich. Auch der Drogenhandel funktioniert nach dem ökonomischen Grundprinzip von Angebot und Nachfrage, und als die Nachfrage nach Kokain Ende der 1960er-Jahre stieg, zog dies eine entsprechend dramatische Zunahme der Kokaproduktion in Bolivien und Peru nach sich.

Dass Kolumbien damals zur Kapitale der illegalen Kokainindustrie aufstieg, verdankt es mehreren Faktoren: seiner Lage, seiner Topografie, der Präsenz von bewaffneten und gewaltbereiten Akteuren, seinem schwachen politischen Regime und der allgemeinen Akzeptanz gegenüber illegalen Aktivitäten. Außerdem hatte das Land Zugang zu einer großen Diaspora in Nordamerika, was den Aufbau eines Drogennetzwerks erleichterte. So kam es, dass zwei große kolumbianische Drogenkartelle die Kokainepidemie speisten, die von den 1970er- bis Mitte der 1990er-Jahre vor allem in den USA grassierte.

Transnationale Kriminalität
Querverbindungen

RECHTE SEITE Ein „Räuberbaron“ verschlingt die Eisenbahn. Die Karikatur des Industriellen Edward H. Harriman trägt die Unterschrift: „Entwurf für einen Unionsbahnhof“.

Überall wo organisierte Verbrechergruppen im frühen 20. Jahrhundert ihre dunklen Geschäfte mit Erfolg abwickelten, verdankten sie dies ihrem geschickten Agieren auf den klassischen und den neuen Märkten, die sich im Lauf der Jahre aufgetan hatten.

Classical Markets

Zu den traditionellen Märkten gehörten damals neben den sogenannten „Gewaltindustrien“ Schmuggel, Prostitution, Erpressung, Raub und Schutzgeldeintreibung auch einträgliche Unterweltgeschäfte wie Kreditwucher und Glücksspiel.

UNTEN Auf dem Schoner *Rosie M* beschlagnahmt: Torpedos, die als Hilfsmittel beim Rumschmuggel dienten. Sie werden an der „Rumlinie“ – direkt vor der Dreimeilenzone – verschossen. Von dort wird die Ware per U-Boot an Land geschmuggelt.

Sondermärkte

Neue Märkte ergeben sich meist aus politischen Ereignissen, kulturellen Gepflogenheiten und lokalen Bestimmungen. Die großen italienischen Familien in Chicago, New York und vielen anderen Städten der USA verdienten beispielsweise während der Prohibitionszeit (1920–1933) ein Vermögen auf dem Schwarzmarkt. Dadurch konnten sie sich gegen die irischen und jüdischen Verbrechergruppen durchsetzen, wobei sie brutale Aktionen, wie etwa beim Valentinsmassaker, nicht scheuten.

Bandenkontakte

Die italienischen Clans stellten auch nützliche Kontakte zu den chinesisch-amerikanischen Geheimgesellschaften an der Westküste her und verschafften sich damit Zugang zum asiatischen Markt, darunter dem von britischen Firmen betriebenen Opiumhandel in China oder den Glücksspielindustrien im portugiesischen Macau und in Niederländisch-Indien. Im Gegenzug öffneten sich durch Portugal und die Niederlande auch für die chinesischen Triaden die Tore zur Welt.

Die industrielle Revolution

Das organisierte Verbrechen reagierte stark auf das politische Geschehen und passte sich geschickt an neue Umstände an. Als im 19. Jahrhundert mit der industriellen Revolution Geld- und Waffenankäufe möglich wurden und der Welthandel einen Aufschwung erlebte, verschob sich auch die Machtbalance. Damals mussten sich die größten und aktivsten Banden – die italienischen Clans, die Yakuza, die Triaden und die Russenmafia – neu aufstellen.

Dieser „Industrialisierungsprozess" lässt sich sehr gut an den Querverbindungen ablesen, die in den USA zwischen irischen und jüdischen Kriminellen einerseits und den „Räuberbaronen" (skrupellosen Wirtschaftskapitänen) andererseits bestanden. Ganz ähnliche Kontakte zwischen reichen Industriellen und organisierten Banden gab es aber auch in Großbritannien, Frankreich, Italien und China, wo Verbrechergruppen halfen, mit Gewalt bestimmte Wirtschaftsstrategien durchzusetzen.

Außerdem löste die industrielle Revolution massive Wanderbewegungen aus, die besonders von Europa in die USA und aus den Kolonien nach Großbritannien verliefen. Von 1900 bis 1920 emigrierten mehr als zwei Millionen Italiener in die USA und trafen dort auf Millionen von Iren, die vor den harten Lebensbedingungen und den englischen Repressalien geflüchtet waren.

Multinationale Verbrechergruppen

Mit den Migrantenströmen änderten sich auch die Kräfteverhältnisse zwischen den kriminellen Gruppen. In den USA stärkten sie die italienischen, irischen und polnischen Familien, in Großbritannien die chinesischen, irischen und indischen. Die illegalen Aktivitäten jener Zeit bestanden aus Erpressung, Vermittlung illegaler Arbeitskräfte, Alkoholschmuggel, Prostitution und Glücksspiel.

Das jüdische organisierte Verbrechen

Auch die Geschichte des jüdischen Verbrechens ist verwoben mit jener der Migration, als Juden im 16. und 17. Jahrhundert vor Verfolgung flüchteten. Im Russland der Zarenzeit waren sie beschränkt auf die Ansiedlungsregion in den westrussischen Gebieten und auf die Schtetl in Polen, der Ukraine, Lettland, Litauen und Weißrussland. In den Städten lebten sie in abgeschlossenen Gettos. Armut und Elend sorgten dafür, dass Millionen von Juden in die USA flohen, wo sie sich vor allem in Gebieten niederließen, in denen bereits Kriminelle wohnten. Wie in jeder Diaspora kriminalisierten sich einige Gruppen und bildeten mafiöse Banden aus.

1900 Monk Eastman und seine Gang übernehmen den New Yorker Osten.

1908 Raffaele Palizzolo verlässt Sizilien und flüchtet vor Mordanklagen nach New York.

1923 Frank McErlane schießt als Erster mit der Thompson-Maschinenpistole (Tommy Gun) aus einem fahrenden Auto.

1934 John Dillinger wird in Chicago vom FBI getötet.

1935 Das gerichtsmedizinische Labor des Scotland Yard eröffnet.

1946 Das Dezernat für Wirtschaftsbetrug von Scotland Yard und der Stadtpolizei entstehen in Großbritannien.

Das organisierte Verbrechen ist nichts anderes als ein Guerillakrieg gegen die Gesellschaft.

Lyndon B. Johnson (1908–1973), 36. Präsident der USA

OBEN Käufer decken sich in der Lower East Side in New York für das Passahfest ein, 1926. Tammany Hall sicherte sich die Loyalität vieler Einwanderergruppen.

UNTEN Nachdem er seinen politischen Rivalen im Duell getötet hatte, wurde Aaron Burr, der ehemalige Vizepräsident der USA (1801–1805), 1807 wegen Verrats festgenommen.

Irische und jüdische Kontakte

Im frühen 20. Jahrhundert pflegten die meisten Gangstergrößen der amerikanischen Ostküste Kontakte zur Tammany Hall, einer demokratischen Parteimaschine mit großer Erfahrung in Bestechung und Korruption. Obschon ihre Führungsetage hauptsächlich aus Iren bestand, pflegte Tammany Hall auch Kontakte zu jüdischen Gangs. Einer ihrer mächtigsten Präsidenten war im späten 18. Jahrhundert der Jude Aaron Burr.

New Yorker Gangs

Zwei der damals berüchtigtsten Banden waren die legendäre Lower East Side Gang von Monk Eastman (geboren 1873 als Edward Osterman), die zu den größten jüdischen Banden in New York gehörte, und die Five Points Gang unter Führung des italienischen Ex-Boxers Paolo Vaccarelli. Dieser nannte sich Paul Kelly, weil Iren damals in New York einen besseren Ruf hatten als Italiener. Sowohl Al Capone wie auch Lucky Luciano sollen der Five Points Gang angehört haben.

Die Purple Gang

In der Prohibitionszeit war die jüdische Purple Gang in Detroit aktiv. Während damals alle anderen jüdischen Banden des organisierten US-Verbrechens auf einer interethnischen Basis operierten, war die Purple Gang rein jüdisch ausgerichtet. Von ihrem Hauptquartier in der Detroiter Lower East Side ging sie klassischen Geschäften wie Alkoholschmuggel, Entführung, illegalem Glücksspiel, Drogenhandel, Kreditwucher und Kidnapping nach. Sie war an den Miraflores- und Collingwood-Massakern in Detroit beteiligt, die große Medienaufmerksamkeit fanden, und vermutlich auch in das Valentinsmassaker in Chicago verwickelt. Zu den wichtigen mutmaßlichen Bossen der Purple Gang gehörten neben Raymond Bernstein und seinen Brüdern Abe, Joey und

Izzy auch Philip und Harry Keywell sowie Sam und Harry Fleischer. Die Bande löste sich schließlich nach mehreren Festnahmen und Verurteilungen auf, doch Abe Bernstein setzte seine Buch-machergeschäfte fort, bis er 1968 an einem Schlaganfall starb.

UNTEN Nach einer gefährlichen Schussverletzung weigerte sich der berüchtigte Gangster Arnold Rothstein, seinen Angreifer zu nennen.

Murder Inc.

Eine der größten und wahrscheinlich erfolgreichsten jüdischen Verbrecherbanden war die Murder Incorporated oder Murder Inc., die ihren Höhepunkt in den 1920er- und 1930er-Jahren mit Straftaten wie Alkoholschmuggel, illegalem Glücksspiel, Schutzgelderpressung, Zuhälterei und Mord hatte. Heute weiß man, dass sie mehr als 1000 Auftragsmorde in den USA beging.

Über mehrere Jahrzehnte hinweg stellte die Murder Inc. das mächtigste internationale Verbrechersyndikat dar. Ihre Geschichte ist geprägt von Bündnissen zwischen dem Juden Meyer Lansky und dem Italiener Lucky Luciano sowie Dutch Schultz und Louis Lepke. Die Geschichte vom Aufstieg Meyer Lanskys, Benny „Bugsy" Siegels und Lucky Lucianos, die bei dem jüdischen Gangster Arnold Rothstein gelernt hatten, führt eindrucksvoll vor Augen, wie die Unterweltgrößen zusammenkamen, miteinander Geschäfte machten und sich gegenseitig unterstützten. Man muss Arnold Rothstein zugutehalten, dass er keinen Wert auf Ethnie, Herkunft und Religion legte: Er warb Juden, Iren, Schwarze und Italiener an, und sogar Frauen arbeiteten in seiner Organisation.

MORDAUFTRAG

Der Schlüssel zum Erfolg von Murder Inc. – so meinen die Biografen mehrerer Gangster – lag darin, dass das Mordgeschäft gewissenhaft einem Acht-Punkte-Katalog folgte. Zuerst wurde der Vertrag geschlossen, der stets der Billigung durch den „Vorstand" bedurfte. Als Zweites folgte die Wahl des Killers, der nicht aus dem Staat stammen durfte, in dem der Mord stattfinden sollte. Als dritten Schritt packte der gedungene Profi seine Tasche für höchstens eine Woche. Bei Punkt vier musste er vor Ort sein Opfer im Auge behalten und genau überwachen, um den richtigen Ort und richtigen Moment für den Mordanschlag zu bestimmen. Als Fünftes sicherte er den ausgewählten Platz. Als sechsten Schritt führte er den Mord aus, vorzugsweise mit altbewährten Methoden wie Erschießen, Erwürgen oder Erschlagen mit dem Eispickel; dabei war es wichtig, jede unnötige Störung zu vermeiden und so wenig Spuren wie möglich zu hinterlassen. Als Siebtes ließ der Killer die Leiche verschwinden, zum Beispiel in einer Grube oder einem offenen Feld, und verließ dann als letzten Schritt den Staat schnellstmöglich mit dem Zug.

Die Kreidesilhouette – so meinte ein Historiker – verschwindet immer dann, wenn bei den Ermittlern die Frage auftaucht, wer den Tatort kontaminiert hat.

Verwobene Geschichte

Die Geschichte des irischen Gangstertums in den USA setzte ein mit der massiven Einwanderung von Iren, die der Verfolgung in ihrem Heimatland entkommen wollten und in Übersee eine sichere Zuflucht suchten.

Irische Gettos

Die erste Welle der irischen Einwanderer schuf sich eine kriminelle Basis vor allem in den Saloons und den Parteimaschinen. In den frühen 1920er-Jahren bildeten die irischen Verbrechergruppen die mächtigsten in den USA. Auch wenn ihre Bande in die alte Heimat nicht so eng geknüpft waren wie bei den Italienern, pflegten irische Gangstergrößen doch intensive Kontakte zu Gruppen in Irland, die gegen die englische Unterdrückung und später für die Unabhängigkeit kämpften.

Irische Gangs

Überall in den USA entwickelten sich Gangs in der armen und oft ungebildeten Bevölkerung der irischen Vorstadtgettos, doch die berühmtesten irisch-amerikanischen Verbrecherbanden florierten direkt an oder unweit der Ostküste in New York, Boston und Chicago. Unter ihnen befand sich auch die North Side Gang, ebenfalls bekannt als North Side Mob, die beim Valentinsmassaker fast ausgelöscht wurde.

UNTEN Diese sechs Mitglieder der Fred Burke Gang (in Zivilkleidung) haben etwa 20 Morde auf dem Gewissen und eigneten sich bei Raubüberfällen zehn Millionen Dollar an.

Vierzig und mehr Diebe

Die organisierte Kriminalität in Großbritannien durchlief bis zum Zweiten Weltkrieg einen langsamen, aber stetigen Entwicklungsprozess. In der Vorkriegszeit dominierten hauptsächlich zwei Organisationen die englische Verbrecherszene: die Sabini-Brüder und die Vierzig Diebe.

Italoschotten übernehmen London

Von 1918 bis zum Ausbruch des Zweiten Weltkriegs war die Hauptstadt unter Kontrolle der schottischen-italienischen Sabini-Brüder. Mit Charles Ullano „Darby" Sabini an der Spitze war diese Gang aktiv bei Pferderennen, Buchmacherei, in Nachtclubs und im illegalen Glücksspielgeschäft. Nachdem ein Krieg mit den rivalisierenden Brummagen Boys über mehrere Rennbahnen entbrannt war, einigte man sich Mitte der 1920er-Jahre über die Aufteilung der Territorien. In der Folge stiegen die Sabini-Brüder zu festen Größen in der Londoner Unterwelt auf. Mit dem Kriegseintritt Italiens im Jahr 1940 wurden sie jedoch verhaftet.

Ladendiebstahl für die Queen

Die Vierzig Diebe nehmen eine Sonderstellung in der Geschichte des organisierten Verbrechens ein, denn sie setzten sich ausschließlich aus Frauen zusammen. Gegründet im späten 19. Jahrhundert, bestanden sie bis in die 1960er-Jahre hinein. Es handelte sich um eine gut strukturierte Bande von Ladendiebinnen, die unter Führung ihrer „Queen" von Südlondon aus operierten. Auf dem Höhepunkt ihrer Macht hörten die Vierzig Diebe auf das Kommando von Maggie Hill, der Schwester des Londoner Unterweltkönigs Billy Hill.

OBEN Wettbüro, Dublin, 1926. Das irische Wettgesetz hatte kurz zuvor Barwetten auf Pferderennen zugelassen, obwohl damit „unerwünschte Praktiken" verbunden waren.

MANHATTAN MADAME

„Queenie" bzw. Stephanie St. Clair, Madame St. Clair oder auch Madame Queen war französisch-afrikanischer Herkunft und 1912 von Martinique über Marseille in die USA gekommen. Nach einer kurzen Zeit bei den Vierzig Dieben – der ältesten Straßengang New Yorks, nicht zu verwechseln mit der gleichnamigen Londoner Bande – wechselte sie zur Straßenlotterie. Während der Prohibition war sie auch am jüdisch-italienisch-irischen Bandenkrieg beteiligt. Zusammen mit ihrer rechten Hand Ellsworth „Bumpy" Johnson traf sie widerwillig eine Vereinbarung mit Lucky Luciano und den fünf New Yorker Cosa-Nostra-Familien, woraufhin die St.-Clair-Bande in der Mafiakommission aufging. Als Schultz 1935 niedergeschossen wurde, telegrafierte sie ans Krankenhausbett „Man erntet, was man sät".

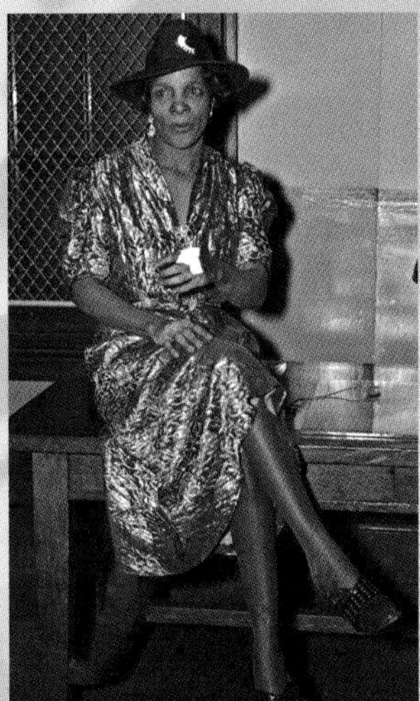

Madame St. Clair wurde von der Polizei wegen Angriffen auf ihren Noch-Ehemann beschuldigt.

3 AUF DEM WEG INS 21. JAHRHUNDERT

Auf dem Weg ins 21. Jahrhundert

Ein neues Gesicht

Das goldene Zeitalter des organisierten Verbrechens währte noch bis in die 1950er-Jahre, und mafiöse Vereinigungen waren in allen Weltregionen und in jeder erdenklichen kriminellen Branche aktiv. Als das neue Jahrhundert herannahte, konnte die Unterwelt mittels Korruption und Kooperation Einfluss auf die Regierungen mehrerer Länder gewinnen.

OBEN Ein Yakuza zeigt seine Tätowierungen aus der Hand des Künstlers Horitaka. Derartige Tattoos haben bei jungen Gangstern an Popularität verloren.

Zuspruch für die Mafia

In Amerika reichten die wechselseitigen Beziehungen zwischen organisiertem Verbrechen und Politik über Generationen zurück und waren nun stärker als je zuvor. Die amerikanische Besatzung im Nachkriegssizilien verkehrte sogar die Anti-Mafia-Stoßrichtung der Faschisten ins genaue Gegenteil: Sie räumte den Mafiosi, die ja überzeugte Antifaschisten waren, wieder die Macht über die Insel ein.

Kuba hoffte seinerseits, sich vom kommunistischen Einfluss und vom Auf und Ab des Zuckermarkts unabhängig zu machen. Deshalb begrüßte es die Gelegenheit, sich als Spielermekka zu etablieren, und nahm die Gangster, die das ermöglichen konnten, mit offenen Armen auf.

Länderübergreifende Kriminalität

Durch die Zusammenarbeit von Unterweltgruppen aus verschiedenen Weltregionen und mit wechselndem ethnischem Hintergrund entwickelte sich eine länderübergreifende Kriminalität. Drogenhandel, Waffenschmuggel, Glücksspiel, Geldwäsche und mehr wurden damit zum globalen Problem.

Die Yamaguchi-gumi, Sumiyoshi-kai und Inagawa-kai avancierten in Japan zu den drei größten Yakuzaclans und erweiterten ihre Aktivitäten um Wirtschaftskriminalität und Schuldeneintreibung. Im restlichen Asien kontrollierten die Triaden den Handel im Goldenen Dreieck, das die Drogensüchtigen im Westen mit Nachschub versorgte.

Im postkommunistischen Russland hatten sich derweil die Tore für das organisierte Verbrechen

weit geöffnet. Ausgehend vom Schwarzmarkt kam es zur Wiedergeburt der Vory v zakone, bei der die Gier nun eine größere Rolle spielte als das Diebesgesetz: Diese neue *vory*-Generation war bereit für den kometenhaften Aufstieg der Russenmafia.

Auch die Situation der Drogenbarone in Südamerika änderte sich, als die USA Maßnahmen zur Unterbindung illegaler Drogenimporte ergriff.

Neues Spiel

Während das FBI effiziente Strategien gegen die Mobster fand, mussten auch andere Unterweltgruppen weltweit Prügel einstecken. Mit dem Herannahen des 21. Jahrhunderts schien es zunächst, als sei das organisierte Verbrechen am Ende. Tatsächlich aber bereitete es sich vor auf den Sprung ins grenzüberschreitende Geschäft.

UNTEN Ältere Männer versammeln sich auf einer Straße in Corleone, einer traditionellen Hochburg der sizilianischen Mafia.

Die sizilianische Mafia
Wohlstand und Haft

1957 Joe Bonanno besucht Sizilien, wo die Regierung den roten Teppich für ihn ausrollt. Als Ergebnis der Reise überlässt die New Yorker Mafia ihren italienischen Vettern den Heroinhandel.

1962 Calcedonio Di Pisa wird auf der Piazza Principe di Camporeale in Palermo erschossen. Vorher hat die Chicagoer Mafia in Di Pisas Heroinlieferungen Fehlmengen festgestellt.

1962 Lucky Luciano stirbt an einem Herzinfarkt auf dem Flughafen von Neapel.

1978 Die Roten Brigaden entführen den früheren Ministerpräsidenten Aldo Moro und ermorden ihn.

1986 Der Maxi-Prozess gegen die Mafia beginnt in Palermo.

1993 Der Anti-Mafia-Priester Giuseppe Puglisi wird am Portal seiner Kirche in Palermo erschossen.

Der Sieg der Christdemokraten bei den Wahlen von 1948, das Ende der Separatistenbewegung und besonders der einsetzende Kalte Krieg läuteten eine Ära großen Wohlstands für die Mafia ein.

Antikommunistische Strategie

In den 1950er-Jahren wurde die Mafia in Italien kaum oder gar nicht thematisiert. Man leugnete sogar ihre Existenz und argumentierte, das Gerede darüber fördere nur ein diskriminierendes Sizilienklischee. Dass jedoch niemand über die Mafia redete, bedeutete keineswegs, dass sie sich nicht bester Gesundheit erfreute, den Schutz der politischen Kräfte genoss und keinerlei Grund hatte, auf sich aufmerksam zu machen.

RECHTS Parteiwerbung der Kommunisten in Sizilien, 1955. Neben den Christdemokraten war die Mafia die wichtigste antikommunistische Kraft auf der Insel.

RECHTE SEITE Ingrid Bergman filmt Federico Fellini bei Taormina, 1957. Hollywood liebte Gangster, und diese Liebe wurde meist auch erwidert.

LATIN LOVER UND INFORMANT

Tommaso Buscetta wurde am 13. Juli 1928 in Palermo als das jüngste von 17 Geschwistern in eine arme Glaserfamilie hineingeboren. Schon mit 16 Jahren heiratete er und wurde auf dem Schwarzmarkt aktiv, um seine Familie durch die Kriegsjahre zu bringen. Als er auf der Seite des italienischen Widerstands gegen die Deutschen kämpfte, fiel der Mafia sein Geschick im Umgang mit Schusswaffen auf. Mit 20 trat er ihr bei und schmuggelte dort.

Angesichts der wirtschaftlichen Misere nach Kriegsende wanderte er nach Argentinien aus und eröffnete dort eine Glashütte, der aber kein Erfolg beschieden war. 1957 beschloss er deshalb, nach Palermo zurückzukehren, doch in den 1960er-Jahren flüchtete er erneut, diesmal vor den brutalen Fehden innerhalb der Mafia. Zunächst verschlug es ihn nach Brasilien, dann nach Mexiko und schließlich nach New York. In dieser Zeit – von 1962 bis 1972 – handelte er mit Drogen und begründete ein so großes internationales Netzwerk, dass er „Boss der zwei Welten" genannt wurde.

Er heiratete noch zweimal, die Italienerin Vera Girotti und die Brasilianerin Cristina de Almedia Guimares, mit denen er jeweils Kinder hatte. Weil er zu viele Ehefrauen und zu viele Geliebte hatte, wurde er schließlich aus der Cosa Nostra ausgestoßen – in den Augen seiner Kumpane war Ehebruch ein schlimmeres Vergehen als Mord.

1972 wurde Buscetta in Brasilien verhaftet und nach Italien ausgewiesen, wo er bis 1980 im Ucciardone-Gefängnis in Palermo einsaß. In der Stadt brach Ende der 1970er-Jahre ein Bandenkrieg aus, als der Corleone-Clan mit einer blutrünstigen Mordserie die Herrschaft über die Cosa Nostra an sich riss und Staatsvertreter ermordete, die sich dem Aufstieg der Organisation in den Weg stellten. Buscetta erkannte die Gefahr und flüchtete 1980 wieder nach Brasilien. Dort wurde er 1983 wegen internationalen Drogenhandels angeklagt und an Italien ausgeliefert. Nach einem erfolglosen Selbstmordversuch wurde er der wichtigste Informant in der Geschichte der Mafia – eine Entscheidung, die 39 seiner Verwandten das Leben kostete. Ohne etwas über sich selbst zu enthüllen, nutzte er seine Position zum Angriff auf Feinde. 2000 starb er in New York im Familienkreis und unter dem Schutz der US-Regierung.

Tommaso Buscetta trifft 1984 in Italien ein, nachdem Brasilien ihn ausgeliefert hat. Er brach sein Schweigen, aber es dauerte fast ein Jahrzehnt, bis er Mafiakontakte zu Politikern bestätigte.

Im globalen Kontext des Kalten Krieges übernahm die sizilianische Mafia die Rolle eines Gegenspielers zur kommunistischen Linken, die in Italien damals Erfolge feierte. In jener Zeit prägten zwei Hauptkräfte die nationale Politik: Die Christdemokraten besetzten die Mitte des politischen Spektrums, und im linken Flügel fand sich der andere Hauptblock mit den Fraktionen der Sozialisten, Kommunisten und einigen kleineren Parteien. Bei Wahlen gingen die meisten Stimmen stets an die Christdemokraten, die aber nie die absolute Mehrheit im Parlament erreichen konnten. Die kommunistische Partei dagegen verbesserte regelmäßig ihr Stimmenergebnis, und bei ihrem Wahlsieg wäre Italien in die Einflusssphäre der Sowjetunion geraten.

Christdemokraten

Traditionell gab es in Sizilien die Tendenz zur einstimmigen Wahl der Christdemokraten, und so fiel den Stimmen der Sizilianer eine Schlüsselrolle bei der Verhinderung potenzieller Wahlsiege der Kommunisten zu. Hinter der einheitlichen Stimmabgabe aber verbarg sich die steuernde Hand der Mafia oder wenigstens ihr bedrohlicher Einfluss, und ihre große Macht über die Wähler und die Wahlurnen war der Grund, weshalb sich ein Mantel des Schweigens um die Aktivitäten ihrer Mitglieder legte.

OBEN Amerikanische Armeekrankenschwestern kochen vor einem Feldlazarett, das nach der amerikanischen Invasion auf Sizilien errichtet wurde.

OBEN RECHTS Der Christdemokrat Aldo Moro war in den 1960er- und 1970er-Jahren Minister im italienischen Kabinett und wurde 1963 und erneut 1974 zum Ministerpräsidenten gewählt. Dieses Bild wurde während seiner Entführung 1978 veröffentlicht.

Amerikanischer Einfluss

In diesem antikommunistischen Politszenario organisierte sich die Mafia neu. Nach dem Sieg der Alliierten im Zweiten Weltkrieg etablierten sich – wenn auch indirekte – Kontakte zur amerikanischen Gesellschaft, die bei den Italienern und auch den Mafiosi den Wunsch nach einem neuen Lebensstil weckten. Die Verlockungen des modernen Amerika, die sich hauptsächlich aus Hollywood-Filmen speisten, trugen ihren Teil dazu bei, dass sich die Mafia wandelte. Hatte ihr Schwerpunkt bis dahin auf Grundstücksgeschäften und vor allem den Zitrusplantagen der Conca d'oro im Umland von Palermo gelegen, taten sich nun neue Chancen im deutlich lukrativeren Bausektor auf.

Bodenreform

Die 1950 beschlossene Agrarreform brachte keine wesentlichen Neuerungen für die Landverteilung. Ihr Prinzip bestand darin, dass der Staat von den Großgrundbesitzern Boden aufkaufte, um ihn dann über ein Lotteriesystem an Landarbeiter und ihre Familien weiterzugeben. Das sizilianische Parlament regelte die Umsetzung und führte eine Obergrenze von 150 Hektar ein, während die neu gegründete Spezialbehörde ERAS mit der Aufsicht über die Reform betraut wurde. Aber die Großgrundbesitzer fanden schnell Schlupflöcher im System und nutzten sie für sich. Die besten Ländereien behielten sie, die schlechtesten verkauften sie gegen eine ansehnliche Entschädigung an den Staat, und den Rest traten sie an Freunde oder Verwandte ab. Dies hatte zur Folge, dass die Arbeiter den schlechtesten Boden erhielten, der ihre großen Familien nicht ernähren konnte.

Die Agrarreform war von der christdemokratischen Regierung auf Druck der politischen Linken hin initiiert worden. Vom politischen Standpunkt her galt sie als Erfolg, weil die riesigen Latifundien endlich aufgelöst wurden, aber aus sozialer Sicht war sie ein Fehlschlag, denn das Ziel, den Bauern Land zu verschaffen, wurde verfehlt. Erneut hatten sich alle Hoffnungen zerschlagen, und die einzige Alternative, die den Landarbeitern in dieser Situation blieb, war wieder einmal die Emigration.

Stadtflucht

Da Italien in dieser Zeit einen beispiellosen Wirtschaftsaufschwung erlebte, bot sich die Binnenwanderung als Lösung an. Nach den starken Bombardements der Alliierten im Zweiten Weltkrieg musste Palermo dringend wieder aufgebaut werden. Durch die fehlgeschlagene Agrarreform strömten mehr und mehr verarmte Bauern auf der Suche nach Arbeit vom Land in die Stadt.

OBEN Aldo Moro hatte sich in der Nachkriegsregierung für Reformen und Solidarität engagiert. 55 Tage nach seiner Entführung 1978 fand man ihn ermordet in einem Auto in Rom.

Palermo wird geplündert

Während die politischen Kräfte Stimmen gegen den Kommunismus organisierten, suchte die Mafia nach Mitteln und Wegen, ungestört ihren Geschäften nachzugehen. So kam es zu einem Bündnis mit den Christdemokraten, das zur Ausplünderung vieler sizilianischer Städte führte. Am deutlichsten sichtbar war das in Palermo selbst.

Systematisch verstieß man dort gegen Planungsbestimmungen, sodass die einst so schöne Stadt binnen weniger Jahre ihr Gesicht verlor. Der Bürgermeister Salvo Lima und der für öffentliche Bauvorhaben verantwortliche Stadtrat Vito Ciancimino – beide waren Christdemokraten und auch Mitglieder der Mafia – ließen das Stadtzentrum entkernen und alte Paläste und Jugendstilvillen abreißen, um sie durch Wohnsilos zu ersetzen. Parks wurden zuzementiert, und in den Vororten wuchs ein Betondschungel aus dem Boden. In der kurzen Zeitspanne zwischen den späten 1950er- und frühen 1960er-Jahren änderte sich der Stadtcharakter von Palermo grundlegend.

Die Mafia fasste damals noch tiefer Fuß in der sizilianischen Politik und stützte ihren Einfluss auf ein System von Verträgen und Unterverträgen, das nicht nur Baugenehmigungen umfasste, sondern auch öffentliche Aufträge für Müllentsorgung und Instandhaltungsarbeiten bei Straßenbau und Entwässerungssystemen. All dies kontrollierte nun eine junge Mafiabourgeoisie – eine neue Klasse von Rechtsanwälten, Geschäftsleuten, Experten und Politikern, die mit der bewaffneten Mafia kooperierten. Letztlich handelte es sich hier um nichts anderes als die systematische Plünderung einer ganzen Stadt.

OBEN Das Weingut Regaleali in einem der kältesten Landstriche Siziliens produziert seit 1830 Wein. Nach dem Zugang zum amerikanischen Markt war das Geschäft erheblich rentabler.

Das Grand Hôtel et des Palmes in Palermo war im Oktober 1957 Treffpunkt der amerikanischen Mafiabosse.

TREFFEN DER BOSSE

In den 1950er-Jahren begann die Mafia ihre Neuorganisation, während das willfährige politische System bewusst wegschaute. Die Topbosse der amerikanischen Mafia trafen im Oktober 1957 in Palermo ein, wo sie einige Tage im luxuriösen Grand Hôtel et des Palmes abstiegen. Sie waren aber nicht etwa zu Verwandtenbesuchen angereist, sondern hatten andere Ziele. Die italienischen Behörden erkannten nicht – oder wollten nicht erkennen –, dass das Treffen in Palermo eine wichtige neue Phase der Erweiterung für die sizilianische Mafia einläuten sollte.

Der Präsident der USA, Dwight D. Eisenhower, war Befehlshaber über eine der beiden alliierten Armeen gewesen, die im Juni 1943 in Sizilien landeten. Er war auch vor Ort, als aus dem Gefängnis befreite italienische Mafiosi sich zu Antifaschisten erklärt hatten und dafür von den Alliierten mit Schlüsselpositionen belohnt wurden. Genau dieser Strategie war es zu verdanken, dass Eisenhower sich nun mit einem ernsten Drogenproblem konfrontiert sah, denn in den USA starben Jahr für Jahr mehr junge Amerikaner an ihrer Heroinsucht, viele von ihnen noch keine 21 Jahre alt. Angesichts der Tatsache, dass die Drogen von der amerikanischen Mafia geliefert wurden, sah die US-Regierung in den Italoamerikanern ihren größten Feind.

1956 hatte der US-Kongress deshalb ein Rauschgiftbekämpfungsgesetz verabschiedet. Fortan konnten die amerikanischen Gerichte schwere Strafen über alle am Drogenhandel Beteiligten verhängen, sodass der direkte Handel mit Heroin in Amerika zu riskant wurde. Die Mafia suchte nun nach einer Lösung, die ihr wenigstens Anteile an den üppigen Gewinnen aus dem Heroinhandel sichern konnte, und beschloss, die Exklusivrechte für den Drogenimport in die USA ihren sizilianischen Vettern zu überlassen. Die entsprechende formelle Vereinbarung wurde 1957 im Grand Hôtel in Palermo getroffen.

Die Cosa Nostra

Die sizilianische Mafia bestand ursprünglich aus einem losen Zusammenschluss von Bossen ohne enge Hierarchie. Als ihre Kollegen in Amerika erkannten, dass eine feste Struktur notwendig war, um die Kommunikation nach innen zu verbessern und Verhandlungen als kompakte Einheit führen zu können, wiesen sie ihre sizilianischen Cousins an, benachbarte Familien zu Bezirken zu gruppieren. Jeder Bezirk sollte ein Mitglied wählen, das ihn in einer Kommission vertreten würde, die eine Vermittlerrolle bei Konflikten zwischen den Familien übernahm und in der Folge zu einem Schlüssel der Mafiamacht avancierte. Damit hatte sich die „ehrenwerte Gesellschaft" nach dem Vorbild ihrer amerikanischen Brüder zur Cosa Nostra weiterentwickelt.

Zu jener Zeit war das einträglichste Geschäftssegment der Mafia noch nicht der Drogenhandel, sondern der Bausektor, der den städtischen Gangstern üppige Einnahmen sicherte. Die wichtigsten Mafiafamilien in den Vororten und der Provinz von Palermo taten sich daraufhin zusammen und eröffneten den Krieg gegen ihre Vettern in der Stadt. 1962 und 1963 flogen mehrere Autos in die Luft, und die *lupara* – eine abgesägte Schrotflinte, traditionell von der ländlichen Mafia benutzt – wurde von der modernen und tödlicheren Kalaschnikow verdrängt. Als 1963 in einem Wohngebiet in Palermo eine Bombe explodierte, die eigentlich für den Mafiaboss Salvatore Greco bestimmt war, aber sieben Polizisten tötete, sah sich der italienische Staat gezwungen, endlich in Aktion zu treten und zur Beruhigung der öffentlichen Meinung große Polizei- und Armeekontingente nach Sizilien zu entsenden.

Man setzte auch eine parlamentarische Untersuchungskommission ein, doch sie arbeitete so langsam, dass Jahre vergingen, bevor sie Ergebnisse brachte, die gewiss lobenswert waren, aber viel zu spät kamen. Bis dahin hatten sich die Operationsmodi der Cosa Nostra schon grundlegend gewandelt.

OBEN Ein Arbeiter im italienischen Beretta-Werk inspiziert eine Lieferung von 300.000 Pistolen der Marke Beretta 92F, die weltweit in Gebrauch ist.

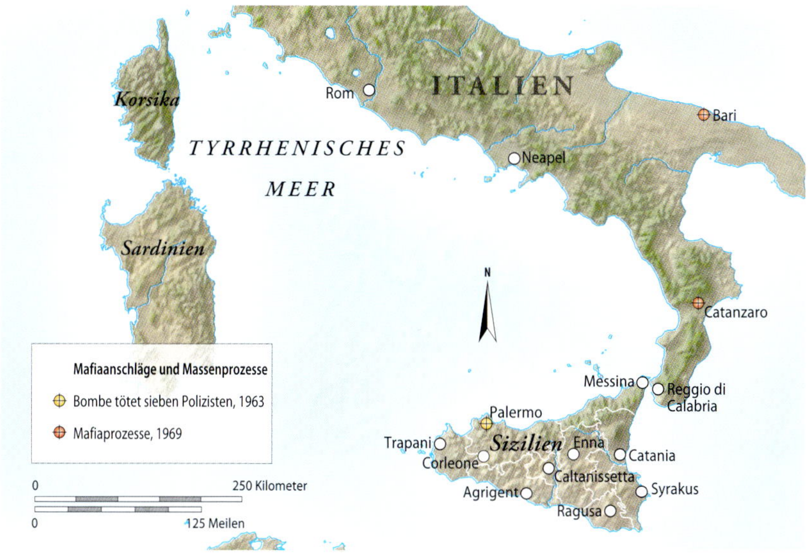

UNTEN Die frühe italienische *lupara* wurde bis in die 1960er-Jahre benutzt. Die aufwendige Gravierung ist eine typisch italienische Handwerksarbeit.

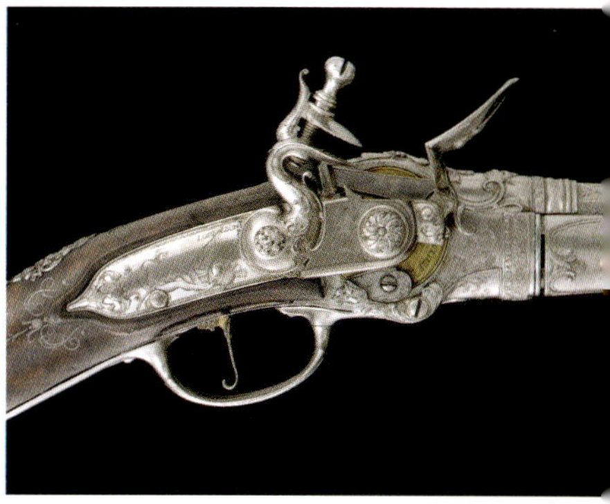

FAMILIENNEID

Der Einstieg in den Drogenhandel brachte enorme Profite und weckte damit auch den Neid mehrerer Gruppen innerhalb der Cosa Nostra. Anfang der 1960er-Jahre verdienten die obersten Stadtmafiosi von Palermo am besten, während ihre Kollegen in den Vorstädten und auf dem Land ausgeschlossen waren. In dieser Situation griff der Corleone-Clan zu einer ausgefuchsten Strategie: Er unterwanderte sukzessive mehrere Gruppierungen und überzeugte sie davon, auf seine Seite zu wechseln, legte sich außerdem eine Privatarmee zu und etablierte seine Ehrenmänner in der Hierarchie der Cosa Nostra. 1981 schließlich griffen die Corleoneser die Mafia von Palermo an, töteten binnen zwei Wochen deren beiden wichtigsten Bosse und rissen die Herrschaft über die Cosa Nostra an sich – ein regelrechter Putsch innerhalb der Kommission. Von 1981 bis 1983 liquidierten sie ihre Rivalen.

OBEN Der Präfekt von Palermo, General Carlo Alberto Dalla Chiesa, wurde 1982 samt Ehefrau und Fahrer auf Befehl von Mafiaboss Salvatore Riina getötet.

Interne Konflikte

Die sizilianische Cosa Nostra musste das Ende der 1970er-Jahre abwarten, bis der Drogenhandel endlich das große Geld einbrachte. Die internen Konflikte von 1962/63 hatten die Organisation beträchtlich geschwächt. Viele Bosse waren bereits ins Ausland geflüchtet, und wer blieb, musste mit permanenten Polizeikontrollen bei den Razzien rechnen, die auf das gescheiterte Bombenattentat von 1963 folgten. Dennoch wurden die Mafiamitglieder, die für die blutige Mordserie auf den Straßen von Palermo verantwortlich waren, 1969 bei zwei Prozessen in Catanzaro und Bari wegen Mangels an Beweisen fast alle freigesprochen.

Zeitgleich hatte in den USA die Nixon-Administration den Drogen den Krieg erklärt und verbuchte erste Erfolge beim Schließen von Drogenlabors in Marseille. Diese wurden daraufhin nach Sizilien verlegt, und in den frühen 1970er-Jahren machte die sizilianische Mafia riesige Gewinne. Sie kontrollierte nun fast alle Stadien im Drogengeschäft – von der Einfuhr des Opiums bis zur Verarbeitung und zum Export in die USA – und hielt auf einmal Bargeld in bis dahin ungeahnten Mengen in Händen.

Mord und Chaos

1981 verursachten Rivalitäten in Geldfragen einen Aufstand in der Kommission und führten zu einer Mordserie zwischen den Familienclans. Parallel dazu mussten viele Journalisten, Richter, Staatsanwälte, Polizisten und Politiker, die sich dem Kampf gegen die Mafia verschrieben hatten, ihr Leben lassen – darunter auch der Präfekt von Palermo Dalla Chiesa, Oberstaatsanwalt Rocco Chinnici und der Politiker Pio La Torre. Letzterer hatte ein Gesetz vorgeschlagen, das dem Staat die Beschlagnahmung von Mafiaeigentum gestattete und die Verurteilung schon allein aufgrund der Mitgliedschaft ermöglichte. Nach La Torres Beerdigung 1982 wurde es verabschiedet: Damit ahndete der italienische Staat endlich die Mitgliedschaft in der Mafia als ein Verbrechen.

OBEN Luciano Liggio, der frühere Kopf des *corleonesi*-Clans, verteidigte sich bei den Massenprozessen von 1986 selbst.

Kollaboration

Den unterlegenen Mafiosi blieb als Gegenwehr nur noch die Zusammenarbeit mit der Justiz, was einen klaren Bruch mit ihrer traditionellen Schweigeregel darstellte. Nach dem Tod von Rocco Chinnici wurde in Palermo eine Anti-Mafia-Gruppe aus vertrau-

enswürdigen Staatsanwälten gegründet, die Informationen austauschten und koordinierten. Mit ihr hatte die Cosa Nostra einen neuen Gegenspieler.

Massenprozess

Die bis zu diesem Zeitpunkt beispiellose Kollaboration einzelner Mafiosi mit der Justiz machte erstmals einen Massenprozess gegen die Bosse möglich. Er begann 1986 und endete 1992 mit lebenslänglichen Haftstrafen für die Angeklagten.

Während der Gerichtsverhandlungen kam es zu einem Skandal bei der Ernennung des neuen Chefs des Anti-Mafia-Pools. Damals überging der Richterrat, der offiziell unabhängig war, tatsächlich aber unter dem starken Einfluss der Parteien stand, den logischen Nachfolger Giovanni Falcone und entschied sich stattdessen für einen dienstälteren Beamten, der aber keinerlei Erfahrung im Kampf gegen die Mafia besaß. Dies kam einer Demontierung der Anti-Mafia noch während des laufenden Prozesses gleich. Um die Glaubwürdigkeit zu wahren, berief die italienische Regierung Falcone auf einen wichtigen Posten nach Rom, wo er den Kampf gegen das gesamte organisierte Verbrechen koordinieren sollte.

Die Urteile des Massenprozesses wurden 1992 rechtskräftig, als die römischen Gerichte das Urteil aus erster Instanz bestätigten und das Berufungsurteil von 1991 kassierten. Damit schloss sich die Justiz Buscettas Aussage an, die Cosa Nostra habe eine oligarchische Struktur und leite ihre Aktionen durch eine Kommission.

OBEN 1985 wurde in Neapel 640 Mitgliedern der örtlichen Camorra der Prozess gemacht, nachdem dafür eigens das Fußballfeld im Gefängnis Poggioreale umgebaut worden war. 300 Anwälte und mehr als 1000 Polizisten nahmen teil.

RECHTE SEITE Im Juli 1992 wurde der Anti-Mafia-Richter Paolo Borsellino mit seinen Leibwächtern durch eine ferngesteuerte Autobombe ermordet.

Nach dem Massenprozess

Die Köpfe der Cosa Nostra, die immer noch auf freiem Fuß waren, versuchten vergeblich, Einfluss auf den Prozess zu nehmen, indem sie Druck auf den sizilianischen Politiker Salvo Lima ausübten. Er sollte die Verhandlung zu ihren Gunsten beeinflussen und bezahlte schließlich mit seinem Leben, als er im März 1992 knapp zwei Wochen nach der Urteilsverkündung umgebracht wurde.

Es war eine Zeit großer Umwälzungen in Italien, denn binnen Jahresfrist verschwanden damals aus der politischen Landschaft zwei Parteien, die die Landespolitik seit den Kriegstagen dominiert hatten: die Christdemokraten und die Sozialisten. Die Kommunisten hatten sich schon 1989 aufgelöst. Damit blieb die Cosa Nostra in Sizilien ohne politische Unterstützung zurück.

Bombenattentate

Nach dem Mord an Falcone im Mai 1992 wies der italienische Staat Mario Mori an, Verhandlungen mit der Cosa Nostra aufzunehmen. Der Oberst einer Sondereinheit der Carabinieri bat den unter Hausarrest stehenden Mafiapolitiker Vito Ciancimino, die untergetauchten Bosse der Cosa Nostra zu kontaktieren.

Gleichzeitig fürchtete der Untersuchungsrichter Paolo Borsellino um sein Leben. Seine Ängste waren durchaus begründet, denn tatsächlich wurde er am 19. Juli 1992 umgebracht. Der Plastiksprengstoff, der ihn tötete, stammte aus Norditalien, nicht aus Sizilien, und der Fernbedienungsmechanismus der Bombe war auch bei den Geheimdiensten in Gebrauch. Die Bombe wurde vor dem Haus seiner Mutter abgestellt und riss auch fünf Mitglieder seiner Eskorte in den Tod. Ihre Verwandten lehnten ein Staatsbegräbnis ab, und bei der Beerdigung der fünf Polizisten griffen die Einwohner von Palermo die Politiker an, die sie für die Morde verantwortlich machten.

UNTEN Der italienische Richter Giovanni Falcone hatte sich auf Ermittlungen gegen die Mafia spezialisiert. Er starb am 23. Mai 1992 mit seiner Frau durch eine Straßenbombe.

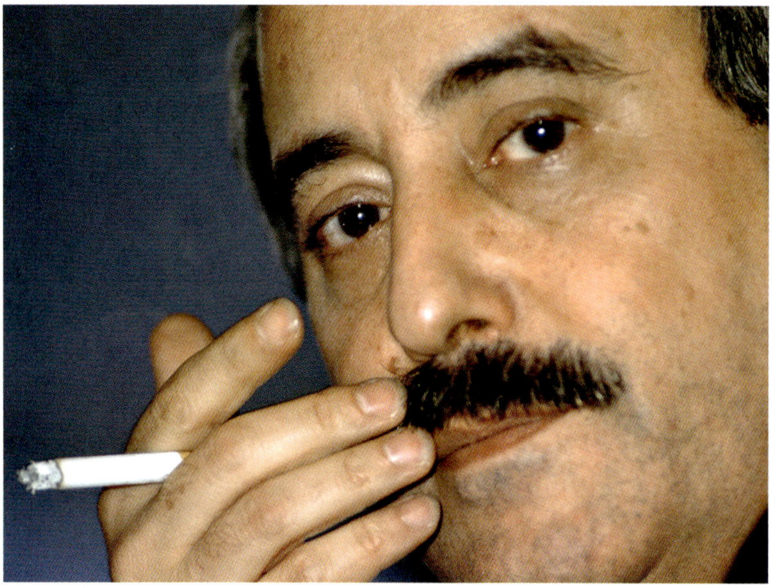

Führungswechsel

1993 wurde Salvatore „Totò" Riina festgenommen. Bernardo Provenzano rückte als Kopf der Cosa Nostra nach, und die Bomben explodierten weiter, nun aber im restlichen Italien. Die Mafia forderte die Abschaffung der Schutzprogramme für Informanten und der Zwangsarbeit für Mafiosi und drängte auf eine Revision der Massenprozesse.

Zugleich brach mit dem Beschluss Silvio Berlusconis, in die Politik zu gehen, eine neue politische Ära an.

Bei einem Fußballspiel zwischen Lazio und Udine missglückte ein Attentat, als eine Autobombe, die in der Nähe der Wachen direkt vor dem Olympiastadion in Rom platziert worden war, durch ein Versagen der Fernbedienung nicht explodierte. Nach diesem Fehlschlag änderte die Cosa Nostra ihre Strategie, und seitdem widmen die italienischen Medien der Mafia nur noch wenig Aufmerksamkeit, abgesehen von den Erwähnungen, die ihr bewaffneter Zweig noch in den Nachrichten findet.

RECHTS Salvatore Riina war nicht nur ein liebevoller Vater und Ehemann, sondern auch der Kopf der *corleonesi* und später der Cosa Nostra. Er lebte nach der Devise: Wenn der Finger wehtut, sollte man sicherheitshalber den Arm abscheiden.

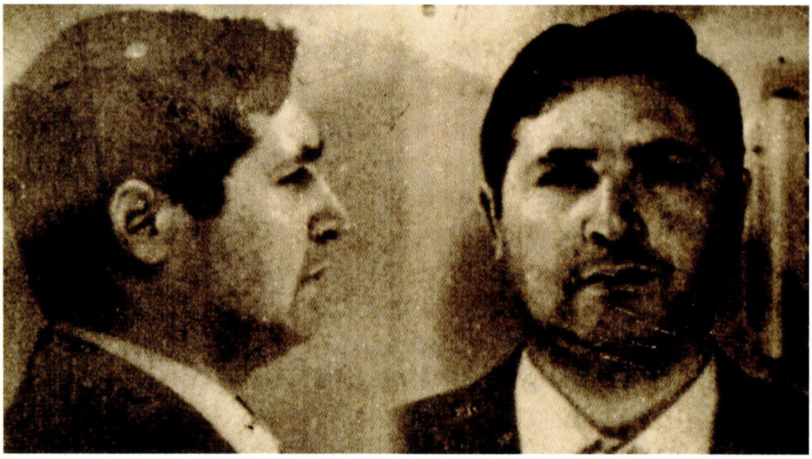

Der Aufstieg Riinas

Salvatore „Totò" Riina, häufig auch „die Bestie" oder „der Kurze" genannt, wurde am 16. November 1930 in Corleone geboren. Noch im Kindesalter verlor er Vater und Bruder bei einer Explosion, als sie versuchten, Schießpulver aus einem amerikanischen Blindgänger zu entfernen. Er lernte den Gauner Luciano Liggio kennen, der auch aus Corleone stammte, geriet auf die schiefe Bahn und begann zu stehlen und Schutzgelder bei Landarbeitern einzutreiben. Schließlich wanderte er sechs Jahre hinter Gitter für den Mord an einem jungen Mann, der ihn beim Bowlen bezichtigt hatte, seine Rinder getötet zu haben. Nach seiner Entlassung eröffnete er einen illegalen Schlachthof.

Im Schatten Liggios half Riina mit, die Macht und den Einfluss der Corleoneser Mafia auszubauen. Dann wurde er wegen Beteiligung an den Gewalttaten der internen Mafiafehde von 1962/63 erneut verhaftet. Nach der Entlassung 1969 sollte er wieder wegen Mordes angeklagt werden, tauchte diesmal aber unter. Als Liggio 1974 für einen Mord ins Gefängnis musste, stieg Riina zum Kopf der *corleonesi* auf.

UNTEN Die Söhne von Salvatore Riina haben das Familiengeschäft übernommen. 2002 musste Giuseppe wegen Mafiaaktivitäten hinter Gitter, kam aber im Februar 2008 wegen eines Formfehlers auf freien Fuß.

Der Kopf hinter der Organisation

In den 1970er-Jahren konzentrierten sich die wichtigsten Mafiaclans von Palermo auf die enormen Gewinne, die der Drogenhandel möglich machte. Salvatore Riina war der Urheber der Idee, mit AIDS-Viren infizierte Spritzen mit der Spitze nach oben am Strand des berühmten Touristenorts Rimini einzugraben. Derweil finanzierte sich die Mafia von Corleone durch Entführungen und bereitete ihre Machtübernahme in der Cosa Nostra vor.

Heimlich stellte Riina dafür eine Privatarmee auf und machte Kontakte zu verschiedenen Mafiafamilien, um seine Rivalen zu isolieren. 1981 griff er die Palermomafia an, tötete ihre beiden wichtigsten Bosse und riss in einem Überraschungscoup die Macht an sich. Während der nächsten beiden Jahre machte er Jagd auf die bewaffneten Mitglieder konkurrierender Familien und liquidierte sie gnadenlos. Nur wenige konnten entkom-

Wer den Tod nicht fürchtet, stirbt nur einmal.

Giovanni Falcone (1939–1992), sizilianischer Untersuchungsrichter und Mafiajäger

men, einige wechselten die Seite und schlossen sich den Siegern an, viele wurden hingemetzelt. Das Blutbad erreichte schließlich ein solches Ausmaß, dass sich viele Mafiosi zur Kollaboration mit der Justiz entschlossen.

Ihren Gegenangriff startete die Mafia zuerst in Sizilien, wo sie die Untersuchungsrichter Falcone und Borsellino ausschalten ließ. Der Kopf hinter dieser Frontalattacke auf den Staat, die ein Einstellen des Kampfes gegen die Mafia erzwingen wollte, war Riina. Er wurde durch einen Verrat zu Jahresbeginn 1993 festgenommen und wegen hundertfachen Mordes verurteilt. Seine Haftstrafe verbüßt er heute noch, und sein Vermögen von mehr als 125 Millionen Dollar wurde beschlagnahmt.

OBEN Eine Anti-Mafia-Demonstration wie die vom 28. Juni 1992 in Palermo wäre in der sizilianischen Geschichte zuvor undenkbar gewesen. Das Banner erinnert an Opfer der Mafia.

Die amerikanische Mafia
Landesweites Netzwerk

Als die USA nach dem Zweiten Weltkrieg ihre Grundfeste auf den Prüfstand stellte, gerieten die Mafia und mit ihr alle Formen des organisierten Verbrechens in den Fokus von Politikern und Sonderkommissionen.

RECHTE SEITE 1956 bewarb sich Senator Kefauver um die Nominierung zum demokratischen Präsidentschaftskandidaten. Hier schaut er hinter Zeitungen hervor – ein Überraschungsbesuch in Miami während seiner Wahlkampagne.

Anhörungen des Kefauver-Komitees

1950 und 1951 führte der Sonderausschuss zur Untersuchung von zwischenstaatlichen Gangsteraktivitäten, der von Senator Carey Estes Kefauver geleitet wurde, mehrere Anhörungen durch. Sie fanden in 14 dicht bevölkerten Städten der USA statt und wurden auch vom neuen Medium Fernsehen übertragen. Indem Kefauver seine Ermittlungen via TV in die amerikanischen Wohnzimmer brachte, konnte er seinen Standpunkt zur amerikanischen Unterwelt überaus publik machen: „Die Tentakel der organisierten Kriminalität reichen praktisch bis in jede Gemeinde im ganzen Land."

Seine Enthüllungen über die Kontakte zwischen diversen Verbrechergruppen kamen zu einer Zeit, als der oberste Gesetzeshüter der Nation, FBI-Direktor J. Edgar Hoover, darauf beharrte, dass es ein solches landesweites Kriminellennetzwerk gar nicht gebe.

Illegales Glücksspiel

Der Kefauver-Ausschuss entdeckte, dass sich Verbrechergrößen aus New York, Detroit, Philadelphia, Chicago und anderen Großstädten häufig in Florida trafen. Aus beschlagnahmten Geschäftsunterlagen erfuhr er auch von Beteiligungen der New Yorker Gangster Joe Adonis und Meyer Lansky an Spielhöllen in Florida, und in der Glücksspielszene in Saratoga im Bundesstaat New York wurden gemeinsame Unternehmungen von Adonis, Frank Costello und Kriminellen aus anderen Städten beobachtet. Ähnliche Kooperationen bestanden auch in Louisiana, wo Costello, Phil Kastel und Meyer Lanskys Bruder Jake mit dem New Orleanser Boss Carlos Marcello im Casino Beverly Club zusammenarbeiteten. Außerdem fand der Ausschuss heraus, dass viele dieser Unterweltgangster über Strohmänner Spielcasinos in Las Vegas betrieben.

In New York betätigte sich die Verbrecherwelt gar unter dem Schutz korrupter Behörden im Geschäft mit Spielautomaten, Buchmachereien und Lotterien. Nicht weniger lukrativ war das Glücksspielgeschäft in Kansas City, das von einer italienisch-jüdischen Gruppe gelenkt wurde.

Auch in Philadelphia und Detroit betrieb die organisierte Kriminalität zusammen mit ihren politischen Verbündeten Lotterien, während sich die Mafia von

SENATOR KEFAUVER

Senator Carey Kefauver wurde am 26. Juli 1903 auf einer Farm im ländlichen Tennessee geboren. Er machte seinen Bachelor an der Universität von Tennessee in Knoxville und ging dann an die Ostküste, wo er 1927 an der Juristischen Fakultät der Yale University in New Haven promovierte, bevor er als Anwalt nach Tennessee zurückkehrte.

Am 13. September 1939 wurde er in den Kongress gewählt, um eine durch den Tod des Demokraten Sam McReynolds entstandene Lücke zu füllen. Kefauver wurde viermal ins Repräsentantenhaus gewählt und kandidierte 1948 für den US-Senat – eine Wahl, die er als Reformer gewann. Er erhielt viel Lob für seine unparteiischen und gründlichen Ermittlungen im Untersuchungsausschuss zum Verbrechertum. 1952 und 1956 kandidierte er erfolglos für die Präsidentschaftswahlen, wurde aber zweimal in den Senat wiedergewählt. Kefauver starb 1963 im Senat nach einem Herzinfarkt.

Tampa der Lotterievariante Bolita widmete. In Cleveland wiederum regierte ein Bündnis italienisch-jüdischer Banden ein umfassendes Glücksspielimperium. Dagegen kontrollierten die Chicagoer Gangster Wettdienste, Spielautomaten, Lotterien, Pferde- und Hunderennbahnen ebenso wie die landesweiten Rennergebnisse.

UNTEN Der Gangster Willie Moretti aus New Jersey liegt erschossen in einer Blutlache. Er war ein langjähriger Freund der Unterweltgrößen Joe und Sal Adonis.

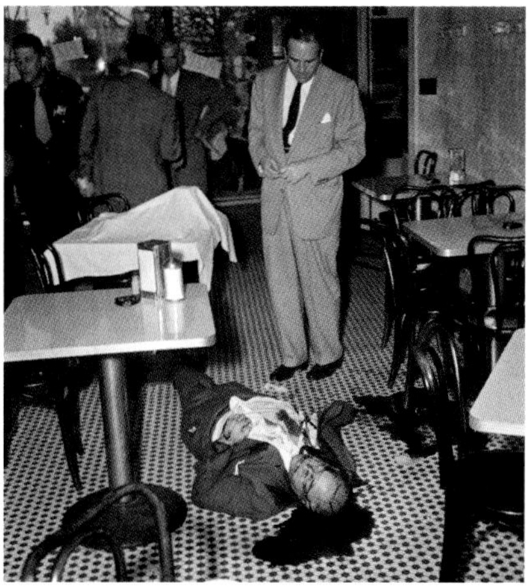

Drogen

Außerdem deckte das Kefauver-Komitee Beweise für ein hoch organisiertes Netz von Drogenschmugglern auf. Zeugenaussagen zufolge agierte der amerikanische Mafiaboss Charlie Luciano im Exil als Boss der Heroindealer, und Tommy Penocchio, ein New Yorker Kumpan Lucianos, spielte eine wichtige Rolle beim Marihuanaimport aus Mexiko.

Korruption

Am wichtigsten war jedoch die Erkenntnis, dass die organisierte Kriminalität mittels Bestechung und politischem Druck Behörden korrumpierte, um Einmischungen in ihre illegalen Geschäfte zu verhindern. Allein die Gauner der Rennbranche spendeten alljährlich mehrere Hunderttausende von Dollars an die Politik, um sich Einfluss bei den gewählten Volksvertretern zu sichern. Die Korruption reichte über die lokale Polizeiebene hinaus und erfasste auch die Organe der Bundesstaaten und des Bundes.

DIE GRÜNDE FÜR DAS APALACHIN-TREFFEN

Noch heute streiten sich Historiker über den eigentlichen Anlass für das Apalachin-Treffen von 1957. Die einen vermuten, dass es bei der Zusammenkunft um eine Nachfolgeregelung für den kurz zuvor ermordeten Albert Anastasia ging, andere dagegen glauben, Vito Genovese habe sich zum neuen Boss der Bosse krönen lassen oder aber einen neuen Drogenring aufziehen wollen.

Auch Carlo Gambino war bei dem Mafiositreffen in Apalachin anwesend. Hier sieht man ihn bei seiner Verhaftung vor einem gepanzerten Wagen.

OBEN Joseph „Socks" Lanza wurde wegen Schutzgelderpressung auf dem New Yorker Fulton-Fischmarkt verurteilt – eines von vielen Delikten, die bei den Senatsanhörungen aufgedeckt wurden.

Ein schlimmes Jahr für den Mob

Das Gilded Age der amerikanischen Mafia fand 1957 ein abruptes Ende. Da J. Edgar Hoover und das FBI zunächst ihre Existenz leugneten, hatte sie seit dem Ende der Prohibition quasi ungestört agieren können. Nun aber wurde das kriminelle Netzwerk entlarvt, und Hoover sah sich gezwungen, den Kampf endlich aufzunehmen.

„Socks" Lanza

Im Februar 1957 wurde der Berufsgauner Joseph „Socks" Lanza in Eastchester im Bundesstaat New York bei einer Verletzung seiner Bewährungsauflagen ertappt, als er Umgang mit bekannten Gangstern bei der Müllentsorgung, dem Zeitungsausträgerdienst und der Hafenszene pflegte. Als er nicht sofort ins Gefängnis zurückbeordert wurde, warf dies Fragen auf, und eine Untersuchung deckte schließlich enge Kontakte zwischen Lanza und den örtlichen Parteiführern auf. Dies war nur die erste von vielen Enthüllungen, die im Zusammenhang mit der Mafia 1957 in die Öffentlichkeit gelangten.

Transportarbeiter

Unter der Leitung von Senator John McClellan aus Arkansas befasste sich ein Ausschuss mit kriminellen Delikten in der Gewerkschaftsführung der Transportarbeiter. Als dabei herauskam, dass Gewerkschaftspräsident Dave Beck seine Position zur eigenen Vorteilnahme ausgenutzt hatte, wurde er im Sommer 1957 wegen schweren Diebstahls, Steuerhinterziehung und Fälschung von Gewerkschaftsdokumenten angeklagt.

Von Chefberater Robert Kennedy unterstützt, stellte der McClellan-Ausschuss außerdem fest, dass Vizepräsident James Hoffa aus Detroit weitreichende Kontakte zum organisierten Verbrechen im ganzen Land unterhielt und zusammen mit New Yorker Mobstern Scheinmitglieder vorgetäuscht hatte, um Kontrolle über die Chefetage der Gewerkschaft zu erlangen. Im Juli wurde Hoffa gerichtlich belangt, weil er versucht hatte, sich die geheimen Akten des McClellan-Ausschusses zu beschaffen, doch die Verhandlung endete mit einem Freispruch. Obschon sein Ruf beschädigt war und McClellan und Kennedy seine Verbindungen zum Lucchese-Clan publik gemacht hatten, wählte man ihn im Oktober zum Gewerkschaftspräsidenten.

Prominente Opfer

Frank Costello, ein mächtiger New Yorker Gangsterboss, starb am 2. Mai 1957 beinahe durch die Kugel eines Attentäters. In dem Anschlag, der großes Aufsehen erregte, vermuteten die Behörden einen Versuch von Costellos Unterboss Vito Genovese, in der Hierarchie aufzusteigen.

Das FBI wusste eigentlich gar nichts über diese Männer, die die größten Gangster in den USA waren. Das war ein ziemlicher Schock für mich.

Robert Kennedy nach seiner Anfrage beim FBI zu Informationen über das Apalachin-Treffen

In einer weiteren Attacke wurde Frank Scalise, ein Unterboss von Genoveses Erzrivalen Albert Anastasia, von zwei Männern erschossen. Im Oktober starb Anastasia in Manhattan. Die Ermittlungen förderten neben der Rivalität zu Genovese auch seine Pläne zutage, im kubanischen Havanna ein Spielcasino zu eröffnen.

Apalachin-Versammlung

Am 14. November 1957 sprengte die New Yorker Staatspolizei eine Party auf dem Anwesen des ehemaligen Alkoholschmugglers Joseph Barbara in Apalachin. Als sie die aus dem Haus strömenden Mafiosi zusammentrieb und ihre Personalien aufnahm, stieß sie auf Dutzende von Unterweltbonzen aus dem ganzen Land, darunter Vito Genovese, Carlo Gambino und Joseph Profaci aus New York, John LaRocca und Michael Genovese aus Pittsburgh, Santo Trafficante jr. und Joseph Silesi aus Havanna, Nicholas Civella aus Kansas City und John Scalish aus Cleveland.

Fast alle gaben an, sie hätten Barbara einen Besuch abstatten wollen. Obwohl sich die Polizei über die Lüge im Klaren war, musste sie alle Gangster laufen lassen. Der Unterwelttreff brachte Hoover in große Verlegenheit.

UNTEN Von links: Pat McNamara, Barry Goldwater, John McClellan und Berater Robert Kennedy. Die Mitglieder des Ausschusses zu den kriminellen Machenschaften in der Gewerkschaft lauschen den Zeugenaussagen.

OBEN Präsident John Kennedy überreicht H. J. Anslinger, dem früheren Vorsitzenden des Bureau of Narcotics, eine Ehrenurkunde für seine Leistungen.

1971 Joe Colombo wird in New York bei der Parade zum Tag der italoamerikanischen Einheit erschossen.

1984 Das FBI erstattet Anzeige gegen elf Mitglieder der Colombo-Familie.

1985 Paul Castellano wird auf Befehl von John Gotti getötet, der die Kontrolle über die Mafia übernimmt.

1997 Die Maklerfirma Global Strategies Group aus San Francisco besorgt sich Kredite vom Gambino-Clan, um zahlungsfähig zu bleiben. Sie wird 1998 vom FBI aufgelöst.

1999 John Gotti „Junior" gesteht kriminelle Delikte sowie Erpressung und erhält sechs Jahre Gefängnis.

Das FBI schließt sich dem Kampf an

Die Apalachin-Enthüllungen von 1957 zwangen J. Edgar Hoover, endlich die Existenz eines landesweiten Verbrechersyndikats zuzugeben und Maßnahmen zu seiner Bekämpfung zu ergreifen. Persönlich war der FBI-Direktor mehr am Kampf gegen den Kommunismus interessiert und hatte lange die Idee zurückgewiesen, dass die US-Kriminalität auf einer anderen Ebene als der lokalen oder regionalen organisiert sein könnte.

Nun befand er sich plötzlich in einer peinlichen Aufholjagd, denn große staatliche und städtische Polizeiorgane, die Anti-Drogen-Behörde Federal Bureau of Narcotics, der US Postal Inspection Service und der US Secret Service hatten längst Kontakte zwischen den Mafiosi verschiedener Bundesstaaten ausgemacht.

Vor allem Harry Anslinger, der Vorsitzende des Bureau of Narcotics und ein Bürokrat wie Hoover, nahm kein Blatt vor den Mund. Nach Apalachin musste der US-Senat feststellen, dass das FBI kaum Akten – und höchstens einige Zeitungsausschnitte – besaß, während Anslingers Behörde mit detaillierten Informationen über sämtliche Teilnehmer aufwarten konnte.

„Top Hoodlum Program"

Zwei Wochen nach der Apalachin-Konferenz legte Hoover sein „Top Hoodlum Program" (Topgangster-Programm) auf. Es enthielt Anweisungen für die FBI-Außenbüros, die mächtigsten Gangster in ihren Regionen aufzulisten und sich Informationen über sie zu beschaffen.

Die meisten Außenstellen befolgten den neuen Marschbefehl. Über das Chicagoer FBI-Büro waren reichlich Informationen über Al Capone und andere Anführer des organisierten Verbrechens in der „Windy City" eingegangen, weshalb das „Top Hoodlum Program" dieses Büro auch stärkte. Dagegen ignorierten andere Dienststellen des FBI auch weiterhin die Mafia: So insistierte das Außenbüro in New Orleans, es habe keine wichtigen Gangster auf die Liste zu setzen.

J. EDGAR HOOVER

Die Karriere von J. Edgar Hoover im FBI begann 1919, als die Behörde im Justizministerium noch Bureau of Investigation (BOI) hieß. Der 24-Jährige wurde damals zum Leiter der neuen Anti-Radikalen-Abteilung in der Behörde ernannt und erhielt obendrein den Titel eines Spezialassistenten des Justizministers. Aufgrund dieser Doppelrolle unterstand er direkt Justizminister Alexander Palmer, als William Flynn noch Direktor des BOI war.

Der junge Hoover übernahm eine aktive Rolle bei der Abschiebung ausländischer Kommunisten, die bei den Palmer-Razzien inhaftiert wurden. Damals revolutionierte er auch das Ablagesystem des BOI, um verdächtige Kriminelle sowie Einzelpersonen und Gruppen mit antiamerikanischer Gesinnung leichter aufspüren zu können. 1921 säuberte die neue Administration von Warren Harding das Justizministerium und entfernte alle Palmer-Leute bis auf Hoover, der zum stellvertretenden Direktor des BOI aufstieg. Seine Beförderung zum Direktor folgte 1924. Er hatte sein Amt über 48 Jahre bis zu seinem Tod 1972 inne und arbeitete in dieser Zeit für acht Präsidenten.

J. Edgar Hoover sagt 1953 vor dem Senats-Unterkomitee zur Inneren Sicherheit aus. Wegen seiner langjährigen und umstrittenen Rolle als Direktor des FBI ist die Dienstzeit der heutigen Amtsinhaber auf zehn Jahre beschränkt.

Mafiamonografie

1957 befahl Hoover seiner Behörde, alles verfügbare Wissen über die Mafia in einem einzigen Dokument zusammenzufassen. Die so entstandene zweibändige *Mafia Monograph* zeichnete die Entwicklung des Syndikats von seinen legendären Anfängen auf Sizilien über die transatlantische Einwanderung bis zu den bekannten Verbrecherclans der 1950er-Jahre nach.

Unter den Schlussbemerkungen findet sich das Eingeständnis: „Die verfügbaren Beweise zeigen ohne den geringsten Zweifel, dass die Mafia in den USA ebenso wie in Sizilien und Italien heute als eine brutale, bösartige und tyrannische Form der organisierten Kriminalität existiert."

Zurückrudern

Der FBI-Direktor war aber nicht ganz glücklich mit seinen eiligen Reaktionen auf die Apalachin-Konferenz und fuhr sein „Top Hoodlum Program" deshalb 1958 kurzfristig zurück. Er hielt auch die *Mafia Monograph* unter Verschluss.

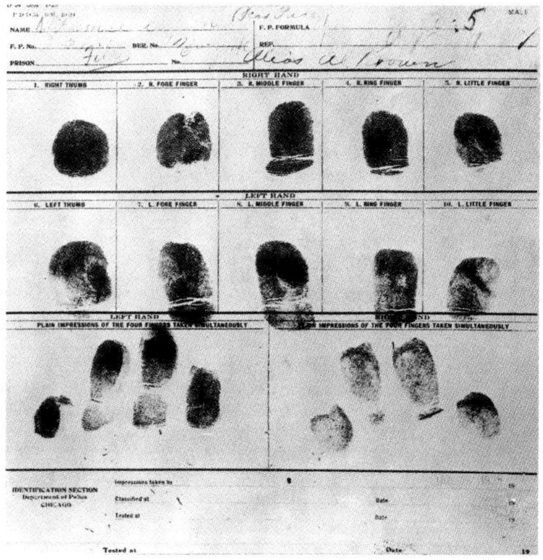

OBEN Das Strafregister von Philadelphia enthält auch die Fingerabdrücke von Al Capone. Man hatte sie abgenommen, als er mit seinem Leibwächter wegen des Tragens einer versteckten Waffe festgenommen wurde.

Waffen des FBI

Nach Hoovers Kampfansage sahen sich die amerikanischen Gangster urplötzlich mit einem eindrucksvollen Aufgebot an FBI-Techniken und -Methoden konfrontiert, darunter Telefonabhörung, elektronische Überwachung, das Anwerben von Informanten und Infiltration von Zielgruppen – Strategien, die das FBI in seinem Krieg gegen den Kommunismus jahrzehntelang perfektioniert hatte. Der neue Gerätepark gewährte den Gesetzeshütern tiefe Einblicke in das organisierte Verbrechen und ermöglichte es ihnen, die Äußerungen und Handlungen der Gangster für die Beweisführung zu nutzen.

OBEN Der Schauspieler George Raft (rechts) hatte viele Gangsterbekannte. Er sagte sogar für seinen wegen Buchmacherei angeklagten Freund „Bugsy“ Siegel aus.

UNTEN Beim Betreten des Gerichtssaals hebt der Verbrecherboss Santo Trafficante jr. seine Hände in einer Geste der Unschuld. Er kontrollierte die Unterwelt in Florida und auf Kuba.

Vorstoß nach Kuba

Die amerikanische Mafia investierte in den 1940er- und 1950er-Jahren stark in Glücksspielgeschäfte auf Kuba. Über die Mittelsmänner Meyer Lansky und Santo Trafficante jr. leitete der Mob Millionen Dollar in Spielcasinos, Rennbahnen und Nachtclubs. Die tief korrupte Verwaltung von Staatspräsident Fulgencio Batista begrüßte die Kapitalinvestitionen der Gangster und die damit verbundenen Schmiergelder.

Einfluss der Mafia

Batistas Machtposition auf der Insel war bei seinem erfolgreichen Staatsstreich 1933 offenkundig geworden. Der Militär manipulierte noch mehrere Marionettenregierungen bis 1940, als er zum Präsidenten gewählt wurde, was die Zustimmung der amerikanischen Gangster und Antikommunisten fand. 1944 wurde Batista wieder abgewählt, und der frühere Präsident Ramón Grau kehrte an die Macht zurück.

Während Graus Amtszeit konnte die Mafia ihren Einfluss wahren. So tauchte der Gangster Charlie Luciano schon im Oktober in Havanna auf. Bis Ende Dezember war klar, dass er von seinem kubanischen Stützpunkt aus auch künftig in Mafiadingen mitmischen wollte. Die USA übten Druck auf Kuba aus, Luciano über den Atlantik zurückzuschicken, doch erst nach dem Kappen der Medizinlieferungen kam Kuba diesem Anliegen nach und setzte ihn im März 1947 an Bord eines Dampfers.

1948 kehrte Batista dann wieder in die kubanische Politik zurück und gewann einen Sitz im Senat. Als seine Kandidatur bei den Präsidentschaftswahlen von 1952 aussichtslos erschien, initiierte er erneut einen Staatsstreich und führte das Land durch Aufhebung der Personen- und Pressefreiheit und Unterdrückung der Arbeiterbewegung in die Diktatur.

Spielcasinos

Nach der Machtergreifung 1952 kündigte Batista Steueranreize für den Bau von Spielcasinos an und lockerte die Auflagen in dem Versuch, Havanna zu einem Touristenmekka zu machen. Meyer Lansky machte sich prompt an die Errichtung des 21-stöckigen Riviera Hotels und Spielcasinos in Havanna, das 1956 seine Pforten öffnete.

Im folgenden Jahr eröffnete Santo Trafficante jr. sein eigenes Hotel Capri. Trafficante besaß außerdem das Hotel Comodoro und kontrollierte das Deauville, während Joe Silesi, ein *associate* von Lansky und Trafficante, eine wichtige Figur im Havana Hilton wurde. Die Investitionen in die Hotel- und Spielcasinobranche wurden aggressiv verteidigt: Als der New Yorker Mafioso Albert Anastasia unter Umgehung der Lansky-Trafficante-Connection sein eigenes Casino eröffnen wollte, wurde er kurzerhand in einem Friseursalon in Manhattan erschossen.

Havanna entwickelte sich zum Tummelplatz der westlichen Welt und richtete sich ganz auf die Wünsche der Oberschichtklientel aus, doch kaschierte das glanzvolle, glamouröse Nachtleben nur die Armut vieler Kubaner.

UNTEN Das Riviera Hotel in Havanna wurde von Meyer Lansky erbaut und machte die kubanische Hauptstadt zum Spielermekka. Castro beschlagnahmte nach seinem Machtantritt alle Vermögenswerte.

Revolution

Die kubanischen Revolutionäre um Fidel Castro landeten 1953 nach ihrem missglückten Sturm auf die Kaserne in Santiago de Cuba im Gefängnis. Zwei Jahre später kam Castro wieder frei und flüchtete nach Mexiko, um seine Guerilleros neu zu formieren. Batistas diktatorische Herrschaft ließ den Widerstand anwachsen. Ein missglückter Putschversuch veranlasste ihn, viele seiner besten Militärführer zu verhaften, während Castro sich gerade an die Spitze einer neuen revolutionären Rebellenarmee auf dem Südteil der Insel setzte.

In dieser ungewissen Lage sicherte sich die amerikanische Mafia nach allen Seiten hin ab und versorgte beide Lager mit Geldmitteln und Waffen. Ende 1958 stand Batistas dezimiertes Militär kurz vor dem Zusammenbruch, und tatsächlich trat der Diktator am Neujahrstag 1959 offiziell zurück.

Gangster bleiben zurück

Auch Meyer Lansky reiste ab und überließ seinem Bruder Jake zusammen mit Trafficante die Betreuung der Casinos. Als Castros Armee eine Woche später die Hauptstadt einnahm, wurden die Spielcasinos, Hotels und Nachtclubs allesamt geschlossen, während die Gangster in Havanna vorerst unbehelligt blieben.

Im Mai nahm dann die kubanische Polizei unter anderem den Manager des Riviera, Jake Lansky, und den Tropicana-Chef Giuseppe DiGiorgio wegen Mitgliedschaft in einem großen Drogenring fest. Im Juni kam auch Trafficante wegen Verdachts auf Drogenhandel in Haft, und schließlich wurden alle verhafteten Gangster aus Kuba ausgewiesen.

Verlorene Investition

1959 und 1960 beschlagnahmte Castros Regierung die Spielcasinos und Luxusresorts – damit waren die Investitionen der Mafia verloren. Allein mit dem Riviera Hotel musste die US-Unterwelt angeblich acht Millionen Dollar abschreiben.

OBEN Die berühmte Hochzeitsszene aus *Der Pate* zeigt die engen Bande in einer Mafiafamilie. Marlon Brando steht mit roter Rose im Knopfloch neben der Brautmutter.

DIE MAFIA IM FILM

Der Pate

Die Filmtrilogie über die fiktive Familie Corleone wurde zum Inbegriff für das Mafiaporträt auf Zelluloid. Sie zeichnet das Schicksal eines New Yorker Verbrecherclans über mehrere Jahrzehnte nach und prägte damit unser Bild von der Mafia.

Vom Roman zum Film

Mario Puzos Kultroman *Der Pate* von 1969 stand monatelang auf der Bestsellerliste der *New York Times*. Es dauerte nicht lange, und er wurde von Regisseur Francis Ford Coppola verfilmt, der für *Der Pate Teil I* und *Teil II* mit Oscars und für *Teil III* mit Oscar-Nominierungen belohnt wurde.

Hüte dich, deine Feinde zu hassen. Es trübt dein Urteilsvermögen.

Michael Corleone, Der Pate III (1990)

Der Pate (1972)

Der Film bildet den Auftakt zu einer Trilogie über eine italienische Einwandererfamilie und ihr Oberhaupt Don Vito Corleone (Marlon Brando). Die Geschichte verfolgt das wechselvolle Geschick der Familie und ihre Beziehungen zum Mob. In diesem ersten Teil wird der bis dahin unbeteiligte junge Michael Corleone (Al Pacino) ins blutige Familiengeschäft einbezogen, als sein Vater von Konkurrenten schwer verletzt wird, die in New York einen Drogenhandel aufziehen wollen und damit gegen Corleones Grundsatz verstoßen.

OBEN Als der Filmmogul Jack Woltz (John Marley) aufwacht, findet er den abgetrennten Kopf seines Lieblingshengstes in seinem Bett – eine Vergeltungsaktion, weil er sich Mafiawünschen widersetzt hat.

Der Pate Teil II (1974)

Der Film bildet die Fortsetzung zu Teil I und enthält dessen Vorgeschichte. Eine Handlung verfolgt, wie Michael Corleone (Al Pacino), inzwischen das etablierte Oberhaupt des Corleone-Clans, einen Mordanschlag überlebt und versucht, die Familiengeschäfte zu legalisieren. Daneben schildert der Film im Rückblick die frühen Jahre von Michaels Vater Vito Corleone – diesmal von Robert de Niro gespielt –, der nach der Ermordung seiner Eltern aus Italien flieht.

Der Pate Teil III (1990)

In diesem letzten Teil ist die Familie Corleone auf dem Höhepunkt ihrer Macht. Man schreibt das Jahr 1979, und die Familienstiftung unter Leitung von Michael Corleone (Al Pacino) und seiner Tochter Mary (Sofia Coppola, Tochter des Regisseurs) nimmt Verhandlungen mit der katholischen Kirche auf, um Mehrheitsanteile an der Immobiliengesellschaft Immobiliare zu erwerben. Doch auch andere Gangsterfamilien wollen am Deal beteiligt werden. Michael, der wieder um seine Familie fürchtet, bittet seinen Neffen Vincent Mancini (Andy Garcia) um Hilfe und muss sich dabei mit Vincents verbotener Liebe zu seiner Tochter Mary auseinandersetzen.

OSCAR-INFOS

Marlon Brando und Robert de Niro spielten beide Don Vito Corleone in *Der Pate* bzw. *Der Pate Teil II* und gewannen Oscars für ein und dieselbe Rolle – einzigartig in der Geschichte der Academy Awards.

Nino Rotas Filmmusik für *Der Pate* wurde zunächst ebenfalls nominiert, dann aber 1973 von der Liste der Nominierungen gestrichen, nachdem entdeckt worden war, dass er dieselbe Titelmelodie schon einmal für Eduardo De Filippos Komödie *Fortunella* von 1958 verwendet hatte. Zwar wurde die Melodie dort in schnellem Stakkato und eher komödiantisch gespielt, aber es war unverkennbar dieselbe. Später erhielten Nino Rota und Carmine Coppola 1975 dennoch den Oscar für ihre Filmmusik in *Der Pate Teil II* – obwohl es dieselbe Melodie war, die 1973 nicht nominiert werden durfte.

Marlon Brando (links) und Robert de Niro in einer Szene aus dem Film *The Score* (2001). Beide sind bekannt als Charakterdarsteller und spielten Don Vito Corleone in der Trilogie *Der Pate*.

MOB-VERRÄTER

Der in East Harlem aufgewachsene Joseph Valachi geriet unter den Einfluss von Ciro Terranova und pflegte nach seiner Haftentlassung 1928 Beziehungen zu Gangstern wie Tom Gagliano. Dieser war Gruppenleiter unter Gaetano Reina in der Bronx, der insgeheim gegen Terranova und den Boss der Bosse in der Bronx, Giuseppe Masseria, opponierte.

Nach dem Krieg von Castellammare 1931 schloss sich Valachi einem Verbrecherclan unter der Führung von Charlie Luciano und Vito Genovese an. Letzterer übernahm 1957 die Leitung über die alte Luciano-Organisation.

1960 wurde Genovese zu 15 Jahren im Bundesgefängnis von Atlanta verurteilt, und im Februar 1962 gesellte sich Valachi zu seinem Boss mit einer 20-jährigen Haftstrafe wegen Drogenhandels. Die Drogenagenten warnten Valachi, dass Genovese ihn umbringen lassen wolle, und als Valachi sich sicher war, welcher Mithäftling den Mordauftrag hatte, erschlug er den Mann. Nun wurde er wegen Mordes angeklagt und musste obendrein mit einem weiteren Mordanschlag seiner Kumpane rechnen. In dieser Notlage wandte er sich an die Behörden. In Gesprächen mit Drogenagenten und später mit dem FBI verwendete er den Ausdruck „Cosa Nostra" für die Mafia, um den eigentlichen Namen nicht nennen zu müssen. Der Begriff wurde in den Händen der FBI zum Eigennamen. Valachi sagte 1963 vor dem Ausschuss von Senator John McClellan aus und enthüllte drei Jahrzehnte blutiger Mafiageschichte.

Joseph Valachi verwendete als Erster offen die Worte „Cosa Nostra" im Zusammenhang mit der Mafia. Als es ihm im Gefängnis zu brenzlig wurde, packte er aus. Dank 30 Jahren Mitgliedschaft in einer Mafiafamilie war er ein intimer Kenner der Szene.

OBEN Joe Colombo und sein Sohn beteiligen sich 1970 an den Demonstrationen vor dem FBI-Hauptquartier, um Vorurteile gegen Italiener anzuprangern.

Kriege der Kommission

Sieht man einmal von der Ausweisung Charlie Lucianos ab, blieben die Verhältnisse in der Mafiakommission von den frühen 1930er- bis in die 1950er-Jahre stabil. Danach änderte sich die Lage rapide, vor allem bei den fünf großen New Yorker Familien: Als Vincent Mangano 1951 spurlos verschwand, rückte Albert Anastasia nach, nach dessen Ermordung 1957 wiederum die Führung an Carlo Gambino überging. Derweil wurde Tom Gagliano von der alten Reina-Familie 1953 durch Tommy Lucchese abgelöst, und Frank Costello, der sich während Lucianos Exil um dessen Familiengeschäfte kümmerte, musste die Leitung 1957 an Vito Genovese übergeben.

Der Gallo-Profaci-Krieg

Etwa 1960 wandte sich „Crazy Joe" Gallo mit seinen Verbündeten von Joseph Profaci ab und wurde darin von den Organisationen Carlo Gambinos und Tommy Lucchese bestärkt. Profacis natürlicher Tod 1962 brachte seinen Schwager Joseph Magliocco an die Macht.

Colombos Aufstieg

Unterstützt von Joseph „Joe Bananas" Bonanno schmiedete Magliocco ein Komplott gegen Gambino und Lucchese. Der Magliocco-Helfershelfer Joseph Colombo hängte sein Mäntelchen nach dem Wind und informierte die Kommission über die Pläne seines Chefs. Magliocco trat daraufhin zurück und starb 1963 an einem Herzinfarkt. Nun stellte die Mafiakommission Colombo an die Spitze der Profaci-Familie.

Die Bananenkriege

Bonanno, der in Magliocccos Verschwörung verwickelt war, distanzierte sich von der Mafiakommission und den Verbrecherclans und erzählte seinem Vetter, dem Buffalo-Boss Stefano Magaddino, von seinen Ruhestandsplänen. Die Bonanno-Gegner nutzten sofort die Gelegenheit und versuchten, einen Machtwechsel herbeizuführen. Am 20. Oktober 1964 versäumte Bonanno einen Gerichtstermin. In seiner Autobiografie

gab er später an, Magaddino habe ihn gekidnappt, um ihn zum Rücktritt zu drängen, aber schließlich wieder freigelassen. Nun hatte Bonanno neben einer Unterweltverschwörung auch die Staatsanwaltschaft zu fürchten und versteckte sich deshalb in Tucson in Arizona. Inzwischen zerfiel seine Familie in New York in sich bekriegende Splittergruppen, deren Konflikte in der Presse als „Bananenkriege" bezeichnet wurden. Bei mehreren Zusammenstößen kämpfte Bonannos Sohn Salvatore gegen die Fraktion seines Herausforderers Gaspare DiGregorio, der von Magaddino, Colombo und der restlichen Mafiakommission unterstützt wurde.

Im Mai 1966 erschien Joseph Bonanno wieder auf der Bildfläche, wurde wegen Nichterscheinen vor Gericht belangt und gegen Kaution wieder freigelassen. Er ließ verlauten, er plane seinen Rücktritt, wolle aber bis zum Ende des Konflikts in seiner Organisation noch in New York bleiben. Die Unterstützung der Mafiakommission für DiGregorio schwand dahin, und 1970 endete schließlich die Einmischung von außen. Bonanno begab sich in den Halbruhestand nach Tucson und – so vermuteten die Behörden – leitete von dort aus sein weiterhin reges Unterweltimperium.

OBEN Thomas „Three Finger Brown" Lucchese schwört vor dem Senatsausschuss zu kriminellen Machenschaften in der Gewerkschaft, kein Mitglied eines Mafiasyndikats zu sein.

DIE MAFIAKOMMISION

Joseph Bonanno äußerte sich zur Mafiakommission: „Die Ein-Mann-Führung ersetzten wir durch einen Ausschuss. Wir entschieden uns für eine parlamentarische Lösung, bei der eine Gruppe der wichtigsten Männer die Funktion übernehmen sollte, die vorher ein einziger ausgeübt hatte. Diese Gruppe war die Kommission."

US-Bundesstaatsanwalt Giuliani (links) und FBI-Direktor Webster präsentieren ein Diagramm zur Hierarchie der Mafiakommission.

RECHTE SEITE Das Begräbnis von Joseph „Crazy" Gallo, der an seinem 43. Geburtstag in Manhattan erschossen wurde.

Der Boss muss weg

Schon bald erkannte die Mafiakommission, dass Joseph Colombo nicht das Naturell zum erfolgreichen Boss hatte. Seine Publicitysucht und permanenten Differenzen mit den Behörden kosteten ihn erst die Unterstützung der Kommission und schließlich das Leben.

Die Profaci-Familie

In den 1950er-Jahren wurde Colombo in den Profaci-Clan aufgenommen. Er tat sich dort als Schläger hervor, schloss sich aber dem Kampf gegen die aufsässigen Gallos nicht rückhaltlos an. Seine Kontakte zur Gambino-Familie erhielt er aufrecht, und ab etwa 1960 war er als Immobilienmakler für eine Brooklyner Firma tätig, die der Gambino-Helfershelfer Anthony Cantalupo leitete.

Nach Profacis Tod 1962 erhielt Colombo vom neuen Boss Joseph Magliocco den Befehl, die Ermordung der Rivalen Gambino und Lucchese in die Wege zu leiten. Stattdessen verriet er aber seinen Boss an Gambino, und Magliocco musste abtreten. Gambino nutzte seinen Einfluss auf die Mafiakommission, um Colombo 1964 an die Spitze der alten Profaci-Familie zu stellen. Dies erregte Unmut in der Organisation und bei anderen Mafiagruppen vor Ort.

Publicity

Colombo hatte, anders als viele Bosse, keinerlei Probleme mit seinem Prominentenstatus. Er protestierte lautstark in der Öffentlichkeit gegen die Anti-Mafia-Aktionen des FBI und warf der Behörde institutionelle Vorurteile gegen Italiener vor. Nach der Verhaftung seines Sohnes Joseph jr. im Frühjahr 1970 organisierte er Hunderte von plakateschwingenden Demonstranten, die die FBI-Büros an 69th Street und Third Avenue umzingelten und dies tagelang wiederholten. Doch die Ermittler ließen sich in ihrem Kampf gegen das organisierte Verbrechen nicht einschüchtern, sondern richteten verstärkt ihre Aufmerksamkeit auf Colombo und seine Unterweltkumpane.

Die angeblich antiitalienische Haltung des FBI thematisierte Colombo auch in den Medien und gewährte dem Talkshow-Moderator Dick Cavett ein Interview. Er spielte dort die eigenen Verhaftungen, seine andauernden Schwierigkeiten mit dem IRS und

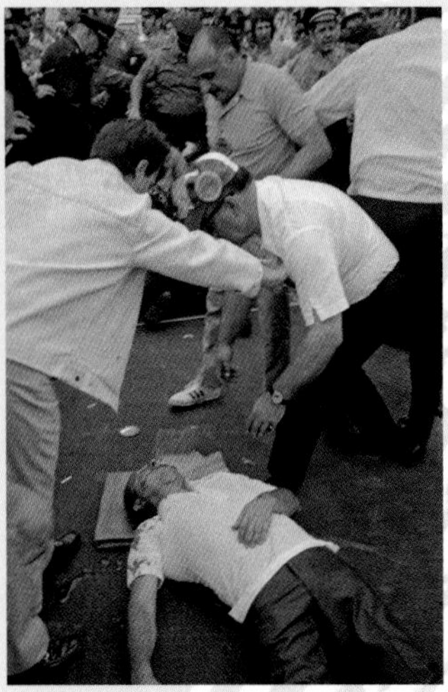

JOE COLOMBO

Colombo wurde 1914 in Brooklyn geboren und wuchs in dem Viertel Gravesend unweit von Coney Island auf. 1938 wurde sein Vater Anthony, der der Profaci-Familie angehörte, mitsamt Freundin erwürgt in einem Auto aufgefunden.

Als junger Mann trat Colombo in die Küstenwache ein, wo er drei problemgezeichnete Jahre verbrachte, mehrfach wegen unerlaubter Abwesenheit gemeldet wurde und schließlich eine einjährige Haftstrafe im Militärgefängnis erhielt. Nach Diagnostizierung einer nervösen Störung verkürzte man seine Haftzeit und entließ ihn aus der Küstenwache.

Colombo versuchte sein Glück in mehreren Berufen, unter anderem auch als Verkäufer für eine Fleischerei der Castellano-Familie. Vermutlich lernte er damals auch Gambino kennen, der mit den Castellanos verwandt war.

Joe Colombo wird bei der Parade zum Tag der italoamerikanischen Einheit in den Kopf geschossen. Sein Attentäter ist ein Farbiger, der wiederum von einem anderen Gangster erschossen wird.

die zuvor publik gemachten Überwachungsbänder herab, die seine Position als Mafiaboss belegten, und behauptete stattdessen, das FBI verbreite bewusst Mythen über die Mafia und die Cosa Nostra in dem durchsichtigen Versuch, alle Italiener in unvorteilhaftes Licht zu rücken. Außerdem gründete er die prominente italoamerikanische Bürgerrechtsliga, die die Aufgabe hatte, antiitalienische Ressentiments zu bekämpfen, und schnell auf 45.000 Mitglieder im ganzen Land anwuchs. Auf ihr Konto geht beispielsweise die Streichung des Wortes „Mafia" aus dem Film *Der Pate* von 1972 und aus der Fernsehserie *FBI*.

Zum Schweigen gebracht

Gambino distanzierte sich von Colombo. Als dieser für den 28. Juni 1971 eine italienische Feier am New Yorker Columbus Circle ansetzte, befahl Gambino seinen Leuten, wegzubleiben. Knapp eine Stunde vor Beginn der Feier wurde Colombo vor Tausenden von Zeugen in den Kopf geschossen. Sein Angreifer, der Afroamerikaner Jerome Johnson, wurde sofort von einem anderen Gangster erschossen. Die Polizei vermutete stets, dass Johnson mit der Gallo-Gruppe unter einer Decke steckte.

Nach dem Anschlag war Colombo fast völlig gelähmt und verbrachte die restlichen Lebensjahre unter ständiger Pflege in seinem Ferienhaus im Bundesstaat New York. 1975 konnte er nur noch zwei Finger seiner rechten Hand bewegen. Er starb am 22. Mai 1978 mit 63 Jahren an einem Herzinfarkt.

Die Unterwelt liquidierte Joe „Crazy" Gallo im April 1972, indem sie ihn bei seiner eigenen Geburtstagsfeier in Little Italy von hinten erschießen ließ.

UNTEN Joe Colombo (mit Plakat) und sein Sohn Anthony 1971 bei der Parade zum Tag der italoamerikanischen Einheit. Minuten später fielen die Schüsse.

OBEN Der Transportarbeiterchef Jimmy Hoffa greift bei den Anhörungen von 1958 Robert Kennedy an, den Chefberater des Senatsausschusses zu kriminellen Machenschaften in der Gewerkschaft.

UNTEN Die neueste Ausgabe des *Daily Mirror* aus New York berichtet über die Aussage von Joe Valachi vor dem McClellan-Ausschuss 1963.

Gewerkschaftskontakte

Seit dem späten 19. Jahrhundert bestanden Verbindungen von Mafiosi zu Hafen-, Hilfs-, Textil- und Fischereiarbeitern, Restaurantpersonal, Bäckern und anderen Gruppen. All diese Kontakte wurden von Untersuchungsausschüssen und Staatsanwälten unter die Lupe genommen, doch ihre größte Aufmerksamkeit galt der Internationalen Bruderschaft der Transportarbeiter (IBT), auch Teamsters genannt.

Diese Gewerkschaft, die hauptsächlich aus Lastwagenfahrern bestand, war groß, reich und mächtig, als der McClellan-Senatsausschuss mit seinem Chefberater Robert Kennedy in den späten 1950er-Jahren Ermittlungen gegen sie aufnahm und sich dabei vor allem auf den Teamster-Funktionär James Riddle „Jimmy" Hoffa konzentrierte.

Hoffa

Einst Gewerkschaftsfunktionär in einem Detroiter Ortsbüro, hatte Hoffa sich hochgearbeitet zum Abteilungsleiter der „Central States". In dieser Eigenschaft pflegte er Geschäftsbeziehungen zu Gangstern in Detroit, Chicago und Cleveland. Um 1950 setzte er ganz auf den Mob und genehmigte geheime Darlehen aus einem Teamster-Pensionsfonds für Spielcasinoprojekte der Unterwelt.

Unterweltkontakte

Anthony „Tony Ducks" Corallo und Johnny „Dio" Dioguardi, beide wichtige Mitglieder der New Yorker Lucchese-Familie, halfen Hoffa dabei, seinen Einfluss nach Osten aus-

zudehnen. Russell Bufalino, der der Nordost-Pennsylvania-Mafia vorstand, arbeitete über den Teamster Frank „the Irishman" Sheeran aus Delaware mit Hoffa zusammen. Auch Anthony „Tony Pro" Provenzano aus New Jersey, ein Topman des Genovese-Clans, wurde Hoffas enger Verbündeter.

Die Gangster assistierten bei der Gründung von „Papierbüros", die keine Mitglieder hatten, dafür aber Stimmrechte in der Teamster-Gewerkschaft. Dioguardi soll Hoffa zusätzlich unterstützt haben, indem er durch abgehörte Telefongespräche Informationen gegen seinen New Yorker Rivalen Martin T. Lacey sammelte.

Hoffa vs. Kennedy

Als der Teamster-Präsident Dave Beck Ende 1957 in Unehren gehen musste, wählte man Hoffa an die Spitze. Als der neue US-Präsident John F. Kennedy seinen Bruder Robert 1960 zum Justizminister ernannte, war dies der Auftakt zu einer heftigen Konfrontation mit dem Teamster-Chef.

Unter Robert Kennedy intensivierte das Justizministerium sein Vorgehen gegen Hoffa und dessen mafiöse Führungsetage. Der Teamster-Chef konnte 1962 wegen Bestechung der Geschworenen und 1964 wegen Unregelmäßigkeiten im Umgang mit dem gewerkschaftlichen Rentenfonds verurteilt werden und erhielt 13 Jahre Haft im Bundesgefängnis. Zwischen diese beiden Urteile fiel die Ermordung von John F. Kennedy im November 1963. Dass der Tod des Präsidenten Hoffa damals ungerührt ließ, veranlasste fünf Mitglieder seines Teams zum Rücktritt.

Durch Rechtsmittelverfahren konnte er dem Gefängnis noch bis März 1967 entgehen. Direkt vor dem Haftantritt bestimmte er seinen langjährigen Freund Frank Fitzsimmons zum Nachfolger als Gewerkschaftspräsident. Im Jahr darauf wurde auch der Präsidentschaftskandidat Robert Kennedy nach der Feier eines Vorwahlsiegs im Los Angeles Ambassador Hotel erschossen.

Im Gefängnis von Lewisburg soll sich Hoffa mit seinem alten Verbündeten Anthony Provenzano getroffen haben, der dort ebenfalls einsaß. Da er einen tiefen Groll gegen die Mafiosi hegte, die seine Gewerkschaft infiltriert hatten, verschlechterte sich die Beziehung zwischen beiden Männern zusehends.

Verschwinden

1971 wurde der ehemalige Teamster-Chef von Präsident Richard Nixon begnadigt unter der Auflage, dass er bis 1980 auf jede gewerkschaftliche Aktivität verzichten musste. Vier Jahre nach seiner Entlassung bemühte er sich um eine Verbesserung der Beziehungen zu seinen alten Verbündeten und arrangierte im Sommer 1975 ein Treffen mit Mafiavertretern.

Am Nachmittag des 30. Juli 1975 wurde Hoffa auf dem Parkplatz des Restaurants Machus Red Fox außerhalb von Detroit gesehen. Von dort rief er seine Frau um 14.15 Uhr von einem Münztelefon an, um ihr zu sagen, dass das geplante Treffen nicht stattgefunden habe und er noch einige Minuten warten würde. Seitdem war er vermisst.

BLUTFEHDEN

Während viele Konflikte in der Unterwelt aufgrund von Bandenstreitigkeiten um Territorien und illegale Geschäfte entflammten, waren andere persönlich motiviert. Blutfehden zwischen Familien konnten über Jahre, Jahrzehnte oder sogar Generationen fortdauern.

Auch der Bonanno-Clan brachte seine Vendettas mit, als er den Atlantik überquerte. Gemeinsam mit den verwandten Magaddino und Bonventre lag er seit Langem im Clinch mit der Buccellato-Familie, die ebenso wie die Bonannos aus dem sizilianischen Castellammare del Golfo stammte. „Sie waren Erzfeinde in Castellammare, und Erzfeinde blieben sie auch in Brooklyn", konstatierte Joseph Bonanno in seiner Autobiografie. Nach der Ermordung mehrerer Buccellatos ging das Bonanno-Lager schließlich als Sieger hervor, was jedoch seinen Preis hatte: Die Behörden setzten sich auf die Spur der Bonannos, sodass zwei ihrer Anführer aus Brooklyn flüchten mussten.

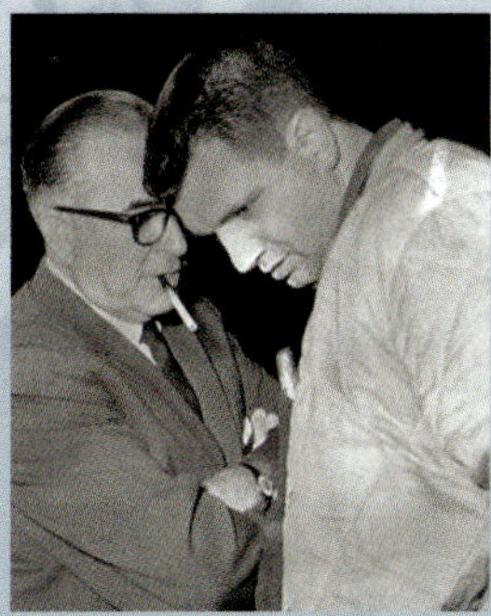

Joe Bonannos Sohn Salvatore (rechts) spricht nach seiner Verhaftung mit einem FBI-Agenten. Das FBI will ihn zur angeblichen Entführung seines Vaters befragen, und es wird eine Kaution von 25.000 Dollar festgesetzt.

UNTEN John Dioguardi nach seiner Verhaftung 1953. Er gehörte zum Lucchese-Clan und unterstützte Hoffa mit Abhöraktionen.

OBEN Beherzt greift der New Yorker Bürgermeister LaGuardia zum Vorschlaghammer, um in seinem Kampf gegen das Verbrechen Glücksspielautomaten zu zertrümmern.

Abschöpfen

Spielcasinos übten eine unwiderstehliche Anziehungskraft auf Gangster aus. Angesichts der vielen relativ kleinen Geldbeträge ließen sich die Gewinne erst nach dem minutiösen Zählen der Einnahmen beziffern. Das steuerpflichtige Einkommen wurde im Zählraum der Spielcasinos ermittelt, wo auch schon einmal Gelder „übersehen" wurden. Das sogenannte *skimming* (Abschöpfen) erbrachte unversteuerte Erlöse für die Casinobetreiber und ihre Unterweltpartner.

Bis zum Einschreiten der staatlichen Regulierer geschah das *skimming* ohne große Tricks direkt in den Zählräumen von Las Vegas. Die Bruttoeinnahmen, der Anteil der Unterwelt und die an Staat und Steuerbehörden gemeldeten Zahlen wurden dort ganz offen durchgerechnet. Damals tauchten Mafiavertreter einfach im Spielbetrieb auf, marschierten in den Zählraum und holten das „abgeschöpfte" Bargeld ab.

Als die Behörden dies in Erfahrung brachten und die offiziellen Zählungen genauer überwachten, mussten sich die Gangster raffiniertere Methoden ausdenken, um ihre Gelder an der Tür zum Zählraum oder direkt unter der Nase der Beamten abzufangen. Zu diesem Zweck blähten sie etwa die Casinoverluste auf und fälschten die *fill slips* (Ausfüllzettel), die den Transfer der Chips vom Kassierer zu den Spieltischen dokumentieren.

Spielautomaten

1976 ertappte ein Ermittler der Nevada-Glücksspielkommission das Spielcasino Stardust beim *skimming* von Einnahmen aus den Münzautomaten. Da die Automaten zu viele Münzen in sich trugen, als dass man sie hätte per Hand zählen können, ermittelte das Casino die Summe mit der Waage. Damals fand der Ermittler an den Geräten im Zählraum geheime Schalter. Betätigte man sie, zeigten die Waagen weniger Gewicht an, sodass dem Casinobetreiber unversteuerte Gewinne blieben.

Investitionen überwachen

Im Lauf der Jahre entsandte das „Chicago Outfit" diverse Gangster nach Las Vegas, die sich um die Kapitalanlagen vor allem in den Casinos Stardust und Fremont kümmerte. Johnny Roselli hatte in den 1950er-Jahren den Auftrag, das *skimming* zu handeln. 1960 löste Marshall Caifano ihn ab, und in den frühen 1970er-Jahren war Anthony Spilotro, ein hitzköpfiger Chicagoer Killer, der Mann des Outfit in Vegas.

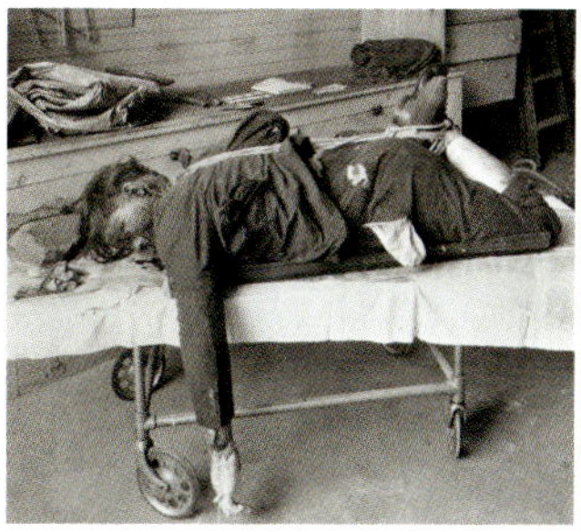

OBEN Die Leiche von Walter Sage, einem Clubeigentümer aus den Catskill Mountains, trieb in einem See, obwohl sie mit einem Automaten beschwert worden war.

Die schwarze Liste

Im Versuch, gegen die Mafiapräsenz in den Spielcasinos vorzugehen, erstellten die Glücksspielbehörden von Nevada 1960 eine „Liste ausgeschlossener Personen". Das sogenannte Black Book erfasste Namen, Aussehen und Werdegang von allen, die als Gefahr für die Interessen des Staates galten, und es existiert bis zum heutigen Tag. Den in ihm aufgeführten Personen ist das Betreten der Spielbetriebe in Nevada untersagt, und Casinobetreiber haben das Hausverbot durchzusetzen, wenn sie ihre Lizenz behalten wollen. Als einer der Ersten wurde der Chicagoer Gangster Marshall Caifano in die schwarze Liste eingetragen. Auch wenn sie den Einfluss des Mob in Las Vegas nicht ausschalten konnte, erschwerte sie doch professionellen Zockermafiosi das Ausüben ihres Gewerbes.

Strohmann

Der Einfluss der Mafia auf die Transportarbeitergewerkschaft endete nicht mit dem Abtritt von Jimmy Hoffa. Mehrere Verbrecherfamilien profitierten weiterhin von Darlehen des Teamster-Pensionsfonds für Casinoentwickler und Managementfirmen in Las Vegas. Allen Glick und seine Argent Corporation setzten Teamster-Gelder ein, um 1974 die nominelle Kontrolle über das Stardust und das Fremont zu übernehmen. Zunächst glaubte Glick, alles tatsächlich zu kontrollieren, musste aber rasch lernen, dass er nur ein Strohmann war.

In den späten 1970er-Jahren hörte das FBI in Kansas City Mafiosigespräche ab, die die Argent Corporation und Teilungsvereinbarungen zu den abgeschöpften Geldern unter den Clans von Kansas City, Chicago, Cleveland und Milwaukee behandelten. Bei Razzien konnten 1979 neben illegalen Profiten in Höhe von 80.000 Dollar für Kansas City auch Unterlagen zur Verteilung der Spielgewinne aus Las Vegas beschlagnahmt werden.

Die Bosse des Kansas-City-Mobs, die Brüder Nick und Carl Civella, wurden 1984 wegen krimineller Machenschaften im „Strohman-Prozess" verurteilt und erhielten lange Gefängnisstrafen. Ein verwandter Fall erbrachte 1986 Haftstrafen für den Großteil der Führung des Chicago Outfit.

MEHR RICHTLINIE ALS REGEL

Neue Mitglieder werden bei ihrem Eintritt in die Mafiabruderschaft über die geltenden Regeln aufgeklärt: Verboten sind das Weitergeben von Informationen an die Behörden, das Töten ohne Erlaubnis, Affären mit verheirateten Frauen und der Drogenhandel. Außerdem sollen alle Einkünfte ehrlich gemeldet und ein gewisser Prozentsatz nach oben abgeführt werden. Jeder Verstoß wird mit dem Tod bestraft.

Michael „Mikey Scars" DiLeonardo, der ehemalige *capodecina* (Zehnerboss) des Gambino-Clans, entlarvte diese Regeln als Heuchelei. Bei seiner Aussage vor einem Bundesgericht gab er 2006 an, die Bosse, die ihm die Regeln erklärten, hätten gegen die meisten, wenn nicht sogar alle selbst verstoßen.

„Die Hierarchie … hatte gerade einen Boss [Paul Castellano] ohne Zustimmung der Kommission umgebracht. Da war viel Doppelmoral und Heuchelei im Spiel." DiLeonardo beschrieb auch heimliche Nebengeschäfte und den Drogenhandel in der Mafia.

Nach Hinterlegung einer Kaution verlässt Paul Castellano im Kreise seiner Anhänger den Gerichtssaal. Er wurde beschuldigt, ein Topboss der Mafiakommission zu sein.

OBEN Vincent Gigante, der Kopf der Genovese-Familie, mit Polizeieskorte. Er täuschte jahrelang eine psychische Erkrankung vor.

Bonanno packt aus

1983 veröffentlichte der alternde Mafiaboss Joseph Bonanno seine Autobiografie und beleuchtete darin die Aktivitäten der verstorbenen Bosse Luciano, Genovese, Sam Giancana aus Chicago und seines Cousins Stefano Magaddino aus Buffalo. Er zeichnete auch ein Bild der Mafiakontakte zwischen Sizilien und den USA, beschrieb den Krieg von Castellammare sowie kriminelle Machenschaften zur Zeit der Prohibition und gab Insiderwissen über die Entstehungsgeschichte, Zusammensetzung und die Aufgaben der Mafiakommission preis.

RICO

Das Buch fand schon bald die Aufmerksamkeit von Bundesstaatsanwalt Rudolph Giuliani. Er machte eine kriminelle Verschwörung aus und ließ strafrechtliche Schritte einleiten, wobei er sich auf die „Gesetze gegen Gangstereinfluss und korrupte Organisationen" (RICO) berief. Die 1970 verabschiedeten RICO-Gesetze erlaubten neben der Anklage ganzer Gruppen und der Beschlagnahmung von illegal erworbenem Eigentum und Bargeld auch drastische Gefängnisstrafen für verurteilte Gangster.

Bosse vor Gericht

1985 verhaftete Giuliani alle identifizierten Köpfe der fünf großen Mafiaclans in New York, nämlich Gambino-Boss Paul Castellano, Colombo-*acting-boss* Gennaro Langella, Lucchese-Boss Anthony „Tony Ducks" Corallo, Bonanno-Boss Philip „Rusty" Rastelli und dem mutmaßlichen Genovese-Boss Anthony „Fat Tony" Salerno. Was die

PAUL CASTELLANO

Paul Castellano wurde 1915 als Sohn sizilianischer Einwanderer in Brooklyn geboren. In den Fußstapfen seines Vaters Joseph trat er ins Fleischergeschäft und auch in die Mafia ein. 1957 wurde sein Vetter – und Schwager – Carlo Gambino Boss und ersetzte den ermordeten Albert Anastasia als Boss des größten New Yorker Verbrecherclans. Noch im selben Jahr nahm Castellano am Unterwelttreff in Apalachin teil. Da er sich weigerte, den Grund für die Zusammenkunft zu verraten, musste er später ins Gefängnis.

Castellano wurde von Gambino 1976 auf dem Sterbebett zum Nachfolger bestimmt, was das Lager des Unterbosses Aniello Dellacroce verärgerte. Dessen Anhänger waren davon ausgegangen, dass nach der Ära Gambino die Macht wieder in ihre Hände fallen würde. Doch im November 1976 machte Dellacroce allem Murren ein Ende, indem er Castellano seine Loyalität versicherte.

Unter Castellano wandte sich die Familie von der Prostitution ab und suchte Zugang zu legalen Geschäften. Er selbst baute seinen Metzgerladen zu einem großen Fleischvertrieb aus.

1985 wurde Castellano beschuldigt, einem Autoschieberring vorzustehen und Mitglied der Mafiakommission zu sein. Als bei den Verhaftungen der Kommissionsmitglieder im Februar herauskam, dass Castellanos Villa in Todt Hills auf Staten Island seit 1983 vom FBI abgehört wurde, ärgerte man sich im Clan über die Unvorsichtigkeit des Bosses. Dies schürte den Groll über seine Ernennung des rangniedrigen Thomas Bilotti zum Unterboss, und so kam es, dass Castellano und Bilotti am 16. Dezember 1985 von Mitgliedern ihrer eigenen Organisation erschossen wurden. Sie starben auf dem Bürgersteig vor einem Restaurant in Manhattan.

Polizeifoto von Paul Castellano nach seiner Verhaftung 1975 wegen Kreditwucher. Castellano gab bedenkenlos Morde in Auftrag, so auch an einem seiner eigenen Killer, dessen Verrat er fürchtete.

Staatsanwälte damals nicht wussten, war, dass Salerno den eigentlichen Boss Vincent „the Chin" Gigante deckte. Auch gegen vier weitere ranghohe Mafiosi wurde Anklage erhoben: Gambino-Unterboss Aniello Dellacroce, Colombo-Mitglied Ralph Scopo, Lucchese-Unterboss Salvatore Santoro und Lucchese-Mitglied Christopher Furnari. Damals erfuhr die Öffentlichkeit, dass der Großteil der Beweismittel durch Abhörgeräte in Castellanos Haus sowie im Jaguar des Corallo-Vertrauten Salvatore Avellino jr. zusammengetragen worden war.

Im selben Fall wurden später noch Colombo-Boss Carmine „the Snake" Persico und das Bonanno-Mitglied Anthony Indelicato auf die Liste der Angeklagten gesetzt. Für Castellano und Dellacroce kam es dann nicht mehr zum Gerichtstermin: Während Dellacroce am 2. Dezember 1985 nach langer Krankheit starb, wurde Castellani mit seinem Unterboss Thomas Bilotti am 16. Dezember 1985 ermordet. Auch Rastelli musste sich letztlich nicht im Prozess der Mafiakommission verantworten, sondern wurde stattdessen in einem separaten Verfahren verurteilt. Alle anderen Angeklagten wurden für schuldig befunden und erhielten eine 100-jährige Haftstrafe wegen krimineller Verschwörung, mit Ausnahme von Indelicato, der nur 40 Jahre erhielt.

Im Anschluss an diesen spektakulären Prozess schwang sich John Gotti zum Boss der Gambino-Familie auf. Ohne Salerno als Deckung konnten die Staatsanwälte schon bald Gigante als Chef des Genovese-Clans identifizieren. Auch der 80-jährige Joe Bonanno wurde zur Aussage gegen die New Yorker Bosse vorgeladen, doch er schützte gesundheitliche Probleme vor und musste schließlich wegen Nichterscheinen vor Gericht ins Gefängnis.

UNTEN Ein zufriedener „Joe Bananas" (Joseph Bonnano) im Seniorenalter. Mit 26 Jahren war er einer der jüngsten Clanbosse gewesen. Vermutlich nutzte er sein Beerdigungsinstitut, um Leichen zu entsorgen.

Yakuza Moderne Samurai

OBEN Ein Priester sitzt gelassen vor Sakegefäßen in einem Tempel. Sake wird manchmal bei den Aufnahmezeremonien der Yakuza verwendet.

In den 1980er- und 1990er-Jahren ging die japanische Wirtschaft auf eine turbulente Berg- und Talfahrt, bei der die Yakuza sich stets oben hielt und von den Hochs ebenso wie den Tiefs profitierte.

Ab in den Untergrund

Im 20. Jahrhundert bewies die Yakuza, dass sie eine außergewöhnliche Gruppe war, die neben der Schutzgelderpressung auch in der Manipulation der Landespolitik zu Hause war. Obschon ihr öffentlicher Einfluss schwand, blieben ihre Bande zu Politikern weiterhin bestehen, doch sorgte die öffentliche Abneigung gegen den Einfluss der Kriminellen für ein Abdrängen der politischen Korruption in den Untergrund.

Mit dem ausklingenden Jahrhundert beschränkten sich die Gangster nicht mehr nur auf die banale Straßenkriminalität, sondern wandten ihre Erpressungstaktiken auch auf die Finanz-, Firmen- und Immobilienbranche an. Sie begegneten den Herausforderungen des globalen Zeitalters, indem sie zu Wirtschaftsgangstern mutierten. Trotzdem wird vieles in der Geschichte der Yakuza – ihre Stärke, ihre Geschlossenheit und ihr Erfolg – nur dann verständlich, wenn man um ihre Kultur, Sitten, Organisationsstrukturen und auch ihre einzigartige Beziehungen zur Öffentlichkeit weiß.

Aufbau

Die traditionelle Yakuza ist ebenso wie die italienische Mafia pyramidenförmig strukturiert. Die Clans sind organisiert in Familien, ein Pate steht an ihrer Spitze, und die neuen Mitglieder sind Brüder oder Kinder.

Daneben existiert noch eine einzigartige Beziehung, das *oyabun-kobun*. Der *oyabun* („Vater") ist verpflichtet, dem *kobun* („Kind") Schutz und Rat zu gewähren, und im Gegenzug verspricht ihm der *kobun* unerschütterliche Loyalität und bedingungslosen Gehorsam. Dieses besondere Verhältnis ist ein Spiegelbild der traditionellen japanischen Familie, in der dem Vater höchste Autorität zukommt. Innerhalb der Yakuzabanden sorgt dies für Stärke, Zusammenhalt, Gefolgstreue und ein Vertrauen, das kriminelle Gruppen der westlichen Welt so nicht kennen.

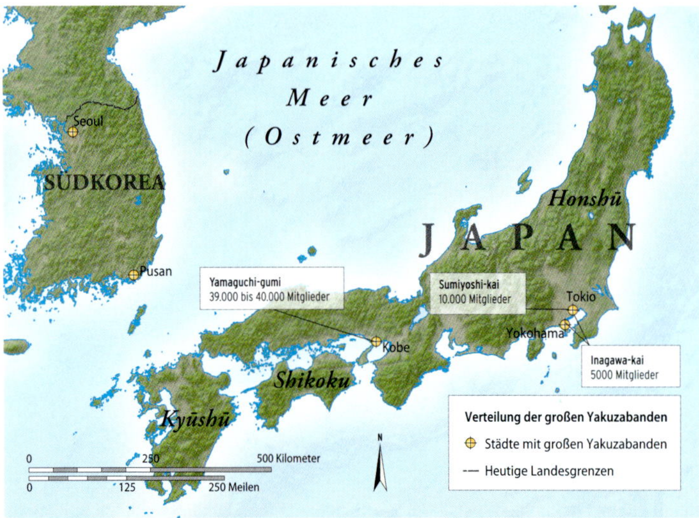

Aufnahme

Schon in der Frühzeit entwickelte sich ein kunstvolles Ritual für die Aufnahme neuer Rekruten. Diese Initiationszeremonie, die es heute noch gibt, besteht aus dem formellen Austausch von Sakebechern als Symbol für die Blutsverbindung. Bei der Zeremonie sitzen der *oyabun* und das neue Mitglied einander gegenüber, während der Reiswein vorbereitet wird. Der Becher des *oyabun* wird ganz mit Sake gefüllt, der des Initiierten

deutlich weniger, ihrem Status in der Hierarchie entsprechend. Beide trinken daraus, tauschen dann und trinken aus dem Becher des anderen. Damit ist das Neumitglied eine bindende Verpflichtung gegenüber der Familie eingegangen und betrachtet den *oyabun* als seinen Vater, dem es durch „Feuer und Wasser" folgen muss.

Ausschluss

Die Mitglieder haben ein ganzes Regelwerk zu befolgen, das unter anderem eine strikte Schweigepflicht und das unbedingte Einhalten des *oyabun-kobun*-Systems fordert. Feigheit, Ungehorsam und das Verraten von Bandengeheimnissen werden drakonisch geahndet.

Die schlimmste Strafe ist – gleich nach dem Tod – der Ausschluss. In einem solchen Fall werden spezielle Benachrichtigungskarten an alle befreundeten Yakuzabanden geschickt, damit – so verlangt es die Tradition – keine Yakuzagruppe das ausgestoßene Mitglied aufnimmt. Ein Ausschluss hat schwerwiegende Folgen, weil damit meist auch jede Möglichkeit zu einer legalen oder illegalen Arbeit endet. Als ehemaliges Bandenmitglied wird der Ausgestoßene es ohnehin schwer haben, eine reguläre Beschäftigung zu finden, und ein Mitmischen bei illegalen Aktivitäten auf dem Gebiet der Yakuza ist ihm nun untersagt. Verstößt er gegen diese Regel, kann er herausgefordert, verprügelt und bei Missachtung der Warnung sogar getötet werden. Wenn er sich aber außerhalb der Bande korrekt verhält und Reue zeigt, kann er nach einer gewissen Zeit wieder aufgenommen werden.

OBEN Moderne Samurai in traditionellen Kostümen bereiten sich auf das Abfeuern ihrer Waffen vor – ein Signal für den Beginn der Kriegerparade Musha Gyorestsu in der Burg von Odawara.

1960 Der sozialistische Generalsekretär Inejiro Asanuma wird von einem rechtsextremistischen Fanatiker ermordet, vermutlich ein Yakuzamitglied.

1970 Das Amphetamin Speed macht fast die Hälfte der Yakuzaeinkünfte aus.

1990 Die Yamaguchi-gumi haben ca. 40 Büros in Tokio.

1996 Kreditwucher wird für den Selbstmord von mehr als 3000 Japanern verantwortlich gemacht.

DIE GROSSEN DREI

Derzeit gibt es etwa 85.000 Yakuzamitglieder und 22 Yakuzasyndikate landesweit. Über 70 Prozent der Anhänger gehören zu einem der drei großen Syndikate.

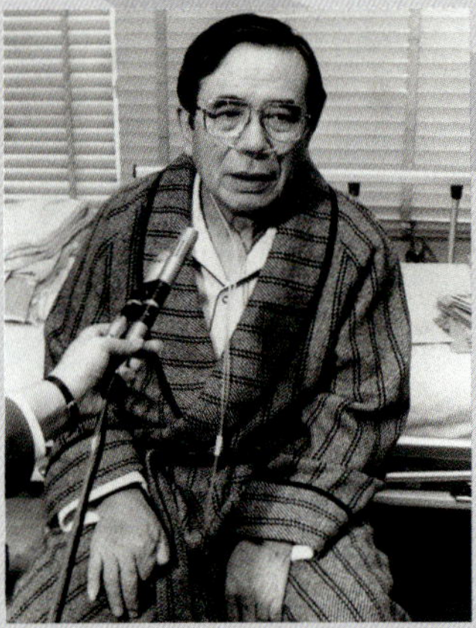

OBEN Der Bürgermeister von Nagasaki, Hitoshi Motosima, trat der Yamaguchi-gumi bei, nachdem er von einer rechtsextremistischen Bande schwer verletzt worden war.

UNTEN Die Polizei schießt mit Tränengas auf Universitätsstudenten, die den Campus mit Unterstützung der Yakuza mehr als ein Jahr lahmgelegt hatten.

Yamaguchi-gumi

Die Yamaguchi-gumi ist die größte Yakuzaorganisation mit etwa 40.000 aktiven Mitgliedern. Sie bindet 47 Prozent aller aktiven Yakuza, was sie zum größten Verbrechersyndikat der Welt macht.

Gegründet 1915, trägt sie den Namen ihres Gründers Harukichi Yamaguchi, doch war sie ursprünglich nur eine gewöhnliche Gang. Ihr eigentliches Wachstum verdankt sie dem fähigen Unterwelttitanen Kazuo Taoka, der 1913 geboren wurde und in Kobe aufwuchs. Schon als Jugendlicher schloss er sich der Yamaguchi-Bande an und erwarb sich den Spitznamen „der Bär" wegen seiner Taktik, dem Gegner mit den Fingern die Augen auszustechen. Mit 23 Jahren wurde er wegen Mordes zu acht Jahren Gefängnis verurteilt und kehrte nach seiner Entlassung 1943 zurück zu seiner alten Bande, wo er drei Jahre später Pate wurde, nachdem Festnahmen und Einberufungsbefehle ihre Reihen auf 25 Mitglieder gelichtet hatten. Mit Intrigen und Brutalität verleibte er sich mehrere Yakuzagangs ein und drängte andere aus Kobe heraus. Unter seiner Herrschaft dehnte die Bande ihr Territorium bald auf den ganzen Großraum Kobe-Osaka aus, und in den 1960er-Jahren schwoll sie auf 10.000 Mitglieder an. Taoka konnte insgesamt 343 verschiedene Gruppierungen unter dem Dach der Yamaguchi-gumi versammeln.

1978 sah er gerade im Kreis von fünf Leibwächtern einem Limbo zu, als er von einem rivalisierenden Bandenmitglied in den Hals geschossen wurde. Taoka überlebte den Anschlag, starb aber drei Jahre später an einem Herzinfarkt. Nach seinem Tod wuchs die Yamaguchi weiter, und dies allen Schwierigkeiten und Wirren bei der Nachfolgeregelung zum Trotz. Momentan hört sie auf das Kommando von Shinobu Tsukasa, Boss in der sechsten Generation, und ihr Zentrum liegt weiterhin im Raum Kobe, obwohl sie Territorien in ganz Japan, einschließlich Tokio, beherrscht.

Sumiyoshi-kai

Als zweitgrößtes Yakuzasyndikat zählte die Sumiyoshi-kai im Jahr 2009 etwa 10.000 Mitglieder. Sie wurde 1958 gegründet und steht derzeit unter der Leitung von Shigeo Nishiguchi. Die Sumiyoshi-kai ist ein Zusammenschluss kleinerer Gangs, was zur Folge hat, dass ihr Pate über weniger Autorität verfügt und sich die Macht mit anderen Bossen teilen muss, während die einzelnen Banden größere Autonomie genießen. Auch die Geldabgaben der unteren Ebenen an die Spitze erreichen nicht die Dimensionen wie in einer zentralistischen Organisation.

Das Aktionsgebiet der Sumiyoshi-kai ist der Ballungsraum Tokio, wo sie in den letzten Jahren von der ehrgeizigen Yamaguchi-gumi herausgefordert wurde. Als 2006 die gewalttätigen Konfrontationen zwischen beiden Gruppen zunahmen, befürchtete die Polizei eine Eskalation zum Revierkampf: Sie führte Razzien

in den Büros der Banden durch und nahm Anhänger fest, die der Beteiligung an den Zusammenstößen verdächtigt wurden. Angeblich schlossen beide Lager daraufhin Frieden und stimmten einem Waffenstillstand zu, um weitere Polizeirazzien zu vermeiden.

OBEN Mit Stöcken ausgerüstete Bandenmitglieder protestieren 1967 gegen den Bau des neuen internationalen Flughafens in Narita.

Inagawa-kai

Die Inagawa-kai ist die drittgrößte Gruppierung mit etwa 5000 Mitgliedern. Sie hat ihren Sitz in Kanto und operiert hauptsächlich im Umland der Hauptstadt Tokio, was immer wieder zu Interessenskonflikten mit ihrer Hauptrivalin, der Sumiyoshi-kai, führt. Ebenso wie die Yamaguchi-gumi hat die Inagawa-kai eine traditionelle Pyramidenstruktur mit einem mächtigen Paten an der Spitze, doch erlaubt ihre geringere Größe mehr Disziplin nach innen, eine straffere Organisation und größere Flexibilität beim Operieren – kein Wunder also, dass sie den Ruf hat, die effizienteste aller Yakuzaorganisationen zu sein.

Gegründet wurde sie 1945 von Kakuji Inagawa (1914–2007), der wie sein Zeitgenosse Taoka zu den mächtigsten Yakuzapaten des 20. Jahrhunderts gehörte. Nach Taokas Tod stieg Inagawa zur obersten Autorität der Yakuza auf, und nach seiner Verabschiedung in den Ruhestand übernahm Susumu Ishii das Ruder und häufte durch Kreditwucher, Finanztransaktionen und Immobilienbetrug Vermögenswerte von über 1,5 Milliarden Dollar an. Unter Susumu Ishii gehörte die Inagawa-kai zu den ersten Yakuzagruppen, die nach Übersee expandierten. Nach seinem Rücktritt wurde Toi Inagawa, der Sohn von Kakuji Inagawa, Boss der dritten Generation. Seit seinem Tod 2005 ist noch kein Pate klar hervorgetreten, doch gilt Kakujis Enkel Hideki Inagawa momentan als der aussichtsreichste Kandidat für den Posten.

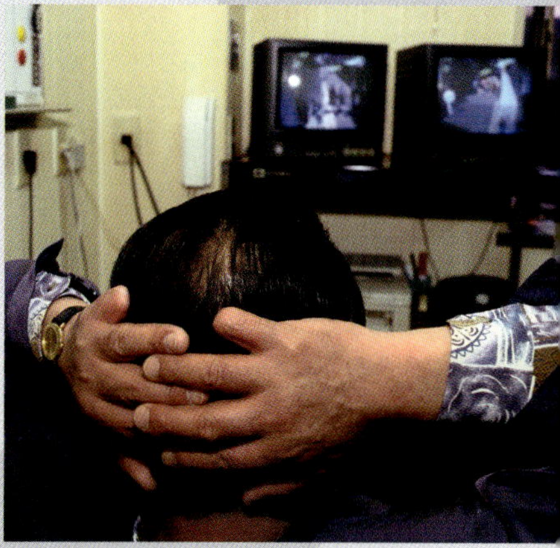

OBEN Ein Mitglied der Yakuza beobachtet Videomonitore. Seine Fingerglieder verlor er bei einem Yakuzaritual.

Aktivitäten

Wie alle Gangster weltweit widmet sich auch die Yakuza klassischen Bandenaktivitäten wie Erpressung, illegalem Glücksspiel, Prostitution, Drogenhandel, Waffengeschäften und Menschenhandel, doch bei ihren Tricks und Strategien legt sie eine unerreichte Kreativität und Geschicklichkeit an den Tag.

Spielhöllen

Die Yakuza sind echte Veteranen im Betreiben von Spielhöllen und kassieren trotz der inzwischen strikten Anti-Glücksspiel-Gesetze noch immer riesige Gewinne. Damit ihre Geschäfte glattlaufen, haben sie ein hoch effizientes Vorwarnsystem mit Kontakten in den Polizeiapparat hinein aufgebaut, sodass sie Razzien entgehen können.

Die Gangster kommen den Bedürfnissen reicher Spieler nach, indem sie Luxusreisen organisieren und ihre betuchten Kunden in Erwartung riesiger Gewinne zu Privatvillen, Thermalbädern und auch ins Ausland befördern. Außerdem versuchen die Yakuza, sich bei ausländischen Spielcasinos einzukaufen.

Sexindustrie

Die Prostitution war während der längsten Zeit der japanischen Geschichte nicht verboten, sondern schon in der Feudalzeit ein Instrument zur Erhaltung des sozialen Friedens in den Händen der Herrscher. Erst 1956 wurde sie illegal. Mit der Kriminalisierung kam auch die Yakuza ins Spiel, und seitdem ist die Sexbranche fest in ihren Händen. Neben Pornografie und Prostitutionsringen verdient die Unterwelt seit den späten 1960er- und den 1970er-Jahren auch an Sexreisen in ost- und südostasiatische Länder. In den 1980er-Jahren waren derartige Spritztouren nach Thailand und auf die Philippinen sogar so beliebt, dass die Invasion der japanischen Sextouristen erhebliche Proteste auslöste. Um den damit verbundenen Gesichtsverlust zu begrenzen, verurteilten japanische Reiseverbände und die Regierung solche Reisen und ergriffen Maßnahmen zu ihrer Unterbindung.

Daraufhin begann die Yakuza, die um ihre Einnahmen fürchtete, mit dem Import ausländischer Frauen. Sie stammen meist aus Thailand, den Philippinen, Malaysia, Indonesien und seit Kurzem auch aus China und Südamerika und werden mit diversen Tricks geködert, etwa indem man Stellen als Rezeptionistin, Hostess, Fabrikarbeiterin, Kellnerin oder Kindermädchen in Aussicht stellt. Sofort nach der Ankunft in Japan werden sie an Yakuzabanden verkauft und sind dann hoch verschuldete Sexsklavinnen. Dieses komplexe und differenzierte Netzwerk bindet neben der Yakuza auch Menschenschieber, Fälscher, Anwerber, Übersetzer und Reisekaufleute ein. Die Frauen müssen alle Kosten tragen und einen Gewinnanteil an die Gangster abtreten, doch nicht alle der etwa 100.000 ausländischen Sexarbeiterinnen in Japan sind zu ihrem Gewerbe gezwungen worden, einige haben sich auch freiwillig anwerben lassen. Angesichts der starken Nachfrage nach ausländischen Prostituierten wird die Sexindustrie der Yakuza wohl auch künftig ein gutes Auskommen bieten.

UNTEN In den Zentren der Großstädte floriert eine Sexindustrie, die Menschen ebenso wie Waren umfasst.

… die meisten der an der Tokioter Börse notierten Unternehmen waren zu Schmiergeldzahlungen zurückgekehrt oder aber erwogen dies ernsthaft.

Asian Wall Street Journal, 1984, als Kommentar zum Einfluss der Yakuza

TÄTOWIERUNGEN

In der Feudalzeit Japans wurde Verbrechern für jedes Vergehen ein schwarzer Ring auf dem Arm eintätowiert. Abgesehen davon reicht die Tradition des Tätowierens zurück bis ins dritte Jahrhundert und entwickelte sich im Lauf der Zeit zu einer regelrechten Kunstform. Aufgrund ihrer aufwendigen Motive und leuchtenden Farben gilt die japanische Körperkunst in den Augen vieler als die schönste der Welt. Das spätere Verbot der Tattoos durch die Feudalmächte tat seiner Beliebtheit allerdings keinerlei Abbruch – seitdem avancierte es zum Markenzeichen der Yakuza.

Beim traditionellen Tätowieren wird die Haut mit in Tinte getauchten Nadelspitzen von Hand eingestochen, ein sehr schmerzhafter Prozess, der auch als Mutprobe gilt. Aus diesem Grund entscheiden sich heute immer noch viele für den traditionellen Weg, obwohl es längst moderne Tätowiermaschinen gibt.

Schätzungsweise 70 Prozent der Yakuzagefolgschaft tragen solche Tätowierungen, die ihre Identität kenntlich machen. In vielen Badehäusern und Fitnesszentren aber zeigt sich die ablehnende Haltung gegenüber der Yakuza darin, dass der Zutritt für Personen mit großflächigen Tattoos verboten ist. Dennoch sind die Kriminellen stolz auf ihren Status als Geächtete und nutzen bei lokalen Umzügen die seltene Gelegenheit, ihren Körperschmuck stolz zu präsentieren. In asiatischen Gefängnissen legen die Tätowierungen auch Zeugnis ab von der Verwicklung der japanischen Unterwelt in die länderübergreifende Kriminalität, da hier kein Mangel an tätowierten Yakuza herrscht.

OBEN Gewaltakte und Betriebsstörungen sind einige der Methoden, mit denen die Yakuza Geldzahlungen erpresst.

Schutzgelderpressung

Die Schutzgelderpressung ist das älteste und typischste der Bandengeschäfte, und ausnahmslos alle Yakuza sind darin verwickelt. Ihre Taktiken reichen vom Erheben von Verkaufslizenzen für Straßenhändler bis zum Zwangsverkauf von bandeneigenen Waren zu überhöhten Preisen. Was Japan jedoch heraushebt, ist die Tatsache, dass Geschäftsinhaber meist freiwillig die Dienste der Gangster in Anspruch nehmen. Vor allem in der Unterhaltungsbranche ist die Bitte um Protektion üblich, denn gerade Restaurants, Bars, Nachtclubs und Massagesalons sind anfällig für Betriebsstörungen durch Räuber, verärgerte Kunden und betrügerische Angestellte, und so besorgen sich Eigentümer gern den Schutz der Yakuza, um einen reibungslosen Geschäftsbetrieb sicherzustellen.

In Japan ist die Inanspruchnahme der Unterweltdienste nicht so stigmatisiert wie im Westen, sondern sogar weit verbreitet. Eine Polizeistudie im Großraum Tokio-Yokohama ergab beispielsweise, dass über 70 Prozent der Unterhaltungsbetriebe Schutzgelder an die Yakuza zahlen.

Auch in Branchen mit einer hohen Konzentration von ungelernten Arbeitskräften ist eine solche Protektion wichtig. Paketdienstleister, Bau- und Speditionsfirmen zahlen an die Gangster, um ihr Geschäft störungsfrei zu halten, und im Gegenzug verhindern diese Diebstähle und Verzögerungen durch Arbeitskämpfe.

Wirken in der Zivilgesellschaft

Wie einfallsreich die Yakuza beim Ersinnen von gewinnbringenden Strategien ist, zeigt sich am besten bei ihren Aktivitäten in zivilen Angelegenheiten, nämlich beim Eintreiben von Schulden, bei Zwangsräumungen mittels Drohungen und Belästigungen, bei Konkursverfahren und beim Stören von Aktionärsversammlungen.

FINGER ABSCHNEIDEN

Das Abtrennen eines Fingers ist ein Sühneritual in der Yakuzakultur. Der Gangster führt es oft präventiv an sich selbst durch, um Reue über einen schweren Fehler oder einen von ihm verschuldeten Gesichts- oder Geldverlust der Bande zu bekunden. Weitere Motive sind das Beenden einer Fehde, das Beilegen eines Streites oder das Vermeiden einer Spaltung in den eigenen Reihen. Außerdem kann ein Boss das Ritual vollziehen, um zwischen rivalisierenden Gangs zu vermitteln, wo es als Beweis für seine Aufrichtigkeit beiden Seiten gegenüber dient und für seinen Willen, die Streitigkeiten zwischen den Konfliktparteien zu lösen.

Früher war das Abschneiden des Fingers weit verbreitet. 1993 stellte eine Regierungsstudie fest, dass 45 Prozent der Yakuzaanhänger Finger eingebüßt und 15 Prozent das Ritual mindestens zweimal praktiziert hatten. Doch mit dem Wandel des traditionellen Yakuzaethos ist es unter der jungen Bandengeneration selten geworden, die inzwischen lieber Geld anstelle ihrer Finger zur Entschuldigung anbietet. Seit einiger Zeit kaschieren die Gangster das verräterische Merkmal auch mit Fingerprothesen.

Um die verlorenen Finger und damit die Yakuzamitgliedschaft zu verbergen, tragen Gangster oft Fingerprothesen und verdecken den Übergang mit großen Ringen.

OBEN In den geschäftigen Straßen von Shibuya nahe dem Hachiko-Platz boomt die Tokioter Jugendkultur. Damit sind sie ein ideales Anwerberevier für die Yakuza.

Schulden eintreiben

In Japan sind nur Rechtsanwälte zum Einzug von Geldforderungen berechtigt. Trotzdem ist der Weg über die legalen Kanäle oft ineffizient und zeitraubend, sodass viele Gläubiger es vorziehen, die Yakuza als Schuldeneintreiber anzuheuern. Per Gesetz sind explizite Drohungen beim Inkassogeschäft verboten, aber die Gangster sind geschickt im Vermeiden von juristischen Fallen und müssen nur selten zu ausdrücklichen Drohungen oder aktiver physischer Gewalt greifen. Das Prozedere beginnt in der Regel mit höflichen Bitten und geduldigen Verhandlungen. Schuldner aber, die sich tätowierten Männern mit fehlenden Fingern gegenübersehen, wissen sofort, mit wem sie es zu tun haben, und sind deutlich schneller zur Einigung bereit.

Versicherungsgeschäft

Aber nicht nur Geschäftsinhaber nutzen die Dienste der Yakuza, auch einfache Bürger nehmen sie in Anspruch, vor allem bei Verkehrsdelikten, wenn Versicherungen ins Spiel kommen. Unfallopfer, die den zeitraubenden offiziellen Verfahrensweg meiden wollen, treten ihren Versicherungsanspruch an die Yakuza ab, weil der Druck, den die Gangster aufzubauen wissen, der Zahlungsmoral der Versicherer meist nachhilft.

Straßenkriminalität

Abgesehen vom Versicherungsbetrug geht die Yakuza auch klassischen Erpressungsgeschäften nach. So fordert sie beispielsweise Geld vom Inhaber einer chemischen Reinigung, indem sie behauptet, das Geschäft habe den teuren Anzug ihres Bosses „ruiniert“, oder sie beklagt sich bei einem Geschäftsinhaber über die „Qualität“ seiner Waren. Während diese herkömmlichen Methoden immer noch Profit abwerfen, haben gut ausgebildete und geschäftstüchtige Gangster längst den profitableren Einstieg in die Geschäfts- und Finanzwelt gefunden.

RECHTS Der mutmaßliche sokaiya Kaoru Ogawa. Die *sokaiya* sammeln negative Information, um Aktionärstreffen zu stören.

OBEN Der Präsident der Japanischen Schiffsbau-Industrie-Stiftung, Ryoichi Sasakawa, soll großen Respekt bei der Yakuza genossen haben und war in den Lockheed-Skandal verwickelt.

Grundstücksgeschäfte

Die vom Mob betriebene Zwangsräumung, genannt *jiage*, ist eine Taktik der Yakuza, um sich ihren Anteil an den Profiten der Immobilienbranche zu sichern. Mit speziellen „Dienstleistungen" unterstützen sie Immobilienhaie dabei, Kleinbesitzer von Grundstücken zum Verkauf zu zwingen und Pächter zum Verzicht auf ihren Vertrag. Sinn und Zweck der Zwangsräumung ist es, das Land für neue Immobilienprojekte zu einem günstigeren Preis zu erhalten.

Zu den üblichen Verfahren gehören Belästigungen durch Telefonanrufe, lautes Abspielen von Musik, Klingeln an der Haustür mitten in der Nacht, Autocrashs auf dem Grundstück, Verkleben von Schlüssellöchern, Verstreuen von Dünger und Infizieren des Grundstücks mit giftigen Insekten, Todesdrohungen, Entführung und Brandstiftung. Das *jiage*-Geschäft bringt deutlich mehr ein als Schutzgelderpressungen, denn die Banden verlangen typischerweise einen Prozentsatz vom Grundstückspreis, was bei einem einzigen Job Tausende Dollars in die Kassen spült.

Konkursverfahren

Auch bei Firmenkonkursen hält die Yakuza eine gewinnträchtige Strategie bereit, wobei sowohl die Gläubiger als auch die Schuldner ihre Dienste anfordern können. Gangster übernehmen beispielsweise den Schutz von Managern bankrotter Unternehmen, die den Zorn ihrer verärgerten Gläubiger fürchten. Die Gläubiger wiederum haben die Möglichkeit, ihre Schuldscheine an die Unterwelt zu verkaufen, damit diese das Eintreiben der Gelder übernimmt. Da sich legale Konkursverfahren mitunter über Jahre hinziehen, lohnt es sich durchaus, die Schuldscheine zu einem deutlich niedrigeren als dem Nennwert weiterzugeben.

Ebenfalls verbreitet ist die Methode, an ein konkursreifes Unternehmen heranzutreten und ein kurzfristiges Darlehen anzubieten. Kann die Firma später nicht tilgen, wird sie von den Managern der Yakuza übernommen, die dann Eigenwechsel fälschen, damit sie den Löwenanteil aus der Konkursmasse beanspruchen können. Auch wenn sie sich dazu entscheiden, das Unternehmen nicht zu übernehmen, erhalten sie als größter Gläubiger immer noch Geld aus der Konkursmasse.

OBEN Eine japanische Bikergang 1985. Solche Banden, die Gruppenidentifikation bieten können, bilden die Basis vieler Yakuza-Gruppen.

Unternehmenserpressung

Die Yakuza verfügt außerdem über diverse Mittel und Wege zur Erpressung von Unternehmen. Am geläufigsten ist die Drohung, die Jahresversammlungen der Aktionäre zu stören. Verbrecher, die sich auf diese Sparte spezialisiert haben, werden *sokaiya* genannt.

Vor der Reform des Handelsgesetzbuchs von 1982 erwarben die *sokaiya* eine Aktie des Konzerns, um so das Recht zur Teilnahme an der Jahreshauptversammlung zu erhalten. Dort erschienen sie und drohten mit der Preisgabe sensibler Firmendaten, etwa über die Vermögenslage des Unternehmens, Unregelmäßigkeiten im Management oder Skandale aus dem Privatleben der Führungskräfte. Nach japanischer Rechtslage müssen die Finanzberichte der Firmen nicht so detailliert sein, wie das in anderen Industrieländern der Fall ist, sodass sich die Anleger auf indirektem Weg ein Urteil über die Finanzsituation eines Unternehmens bilden müssen. Investoren sehen beispielsweise länger dauernde Aktionärstreffs als ein Signal für Probleme, sodass schon das In-die-Länge-Ziehen einer solchen Veranstaltung zum Erpressungswerkzeug wird. Für die Geschäftsführung, die eine solche Störung befürchtet, bietet sich das prophylaktische Anheuern von anderen Gangstern an. Also verdient die Yakuza gleich zweimal.

Manager nutzen aber auch die Dienste von Kriminellen, wenn sie Schwierigkeiten mit Demonstranten und ihren eigenen Aktionären haben. Wird ein Konzern etwa aufgrund eines Umweltvergehens zur Zielscheibe öffentlicher Proteste, kann er die Yakuza damit beauftragen, Demonstranten am Stören eines Aktionärstreffs zu hindern. Genauso hat auch eine Firma, die keine Gewinne gemacht hat, die Möglichkeit, dank der Yakuza einen geordneten Ablauf ihrer Aktionärsversammlung zu sichern.

Seit 1982 berechtigen jedoch erst Aktien ab einem Wert von 5000 Yen zum vollen Stimmrecht und zur Teilnahme an der Jahreshauptversammlung der Aktionäre, und außerdem ist den Unternehmen das Anheuern von *sokaiya* untersagt. Dem neuen Gesetz war aber kein Erfolg beschieden, denn die kriminellen Machenschaften dauern an. Yakuzaerpresser, die nicht über die nötigen Geldmittel verfügen, um die 5000-Yen-Hürde zu nehmen, wechselten die Taktik und drohen nun, nachteilige Informationen an Zeitungen und Zeitschriften weiterzugeben.

UNTEN Großbaustellen wie diese in Osaka sind ein ideales Aktionsfeld für das *jiage*-Geschäft, bei dem die Yakuza im Auftrag von Immobilienhaien Mieter verdrängt.

Kulturell akzeptiert

Im Vergleich zu anderen Industrieländern genießen kriminelle Banden in Japan eine deutlich höhere gesellschaftliche Akzeptanz. Die Yakuza ist inzwischen sogar Sinnbild für einen way *of life* geworden, das heißt, Gangs können ganz legal Büros eröffnen und dort ihr Symbol aushängen.

Die Yakuza versteht sich selbst als eine Gruppe ritterlicher Gangster, die den einfachen Leuten eher helfen als schaden will, und dieser Anspruch wird in der Öffentlichkeit auch akzeptiert. Das Vertrauen, das man in die Unterweltdienste setzt, beweist zum einen, dass sie eine nützliche Funktion in der Gesellschaft haben, andererseits jedoch ist es ein Armutszeugnis für die öffentlichen Einrichtungen des Landes, die den Verbrechern so viel Freiraum gewähren. Die meisten Japaner versuchen, der Yakuza möglichst aus dem Weg zu gehen, aber oft gibt es keine Alternative. Durch die Unzulänglichkeit und Ineffizienz der legalen Organe, die weder Schutz bieten noch imstande sind, Streitigkeiten zu schlichten, haben sich die kriminellen Dienste zu einer akzeptablen Möglichkeit für alternative Konfliktlösungen entwickelt. Umfragen zufolge vertreten heute bemerkenswert viele Japaner die Ansicht, das Anheuern von Gangstern zum Eintreiben von Schulden oder Beilegen von Streitigkeiten sei nicht schlecht oder zumindest vertretbar.

Japan hat eine der niedrigsten Kriminalitätsraten unter den Industrienationen, und die japanische Polizei ist stolz darauf, als die beste der Welt zu gelten. Doch kann man die Frage stellen, warum solch erfolgreiche Verbrecherjäger außerstande sind, den kriminellen Banden das Handwerk zu legen. Die Antwort liegt auf der Hand: Es lag nie in ihrer Absicht. Die japanischen Behörden – Gesetzgeber und Staatsanwälte ebenso wie die Polizei – sehen die Lösung für das Problem nicht in der Vernichtung der Yakuza, sondern in ihrer Eindämmung.

UNTEN Polizisten bewachen das Hauptquartier von Aum Shinrikyo. 1995 griff die Sekte die Tokioter U-Bahn mit dem Giftgas Sarin an und tötete zwölf Menschen.

DIE MAFIA IM FILM

Black Rain

Der Film *Black Rain* spielt in einem chaotischen und bedrohlichen Osaka und erzählt die Geschichte von zwei New Yorker Cops, die einen japanischen Gangster übergeben sollen. Er kann ihnen entkommen und taucht ab in die gefahrvolle Unterwelt der Yakuza.

OBEN Nick Conlin (Michael Douglas) und Charlie Vincent (Andy Garcia) gönnen sich eine Fahrt auf Nicks heiß geliebtem Motorrad.

Die Handlung

Michael Douglas spielt Nick Conlin, einen moralisch nicht unangreifbaren Detective, gegen den eine interne Untersuchung läuft. Er ist Motorradfan, geschieden von seiner Frau, die das Sorgerecht für beide Kinder hat, und obendrein in Geldnöten. Sein Partner Charlie Vincent wird von Andy Garcia gespielt. Die beiden verhaften in New York den Yakuza Sato (Yusaka Matsuda) und erhalten den Auftrag, ihn nach Osaka zu bringen, doch sofort nach der Ankunft in Japan übernehmen zwei als Polizisten verkleidete Gangster den Gefangenen, noch bevor die echte Polizei eintrifft. Die Jagd beginnt, aber die New Yorker Cops dürfen nur unter Leitung des japanischen Polizisten Masahiro Matsumoto (Ken Takakura) „zusehen". Die Situation eskaliert schon bald, als Charlie von der Yakuza gefangen genommen und enthauptet wird, während Nick hilflos hinter einem Parkhausgitter zusehen muss.

Von der amerikanischen Nachtclubhostess Joyce (Kate Capshaw) erfährt Nick, dass Sato einen Bandenkrieg gegen den berüchtigten Yakuzapaten Sugai (Tomisaburo Wakayama) führt. Der Ex-Sugai-Soldat Sato will ein eigenes Territorium und hatte sich vorher in New York aufgehalten, um ein von Sugai in die Wege geleitetes Fälscherkomplott mit italoamerikanischen Gangstern zu stören. Gegen Ende hin darf Nick seine Fahrkünste noch einmal bei einer Verfolgungsjagd durchs Gelände vorführen und kann den flüchtenden Sato schließlich stellen.

Auszeichnungen

Ridley Scotts Film erhielt 1990 zwei Oscar-Nominierungen für den besten Ton und besten Tonschnitt und gewann den Japanese Academy Award.

YAKUZA

Der angegraute Wolf Robert Mitchum (links) spielt Harry Kilmer in dem Film Yakuza (1974), für den der bekannte Paul Schrader und der *Chinatown*-Autor Robert Towne das Drehbuch schrieben. Regie führte Sydney Pollack. Kilmer wird von seinem Kriegskumpel George Tanner (Brian Keith) angeheuert, der inzwischen ein erfolgreicher Geschäftsmann ist und dessen Tochter von der Yakuza entführt wurde.

Ken (Ken Takakura) steht in Kilmers Schuld und sieht sich in der Pflicht, seine Kontakte zur Yakuza zu nutzen.

RECHTS Japanische Bikerbanden sind immer noch Ausgangspunkt für kriminelle Machenschaften im ganzen Land.

OBEN Trotz konstanter Polizeipräsenz auf den Straßen ist die Akzeptanz der japanischen Yakuza bei Bürgern und Gesetzeshütern weiterhin hoch.

Tolerante Polizei

Dass die Polizei die Gangster duldet, ist auch durch die einzigartige Beziehung zwischen beiden begründet. Die Beamten greifen regelmäßig durch, vor allem dann, wenn die Bandengewalt zu eskalieren droht. Durch Verbindungsleute im Polizeiapparat wird die Yakuza normalerweise gewarnt, wenn Razzien anstehen. Damit die Behörde aber nicht das Gesicht verliert, lassen die Verbrecher ihr ein paar Waffen zur Beschlagnahmung zurück. Jedes Jahr werden Tausende von Bandenmitgliedern festgenommen, doch die meisten müssen wegen mangelnder Beweise bald wieder laufen gelassen werden.

Polizeikorruption

Die Yakuza blickt zurück auf eine lange Geschichte der Polizeibestechung, und die traditionelle Korruption prägt fraglos auch die Beziehungen zwischen Gesetzeshütern und Kriminellen. Hin und wieder kommt es zu skandalträchtigen Enthüllungen über Bestechungen durch die Banden, was Schande über die Behörde als Ganzes bringt und sogar zum Selbstmord der beteiligten Polizisten führt.

Zusammenarbeit

Viele Polizeibeamte sind ernsthaft davon überzeugt, dass nicht alle Verbrecher schlecht sind. Auf eine einzigartig japanische Weise herrscht gegenseitige Achtung zwischen den Kontrahenten.

Auch die Unterwelt hat durchaus Verständnis für die Pflicht der Polizei, das Gesetz durchzusetzen, und so ist es schon vorgekommen, dass schuldige Yakuzamitglieder sich gestellt und ein volles Geständnis abgelegt haben, damit die Polizeikräfte ihrer Aufgabe angemessen nachkommen. Dabei helfen ihnen die Gangster auch schon einmal durch die Weitergabe von Informationen, die für das Überführen von Straftätern notwendig sind.

Moderne Samurai

Bis zu einem gewissen Punkt vertrauen die Gesetzeshüter auf die positiven Auswirkungen des Yakuzasystems. Sie wissen um die Abschreckungsfunktion gegenüber dem unorganisierten Verbrechen. Deshalb führen einige Polizeibeamte und Kriminologen die niedrige Rate der Straßenkriminalität auf die Yakuza zurück und sind davon überzeugt, dass ein Auflösen der Banden und Entlassen der Mitglieder in die freiberufliche Kriminalität ihre Arbeit nur erschweren würde.

KOREANER IN DER YAKUZA

Koreanischstämmige Japaner machen nur 0,5 Prozent der Gesamtbevölkerung aus, stellen aber etwa 15 Prozent der Yakuza.

Diskriminierung

Die auffällige Präsenz der Koreaner in den Yakuzareihen erklärt sich durch die Diskriminierung, der die Koreaner im Land ausgesetzt waren. Der Staatsdienst war ihnen verschlossen, und auch bei der Wohnungssuche, in der Bildung und in der Privatwirtschaft wurden sie benachteiligt. Der koreanische Außenseiterstatus passte perfekt zum Selbstbild der Yakuza.

Tosei-kai

Hisayuki Machii (1923–2002) war der berühmteste koreanischstämmige Yakuzapate. Er wurde im japanisch besetzten Korea geboren und siedelte nach Kriegsende nach Japan über. Dort bildete er 1948 seine eigene Bande, die Tosei-kai („Stimme der Ostbande"), die im Wesentlichen aus koreanischstämmigen Gangstern bestand. Der Polizei zahlen- und kräftemäßig überlegen, übernahm sie rasch die Kontrolle über Tokios berühmtes Unterhaltungsviertel Ginza, was Machii den Titel „Ginza-Tiger" einbrachte und seiner Bande den Namen „Ginza-Polizei". Sein gewaltiges Imperium umfasste den Unterhaltungs- und Tourismussektor, Prostitution und sogar Ölimporte. 1965 musste Machii die Tosei-kai unter Polizeidruck auflösen.

Auslandsdiplomatie

Machii war ein Yakuzapate von nationaler Größe. Er unterhielt langjährige Kontakte zu Yoshio Kodama und bildete ein Bündnis mit dem mächtigen Paten der Yamaguchi-gumi, Kazuo Taoka. Sein Einfluss ließ ihn sogar in die Diplomatie aufsteigen, wo er und Kodama eine aktive Rolle bei der Normalisierung der japanisch-südkoreanischen Beziehungen spielten. Dank seiner Verbindungen erhielt er auch die Lizenz für eine große Fährlinie zwischen Japan und Südkorea.

Südkorea

Seine wichtigste Leistung aber war die Einführung der Yakuza in seinem Vaterland Korea. Durch ihn ist Südkorea zur Heimat der Unterwelt im Exil geworden und eine ideale Zufluchtsstätte für alle, die vor der japanischen Justiz fliehen müssen.

Towa Yuai Jigyo Kumiai

In den 1980er-Jahren zog sich Machii zurück. Heute hat seine Bande weiterhin koreanischstämmige Anhänger und heißt Toa Yuai Jigyo Kumiai („Verband der ostasiatischen Freundschaftsunternehmen"). Sie zählt etwa 1000 Mitglieder und rangiert damit auf Platz vier der Yakuzasyndikate.

UNTEN Das Tokioter Einkaufsviertel Ginza geriet Mitte des 20. Jahrhunderts fast völlig unter Kontrolle der Tosei-kai.

Triaden Ihre Expansion

Alle erfolgreichen Triaden operieren auf globaler Ebene. Ihre Machenschaften umfassen Fälschen, Menschenhandel und Drogengeschäfte.

China White

In den 1950er- und 1960er-Jahren überfluteten die Triaden Westeuropa und Nordamerika mit Heroin. Ihre Ware war von allerhöchster Qualität mit einem Reinheitsgehalt von mindestens 90 Prozent. Bei den Junkies hieß sie „China White" und war trotz ihres hohen Preises sehr begehrt.

Nicht immer sind die Mitglieder der Triaden Verbrecher. Solange sie Patrioten sind und es ihnen darum geht, den Wohlstand in Hongkong zu erhalten, sollten wir sie respektieren.

Tao Siju, Minister für öffentliche Sicherheit, Volksrepublik China, 1993

In Birma wird Schlafmohn für den Verkauf geerntet. Das Land ist der zweitgrößte Opiumproduzent der Welt und ein wichtiger Akteur im Goldenen Dreieck.

DAS GOLDENE DREIECK

Das Goldene Dreieck in Südostasien erstreckt sich über ein Areal von 390.000 Quadratkilometern und ist die Heimat des „China White"-Heroins. Die Bauern bewirtschaften riesige Felder, auf denen sie Schlafmohn anpflanzen. In der Erntezeit von Ende Dezember bis Anfang März verkaufen sie ihre Ausbeute an die Armee, an Zwischenhändler oder direkt an Dealer, die in bar oder in Naturalien zahlen. Das Heroindreieck erfasst mehrere Länder: Birma, das westliche Grenzgebiet von Laos und die vier Nordprovinzen Thailands. Von dort kamen in den 1970er-Jahren schätzungsweise 70 Prozent des Heroins weltweit, und die Triaden übernahmen eine aktive Rolle beim Transport aus Südostasien in die Straßen von New York, London und Amsterdam.

Chinesische Wurzeln

Die Triaden besannen sich auf ihre Wurzeln, als es um den Aufbau von Kontakten zu Heroinlieferanten ging. Nach der Niederlage von Chiang Kai-sheks Streitkräften flüchteten zwei seiner Armeen, die in der südchinesischen Provinz Yunnan stationiert waren, in die Shan-Staaten in Nordbirma. Dort bauten chinesischstämmige Bauern bereits Schlafmohn an und ernteten ihn.

Mohnverarbeitung

Schnell war der Kontakt zwischen den Hongkonger Triadengruppen, die nach guten Lieferanten suchten, und Chiang Kai-sheks einstiger Armee hergestellt, die nun den Opiumanbau in Birma kontrollierte. Die Zwischenhändler schmuggelten das Rohopium zu den Raffinerien nahe der thailändischen Grenze, um dort Morphium zu extrahieren.

Danach hatte das Opiumpaket nur noch ein Zehntel seiner Originalgröße. Von den Raffinerien gelangte es auf geheimen Wegen nach Thailand und zum Hafen in Bangkok, von dem aus große Drogenlieferungen in die ganze Welt verschifft wurden.

Geschäftsabschluss

Aber zuvor mussten sich Lieferanten und Käufer noch einigen. Dies geschah vor allem in Thailands zweitgrößter Stadt Chiang Mai etwa 650 Kilometer nördlich von Bangkok. In den 1970er-Jahren war Chiang Mai nicht nur ein populäres Touristenziel, sondern auch bei Drogenhändlern beliebt, die nach Geschäften Ausschau hielten oder auf der Flucht vor den Behörden waren. Viele chinesische Dealer ließen sich schließlich in Thailand nieder und nahmen dort einen thailändischen Namen an. Das Heroingeschäft boomte, und die Triaden verfügten über ein globales Netzwerk, das „China White" in die ganze Welt brachte.

OBEN Der chinesische Drogenhändler Han Yong-wan muss 2000 vor Gericht. Die chinesischen Behörden greifen hart durch und lassen vier Drogenhändler hinrichten.

UNTEN Opiumpakete wurden offen auf den Märkten in ganz Birma verkauft. Hier wird gerade ein Paket für interessierte Kunden abgewogen.

OBEN Hunderte von Chinesen werden nach Ausschreitungen in Hongkong 1956 von Truppen bewacht. Die Ausschreitungen wurden angeblich von Geheimbünden aus Kowloon initiiert.

UNTEN Die Hafenpolizei von Hongkong durchsucht eine Dschunke nach illegalen Immigranten und Drogen, die gern an Bord von Schiffen ins Land geschmuggelt werden.

Führende Triaden

Nach dem Zweiten Weltkrieg waren die Triaden reicher und mächtiger als je zuvor. Besonders stark waren drei Gruppen: die Wo Shing Wo, die 14K und die Sun Yee On.

Wo-Gruppe

Die Wo Shing Wo gehört zur sogenannten Wo-Gruppe. In den Kriegsjahren bestand diese aus einem Zusammenschluss von 41 Gesellschaften, von denen einige größer waren als andere und auch etwas tiefer in Verbrechen verstrickt. Wichtige Banden waren neben der Wo Shing Wo noch die Wo On Lok, die Wo Shing Tong und die Wo Shing Yee. Obwohl alle zur selben Gruppe gehörten, stritten sie sich um dieselben Territorien, weshalb häufig Kriege zwischen ihnen ausbrachen. Die Wo Shing Wo ging schließlich als Sieger hervor und dehnte ihre Geschäfte weltweit aus.

14K

Die 14K wurde von Kot Sui-wong gegründet, einem Generalleutnant in der Armee von Chiang Kai-shek. Kot erhielt damals den Befehl, alle Triadenbünde in Guangdong zu organisieren. Jede erhielt einen Decknamen mit der Zahl 14, weil sich der Hauptsitz der Gesellschaft in der Po-Wah-Straße 14 befand. Erst viel später wurde aus unbekannten Gründen der Buchstabe K ergänzt. Nach dem Sieg Maos floh Kot nach Hongkong, wo seine 14K schon bald mit Revierkämpfen um das Hongkonger Viertel Kowloon in Erscheinung trat. Nach Kots Tod 1953 wuchs sie rasch auf etwa 80.000 Mitglieder an und begann ebenso wie die Wo Shing Wo mit der Suche nach neuen Märkten, die sie in anderen Regionen Asiens und in Europa fand.

Sun Yee On

Die Sun Yee On hat eine bewegte Vergangenheit. Als Teil der Teochiu-Gesellschaften trug sie den Namen Yee On, tauchte dann im Zweiten Weltkrieg ab und erschien erst nach dem Abzug der japanischen Streitkräfte 1946 wieder auf der Bildfläche. In den Nachkriegsjahren gaben einige Mitglieder Informationen über ihre Anführer preis, woraufhin mehrere Yee-On-Bosse festgenommen wurden. Im darauf folgenden Tumult spaltete sich die Bande und trat mehrere Jahre später unter dem Namen Sun Yee On wieder auf.

DIE MAFIA IM FILM

Shanghai Serenade

Zhang Yimous Film von 1995 porträtiert eine Schanghaier Drogenbande unter Rückgriff auf ein altes chinesisches Wiegenlied.

OBEN Beim Schwerpunktwechsel des Films im Vergleich zur Vorlage spielte sicher auch eine Rolle, dass Zhang Yimou und Gong Li seit einiger Zeit ein Paar waren. Nach Abschluss der Dreharbeiten beendeten sie ihre Beziehung sowohl beruflich als auch privat und arbeiteten dann elf Jahre lang nicht mehr zusammen – bis zu *Der Fluch der goldenen Blume* (2006).

Hintergrund

Das Drehbuch lehnt sich an den Roman *Bandengesetz* von Li Xiao an, und in der Hauptrolle ist Chinas international erfolgreichste Schauspielerin Gong Li zu bewundern. Der chinesische Regiestar Zhang Yimou verknüpfte seinen Gangsterfilm über das organisierte Verbrechen mit Beobachtungen zum Lebensstil der Reichen und Mächtigen im Schanghai der 1930er-Jahre.

Die Handlung

Die Geschichte erzählt sieben Tage im Leben des naiven Bauernjungen Shuisheng (Wang Xiaoxiao), der in der Stadt in die Dienste von Xiao Jingbao (Gong Li) tritt. Diese war einmal selbst ein Bauernmädchen, ist inzwischen aber eine berühmte Nachtclubtänzerin und die verwöhnte Geliebte von Bandenboss Tang (Li Baotian). Was Tang nicht weiß, ist, dass seine Geliebte eine Affäre mit seinem Stellvertreter Song (Sun Chun) hat und der fette Yu (Liu Jiang) ihn stürzen und die Führung übernehmen will.

Zwar spielt der Film in der gewalttätigen Welt der Triaden, doch bleibt die Brutalität jenseits der Kamera, denn Zhang Yimou ging es vor allem um die emotionale und moralische Befindlichkeit seiner Figuren. Er kreierte auf diese Weise einen eher spirituellen Film als einen typischen Gangsterstreifen, was auch in der auffallend opulenten Bildsprache adäquaten Ausdruck findet. Ursprünglich sollte Yimou den Roman Li Xiaos originalgetreu umsetzen, doch dann rückte Gong Lis Rolle zunehmend in den Vordergrund, und der Film wurde schließlich aus der Perspektive des jungen Shuisheng erzählt.

Auszeichnungen

Die internationale Filmgemeinschaft belohnte Zhang Yimous Film *Shanghai Serenade* mit einer Oscar-Nominierung für die Kameraführung von Lü Yue. Außerdem gewann der Film in der offiziellen Auswahl der Filmfestspiele von Cannes den Spezialpreis für Technik und wurde für die Golden Globes in der Kategorie „Bester fremdsprachiger Film" nominiert.

UNTEN Xiao Jingbao (Gong Li), die schöne Geliebte des Bosses, hat eine Affäre mit seinem zweiten Mann.

DER EINHORNMANN

Chung „Einhorn“ Mo wurde am 10. September 1920 in der Stadt Po On in der chinesischen Provinz Guangdong geboren. Er kam mit 18 Jahren in die Niederlande, als der Frachter, auf dem er als Koch arbeitete, in Rotterdam anlegte. Diesen kurzen Stopp nutzte Chung Mo, um in der engen chinesischen Community unterzutauchen.

Am 10. Mai 1940 marschierte Hitlers Armee in den Niederlanden ein und besetzte das kleine Land bis zur Befreiung am 6. Mai 1945. Im Krieg spielte Mo eine sehr dubiose Rolle als Informant für die deutsche Gestapo. Er war in erster Linie ein Überlebenskünstler und beschloss, lieber den Nazis behilflich zu sein als ihr Opfer zu werden.

Nach dem Krieg gelang es ihm, jeder Strafe für seine Kollaboration mit den Deutschen zu entgehen, und er wurde erfolgreicher Inhaber mehrerer gut gehender Restaurants. Außerdem besaß er diverse illegale Spielhöllen. Als einflussreicher Geschäftsmann zeigte er sich hilfsbereit gegenüber Ausländern, die sich einen neuen Markt erschließen wollten. Irgendwann klopfte die 14K an Mos Tür und nahm ihn als Mitglied auf. Schon bald war er verantwortlich für Annahme und Vertrieb fast aller Heroinlieferungen, die in Richtung Westeuropa gingen.

Diese Aufnahme von 1960 zeigt die Uferpromenade im niederländischen Scheveningen. Die florierenden Spielcasinos wurden meist von den Triaden und den in den 1920er-Jahren eingewanderten Chinesen kontrolliert. Viele dieser Casinos dienten als Tarnung für Heroingeschäfte.

1975 Mehr als 200 mutmaßliche Triaden werden in Singapur verhaftet.

1977 Triaden werfen Brandbomben in einen Hongkonger Nachtclub.

1986 Die Triadenbande Großer Kreis setzt sich in den Niederlanden fest.

1995 Das Goldene Dreieck produziert mehr als 1500 Tonnen Opium im Jahr.

Globale Geschäfte

Amsterdam war bekannt für seine laxen Drogen- und Prostitutionsgesetze, und so strömten Touristen aus der ganzen Welt in die niederländische Hauptstadt, wo der Erwerb und das Rauchen von Haschisch und Gras in den „Coffeeshops“ legal war. In den 1960er-Jahren drängten sich hier die Hippies, die sich im Jahrzehnt der freien Liebe mit Drogen antörnten. Trotzdem ging es recht friedlich zu.

Leichte Beute

Damals wurden Streitigkeiten in Amsterdam mit der Faust geregelt, Exekutionen gab es nicht. Das sollte sich in den 1970er-Jahren ändern, als die chinesischen Triaden die Stadt zur europäischen Zentrale ihrer Heroinverkäufe machten. Hier befand sich die größte chinesische Kommune Europas, es gab lockere Gesetze und einen eigenen Hafen. Darüber hinaus befand sich im nahegelegenen Rotterdam ganz in der Nähe der größte Hafen Europas. So war Amsterdam ein perfekter Ausgangsort für Feldzüge, die die Kontrolle über den westeuropäischen Drogenmarkt sicherstellen sollten. Der Mann, der mit dieser wichtigen Aufgabe betraut wurde, war Chung Mo.

Vorgehen in Westeuropa

Die Bedeutung Mos als Westeuropa-Boss der 14K zeigte sich an seinem Trupp von Bodyguards und seinem kugelsicheren Mercedes. Er galt als die höchste Autorität innerhalb der chinesischen Gemeinschaft und stand seinen Landsleuten mit Jobs und Ratschlägen zur Seite. Wegen seiner unternehmerischen Fähigkeiten wurde er sogar von der niederländischen Regierung ausgezeichnet. Allerdings zogen Mos Drogengeschäfte immer mehr Aufmerksamkeit auf sich, und Polizeibehörden in Europa und den

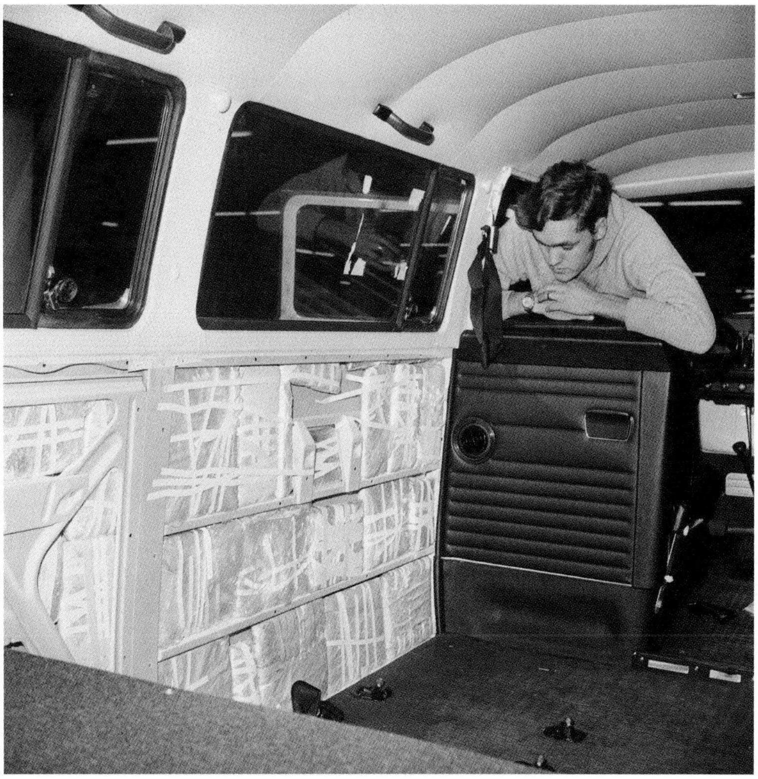

USA durchblickten allmählich die Fassade, die er aufgebaut hatte. 1973 wurden mehrere Drogenkuriere auf europäischen Flughäfen festgenommen, die eines gemein hatten: Ihr Reiseziel war die Prins Hendrikkade 106 in Amsterdam – die Adresse eines von Mos Restaurants. Als Erklärung dafür gab er an, er sei nun mal ein einflussreicher Mann, der soeben eingewanderten Landsleuten behilflich sein könne. Aber damit täuschte er die niederländischen Behörden nicht lange, und die amerikanische Drogenbehörde DEA bezeichnete ihn offiziell als Kopf der 14K-Triade.

OBEN Ein Zollinspektor in San Francisco fördert hinter der Verkleidung dieses Amsterdamer Minibusses geschmuggeltes Haschisch zutage.

Mitmischen

Als Anführer der 14K und Verantwortlicher für die Heroineinfuhr nach Westeuropa soll Mo angeblich fünf Prozent an jedem Deal beansprucht haben, der von den Triaden eingefädelt wurde. Wo so viel Geld im Spiel war, dauerte es nicht lang, bis andere Triadenbünde mitmischen wollten. Die größte Bedrohung kam aus dem nahen Rotterdam, wo die Wo Shing Wo eine Außenstelle hatte.

Vergeltung

Mo ging mit dieser Drohung genauso um wie seinerzeit im Zweiten Weltkrieg: Er gab Informationen über seine Rivalen an die holländische Polizei weiter. Obwohl ihm dies kurzfristig etwas Luft verschaffte, erwies sich seine Taktik auf lange Sicht als katastrophal. Mit dem Preisgeben seiner Triadenrivalen brach er eine goldene Regel, und damit war sein Ende nicht mehr fern. Am 3. Mai 1975 ermordeten drei Chinesen Mo, als er gerade aus seinem Restaurant in Amsterdam trat. Sein Nachfolger wurde exakt ein Jahr später getötet. Die blutigen Hinrichtungen sorgten für Entsetzen bei den Niederländern. Obendrein hatten die Triaden auch die Aufmerksamkeit der Welt auf sich gelenkt.

RECHTS Eine Leiche liegt auf der Mott Street in New York. Sie ist das Ergebnis eines Tong-Kriegs in Chinatown.

OBEN Eddie Gong, der Anführer der Hip Sing Tong, mit seinen Messern. Er soll als Auftragskiller für New Yorker Tongs gearbeitet haben.

Willkommen in Amerika – die Tongs

Die ersten chinesischen Einwanderer trafen in den 1840er-Jahren in den USA ein, gefolgt von einer neuen Welle, als die Amerikaner Hilfskräfte für den Bau ihrer großen Eisenbahnlinien von der Ost- an die Westküste brauchten. Die chinesischen Arbeiter wurden als Menschen zweiter Klasse behandelt und bekamen die gefährlichsten Tätigkeiten zugewiesen, und auch in den folgenden Jahrzehnten besserte sich ihre Lage nicht. Um überleben zu können, rückten die chinesischen Immigranten eng zusammen und bildeten Gesellschaften, die Bedürftigen mit Lebensmitteln und Krediten aushalfen. Diese ersten legalen Organisationen bewirkten damals viel Gutes. In den USA hießen sie „Tongs", was übersetzt „Rathaus" bedeutet.

Immer schön unauffällig

Als die Macht der Tongs wuchs, stieg auch die Chance auf einfache Profite. Ebenso wie in China brachen Kriege zwischen den verschiedenen Bünden aus. In den 1950er-Jahren kehrte wieder Ruhe ein, und die Tongs konzentrierten sich darauf, ihre Geschäfte im Stillen abzuwickeln. Ihre Hauptaktivitäten galten damals Prostitution, Drogenhandel, illegalem Glücksspiel und Erpressung. Da sich die Chinesen als Gruppe abseits hielten, konnten die Behörden das Ausmaß ihrer kriminellen Delikte nicht abschätzen.

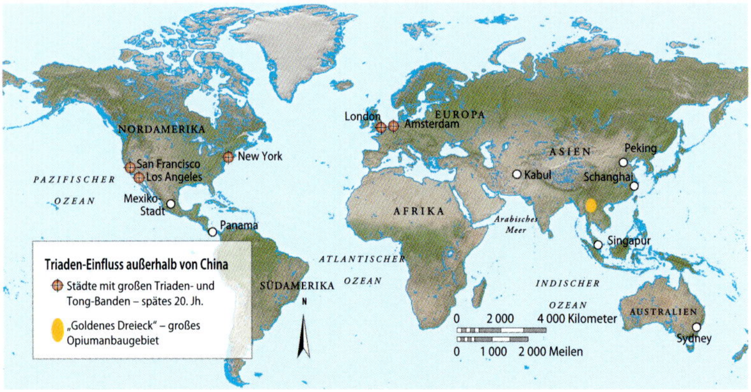

Gewalttätige Neuzugänge

Ab den 1960er-Jahren gab es wieder einen riesigen Zustrom chinesischer Einwanderer. Darunter befanden sich auch gewaltbereite Triadenmitglieder, die schnell Kontakt zu den Tong-Gesell-

DAS GESICHT WAHREN

In den 1990er-Jahren waren die wichtigsten New Yorker Banden die chinesischen Ghost Shadows, Flying Dragons, Tung On, Fuk Ching, Green Dragons, White Tigers, Hung Ching, die Taiwan-Bruderschaft und die vietnamesische Gang „Born to Kill". Bei ihren Revierstreitigkeiten geriet die Lage regelmäßig außer Kontrolle, und Wing Yeung Chan, der Anführer der On Leong Tong und der Ghost Shadows, sowie sein Bruder Wing Lok spielten dabei eine führende Rolle.

Im Januar 1992 griffen Mitglieder der rivalisierenden Tung-On-Bande Wing Lok im Nachtclub Triple 8 an und verprügelten ihn brutal. Um sein Gesicht zu wahren, tötete Wing Lok einige Tage später ein Mitglied der Tung On auf dem East Broadway, und zur Vergeltung eröffneten die Tung eine Schießerei in einer Billardhalle, was ein unbeteiligtes Todesopfer und schockierte Behörden zur Folge hatte.

Am 12. Juli 1992 verprügelten Ghost Shadows dann den Anführer der rivalisierenden Flying Dragons, Shui Bao, und raubten ihn aus. Das verlangte nach sofortiger Rache: Als Wing Yeung Chan, Wing Lok Chan und sechs andere Ghost Shadows zu einer friedlichen Besprechung zusammenkamen, trafen sie 20 mit Messern und Schusswaffen bewaffnete Mitglieder der Flying Dragons vor. Im folgenden Kampf wurde ein Ghost Shadow erschossen, und Wing Lok überlebte eine Stichwunde nur um Haaresbreite.

Die andauernden Prügeleien, Messerstechereien und Morde riefen die Polizei auf den Plan, und Mitte der 1990er-Jahre saß die komplette Führungsriege der Ghost Shadows und der Tung On hinter Gittern. Wing Yeung Chan und sein Bruder Wing Lok erklärten sich beide bereit, gegen ihre Untergebenen auszusagen.

schaften herstellten und von ihnen mit offenen Armen aufgenommen wurden. Auch junge Chinesen und Vietnamesen wanderten ein und bildeten gewalttätige Straßengangs. Als die Tongs eine enge Zusammenarbeit mit diesen Jugendbanden initiierten, wurde die Polizei aufmerksam.

UNTEN Diese Parade zur Eröffnung des Nationalkonvents der Hip Sing und On Leong barg die Gefahr von Zusammenstößen zwischen den Tong-Banden.

Prominente Banden

Von den späten 1980er- bis Mitte der 1990er-Jahre war die „On Leong Chinese Merchants Association" die prominenteste Tong in New York. Für ihre Erpressungen und Schutzgeldaktionen bediente sie sich der Bande Ghost Shadows. Nach Aussage des FBI zahlten ihr fast 75 Prozent der Geschäftsleute in Chinatown Schutzgelder. Sie führte auch Wettsalons und ein Anlagesystem, bei dem sie 300 asiatische Investoren um zehn Millionen Dollar erleichterte. Die Hauptkraft hinter der On Leong Tong und den Ghost Shadows war Wing Yeung Chan.

Die Tong-Aktivitäten in den USA beschränkten sich hauptsächlich auf Kalifornien an der Westküste und New York an der Ostküste. Durch die jedes Jahr neu hinzukommenden Immigranten dehnte sich die New Yorker Chinatown so rasant aus, dass sie derzeit sogar größer ist als das berühmte Little Italy.

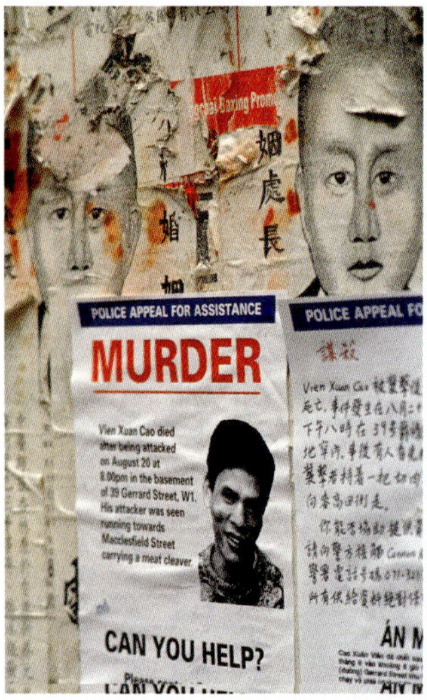

OBEN Das Plakat an einer Wand im Londoner Chinesenviertel Soho sucht Mordzeugen in einem Triadenkrieg.

Sprungbrett nach London

Die Triaden schmuggelten ihr Heroin aber nicht nur nach Amsterdam, sondern auch nach London, wo es wegen seiner hohen Qualität beliebt war. Ende der 1960er-Jahre war die 14K die dominierende Triade in Großbritannien und unterhielt Dependancen in London, Liverpool und Bristol. Doch wie schon in Amsterdam forderten auch dort andere Gangster ihren Anteil, und wieder ging die Hauptgefahr von der chinesischen Wo Shing Wo aus.

Damals sollte ein Mann mit dem Spitznamen „Georgie Pai" zum wichtigsten Triadenboss auf den britischen Inseln aufsteigen. Die Wo-Shing-Wo-Gruppen in England waren damals desorganisiert, und Pai machte es sich zur Aufgabe, sie zu einer starken Bande zusammenzuschließen. Er sammelte 80 loyale Gefolgsleute um sich, besiegte die 14K und übernahm ihre Londoner Geschäfte. Ausgehend von der Hauptstadt baute er seine Position aus und erwarb sich Einfluss und Reichtümer mit Schutzgeldgeschäften in und um Manchester, Birmingham, Southampton und Portsmouth – außen vor blieb nur Liverpool, wo weiterhin die 14K das Sagen hatte. Laut Angaben der britischen Polizei führte Georgie Pai seine Wo Shing Wo noch bis zur Jahrtausendwende.

Macau

Das große Geld lag mit der besten Einkommensquelle für die Hongkong- und Taiwan-Triaden gleich vor der eigenen Haustür – in Macau, das ebenfalls eine europäische Kolonie war. Es stand unter portugiesischer Herrschaft, bis die Souveränität im Dezember 1999 an China zurückfiel. Unter dem Prinzip „ein Land, zwei Systeme" wahrte Macau unter den neuen Machthabern einen hohen Grad an Autonomie. Schon vorher hatten die Triaden die Halbinsel für sich entdeckt und beherrschten dank der weitverbreiteten Korruption die dortige Prostitutions- und Glücksspielszene. Mitte der 1990er-Jahre erschütterte ein Krieg zwischen der 14K und der Wo On Lok das Zockerparadies:

RECHTS Dieses alte Foto zeigt den Eingang zu einem Spielhaus der Oberschicht, als Macau noch unter portugiesischer Herrschaft stand.

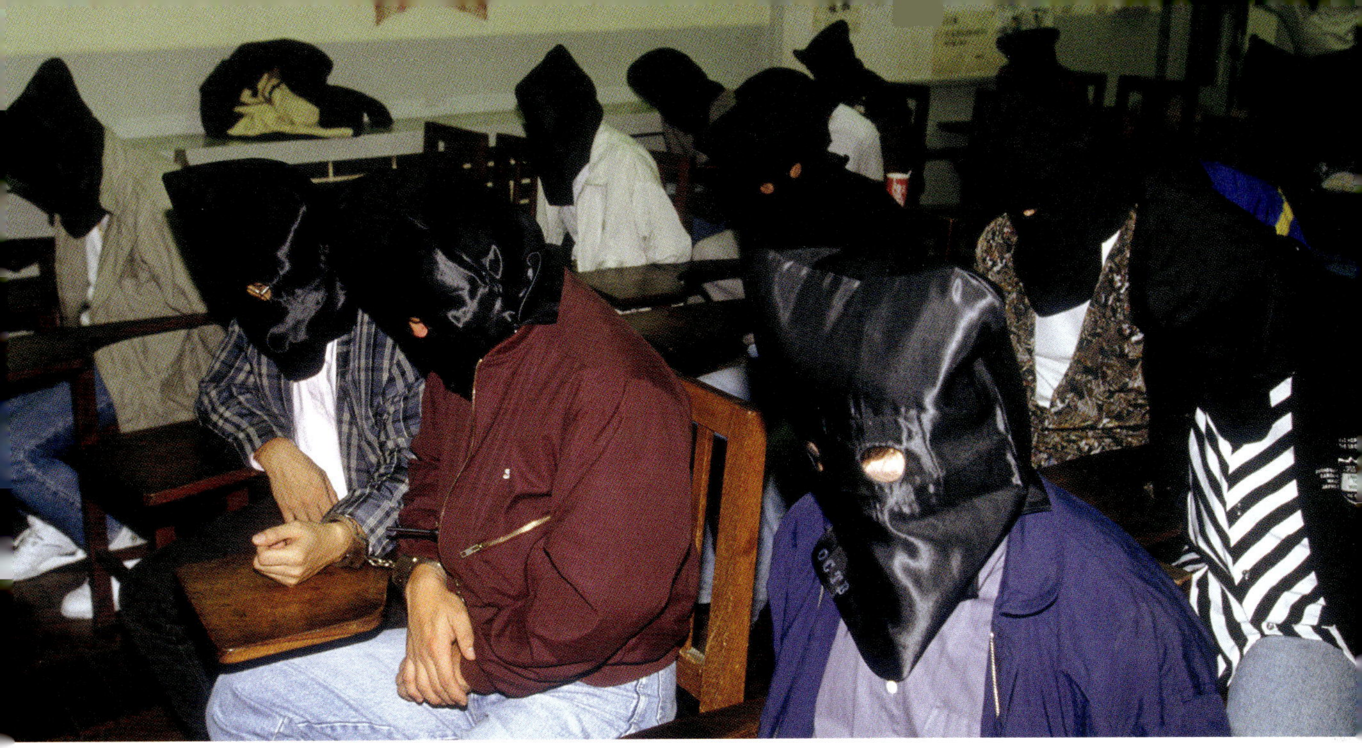

OBEN Die Hongkonger OCTB (Behörde für organisierte Kriminalität und Triaden) verhaftet 1993 Bandenmitglieder. Zum Schutz ihrer Identität werden die Gesichter verhüllt.

Es ging um die Hoheit über die VIP-Spielsäle, die High Rollers mit hohen Einsätzen anzogen. Erst als nach mehreren Morden die Touristen weitgehend ausblieben, kamen die Widersacher endlich überein, Friedensgespräche zu führen, konnten sich aber nicht einigen und setzten ihren Krieg fort. Schließlich – die Touristenquote waren inzwischen um satte 23 Prozent gefallen – entschieden sich die Behörden zu einem harten Durchgreifen und erließen ein Anti-Triaden-Gesetz, das drastische Strafen für ihre Verbrechen vorsah.

Die 14K von Macau hörte auf das Kommando von Wan Kuok-koi, auch „abgebrochener Zahn" genannt, seitdem er bei einem Anschlag der Wo On Lok neun Zähne verloren hatte. Seinen Weg an die Spitze der 14K hatte er sich bei einem internen Machtkampf mit seinem früheren Boss gebahnt. Im Mai 1998 musste Wan wegen einer langen Liste von Triadenverbrechen vor Gericht erscheinen und plädierte dort auf unschuldig, wobei er angab, seinen Lebensunterhalt als Hocheinsatzspieler und Immobilieninvestor zu verdienen. Aber die Anklage konnte mit 50 Zeugen aufwarten und Wans eigene Worte gegen ihn verwenden, sodass er schließlich zu 15 Jahren Gefängnis verurteilt wurde.

In den 1990er-Jahren wanderten viele hochrangige Triadenmitglieder mit schweren Haftstrafen hinter Gitter, während andere im Kugelhagel ihr Leben ließen. Trotz aller Verluste führten die Banden ihre Geschäfte fort.

Mit dem Herannahen des neuen Jahrtausends waren sie weiterhin in kriminelle Machenschaften auf der ganzen Welt verstrickt und verdienten Milliarden von Dollars und Euros mit Drogenschmuggel und Menschenhandel. Durch ihre Operationsbasis in den abgeschotteten Chinesenvierteln waren sie vergleichsweise sicher vor den Behörden und konnten ungestört expandieren. So wie alle Gruppen des organisierten Verbrechens sahen auch die Triaden und Tongs Vorteile darin, sich Bündnispartner unter anderen ethnischen Gruppen zu suchen.

ZAHLEN

In den 1990er-Jahren befanden sich unter Macaus Gesamtbevölkerung von 500.000 Einwohnern angeblich 10.000 Triadenmitglieder. Die 14K mit geschätzten 5000 Anhängern kontrollierte sieben Spielcasinos, während die etwa 3000-köpfige Wo On Lok zwei weitere Casinos beherrschte. Auch die Sun Yee On war an Glücksspielbetrieben beteiligt, hatte aber weniger Einfluss als ihre Konkurrenten.

Die russische Mafia
Kriminelle Supermacht

Das organisierte Verbrechen blüht grundsätzlich dort, wo die Regierung schwach ist. In autoritären Gesellschaften hingegen ist sein Erfolg nur mit Billigung der Obrigkeit möglich. Für diese Regel bietet die organisierte Kriminalität in Russland reichlich Bestätigung.

1985 Michail Gorbatschow beschränkt die Pro-Kopf-Menge für Alkohol, was zu einer Begünstigung des Schwarzmarkts führt.

1991 Mit dem Abkommen von Minsk löst sich die Sowjetunion auf, und es entsteht die Gemeinschaft Unabhängiger Staaten (GUS). Zugleich öffnet sie sich der Korruption durch kriminelle Organisationen.

1993 Die Zahl der Beschäftigten, die sich in Russland dem Kampf gegen das organisierte Verbrechen widmen, steigt auf 15.000.

Kommunistische Partei

Das Sowjetsystem wurde von der Kommunistischen Partei dominiert, die sich das Ernennungsrecht für alle wichtigen Posten in der Gesellschaft vorbehielt und zudem die Befugnis, jeden Bürger zu überwachen.

Unter der Planwirtschaft wurde den Industrieunternehmen ein Produktionsziel vorgegeben, doch war die Staatsbürokratie notorisch außerstande, Rohstoffe pünktlich oder in den erforderlichen Mengen und Qualitäten zu liefern. In dieser schwierigen Lage sahen die sowjetischen Industriemanager keinen anderen Ausweg, als gute Beziehungen zu hochrangigen Politikern und Beamten aufzubauen, um auf diese Weise dafür zu sorgen, dass dringend benötigte Warenlieferungen eintrafen, sich die Bürde der kaum zu bewältigenden Planquoten leichter schultern ließ und das Auge der Vorgesetzten über gefälschte Produktionsberichte hinwegblickte.

Illegale Gefälligkeiten

Sobald der Kontakt geknüpft war, ließ der Parteifunktionär Verwandten, Angehörigen seiner Volksgruppe, guten Freunden und allen, die zahlungswillig waren, Vergünstigungen zukommen. Im Gegenzug für ihre Gefälligkeiten erhielten sie Geschenke und Zuwendungen. Angesichts der Tatsache, dass die Partei alle Aspekte des sowjetischen Alltags überwachte und kontrollierte, konnte ein solches „Tributsystem" nur mit ihrer Billigung oder gar Mithilfe bestehen.

RECHTS Mitglieder der Kommunistischen Partei halten ihre Stimmkarten hoch – ein Verfahren, das jede Möglichkeit, gegen die Partei zu stimmen, konterkariert.

Institutionalisierte Korruption

Zunächst war es bei diesem Netzwerk der wechselseitigen Hilfe nur darum gegangen, Unzulänglichkeiten der schlecht funktionierenden Verwaltung auszugleichen. Doch schon bald mutierte es zu einem System persönlicher Bereicherung und Profitmacherei, in dem ohne Schmiergelder gar nichts mehr möglich war. Bestechungsgelder fielen etwa für Baugenehmigungen an, die Zuteilung von Konsumgütern, das Bewilligen der Rente, Beförderungen, die Zulassung zu Hochschulen und die Verleihung von Diplomen, aber auch für das Verscherbeln von Staatseigentum, das Vertuschen von gefälschten Produktionsberichten sowie Unterschlagung und Diebstahl in großem Maßstab. Infolge der beherrschenden Stellung der Parteifunktionäre sahen sich auch Verwaltungsangestellte dazu gezwungen, bei der Durchführung und Verschleierung des illegalen Treibens mitzuwirken.

Schwarzmarkt

In der schlecht verwalteten Sowjetwirtschaft herrschte ein chronischer Mangel an Konsumgütern, was reichlich Gelegenheit für kriminelle Profite bot. Spekulation und Preistreiberei mit „Defizitwaren" waren an der Tagesordnung, Konsumgüter verschwanden auf mysteriöse Weise aus Lagerhäusern und Fabriken und wurden später auf dem Schwarzmarkt vertickt. Für alles, was schließlich doch noch in den staatlichen Geschäften landete, kassierten die Sowjetmanager einen Anteil und betrieben so ihre eigenen Dunkelgeschäfte. Die Unterwelt bot sich nur zu gerne als Zwischenhändler an, indem sie gestohlene oder illegal aus dem staatlichen Zuteilungssystem abgezweigte Waren auf den Schwarzmarkt brachte.

Alle, die in diese illegalen Vorgänge verwickelt waren, mussten Zahlungen an die Parteifunktionäre leisten, damit diese wegschauten. Somit wurden die Parteiführer zu ultimativen Nutznießern aller Gaunereien, und es entwickelte sich eine Sonderform des organisierten Verbrechens – die Sowjetmafia.

OBEN Die Einwohner von Moskau versammeln sich am 1. Mai 1991 auf der Straße, um für die Fortsetzung des Kommunismus zu demonstrieren.

OBEN LINKS Das postkommunistische Leben in Russland war hart, da Lebensmittelknappheit und hohe Schwarzmarktpreise den Alltag prägten. Hier verhandeln Moskauer über den Fleischpreis.

OBEN Die russische Steuerpolizei ist alles andere als zimperlich, wenn es um die Beschlagnahmung von illegalem Wodka geht.

Tief verwurzelte Korruption

Angesichts der sozialen und ökonomischen Gegebenheiten sahen sich die Sowjetbürger quasi zu Systemmanipulationen gezwungen, sofern sie und ihre Familien nicht benachteiligt werden wollten. In der Wahrnehmung verwischte so die Grenze zwischen Recht und Unrecht, und fast jeder wurde auf irgendeine Weise zum Dieb: Die Bauern stahlen Futter, die Arbeiter Werkzeug und Rohstoffe, die Ärzte Medikamente, die Fahrer Benzin. Gestohlene Waren fanden ihren Weg auf den Schwarzmarkt und verschafften den Beteiligten zusätzliche Einkünfte, um ihr karges Gehalt etwas aufzubessern. Als Rechtfertigung diente das Argument, ein Bestehlen des Staates könne doch gar kein Verbrechen sein, da das Volk alle Macht im Staat innehabe.

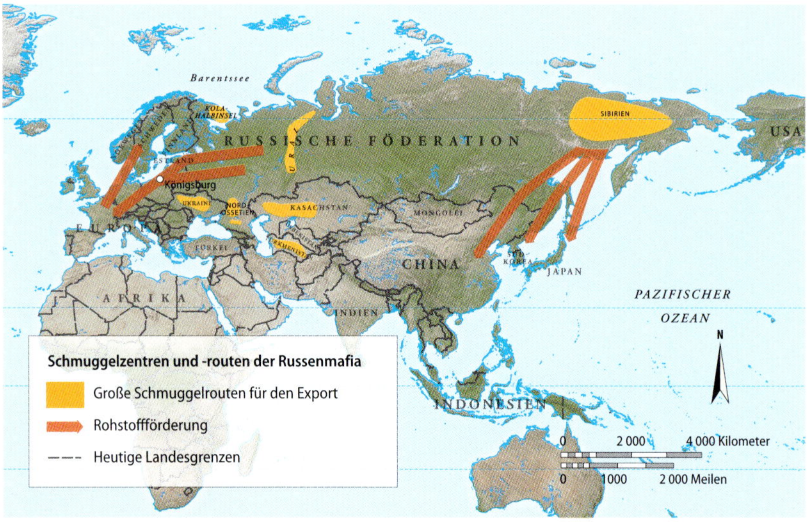

Binnen relativ kurzer Zeit hat die Unterwelt den Übergang von separaten Banden zu kriminellen Gemeinschaften vollzogen, die intellektuell wie technisch versiert sind und sich bestens tarnen.

MWD (Ministerium für innere Angelegenheiten), 20. Februar 1997

Mafiöse Wirtschaftsbranchen

Die Schwarzmarktwirtschaft sorgte auch für den Aufstieg diverser Mafias. Mit den richtigen Kontakten konnten sich einzelne Unternehmer die Kontrolle über bestimmte Waren oder Dienstleistungen sichern, was zu ihrer persönlichen Bereicherung diente und der Verbraucherschaft schadete. Es gab eine Obstmafia, eine Gemüsemafia, eine Baumwollmafia, eine Kaviarmafia, eine Transportmafia, eine Hotelmafia usw. Sie alle unterstanden den Parteibonzen und zahlten diesen Geld im Tausch für ihre Duldung oder gar Mithilfe. Die Sowjetbürger machten diese Mafias zu Recht verantwortlich für die halb leeren Regale und langen Warteschlagen an den staatlichen Geschäften sowie die hohen Preise, die sie auf dem schwarzen Markt zahlen mussten. Andererseits gab es keine Alternative zur Teilnahme am Schleichhandelsystem, denn ohne seine Waren und Dienstleistungen war ein normales Leben sozusagen nicht möglich.

Schattenwirtschaft

Die Schattenwirtschaft wurde fester Bestandteil des sowjetischen Alltags und beschäftigte Tausende. Unter denen, die davon profitierten, befanden sich so unterschiedliche Akteure wie Bauern, die eigene Parzellen bewirtschafteten und ihre Produkte auf dem Schwarzmarkt verkauften, Privathersteller von knappen Konsumgütern, gewöhnliche Verbrecher, die alles verhökerten, was sie in die Finger bekamen, gut vernetzte Unternehmer, die mit gestohlenen oder abgezweigten staatlichen Waren dealten, Devisenhändler und Prostituierte. Eine offizielle Schätzung von 1990 erbrachte, dass sich mehr als 50 Prozent der sowjetischen Staatsbürger ein umfassendes Spektrum von Waren schwarz besorgten.

Die größten Gewinne in der Schattenwirtschaft strichen aber die korrupten Parteibonzen und Funktionäre ein, die Schlüsselpositionen in der Staatsbürokratie besetzten, denn ohne Vorauszahlungen an die Personen mit der höchsten Autorität in der Sowjetgesellschaft war es niemandem möglich, seinen unrechtmäßigen Geschäften nachzugehen.

Die besonderen Lebensverhältnisse in der Sowjetunion mit ihrer tief verwurzelten Korruption und boomenden Schwarzmarktwirtschaft erwiesen sich letztlich auch als ideales Übungsszenario für die organisierten Verbrechergruppen, die später im postsowjetischen Russland an die Macht gelangten.

UNTEN Russinnen der Mittelschicht versuchen, auf dem Schwarzmarkt Alkohol zu verkaufen, den sie vorher im Laden erstanden haben. Halb leere Regale boten die Chance auf einträgliche Geschäfte.

ROTE PATEN

Leben und Sterben eines mächtigen *vor*

Am 5. April 1994 trat Otar Kwantrischwili, einer der mächtigsten russischen Mafiapaten, aus dem Badehaus am Krasnopresnensker Ufer in Moskau und wurde von drei Kugeln getroffen. Derweil hatte sich Kwantrischwilis Freund Wjatscheslaw Iwankow an die Spitze einer russischen Einwandererenklave in New York gesetzt.

Otar Kwantrischwili

Der gebürtige Georgier Kwantrischwili (1948–1994) begann seine Verbrecherlaufbahn Ende der 1960er-Jahre, als er einer großen Gangstergruppe beitrat. 1966 wurde er der Vergewaltigung bezichtigt, kam aber nach Diagnose einer Schizophrenie wieder frei – ein üblicher Trick, um sich Verurteilungen zu entziehen.

OBEN Küchenschabenrennen sind populär in Moskau. Hier feiern die Gewinner des Moskauer Pokals in einem Spielcasino.

UNTEN Ein Mitglied der Partei „Gerechtes Russland" tritt gegen einen Automaten. Im Hintergrund sieht man ein Schild mit der Aufschrift „Nieder mit der Glücksspielmafia".

Weitreichende Kontakte

Als Ringkampftrainer eines Polizeiteams freundete er sich mit berühmten Sportlern, Boxern, Ringern und Kampfkunstspezialisten an und leitete danach den „Lew-Jashin-Fonds zur Förderung von Athleten". Er reiste als Vorsitzender einer prominenten „Wohltätigkeitsorganisation" mit Gorbatschow nach Europa, und kurz vor seinem Tod erhielt er von Präsident Jelzin die Genehmigung zur Eröffnung eines Sportzentrums.

Dank seiner Regierungskontakte kam er in den Genuss zahlreicher Begünstigungen. Er kontrollierte viele Hotels und Restaurants und war indirekt Besitzer mehrerer Moskauer Spielcasinos. Auch im Fernsehen trat er häufig auf, um für Wohltätigkeits- und andere soziale Zwecke zu werben. Trotzdem beendete ein Scharfschütze sein Leben.

Tod einer Berühmtheit

Die Trauergemeinde präsentierte einen Querschnitt seines Wirkens: Neben Mitgliedern der Unterwelt waren auch Regierungs- und Polizeibeamte, Entertainer, Athleten, Veteranen des Afghanistankriegs, Bankmanager und Funktionäre mehrerer sozialer Organisationen zugegen. Beim Begräbnis blockierten ausländische Luxuslimousinen stundenlang den Verkehr rings um den Friedhof. Seinen Ruf als Unterweltpaten verdankte er aber mehr seiner einflussreichen Stellung in der legalen als der Unterwelt.

Höchstwahrscheinlich wird man nie erfahren, wer Kwantrischwilis Tod in Auftrag gab. Sein Leben und Sterben aber zeichnen ein präzises Bild von den Verflechtungen zwischen kriminellen und legalen Interessen.

Wjatscheslaw Iwankow

Wjatscheslaw Iwankow (1945–2009) wurde in Georgien geboren und wuchs in Moskau auf. In der Frühzeit plünderten er und seine Banden angeblich die Häuser von Schwarzhändlern und konfiszierten ihre Wertsachen.

Gefangenenlager

1974 tauchte Iwankow nach einer Schießerei ab, stellte sich aber sechs Monate später und behauptete, an Schizophrenie zu leiden. Daraufhin wurde er zunächst in eine psychiatrische Anstalt eingewiesen, dann in eine Strafkolonie verlegt. Nach seiner Entlassung soll er wieder seine Erpressungsgeschäfte aufgenommen haben und wurde 1982 erneut verhaftet. Diesmal erhielt er 14 Jahre in Sibirien, wo die Aufnahme in die Vory v zakone folgte. 1991 eröffnete er nach vorzeitiger Entlassung einen Bandenkrieg gegen tschetschenische Gangs. Der Führungsrat der *vory* war mit seinem Erfolg zufrieden und schickte ihn 1992 in die USA.

OBEN Ein schwer bewaffneter Tschetschenenrebell ist kampfbereit. Iwankow führte Krieg gegen tschetschenische Banden.

Expansion nach New York

Iwankow setzte sich in der New Yorker Gemeinde Brighton Beach fest, wo er sich mit Glücksspiel, Prostitution, Drogenhandel und Hinterziehung der Benzinsteuer befasste. Außerdem hielt er Beteiligungen an legalen Stripclubs, Restaurants und Immobilienfirmen.

Die Gewinne des Kokainhandels im Blick, verhandelte er mit Gangstern in Russland über eine Importroute. Doch die Gruppe lehnte sein Angebot ab, und da fügte es sich gut, dass ihre drei Topbosse binnen drei Monaten in Moskau liquidiert wurden.

US-Gefängnis

Der Sturz kam, als seine Handlanger zwei Bankinvestoren kidnappten und sie zwangen, einen Vertrag über die Zahlung von 3,5 Millionen Dollar an einen seiner Leute zu unterschreiben. Das FBI erfuhr davon und verhaftete Iwankow 1995. Zwar beschuldigte er die amerikanische Polizei, den Mythos von der russischen Mafia in die Welt zu setzen, doch wurde er im Juli 1996 wegen Erpressung zu neun Jahren und sieben Monaten Gefängnis verurteilt.

Auslieferung

Am 13. Juli 2004 schoben die US-Behörden ihn nach Russland ab, wo er sich wegen Mordes verantworten musste. Nachdem fünf Zeugen, darunter ein Polizist, zu seinen Gunsten ausgesagt hatten, kam er am 18. Juli 2005 auf freien Fuß. Iwankow starb am 9. Oktober 2009 an den Folgen eines Bauchschusses.

OBEN Die Strände der Krim werden in den Sommermonaten zum Freizeittreff russischer Gangster.

Wiedergeburt der Vory v zakone

Ende der 1950er-Jahre waren die *vory* im „Krieg der Hündinnen" fast untergegangen. Mit der Einsicht, dass ihr Überleben ohne eine gewisse Protektion durch die Gefängnisverwaltung unmöglich war, kam es zu einer Modifizierung ihres Ehrenkodex, der nun eine minimale Zusammenarbeit mit den Behörden erlaubte. Auch zur Zeit der erzwungenen Kollaboration verstanden sich die *vory* darauf, die Situation zu ihren Gunsten zu nutzen: Ein Gruppenführer beispielsweise konnte Lebensmittel für seine Brüder zurückhalten, und Friseure hatten Zugang zu Rasiermessern und Scheren, die wertvolle Waffen zur Selbstverteidigung waren. Die Lockerung der strikten Diebesgesetze ebnete den Weg für eine neue *vory*-Generation.

Es regiert das Geld

In den 1960er-Jahren sonnte sich die Polizei in dem Glauben, die Vory v zakone seien vernichtet, doch so leicht ließen sie sich nicht abschreiben. Die neue Diebesgeneration war pragmatischer veranlagt und schätzte das Leben außerhalb der Gefängnismauern. Waren die traditionellen *vory* noch stolz auf ihre umfassenden Körpertätowierungen gewesen, so bestanden die Statussymbole der jungen Nachfolger aus eleganter Kleidung, ausländischen Automarken und Luxuswohnungen. Erfolgreiche *vory* waren Inhaber von Restaurants, Hotels und Einzelhandelsgeschäften in Europa und sicherten sich dort luxuriöse Anwesen.

Dennoch blieben sie vielen Grundregeln des traditionellen Diebesgesetzes treu und kamen der Unterstützungsverpflichtung ihrer Brüder nach. Gemäß der *vory*-Tradition wurde in jeder Gruppe ein gemeinsamer Geldfonds gegründet, der dazu diente,

die Gefängnisverwaltung zu bestechen und eingesperrte Mitglieder mit Lebensmitteln, Alkohol und Drogen zu versorgen. Außerdem nutzte man den Fonds zum Schmieren von Polizisten und anderen Beamten, zur Planung und Ausführung von Verbrechen und zur Unterstützung der Familien verhafteter Diebe.

Dass die Vory v zakone die elitäre Spitze in der Verbrecherhierarchie darstellte, wurde innerhalb wie auch außerhalb der Gefängnismauern anerkannt. In der Gefängniszelle bekam der *vor* deshalb den komfortabelsten Platz, normalerweise in Fensternähe und weit weg von der gemeinsamen Toilette, und draußen agierte er eher als Organisator oder Ideengeber, statt sich direkt an Verbrechen zu beteiligen. Diese Vorgehensweise behinderte oft eine erfolgreiche Strafverfolgung.

Die neue Gangstergeneration erfüllt auch ihre Verpflichtung, Nachwuchs anzuwerben, wobei ihr die schwierigen wirtschaftlichen Umstände in die Hände spielten, die das Leben eines *vor* in noch attraktiverem Licht erscheinen lassen. Bekanntlich bietet die Vory v zakone jungen Männern Perspektiven, die sich nach dem Fall des kommunistischen Regimes mit Arbeitslosigkeit und Geldnöten konfrontiert sehen. „Die Familie hilft dir", lautet der klassische Werbespruch der Rekrutierer.

Gegenwärtig sind etwa 400 *vory*-Gruppen in Russland aktiv, allerdings ist ihre Rolle in der organisierten Kriminalität umstritten. Während die einen sie als altmodische Banden abtun, die sich den wechselnden Zeitläufen nicht stellen konnten und wollten, weisen andere darauf hin, dass sich die *vory* durchaus angepasst haben. Berichten zufolge haben sie die Welt inzwischen in Machtsphären aufgeteilt und einzelnen Gruppen bestimmte Länder zugewiesen. So hat die Vory v zakone eine Schlüsselposition im international organisierten Verbrechen inne.

OBEN Ein russischer Neureicher vor seiner Datscha. Einst waren Datschen einfache Wochenendhäuser auf dem Land, doch diese hat einen Schätzwert von über einer Million Dollar.

OBEN LINKS Die Polizei untersucht einen Mordfall im sibirischen Gebiet Irkutsk. Die gefrorene Leiche wies schwere Misshandlungen auf. Tätowierungen weisen darauf hin, dass der Mann zu Lebzeiten ein *vor* war.

DIE MAFIA IM FILM

Kleine schmutzige Tricks

UNTEN Okwe (Chiwetel Ejiofor) spricht mit Senay (Audrey Tautou) auf einer Londoner Straße.

Unter der Regie von Stephen Frears schildert *Kleine schmutzige Tricks* die schwierigen Lebensumstände illegaler Gastarbeiter und die Risiken, die ihr Leben in sich birgt.

Die Handlung

Der ehemalige Arzt Okwe (Chiwetel Ejiofor) ist ein illegaler nigerianischer Einwanderer, der tagsüber als Taxifahrer und nachts als Portier im Londoner Hinterhofhotel The Baltic jobbt. Als er in der Toilette eines Hotelzimmers ein menschliches Herz findet, vertraut er sich dem arroganten Hotelmanager „Sneaky" Juan (Sergi López), seinem Freund, dem chinesischen Pathologieassistenten Guo Yi (Benedict Wong), und dem ebenfalls illegalen Zimmermädchen Senay (Audrey Tautou) an. Sneaky gehört einem von der russischen Mafia kontrollierten Verbrecherring an, der die Organe illegaler Einwanderer aufkauft – für eine Niere zum Beispiel gibt es Ausweispapiere und damit eine neue Identität.

Als die Einwanderungsbehörden Senay dicht auf den Fersen sind, willigt sie verzweifelt ein, ihre Niere gegen einen Pass einzutauschen. Sneaky zwingt sie zum Geschlechtsverkehr, bevor sie sich der Operation unterziehen darf. Als Okwe von Senays Vorhaben erfährt, kann er Sneaky überzeugen, ihn die Operation durchführen zu lassen. Aber Okwe und Senay betäuben Sneaky, entfernen seine Niere und verkaufen sie an Sneakys Kontaktmann, um dann mit ihren neuen Pässen zu fliehen.

Auszeichnungen

Kleine schmutzige Tricks erhielt eine Oscar-Nominierung für das beste Originaldrehbuch und gewann 2003 einen Filmpreis als bester britischer Independant-Film. Frears hatte sich schon einen Namen gemacht mit dem international erfolgreichen Film *Mein wunderbarer Waschsalon*, der ebenfalls im Londoner Immigrantenmilieu spielte.

LINKS Senay wird von ihrem Chef unter Druck gesetzt und willigt schließlich in den Verkauf ihrer Niere ein.

Tödliche Versprechen

OBEN Der Aufstieg Nikolais (Viggo Mortensen) in der Verbrecherhierarchie führt zu einer Konfrontation mit dem Sohn seines Bosses.

***Tödliche Versprechen – Eastern Promises* beschreibt die unmoralische Welt der Russenmafia, die Menschen gegen Waren eintauscht.**

Die Handlung

Der Russe Nikolai Luschin (Viggo Mortensen) arbeitet in London als Fahrer für eine berüchtigte osteuropäische Verbrecherfamilie, die von Semjon (Armin Mueller-Stahl) geleitet wird und sich hinter der Fassade eines sibirischen Restaurants tarnt. Semjons labiler Sohn Kirill (Vincent Cassel) erledigt die Drecksarbeit, während Nikolai alle Spuren professionell beseitigt. An Weihnachten kreuzt Nikolai den Weg der Hebamme Anna Chitrowa (Naomi Watts), die der Tod eines 14-jährigen Mädchens im Kindbett sehr berührt hat. Bei dem Versuch, die Verwandten des Babys zu finden, sucht Anna nach Antworten im Tagebuch des Mädchens. Während ihre Mutter Helen (Sinéad Cusack) zwiespältige Gefühle hat, ist ihr russischer Onkel Stepan (Jerzy Skolimowski) besorgt, denn das Tagebuch enthält gefährliche Informationen über die Vory v zakone.

UNTEN Anna (Naomi Watts) spricht mit Nikolai über seine Tätowierungen und Wunden.

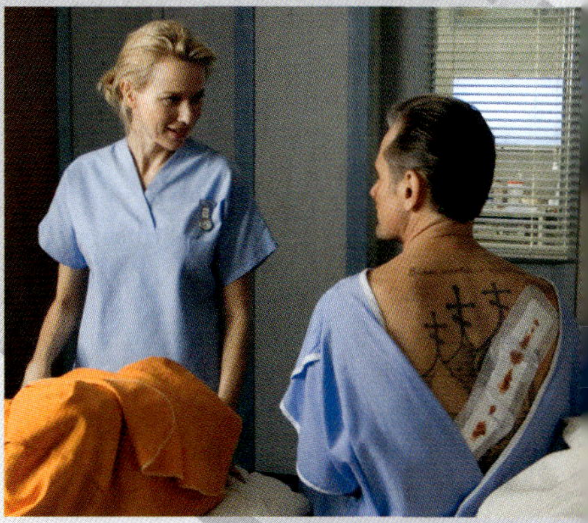

Auszeichnungen

Regie führte der Kanadier David Cronenberg, der für seine ungewöhnlichen Filme bekannt ist. *Tödliche Versprechen* gewann den Publikumspreis beim Internationalen Filmfestival von Toronto, und Mortensen wurde 2007 als bester Hauptdarsteller bei den British Independant Film Awards ausgezeichnet. Der Film erhielt zwölf Nominierungen für den kanadischen Genie Award, drei Golden-Globe-Nominierungen und eine Oscar-Nominierung für den besten Hauptdarsteller.

DACH

Schutzdienste gehörten seit jeher zum Programm der Mafia, doch in Russland wartet sie in Sachen Protektion mit einem besonders rentablen Geschäftsmodell auf, genannt *kryscha* oder „Dach". Es handelt sich um kriminelle Organisationen, die von klassischen Gangsterbossen und ehemaligen Parteichefs kontrolliert werden.

Wer Geschäftslizenzen oder Genehmigungen benötigt, muss Schmiergelder an den Beamtenapparat entrichten, und auch die Mafia will bedacht werden. Sie nutzte die kassierten Schutzgelder zur Bestechung von Regierungsapparat und Polizei, sodass sie eine bedeutende Machtposition erlangen konnte. Mit der alles durchsetzenden Korruption, die noch ein Erbe der Sowjetära war, verwischte sich jede klare Trennlinie zwischen kriminellen Machenschaften und Regierung.

Während korrupte Beamte und Oligarchen Millionen einstecken, haben Polizeirekruten ein Monatsgehalt von gerade einmal 200 Dollar. Diese Lebenswirklichkeit macht die Polizisten anfällig für Korruption, weshalb der Moskauer Polizeichef die Zahl seiner bestochenen Männer 1994 auf 95 Prozent schätzte. Auch ehemalige KGB-Agenten und Armeeoffiziere, die arbeitslos sind, sind nur allzu gern bereit, ihre Dienste anzubieten.

Eine heimtückische Variante besteht darin, dass Unternehmer wegen echter oder erfundener Anschuldigungen von Polizei- und FSB-Beamten festgenommen werden, die dann deren Firmen übernehmen und das gesamte Eigentum beschlagnahmen.

Ein früher Korruptionsprozess gegen 147 sowjetische Regierungsangestellte im Wintertheater in Astrachan, 1929.

OBEN Ein Moskauer Beamter der Drogenkontrollbehörde untersucht Spritzen, die bei einer Razzia im Nachtclub Zima gefunden wurden.

Aufstieg der Russenmafias

In der postsowjetischen Ära bildeten die schlechten Lebensbedingungen und der Wechsel zur Marktwirtschaft einen fruchtbaren Boden für die organisierte Kriminalität. Mit dem neuen Recht auf Privatbesitz boten sich den Unterwelttycoons und Parteibonzen legale Kanäle für ihre bisher geheim gehaltenen Reichtümer. Das in der Schwarzmarktwirtschaft angehäufte Kapital fand seinen Weg in Börsenhandel, Joint Ventures, Genossenschaften, Banken und Aktiengesellschaften. Außerdem stiegen Diebstahl, Raub, Unterschlagung, Fälschung und Betrug schlagartig an. Doch das bevorzugte Metier der Verbrecherorganisationen war die Schutzgelderpressung.

Schmuggel

Während des schwierigen Übergangs zum Kapitalismus entdeckten Parteibonzen und Unterweltpaten zwei einfache Arten, Vermögen anzuhäufen: den Schmuggel von Rohstoffen und das Ausplündern der staatlichen Betriebe. Ehemalige Parteiführer und skrupellose Industriemanager ließen zu, dass enorme Mengen von Rohstoffen und Edelmetallen aus den staatlichen Bergwerken und Fabriken gestohlen oder zu Schleuderpreisen angekauft wurden. Die Schmuggelgelder bildeten die finanzielle Grundlage für die organisierte Kriminalität in Russland.

Ausplündern

Das Plündern der staatlichen Industrie bot Profitmöglichkeiten. Als Russland 1992 mit der Privatisierung von Staatseigentum begann, mutierten die ehemaligen Parteichefs zu

Unternehmern und Kapitalisten. Unterweltmorde, Bombenexplosionen, Entführungen und Schießereien waren in einigen russischen Städten an der Tagesordnung. Wie brutal das Vorgehen war, zeigt ein Vorfall, bei dem eine kriminelle Bande mit einem gestohlenen T-90-Panzer zum örtlichen Markt fuhr, um dort das Feuer auf eine rivalisierende Gruppe zu eröffnen, die sich ins fremde Revier vorgewagt hatte.

Auftragsmord

Die schlimmste der gewalttätigen Aktivitäten war der Auftragsmord. In den chaotischen Jahren nach dem Fall des kommunistischen Regimes erlebte Russland alljährlich etwa 10.000 tödliche Schießereien, darunter ein erheblicher Anteil Auftragsmorde. Killer in Geldnöten zückten ihre Waffe für gerade einmal 1000 Dollar. Von 1992 bis 1998 fielen 95 Banker und 13 Journalisten den Kugeln der Auftragsmörder zum Opfer.

Geldwäsche

Die organisierte Kriminalität erkannte auch, dass sie zum Zweck der Geldwäsche Banken und Finanzinstitute infiltrieren oder sogar direkt übernehmen musste. Stand jemand dabei im Weg, diente der Mordanschlag als Ultima Ratio. Die unverhältnismäßig hohe Anzahl von Mordversuchen an Topbankern belegt, mit welcher Verbissenheit und Brutalität sich die Unterwelt um die Kontrolle der Geldinstitute in ganz Russland bemüht.

Seit Ende der 1990er-Jahre treten die habgierigen Oligarchen und ehemaligen Parteichefs als die neue Unternehmer- und Kapitalistenklasse Russlands auf. Mit ihrem enormen Vermögen und einer Vielzahl von legalen Geschäftsunternehmungen konnten sie sich eine beherrschende Stellung in der russischen Wirtschaft sichern.

OBEN Der tschetschenische Kommandeur Sulim Jamadajew (rechts) wurde 2008 wegen angeblicher Erpressung und Entführung eines tschetschenischen Geschäftsmanns aus der Armee entlassen.

UNTEN Die größte Bernsteinmine der Welt in der Oblast Kaliningrad. Durch die Region verläuft eine große Schmuggelroute aus Russland.

Die Drogenkartelle Südamerika

OBEN Mitglieder der Revolutionären Streitkräfte Kolumbiens (FARC) verstecken sich im Dschungel. Die FARC gilt wegen ihres Vorgehens gegen Zivilisten als terroristische Organisation.

Das milliardenschwere Geschäft mit dem Kokainexport nahm seinen Anfang Mitte der 1970er-Jahre mit einer Handvoll von Marihuanaschmugglern, die in kleinen improvisierten Drogenlabors saßen und ihre Ware am Körper oder im Gepäck außer Landes brachten.

Binnenmarkt

Bis Ende der 1990er-Jahre waren Bolivien und Peru die wichtigsten Erzeugerländer für Koka. In der Andenregion lebt eine große Indiopopulation, die die Kulturpflanze seit Jahrhunderten, wenn nicht gar Jahrtausenden für den Binnenmarkt anbaut. Von Anfang bis Mitte des 20. Jahrhunderts kam ein großer Teil von Boliviens Steueraufkommen aus den Kokaplantagen.

Die Kultivierung und Verarbeitung von Koka bot Beschäftigung für Hunderttausende von Menschen in beiden Ländern, wo die Arbeitslosigkeit hoch war. Die damalige Intensivierung des Anbaus wurde begleitet von großen wirtschaftlichen Problemen, einer drastisch steigenden Nachfrage und dem Aufstieg der kolumbianischen Drogenkartelle.

Peru

In Peru entwickelte sich das obere Huallaga-Tal in den späten 1970er-Jahren zu einem wichtigen Kokaproduzenten. Von den zahlreichen Rollbahnen überall in der Region starteten allwöchentlich Flugzeuge mit einer Fracht Kokapaste in Richtung Kolumbien.

Das Gebiet befand sich faktisch unter Kontrolle der maoistischen Rebellengruppe Sendero Luminoso (Leuchtender Pfad), die die Kokaproduktion im Tal schützte und dafür sorgte, dass die Bauern ungestört dem Anbau nachgehen konnten. Indem sie eine Revolutionssteuer auf Kokapaste erhob, kassierte sie jedes Jahr Millionen Dollar von den Bauern und den kolumbianischen Drogenkartellen. Der Sendero Luminoso finanzierte demnach seinen Aufstand – ähnlich wie die Revolutionären Streitkräfte Kolumbiens (FARC) – hauptsächlich durch die Rolle als Zwischenhändler im illegalen Drogenhandel.

Ebenso wie in Bolivien und Kolumbien bildete die Korruption des Beamtenapparats einen festen Bestandteil in der politischen Landschaft Perus. Alle Versuche der US-Regierung in den 1980er-Jahren, zusammen mit peruanischen Offiziellen die Ernte manuell zu vernichten, scheiterten an den gewalttätigen Aktionen von Rebellen und des Sendero Luminoso.

OBEN Ein Hubschrauber der bewaffneten Anti-Drogen-Polizei patrouilliert auf der Suche nach illegalen Anbaugebieten im oberen Huallaga-Tal in Peru.

Bolivien

Im Gegensatz zu Kolumbien beteiligte Bolivien sich zunächst nicht am internationalen Kokainhandel, was sich durch seine Geografie und wohl auch durch mangelnden Geschäftssinn erklärt. In den 1980er-Jahren aber bildeten bolivianische Schmuggelorganisationen Arbeitsbündnisse mit Dealern aus Kolumbien und internationalen Drogennetzwerken. Die bolivianische Regierung baute eine symbiotische Beziehung zu den Drogenhändlern auf, und Koka wurde die wertvollste Exportware des Landes.

In der Folge durchdrang der Einfluss des Rauschgifts alle Facetten des ökonomischen und politischen Lebens einschließlich der Justiz. Aus diesem Grund wurden auch Dutzende von Richtern in den späten 1990er-Jahren vom bolivianischen Richterrat entlassen. Das Aufsichtsgremium war 1998 gegründet und mit breiten Vollmachten ausgestattet worden, um gegen die Korruption im Juristenstand vorzugehen. Es entließ Richter, die bei Drogenprozessen Bestechungsgelder angenommen und verurteilte Dealer auf freien Fuß gesetzt hatten.

Alle systematischen Versuche, das Land per Kahlschlag vom Kokastrauch zu befreien, trafen auf heftigen Widerstand, vor allem im Anbaugebiet der Yungas in Zentralbolivien. Sie verstärkten nur die solidarische Haltung im Land und lösten Massendemonstrationen aus, die einen großen Prozentsatz der Gesamtbevölkerung umfassten. Diese starke Opposition der Pro-Koka-Lobbys erwies sich als destabilisierender für Bolivien als die Aktivitäten der Kokainproduzenten und Handelskartelle.

Kolumbien befindet sich in einer riskanten Lage. Der Friedensprozess dort führt ins Leere, und das Problem der Drogenproduktion explodiert regelrecht.

Barry McCaffrey, General der US-Armee im Ruhestand

Wichtiger Arbeitgeber

In den 1990er-Jahren gab es wiederholt Schätzungen zur Anzahl der Personen, die im Kokainhandel Beschäftigung finden. In Peru sind es vermutlich zwei bis vier Prozent der arbeitsfähigen Bevölkerung, in Bolivien bindet die Kokainbranche etwa drei Prozent der Arbeitskräfte. Diese Zahlen würden gewiss noch deutlich höher ausfallen, wenn auch die Hilfskräfte eingerechnet würden sowie die Beamten, die Schmiergeldzahlungen annehmen und dafür Gesetze zur Einschränkung des Kokainhandels ignorieren, auf gerichtliche Schritte gegen Drogenhändler verzichten oder bei illegalen Aktivitäten einfach wegschauen.

Produktionszahlen

Die alljährliche Produktionsmenge von Koka lässt sich nur schwer schätzen, und noch schwerer ist festzustellen, welcher Anteil der Kokaernte tatsächlich zu Kokain verarbeitet wird. Die Anbaugebiete in Bolivien, Kolumbien und Peru, der Andenregion, bringen fast hundert Prozent der illegalen Kokainvorräte weltweit hervor. Allerdings sind zuverlässige Angaben fast unmöglich, zum einen weil der Handel mit Kokain im Verborgenen abläuft und zum anderen wegen der fließenden Dynamik auf den Schwarzmärkten. Die zuverlässigsten Quellen in puncto Kokaanbau sowie Verarbeitung und Herstellung von Kokain und anderen illegalen Substanzen sind sicherlich die UN, die in erster Linie Bodenuntersuchungen und Aufnahmen von kommerziellen Satelliten auswerten, und die USA, die sich auf die Satellitenüberwachungstechnik verlassen.

OBEN Die kolumbianische Anti-Drogen-Polizei überwacht die Vernichtung von sechs Tonnen Kokain, die illegal im Dschungel verarbeitet wurden.

Vernichtungsmethoden

Seit den frühen 1990er-Jahren gibt es Versuche, Koka manuell und durch das Sprühen von Pflanzenvernichtungsmitteln aus der Luft auszurotten. Im Erfolgsfall stirbt die Pflanze innerhalb von zwei bis drei Monaten ab. Solche Vernichtungsmaßnahmen werden vom US-Außenministerium, das aus seiner Botschaft in Bogotá operiert, von der kolumbianischen Nationalpolizei und der kolumbianischen Armee durchgeführt.

Sollte die Bekämpfung aus der Luft Erfolg haben, werden sich Kokakultivierung und Produktionsprozesse höchstwahrscheinlich in andere Landesgebiete oder aber in die Nachbarstaaten verlagern.

UNTEN Die Polizei räumt die Straße frei. Bolivianische Bauern haben dort Steine deponiert, um gegen Regierungspläne zur Vernichtung ihrer Kokaernten zu protestieren.

OBEN Ein Frachtflugzeug der US-Armee beliefert die kolumbianische Regierung mit Hubschraubern, um sie im Kampf gegen das Medellín-Kartell zu unterstützen.

SICHERSTELLUNG

Sicherstellungsdaten sind Angaben zu Quantität und Qualität der von den Behörden abgefangenen Drogen. Sie bieten ein leicht verzerrtes Bild von den Dimensionen des Drogenproblems.

UNTEN US-Zollfahnder entladen einen massiven Kokainfang, der vor der Küste von Florida an Bord der *Barlovento* beschlagnahmt wurde.

Die Wirksamkeit von Bekämpfungsmethoden

Erfolgreiche Beschlagnahmungen von Rauschgift bieten eigentlich weniger Rückschlüsse auf den Drogenhandel selbst als vielmehr auf die Aktivitäten der Polizei und die Priorität, die die jeweilige Abteilung dem Aufspüren von Drogen einräumt. Damit sind sie zugleich ein Maßstab, um die Wirksamkeit der Bekämpfungsmaßnahmen zu überprüfen. Sicherstellungsdaten geben auch Aufschluss über die geschmuggelten Rauschgiftarten und ihr Nachfrageprofil sowie über Drogentrends, Reinheitsgrad und Herkunftsländer. Außerdem liefern sie Informationen über Transport- und Versteckmethoden.

Reinheitsgrad

Ein wichtiger Indikator für eine gesteigerte Rauschgiftproduktion ist der Reinheitsgrad. Ein niedriger Reinheitsgrad gilt als Anzeichen für knappe Drogenvorräte, ein hoher Reinheitsgrad hingegen als Indikator für eine größere Verfügbarkeit und damit niedrigere Preise. Für das Abnehmen der Vorräte können mehrere Faktoren verantwortlich sein – eine Intensivierung der Polizeioperationen oder Ernteausfälle durch Umwelteinflüsse.

Schmuggelmethoden

Versuche der Regierung, den Drogennachschub zu unterbinden, werden oft mit neuartigen Herstellungs- und Schmuggelmethoden vereitelt. Die Drogennetzwerke gehen dabei ausgesprochen erfinderisch vor. Gelingt es der Polizei beispielsweise, eine Vorläuferchemikalie zu verknappen, die für das Raffinieren von Koka zu Kokain oder von Opium zu Heroin benötigt wird, so erfolgt ein schneller Wechsel zu einer alternativen und besser verfügbaren Substanz. Außerdem lassen sich Drogenhändler immer wieder innovative Schmuggeltechniken einfallen, hinsichtlich der Beförderungsbehältnisse ebenso wie beim Transport per Container auf dem Seeweg.

OBEN 1989 führt die kolumbianische Armee eine Razzia im Haus von Pablo Escobar durch, nachdem der Chef des Medellín-Kartells verhaftet worden war.

Kolumbianische Drogenproduktion

Kolumbien ist weltweit der größte Erzeuger von Koka und Kokain. Der internationale Kokainhandel wurde von den späten 1970er- bis zur Mitte der 1990er-Jahre von kolumbianischen Verbrechergruppen dominiert. Während Asien die Welt weiterhin mit großen Heroinmengen versorgt, hat Kolumbien in den letzten Jahren einen kleinen, aber wichtigen Einstieg in diese Sparte und insbesondere den US-Markt gefunden. Inzwischen liefert das südamerikanische Land etwa zwei Prozent der globalen Heroinexporte und ist der größte Produzent und Vertreiber von Opium und Heroin in der westlichen Welt. Der Heroinhandel ist ein junges Phänomen in Kolumbien und entstand durch die sinkende Nachfrage nach Kokain in Nordamerika einerseits und den wachsenden Bedarf an Heroin andererseits.

Medellín-Kartell

Das in der Stadt Medellín ansässige Kartell war in den 1970er- und 1980er-Jahren aktiv. Gegründet wurde die Gruppe von dem gewalttätigen Straßenverbrecher Pablo Escobar, der auch die Leitung übernahm, dem Ex-Häftling und Marihuana-Kleindealer Carlos Lehder, Rodríguez Gacha, der im illegalen Handel mit Edelmetallen tätig war, und den Ochoa-Brüdern Jorge, Juan David und Fabio. Als die Nachfrage stieg, lieferte die Gruppe direkt per Flugzeug in die USA. Aufgrund ihrer Neigung zu extremer Gewalt galt sie bei US- und kolumbianischen Offiziellen als gefährlicher als das rivalisierende Cali-Kartell.

Cali-Kartell

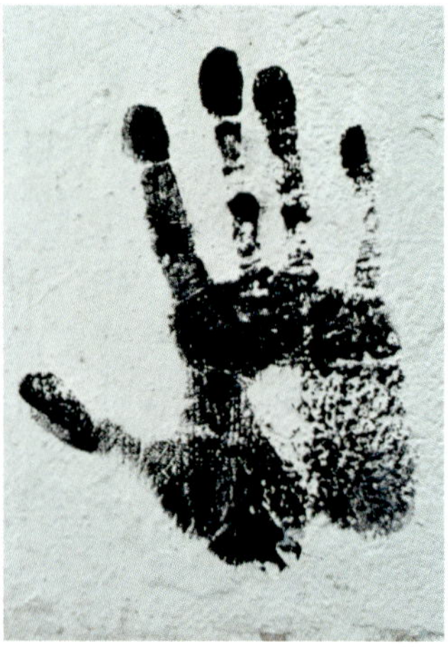

OBEN Ein schwarzer Handabdruck vor weißem Hintergrund ist das Erkennungszeichen des Cali-Kartells.

Das Cali-Kartell wurde von Gilberto und Miguel Orejuela und José Santacruz Londoño in den frühen 1970er-Jahren gegründet. Anfangs schmuggelte es noch Marihuana, betätigte sich dann aber auf dem lukrativen Kokainmarkt, der in Nordamerika expandierte und sich schließlich auch zum Heroinmarkt entwickelte. Das Cali-Kartell etablierte sich bald als das mächtigste Drogenkonsortium der Welt. Mit seinen gut geplanten Aktionen und seinem Geschäftssinn setzte es sich von anderen brutaleren Drogenorganisationen ab. Die Cali-Barone kooperierten mit europäischen kriminellen Gruppen, um ihr Risiko zu begrenzen und ihren Markt zu erweitern. Außerdem war das Kartell bekannt für seine Zusammenarbeit mit US- und kolumbianischen Behörden.

Seine Zeit endete Mitte der 1990er-Jahre, doch bis dahin betrug der Jahresgewinn mehr als acht Milliarden Dollar. 1995 wurden die Orejuela-Brüder festgenommen und an die USA ausgeliefert, wo sie eine Haftstrafe verbüßen. Londoño starb nach seiner Flucht aus dem Gefängnis 1996 bei einer Polizeioperation in Medellín.

RECHTS Gilberto Orejuela, der Kopf des Cali-Kartells, wird nach seiner Verhaftung 2004 an die USA ausgeliefert.

DIE MAFIA IM FILM

Maria voll der Gnade

Der Film von 2004 unter der Regie von Joshua Marston, der auch das Drehbuch schrieb, schildert das Dasein als „Drogenmaultier". Der Zuschauer wird Zeuge, wie Maria 62 Päckchen Heroin schluckt.

Aber wir haben jetzt doch alles abgeliefert!

Maria (Catalina Sandino Moreno)

Ganz genau, wir haben jetzt alles, was wir wollen, und ihr könnt uns mal kreuzweise.

Felipe (Charles Albert Patiño)

OBEN Beim Gedanken, die Heroinpäckchen schlucken zu müssen, sackt Maria (Catalina Sandino Moreno) auf dem Tisch zusammen.

Typisches Opfer

Maria Alvarez (Catalina Sandino Moreno) ist ein typisches Opfer der kolumbianischen Drogenhändler, die gezielt junge Frauen in Notlagen ansprechen und sie dazu überreden, große Risiken einzugehen.

Drogenmaultier

Der 17-jährigen Maria ergeht es wie vielen Mädchen im ländlichen Kolumbien – sie ist arm und hat einen Job am Fließband einer Blumenfabrik, wo sie neben ihrer besten Freundin Blanca (Yenny Paola Vega) Rosen entdornt. Als sie von ihrem langweiligen Freund Juan (Wilson Guerrero) schwanger wird und sich ihr Chef verständnislos zeigt, wirft sie spontan die Arbeit hin. Nun steht Maria unter dem Druck ihrer Familie, und es zeigt sich erst eine Lösung, als sie dem gut aussehenden Franklin (John Alex Toro) begegnet. Er arrangiert ein Treffen, bei dem ihr ein Job als „Drogenmaultier" angeboten wird: Maria soll in ihrem Magen 62 Päckchen Heroin in die USA schmuggeln. Sie willigt ein, doch nach der Ankunft in New York verkompliziert sich die Situation durch den gewaltsamen Tod eines anderen „Maultiers". Maria muss das Überleben in einer feindlich gesinnten Umgebung lernen, und das möglichst schnell.

UNTEN Um ihre Probleme zu vergessen, unternimmt Maria eine Tour mit Franklin (John Alex Torro), der sie jedoch auf einen Weg der Hoffnungslosigkeit führt.

Realismus

Um des Realismus' willens einigten sich Moreno und Marston, dass Maria die Päckchen ohne Probe vor laufender Kamera verschlucken sollte. Sie bestanden aus einem leicht verdaulichen Material.

Auszeichnungen

Catalina Sandino Moreno wurde als beste Hauptdarstellerin für den Oscar nominiert – die allererste Nominierung für eine ausschließlich auf Spanisch gesprochene Rolle.

Globale Vorherrschaft

Der Welthandel mit Kokain war in den 1980er-Jahren fest in Händen des Medellín- und des Cali-Kartells. Kolumbiens Aufstieg zum bedeutenden Rauschgiftlieferanten hatte erst in den 1970er-Jahren begonnen, denn zuvor hatte das Land keine Rolle im internationalen Drogenhandel gespielt.

Beide Kartelle waren sehr mächtig und übten großen Einfluss auf Regierung, politische und soziale Einrichtungen aus, unterschieden sich aber in den Methoden, mit denen sie ihren Einfluss durchsetzten und ihre dunklen Geschäfte abwickelten.

Auslieferungsabkommen

Damals eskalierte auch die Gewalt gegen die kolumbianische Justiz, als Dutzende von Beamten und sogar Richter des Obersten Gerichtshofs ermordet wurden. Nach dem Inkrafttreten eines Auslieferungsabkommens mit den USA 1982 nahmen die Drohungen gegen einzelne Richter sogar noch zu. Das Abkommen signalisierte den Beginn einer engen Zusammenarbeit beider Regierungen in ihrem bilateralen Kampf gegen den Drogenhandel. Als die großen Kartelle versuchten, mit Bestechungen und Einschüchterungsversuchen Einfluss auf die Gesetzgebung der kolumbianischen Regierung zu nehmen, löste dies eine Massengewalt im Land aus, bei der viele Bürger, Beamte und Polizisten ihr Leben lassen mussten.

1986 kassierte der Oberste Gerichtshof Kolumbiens das Abkommen wieder, obschon zwischen 1982 und 1986 und auch noch bis 1990 zahlreiche kolumbianische Dealer unter Berufung darauf ausgeliefert wurden. Im Jahr 1997 schließlich kam es zu einer Änderung der kolumbianischen Verfassung, und diesmal wurde die Auslieferung an die USA zwecks Strafverfolgung wegen Drogenhandels gesetzlich verankert – allerdings nur für ganz bestimmte Vergehen, die erst nach Dezember 1997 begangen worden waren. Alle anderen Delikte fielen nicht unter die Gesetzesnovelle.

UNTEN In Medellín halten Demonstranten Fotos von Menschenrechtlern hoch, die dort von paramilitärischen Einheiten entführt wurden.

Entführungen bei den Kartellen

Ein weiteres Dilemma, das ein vereintes Vorgehen der großen Kartelle erforderte, war die wiederholte Entführung reicher Drogenbarone und ihrer Angehörigen durch marxistische Guerillas, allen voran die Revolutionären Streitkräfte Kolumbiens (FARC), die M-19 und die Nationale Befreiungsarmee (ELN). Diese Gruppen, die schon seit Jahrzehnten Krieg gegen die kolumbianische Regierung führen, bestreiten den Großteil ihrer Einkünfte aus Lösegeldforderungen.

Tatsächlich gibt es in Kolumbien traditionell die welthöchste Rate an Kidnappings, die nach dem Drogenhandel die zweitgrößte Einnahmequelle im Land bildet. Regierungsvertreter, reiche Grundbesitzer, Ausländer und mächtige Mitglieder der großen Drogenkartelle – sie alle waren Ziel von Entführungen und wurden oft mehrere Jahre lang gefangen gehalten.

Als besonders aktiv im Kidnapping gelten die FARC – mit 15.000 bis 20.000 Mitgliedern die größte Guerillagruppe in Kolumbien. Ihre Einheiten schwärmen über breite Landstriche aus und konzentrieren sich gern auf ländliche und wenig besiedelte Gebiete.

OBEN Trauernde tragen den Sarg des kolumbianischen Präsidentschaftskandidaten Carlos Pizarro. Er war 1990 dem Attentat einer paramilitärischen Gruppe zum Opfer gefallen.

TOD DEN ENTFÜHRERN

Als Reaktion auf die Entführungsgefahr wurde 1981 auf einem Treffen wichtiger Drogenschmuggler die Gründung der Gruppe „Muerte a Secuestradores“ (MAS) („Tod den Entführern“) beschlossen. Der einzige Zweck dieses Söldnertrupps bestand darin, das Kidnapping von Kartellmitgliedern und ihren Familienangehörigen zu unterbinden. Die MAS heuerte Guerillakräfte an und arbeitete oft Hand in Hand mit der kolumbianischen Armee und der Polizei. Ins Leben gerufen wurde die Todesschwadron, nachdem eine Schwester der Ochoa-Brüder von der kolumbianischen Guerillagruppe M-19 entführt worden war, die 15 Millionen Dollar Lösegeld forderte. Nach gewalttätigen Vergeltungsaktionen der Kartelle kam Marta Nieves Ochoa wieder frei.

Wütende M-19-Anhänger nach dem Begräbnis ihres ehemaligen Anführers Carlos Pizarro. Nach Unstimmigkeiten war er aus der FARC ausgetreten und hatte die M-19 mitbegründet.

OBEN Juan García Abrego, der ehemalige Anführer des Golf-Kartells, verlässt das Gericht nach einer Anklage wegen Drogenhandels und Mord. Er erhielt elf Mal lebenslänglich.

1969 Nixon bezeichnet den Drogenmissbrauch als „Gefahr für die Nation".

1972 Auf Anordnung der Nixon-Administration werden alle Fahrzeuge, die von Mexiko in die USA kommen, auf Drogen überprüft.

1985 Das Pentagon gibt 40 Millionen Dollar für die Drogenbekämpfung aus.

1986 Boris Jelzin erklärt, es gebe über 3700 amtlich registrierte Drogensüchtige in Moskau.

Narcoterrorismus

Narcoterroristen sind terroristische oder extremistische Gruppen, die aus Kolumbien und anderen drogenproduzierenden Andenländern operieren und aus ihrer Beteiligung am Kokain- und Heroinhandel einen direkten oder indirekten finanziellen Vorteil ziehen.

In engerem Sinne bezeichnet der Begriff Narcoterrorismus in Kolumbien ebenso wie in Afghanistan eine Zusammenarbeit oder ein Zweckbündnis zwischen marxistischen Guerillagruppen, Terroristen und Rebellen, die eigentlich unterschiedliche Ziele verfolgen, kurzfristig aber ähnliche finanzielle und logistische Interessen haben.

Der Terminus umfasst außerdem die Gewalt von Rebellen gegen Drogenhändler in Gebieten mit Rauschgiftanbau oder -produktion, die unter der Kontrolle revolutionärer Kräfte stehen. Des Weiteren fallen darunter noch Terrortaktiken der Drogenverbrecher.

Mexikanischer Drogenhandel und Korruption

Mexiko rückte in den 1980er-Jahren zum *global player* im Handel mit Kokain auf, und heute kommen etwa 90 Prozent des gesamten Kokains auf den US-Märkten über den mittelamerikanischen Staat. Geografie und Bodenrelief machen ihn zu einem idealen Schmuggelkorridor. Laut Angaben mexikanischer Regierungsstellen kontrollieren sieben große Kartelle den Drogenhandel im Land, der neben Kokain auch den Transport von Heroin, Methamphetamin und Marihuana umfasst.

Als die wichtigsten Drogenakteure in Mexiko können die Tijuana-, Sinaloa-, Juárez-, Guadalajara- und Golf-Kartelle angesehen werden. Die Tijuana-Gruppe genießt einen ähnlichen Ruf wie das kolumbianische Medellín-Kartell und ist bekannt für die Korrumpierung des Beamtenapparats, ihr gewalttätiges Auftreten und ihre Fähigkeit, riesige Mengen Kokain zu schmuggeln. In Polizeikreisen gilt sie als eine der brutalsten Drogenorganisationen der Welt.

Ähnlich wie in Kolumbien gedeiht auch in Mexiko die Behördenkorruption vor allem unter Polizei, Militär und Justiz. Man vermutet, dass die mexikanischen Kartelle jedes Jahr viele Millionen Dollar für die Bestechung des Beamtenapparats auf lokaler und nationaler Ebene ausgeben. Auch führte die Verwicklung des mexikanischen Militärs in den Drogenhandel schon mehrfach zu schweren internationalen Konflikten, insbesondere mit den USA.

RECHTS In Mexiko entleeren Zollfahnder Pakete mit Drogen in einen Entsorgungscontainer.

RECHTE SEITE Tausende von Fallschirmjägern kehren nach der US-Invasion in Panama zurück nach Fort Bragg. Das Ziel der Invasion war die Ergreifung und Verhaftung von Manuel Noriega wegen Drogenhandels.

Westeuropa
Globale Märkte

UNTEN Das organisierte Verbrechen ist in Bereichen zu Hause, wo Armut den Nährboden für Kriminalität und Gewalt bereitet.

Die zweite Hälfte des 20. Jahrhunderts gestaltete sich noch interessanter und gefährlicher für das organisierte Verbrechen, das nun weltweit expandierte und seine Märkte, Geschäftskontakte und Drohszenarien ausbaute. Der Fokus ruhte hier auf Großbritannien und dem Balkan.

Die Früchte des Krieges

Der Zweite Weltkrieg war auch im Bereich der organisierten Kriminalität prägend für das 20. Jahrhundert und sorgte dafür, dass sich viele Unterweltvereinigungen umorientieren mussten und neue Gruppen an Einfluss gewannen.

Hier taten sich vor allem zwei Kreise hervor: die italienischen Clans und die chinesischen Banden. In den 1940er-Jahren wurden die Karten neu gemischt, als Verbrecherorganisationen die Gelegenheit ergriffen, international zu operieren. Der Krieg eröffnete den Zugang zu neuen Märkten und brachte eine globale Dimension in die Geschäfte mit Drogenhandel, Geldwäsche und Betrug. Zudem intensivierten sich Schwarzmarktaktivitäten, Prostitution und Sklavenarbeit.

Weitere Ereignisse, die sich in der zweiten Hälfte des 20. Jahrhunderts auf die Kriminalität auswirkten, waren der Kalte Krieg, die Unabhängigkeitsbestrebungen in Ländern rund um den Globus, der zunehmende Terrorismus, der Fall der Berliner Mauer und der Zusammenbruch der Sowjetunion. All dies mündete in der Destabilisierung von Regierungen, womit sich ganz neue Aussichten für organisierte Gangster auftaten. Kriege in Indochina, Vietnam, Afghanistan, Algerien und auch der erste Golfkrieg ließen regional ein Machtvakuum entstehen und trugen damit ihren Teil zum Erfolg krimineller Akteure bei.

Die Gesellschaft bereitet das Verbrechen vor, der Verbrecher begeht es.

Henry Thomas Buckle (1821–1862), englischer Historiker

Chemikalien, Computer, Drogen

RECHTE SEITE Pakistanische Zollbeamte verbrennen beschlagnahmte Drogen und Schmuggelware. Durch Pakistan verläuft eine Drogenroute, die von Afghanistan in den Nahen Osten und nach Europa führt.

Das politische Geschehen war aber nicht die einzige Ursache für die Weiterentwicklung der Kriminalität. Auch technische Fortschritte in der chemischen Industrie und der Computerbranche wirkten sich in erheblichem Maße auf illegale Märkte, Schmuggel und die heute aktiven Verbrechergruppen aus. Als das beherrschende Segment kann hier zweifellos der Rauschgifthandel gelten.

OBEN Der berüchtigte jüdische Gangster Jack „Spot“ Comer (zweiter von links) mit seiner Frau Rita nach einem Freispruch 1955. Comer war jahrelang eine Unterweltgröße im Londoner East End.

Türen öffnen sich

Der Zweite Weltkrieg eröffnete in Großbritannien ein ganz neues Spektrum für das organisierte Verbrechen. Hauptsächlich verdankte sich dies der Knappheit von lebensnotwendigen Waren während und unmittelbar nach dem Krieg. Billy Hill profilierte sich damals in London und dessen Umland als bedeutender Unterweltboss, der vor allem den Schwarzmarkt für Lebensmittel und Benzin beherrschte.

Boss der Unterwelt

Der 1911 geborene Billy Hill begann seine Karriere 1920 als Kleinkrimineller und Einbrecher und spezialisierte sich mit zunehmender Erfahrung im Metier auf Juweliergeschäfte. Der Zweite Weltkrieg bot ihm die Gelegenheit, ins erfolgreiche Schwarzmarktgeschäft einzusteigen. Einer Verurteilung wegen Einbruchs entging Hill, indem er sich nach Südafrika absetzte, wo er tief in die Johannesburger Nachtclubszene eintauchte. Dort wurde er wieder festgenommen, diesmal wegen Körperverletzung, und an sein Heimatland ausgeliefert, wo er bis 1947 eine Gefängnisstrafe verbüßte.

Nach seiner Entlassung kehrte er zusammen mit Jack „Spot“ Comer ins Nachtclubgeschäft zurück und befasste sich parallel dazu mit Raubüberfällen in großem Stil. Der erste erfolgte 1952 auf ein Postauto und brachte ihm stattliche 250.000 Pfund ein. Zwei Jahre später schlug er noch einmal bei einem Transporter zu, der Goldbarren im Wert von 40.000 Pfund beförderte. Bekannt für sein unternehmerisches Gespür, organisierte er auch den Zigarettenschmuggel aus Marokko – zweifellos mit seiner Freundin als Komplizin, die dort einen Nachtclub besaß. Seine Glücksspiel- und Immobiliengaunereien setzte er noch bis in die 1970er-Jahre fort, bevor er sich zurückzog. Er starb 1984 als reicher Mann.

RECHTS Billy Hill (1911–1984) war der erste prominente Gangster in Großbritannien. Er soll einen Raubüberfall geplant haben, der Vorbild für den Großen Zugraub war.

BRÜDER IN WAFFEN

Die Folterbande

Der Zweite Weltkrieg brachte viele neue Chancen für illegale Unternehmungen, etwa wenn es um das boomende Geschäft mit Kriegsmüll, Baustoffen und Altmetall ging. Die Richardson-Brüder erkannten das schnell.

Geboren in den 1930er-Jahren, begannen Charles und Eddie Richardson ihre Verbrecherlaufbahn mit dem Stehlen von Waren von den Ladeflächen der Lkws. Im Alter von 19 Jahren übernahm Charles die Führung des Duos, indem er einen Schrottplatz eröffnete, auf dem er vor allem mit Hehlerwaren und Altmetall handelte. Sein Bruder Eddie vertrieb derweil einarmige Banditen.

Charles Richardson betätigte sich auch im Ankauf und Aufbau von Kleinunternehmen, um dann bei Banken einen Kredit zu beantragen. Sobald das Geld zur Verfügung stand, verschwand es zusammen mit der Firma. Charles wurde verhaftet, wegen Betrugs angeklagt und musste zur Strafe in den Zweiten Weltkrieg ziehen.

Von den Schlachtfeldern kehrte er zurück zum Altmetallhandel, und 1956 war er stolzer Besitzer von fünf Schrottplätzen und mehreren Nachtclubs. Es folgte eine Anklage wegen Hehlerei, doch diesmal konnte er nach Kanada entkommen. Dort begründete er ein erfolgreiches Unternehmen, das er vor seiner Rückkehr nach Großbritannien verkaufte, wo sich nach einer überaus großzügigen Spende für den Polizeifonds alle Verdächtigungen in Luft auflösten.

Charles war auch bekannt für seine „Gerichtsverhandlungen", die er bei der Umstrukturierung seines Imperiums zusammen mit „Mad" Frankie Fraser abhielt. In ihnen wurden Strafen für illoyales Verhalten festgesetzt, und schon bald erwarb sich die sogenannte Folterbande einen berüchtigten Ruf als Sadisten.

1966 wurde die Richardson-Bande festgesetzt, nachdem Dickie Hart, ein Handlanger der Krays, bei einem Kampf in einem Nachtclub ermordet worden war. Charles Richardson erhielt eine 25-jährige Haftstrafe, während Eddie und ihr Gehilfe Frankie Fraser mit leichteren Strafen davonkamen. Eddie wurde 1976 entlassen, 1990 aber erneut angeklagt und wegen Drogenschmuggels zu 25 Jahren Haft verurteilt. Charles kam 1984 frei.

UNTEN Charles und Eddie Richardson vor ihrem Altmetallhandel in Brixton. Die Brüder führten eine langjährige Unterweltfehde mit den Kray-Zwillingen.

RECHTS Die Wahrheit, die reine Wahrheit und nichts als die Wahrheit. Der Autor „Mad" Frankie Fraser mit einem Exemplar seines Buches, 2000.

OBEN Polizeibeamte beobachten die Menge beim Begräbnis von Ronald Kray (1933–1995). Bei der riesigen öffentlichen Veranstaltung säumten Hunderte von Menschen die Straßen.

Die Krays

In der Nachkriegszeit dominierten die Kray-Zwillinge Ronald „Ronnie“ und Reginald „Reggie“ das Verbrechermilieu in Großbritannien. Sie wurden am 24. Oktober 1933 in Hoxton im Osten Londons geboren und hatten einen älteren Bruder namens Charlie, der aber weniger bekannt war. Ihr Ruf verbreitete sich über die Unterwelt hinaus, als sie Umgang mit der Prominenz pflegten.

Gewalttätige Anfänge

Unter dem Einfluss ihres Großvaters Jimmy „Cannonball“ Lee, der in seiner Jugend ohne Handschuhe geboxt hatte, traten sie als Jugendliche in die Amateurliga ein. Sie erwarben sich einen Ruf für ihre Faustkampffähigkeiten und wurden beide mit 19 Jahren Profiboxer.

Die Krays waren auch berühmt für ihre Straßengang, und ihre Anerkennung als toughe Jungs wuchs nach ihrer Einberufung – eine Entwicklung, die sie auf die schiefe Bahn brachte und ihrer Boxerkarriere ein Ende setzte. Auf die Obrigkeit und alle ihre Repräsentanten reagierten die Zwillinge allergisch bis gewalttätig, vor allem wenn es sich um Polizisten handelte. Schon damals soll Ronnie erste Anzeichen einer paranoiden Schizophrenie gezeigt haben. Wachpersonal und Polizei hielten ihn für einen gefährlichen Psychotiker.

Die „Firma“

Die kriminellen Aktivitäten des Bruderpaars umfassten Schutzgelderpressung, Entführung, Raub, Mord und das Fälschen von Dokumenten zwecks Wehrdienstbefreiung oder zur Erlangung von Jobs im Hafen. Ihr Handwerk hatten sie bei Jack „Spot“ und Billy Hill erlernt, für die die Krays ursprünglich als Bodyguards gearbeitet hatten.

Später erwarben sie mehrere Nachtclubs, darunter auch das Esmeralda's in Knightsbridge, was den Ruhm und Einfluss des Duos im Londoner Westend mehrte. Sie übernahmen noch weitere Clubs, auf die es sonderbarerweise Anschläge gegeben hatte, und gleichzeitig investierten sie in illegale Geschäfte. Ihre Bande war in der Londoner Unterwelt so fest etabliert, dass sie als die „Firma“ bekannt wurde. Bei ihren Geschäften wurden die Krays von dem Bankier Alan Cooper unterstützt, der Schutz vor den Drohungen der Richardson-Brüder suchte.

PROMINENTENSTATUS

In den publicityträchtigen Clubs der Kray-Brüder verkehrten Prominente und Reiche, und die Zwillinge ließen sich mit Lords, Mitgliedern des Parlaments und berühmten Schauspielerstars wie George Raft, Judy Garland, Barbara Windsor und Frank Sinatra ablichten. Während der Swinging Sixties wurde das Duo höchst einflussreich. Auf einer der Schwulenpartys, die sie besuchten, lernten sie auch Lord Boothby kennen, ein Kontakt zum englischen Hochadel, der sich als fruchtbar erwies.

Ronnie (zweiter von links) und Reggie (dritter von rechts) mit Charlie Kray (rechts), George Raft und Rocky Marciano, um 1965.

Höhere Autorität

Ronnie und Reggie überließen die Drecksarbeit lieber anderen Mitgliedern der „Firma". Als die beiden 1965 wegen Schutzgeldforderungen an den Clubbesitzer Hew McGowan verhaftet wurden, brachte Lord Boothby die Festnahme im britischen Oberhaus zur Sprache und löste damit eine kleine Mediensensation aus. Die Zwillinge wurden von allen Verdächtigungen reingewaschen, und knapp einen Monat später übernahmen sie McGowans Club Hideaway, den sie in El Morocco umbenannten.

OBEN Die Kray-Zwillinge gönnen sich eine Tasse Tee und eine Zigarette, nachdem die Polizei sie 36 Stunden lang zum Mord an George Cornell befragt hatte, 1966.

Wer tötete wen

1966 starteten die Krays einen Versuch, in das Richardson-Revier in Südlondon vorzudringen. Die Spannungen entluden sich jedenfalls in einem Schusswechsel im Club Mr. Smith's, bei dem Dickie Hart ums Leben kam. Wer Hart getötet hatte, konnte nie geklärt werden – einige vermuten Frankie Fraser als Täter, andere den Richardson-Mann George Cornell –, fest steht aber, dass Ronnie später Cornell in der Kneipe Blind Beggar ins Auge schoss.

Niedergang

Ende 1966 arrangierten die Zwillinge die Flucht von Frank „Mad Axeman" Mitchell aus dem Gefängnis von Dartmoor. Er wurde einige Monate später getötet, und seit dieser Zeit übte die schwächelnde geistige und physische Gesundheit der Krays einen destabilisierenden Einfluss auf die „Firma" aus, was schließlich im Mord an Jack „The Hat" McVitie kulminierte. Am 8. Mai 1968 wurden die Zwillinge festgenommen und zu lebenslanger Haft verurteilt. Ronnie starb 1995, Reggie im Jahr 2000.

Das Clerkenwell-Syndikat

Eine der größten Verbrechervereinigungen im London der 1990er-Jahre war das heute noch aktive Clerkenwell-Syndikat.

Das irisch-katholische Syndikat, auch Adams Family oder A-Team genannt, hat seinen Sitz in Islington in London. Seine Aktivitäten reichen von Drogenhandel, bewaffnetem Raub, Erpressung, Betrug und Geldwäsche bis hin zu Mord, und es soll auch Kontakte zu jamaikanischen *Yardies* und kolumbianischen Drogenkartellen unterhalten. Medienberichten zufolge hat das A-Team mehr als 25 Morde auf dem Gewissen und ist 200 Millionen Pfund schwer.

In den 1990er-Jahren stand Terry Adams zusammen mit seinen beiden Brüdern Tommy und Patrick an der Spitze der Gang, die angeblich einen konservativen Abgeordneten auf ihrer Zahlliste hatte. Dies rettete Terry Adams aber nicht, als er 2007 der Geldwäsche überführt wurde und eine Haftstrafe von dreieinhalb Jahren bekam.

Die Brindles und die Daleys

Auch die Brindle-Familie war in den 1990er-Jahren im Vereinigten Königreich aktiv und führte in Südlondon einen Bandenkrieg gegen die rivalisierende Daley-Familie. Beiden Gangs werden Beteiligung am Drogenhandel sowie Kontakte zu türkischen Clans nachgesagt, allen voran den Arif-Brüdern, die im April 1991 verurteilt wurden. Der Kopf der Brindle-Familie, Anthony Brindle, überlebte drei Schussverletzungen durch einen früheren IRA-Killer. Knapp einen Monat, nachdem Brindle einen Erpressungsversuch bei einem der Daley-Brüder unternommen hatte, wurde ein Brindle-*associate* von sieben Kugeln eines türkischen Gangsters durchsiebt, der Verbindungen zu den Arifs hatte. Der Brindle-Mann überlebte, während der Türke im März 1991 ums Leben kam.

UNTEN Ermittler bei der Suche nach Fingerabdrücken. Der gestohlene Wagen war für den Überfall auf einen Goldbarrentransporter bei London benutzt worden, und der Raub selbst dauerte nur 20 Sekunden.

DIE MESSINA-BRÜDER

Die Nachkriegsjahre in Großbritannien waren auch für kriminelle Banden vom Kontinent einträglich. So hatten die Messina-Brüder ihre Basis in Sizilien, erwarben sich aber im Krieg und danach einen festen Ruf im Londoner Raum. Ihr Geschäft war die Prostitution in großem Stil und der illegale Frauenhandel.

Nach Enthüllungen in der Presse stieg der Fahndungsdruck bei Scotland Yard, und die Bande musste nach Belgien flüchten, wo sie wieder in ihrer Branche aktiv wurde. Nach der Festnahme bekam Eugene sechs Jahre Gefängnis, sein Bruder Carmelo wurde nach Italien abgeschoben, der dritte Bruder Salvatore blieb auf freiem Fuß.

Beim Verlassen des Gerichtssaals streckt Eugene Messina (Mitte) den Fotografen die Zunge heraus.

Die Noonans

Der Kopf der Noonan-Familie, Desmond „Dessie" Noonan, war in den 1990er-Jahren eine bedeutende Figur in der Manchester Unterwelt. Zu seinenen Hochzeiten galt der 1959 geborene Desmond sogar als einer der wichtigsten Gangster landesweit.

Die irischstämmigen Noonans herrschten über 20 Jahre lang und sollen für mehr als 25 ungelöste Mordfälle verantwortlich sein. Die Kontrolle über die organisierte Kriminalität im Raum Manchester übernahmen sie nach dem Mord an Anthony „White Tony" Johnson, dem Anführer der rivalisierenden Cheetham Hill Gang. Desmond und seine Brüder Dominic, Damian und Derek hielten auch Beteiligungen an Nachtclubs in Liverpool, London und Newcastle. Diese Expansion über das traditionelle Territorium hinaus brachte die Familie in Kontakt mit anderen Unterweltgrößen, etwa dem Liverpooler Drogenbaron Curtis Warren, dem angeblichen Kray-Kumpel Dave Courtney in London und Paddy Conroy aus Newcastle.

UNTEN Dave Courtney bei der Verleihung der Kerrang! Awards in der Brewery in London, 2005. Der ehemalige Gangster ist heute Autor und Filmemacher.

Glasgow und die Globalisierung

Schottische Gangster waren Experten für Sprengstoffe, wie sie in Kohlebergwerken verwendet wurden, und nutzten ihr Talent professionell, um Tresore in die Luft zu jagen. In den 1950er- und 1960er-Jahren wurde Glasgow von Mendel Morris kontrolliert, der sein Imperium später an einen Protegé weitergab. Obwohl Arthur Thompson alle Hände voll damit zu tun hatte, soll er außerdem noch für den britischen Geheimdienst MI5 gearbeitet haben.

In den letzten Jahren des 20. Jahrhunderts machte sich auch der finanzielle Nutzen der Globalisierung bei mehreren schottischen Clans bemerkbar, so etwa beim Daniel-Clan, der als eine der reichsten Familien Schottlands gilt. Obschon in Geldwäsche, Tabak- und Drogenschmuggel nicht unbewandert, verdankte er seinen Aufstieg letztlich den vielen italienischen Familien, die vor allem aus Kalabrien und Neapel zugewandert waren und ihren schottischen Kollegen vorführten, wie professionell organisierte Kriminalität funktioniert.

1961 Die Leiche des französischen Heroinschmugglers Albert Agueci wird entdeckt. Nachdem er der New Yorker Unterweltgröße Stefano Magaddino gedroht hatte, wurde er ermordet.

1977 Der australische Anti-Drogen-Aktivist Donald Mackay wird von einem Parkplatz entführt. Seine Leiche wird nie gefunden.

1979 Der Polizist Felix Garrido und seine Frau werden erschossen aufgefunden.

1984 Italien und die USA halten das erste Treffen ihrer bilateralen Arbeitsgruppe zum Verbot von Drogen ab.

1998 Der sizilianische Drogenkönig Pasquale Cuntrera kommt in Rom durch ein Versehen frei und wird später in Spanien verhaftet.

IRA-Finanzen

Der Krieg in Nordirland wirkte sich auch auf die britische Unterwelt aus, da die IRA dort nach Geldmitteln suchte. Ihr riesiger Finanzbedarf ließ sich nur durch den illegalen Handel mit Waffen, Sprengstoffen und Drogen decken, und mit dieser Aufgabe waren Spezialeinheiten der IRA betraut. So dauerte es nicht lange, bis sie sich von politischen Terroristen und Freiheitskämpfern zu echten organisierten Kriminellen gewandelt hatten.

Yardies

Die jamaikanischen Banden werden *Yardies* genannt – ein Slangausdruck für die Slumbewohner der Hauptstadt Kingston. Jamaikaner emigrierten zunächst in die USA, später nach Großbritannien, wo sie sich vor allem in den Londoner Vierteln Brixton, Harlesden und Hackney niederließen. Die *Yardie*-Kultur ist von einer starken Tendenz zur Gewalttätigkeit geprägt, und aus diesem Grund erledigen die *Yardie*-Banden oft auch Muskeljobs für andere Gangs und Gruppen der organisierten Kriminalität im gesamten Königreich.

1998 führte die Polizei die berühmte Operation Trident im Großraum London durch, um der Waffenkriminalität von *Yardies* und schwarzen Banden entgegenzuwirken. Das Waffenproblem war ab Mitte der 1980er-Jahre eskaliert, bis in den 1990er-Jahren schätzungsweise 300.000 Schusswaffen in Großbritannien und vor allem in den Händen der *Yardies* zirkulierten.

In den USA finden sich vor allem in New York vergleichbare jamaikanische Banden. Die dortigen *posses* sind berüchtigt für Waffenschmuggel und Schießereien aus

JAMAIKANISCHER EINFLUSS

Zum organisierten Verbrechen in Großbritannien zählen auch Banden, die in Vierteln mit jamaikanischstämmiger Bevölkerung entstanden. Mitte der 1950er-Jahre waren die Jamaikaner scharenweise vor den schrecklichen Verwüstungen des Hurrikans Charlie und der darauffolgenden Armut in die USA und dann nach England geflüchtet. Ihre Aktivitäten dort umfassten die Kontrolle über Prostitution, illegale Kneipen, Glücksspiel und den Drogenhandel, vor allem mit Marihuana. Ab den 1980er Jahren boomte auch der Handel mit Crack und anderen Kokainderivaten.

Nach der Wirtschaftskrise 1952 wanderten fast 10.000 Jamaikaner nach Großbritannien aus.

dem fahrenden Wagen, besonders die Shower Posse, die ihre Gegner mit wahren „Kugelhageln" bedenkt.

LINKE SEITE Als Teil eines Aufnahmerituals wird ein Neumitglied der Low-Down-Posse in Dallas verprügelt, 2000.

Eine Frage der Einstufung

Aufgrund ihrer lockeren Bandenstruktur werden die *Yardies* von der britischen Polizei nicht als organisierte Gangs eingestuft – anders als in den USA, wo die *posses* die Kontrolle über den Handel mit Kokain und seinen Derivaten in allen Großstädten beanspruchen, klar strukturiert sind und enge Verbindungen zu jamaikanischen Paten unterhalten.

Posses und Parteien

In Jamaika pflegt die Shower Posse Kontakte zur Arbeiterpartei JLP. Ebenfalls politisch vernetzt sind die Trenchtown Massive, Southside, One Order Gang, Precinct 13, Banton Po und Montego Bay. Nach Angaben jamaikanischer Sicherheitskräfte findet die Nationale Volkspartei PNP, der politische Gegner der JLP, auch Unterstützung bei den Banden Spangler Posse, Jungle, Gully, Mountain View, Clansman, Tel Aviv, Dog, Rat, Cuban, Brown, Jae Bone, British Luni Up Crew und 90s.

UNTEN Die Polizei nutzt neue Vollmachten, um beim Notting Hill Carnival in London Jugendliche zu durchsuchen und so Messerstechereien zu vermeiden.

Brückenkopf

Die Shower Posse hat einen Boss auf Jamaika und einen in den USA. Das erste Gebiet eines Landes, in dem sich eine *posse* festsetzt, stellt oft die „Zentrale" oder Operationsbasis dar. Von dort sendet der Anführer Captains oder Lieutenants in neue Regionen aus. Als Vertreter der nationalen Führung sind sie für das Rekrutieren von Aufsehern verantwortlich, die die Arbeiter leiten.

Ihre Kontakte und ihren Einfluss in den USA und Großbritannien verdanken die *Yardies* hauptsächlich ihren guten Verbindungen zu den kolumbianischen Drogenkartellen. Außerdem unterhalten sie enge Beziehungen zu irischen Banden, die in Großbritannien aktiv sind, und zu italienischen Clans. *Yardie*-Enklaven finden sich in fast jeder britischen Großstadt, besonders aber in Bristol, Birmingham und Nottingham.

4 DAS NEUE JAHRTAUSEND

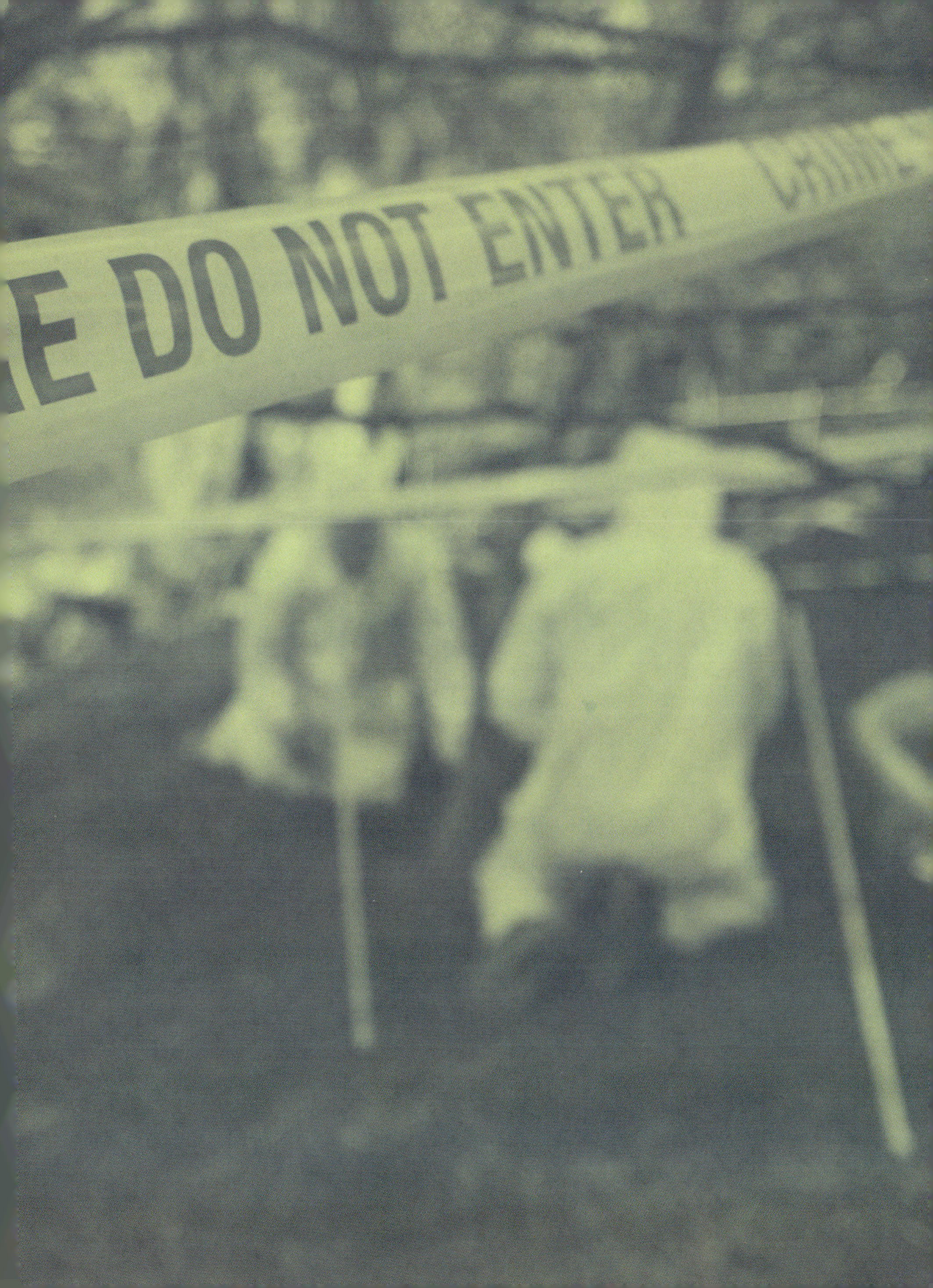
DO NOT ENTER

Das neue Jahrtausend
Neuerfindung des Verbrechens

OBEN Mohnpflücker in Afghanistan. Manchmal schützen bewaffnete Männer die Ernte, nicht aber die Arbeiter.

Mit Anbruch des 21. Jahrhunderts sah sich die traditionelle Mafia stark durch Fortschritte in der Polizeiarbeit und eine grenzüberschreitende Zusammenarbeit der Behörden behindert. Ihr blieb keine Wahl – sie musste neue Wege gehen und den Gesetzeshütern ebenfalls transnational entgegentreten.

Neue Geschäftsmodelle

Der Broterwerb mit Erpressung, illegalem Glücksspiel und Prostitution besteht seit jeher und wurde von der organisierten Kriminalität um Drogenhandel und Wirtschaftsverbrechen erweitert. Als sich zur Jahrtausendwende neue Gruppierungen herausbildeten, führten diese auch neue Betätigungsfelder wie Entführung, Menschen- und Waffenschmuggel ein.

Die Hauptaufmerksamkeit gilt dabei einer Branche, die möglichst hohe Rendite und vergleichsweise wenig Scherereien verspricht. Ebenso wie normale Geschäftsleute interessieren sich auch Kriminelle vor allem für große Gewinne bei niedrigen Fixkosten.

Neue und alte Verbrechen

Doch nicht alle spektakulären Straftaten sind der organisierten Kriminalität zuzuschreiben. Das Schneeballsystem beispielsweise in der ersten Dekade des neuen Jahrhunderts wurde von dem amerikanischen Finanzinvestor und Milliardenbetrüger Bernard Madoff betrieben. Er nutzte seinen Status an der Wall Street, um Anleger von der Möglichkeit hoher, kurzfristig zu realisierender Gewinne bei geringem oder gar keinem Risiko zu überzeugen, und stellte damit unter Beweis, dass traditionelle Betrugsmethoden auch in unserer hoch technisierten Welt noch immer bestens funktionieren.

Andererseits fallen manche Delikte mit eher grober Ausführung in die Kategorie des organisierten Verbrechens, etwa die Piraterie, die in einigen Weltregionen und vor allem vor den Küsten Afrikas wieder im Kommen ist. Seeräuberei auf dem offenen Meer mag nicht das Erste sein, was einem in diesem Zusammenhang in den Sinn kommt, aber sie ist tatsächlich eine der frühesten Formen der organisierten Kriminalität. Mit großem Profit folgen die Mafias dabei einer sehr einfachen, unkomplizierten Devise: Never change a running system. Während sich manche kriminelle Gruppen um Innovation und Kreativität bemühen, machen viele einfach nach, was sie bei anderen gesehen haben.

OBEN Zusammenstoß zwischen Afrikanern und der Polizei in Neapel, nachdem Camorra-Killer 2008 sechs Immigranten erschossen hatten. Die Gewalt im Großraum Neapel nimmt dramatisch zu.

Sizilianische Mafia
Die neue Welle

Das Phänomen Mafia hat sich im Lauf der Geschichte als überaus zählebig erwiesen. Mafiosi verstanden sich meisterhaft darauf, historische Entwicklungen und Ereignisse zu ihren Gunsten zu nutzen.

Historische Kontinuität

Vor allem in Sizilien hat die Mafia schon viele historische Umbrüche überlebt: vom Feudalismus zum Verwaltungsstaat, von der Einigung Italiens über die Teilnahme an zwei Weltkriegen bis zum Kalten Krieg und schließlich die jüngsten Trends zur Globalisierung und zum Krieg gegen den Terror.

Ein solch dauerhaftes System zeichnet sich vor allem durch die Instrumentalisierung des Verbrechens durch die Politik aus, die Schutzdienste und Unterstützung bei der Durchsetzung ihrer politischen und sozialen Ziele brauchte. Daraus resultierte wiederum eine implizite Straffreiheit für Mafiosi und ihre institutionellen Beschützer. Typisch sind auch beständige Übergriffe der politischen Kräfte auf das Rechtswesen, um es zu kontrollieren, Einfluss auf es zu nehmen und sich in seine Belange einzumischen.

Andererseits mussten all jene, die sich auf vielerlei Ebenen um ernsthafte Gegenwehr bemühten – Politiker, Richter, Vermittler und andere –, mit Diffamierung und Demütigung, Beschädigung ihres Rufs und sogar oft mit ihrer Ermordung rechnen.

UNTEN Im Dezember 2008 fasste die italienische Polizei über 90 mutmaßliche Mafiosi, die gerade im Begriff waren, ihre Kommandostruktur neu zu ordnen. Benedetto Capizzi, hier mit Polizeieskorte zu sehen, war angeblich im Gespräch für die Spitzenposition.

BEGÜNSTIGUNG

1993 wurde Totò Riina, Boss der Bosse der Cosa Nostra, auf dem Höhepunkt der Blutbäder festgenommen. Üblicherweise durchsucht die Polizei umgehend Wohnungen von Verdächtigen und kleinen Drogendealern, aber hier verstrich fast ein Monat, bevor die Carabinieri in Riinas Haus antraten. Bis dahin war alles belastende Material längst verschwunden, selbst die Möbel waren inzwischen umgestellt und die Wände neu gestrichen. Für die Verzögerung wurde Oberst Mario Mori von einer Spezialeinsatzgruppe der Carabinieri verantwortlich gemacht, der später wegen Begünstigung der Mafia vor Gericht musste. Außerdem wurden Anschuldigungen laut, der Geheimdienstmann habe schon 1995 die Ergreifung von Provenzano verhindert, dessen Versteck von dem Informanten Ilardo an die Carabinieri verraten worden war. Ilardo hatte damals Zeugenschutz erhalten und sich zur Zusammenarbeit mit der Justiz bereit erklärt, doch er wurde einen Tag vor Beginn seines Verhörs ermordet. In den italienischen Medien fand der Fall Mori kaum Erwähnung. Dafür erfuhr Oberst Mori noch vor seinem Freispruch eifrige Unterstützung von verschiedenen Seiten durch Erklärungen in der Presse und im Fernsehen.

Expansion

Ihren Weg ins neue Jahrtausend fand die sizilianische Mafia zwar mit einem geschwächten bewaffneten Arm, aber gestärkt an der politischen Front und in wichtigen Wirtschaftssphären. Die vier großen italienischen Mafiagruppierungen, auch Mafia Ltd. genannt, bilden inzwischen den größten Wirtschaftsfaktor im Land. Nach einem Bericht des Handels- und Unternehmerverbands Confesercenti vom November 2008 ist ihr kommerzieller Zweig inzwischen über 92 Milliarden Euro schwer – dies entspricht sechs Prozent des italienischen Bruttoinlandsprodukts. Aber diese Ziffer bildet nur einen Teil des mafiösen Geschäftsvolumens ab. Rechnet man noch die Einkünfte aus Geldwäsche hinzu, steigt der Betrag auf deutlich mehr als 150 Milliarden Euro.

OBEN Mario Mori wurde in den frühen 1990er-Jahren wegen Begünstigung der Mafia angeklagt, aber freigesprochen und 2001 zum Chef des italienischen Nachrichtendienstes SISDE ernannt.

Globalisierung

Der Mafioso von heute hat nichts mehr gemein mit dem Bild des unscheinbaren Schäfers, das die italienischen Medien nach der Ergreifung von Bernardo Provenzano verbreiteten. Die Macht liegt bei einer bürgerlichen Mafiaklasse, bestehend aus Managern, Experten, Buchhaltern, Juristen, Politikern und Ingenieuren, die keine Scheu haben, eine Waffe zur Hand zu nehmen, denen es aber vor allem darum geht, mit ihrer Organisation schnellstmöglich ins große Geschäft der Globalisierung einzusteigen.

Retter aus der Politik

In den 1990er-Jahren war die bewaffnete Mafia in ernsten Schwierigkeiten, als aussagewillige Informanten und Ex-Mafiosi vor den Gerichten Schlange standen. Der *pentitismo*, das Phänomen der Kollaboration mit der Justiz, stellte einen Bruch mit der Tradition dar, und in der Organisation machte sich eine gedrückte Stimmung breit. Doch konzentrierten sich die Unterdrückungsmaßnahmen des Staates nur auf den bewaffneten Arm, während die bürgerlich-politisch und -geschäftlichen Reihen der Mafia, die Ebene mit echter Macht also, durch politische Protektion gestärkt wurde.

Ein ganzes Volk, das Schutzgeld bezahlt, ist ein Volk ohne Würde.

Ein Zettel, der sich 2004 auf jeder Plakatwand im Stadtzentrum von Palermo fand

GESCHNAPPT!

Die Ergreifung von Bernardo Provenzano

OBEN Die Polizei nähert sich der Käserei bei Corleone, die Bernardo Provenzano 42 Jahre lang als Versteck diente.

Am Morgen des 11. April 2006 warteten Spezialeinheiten der italienischen Polizei zwei Kilometer entfernt von einem Bauernhaus, das abgeschieden im Gebiet Contrada dei Cavalli nahe Corleone lag.

Überwachung

Mit einer Mikrokamera, die in einem Gebüsch versteckt war, observierte die Polizei schon seit zwei Wochen die Umgebung. Der Hof bestand aus zwei alten Gebäuden. In einem wohnte ein Schäfer, das andere schien verlassen. Doch die Fernsehantenne auf dem Dach machte die Ermittler stutzig.

Verdächtiger Sack

Eine Polizistin war auf den Ort aufmerksam geworden. Sie hatte bemerkt, dass oft ein Sack vor der Tür eines Hauses in Corleone stand, in dem Mitglieder der Provenzano-Familie lebten, und erkannte darin eine wichtige Spur für die Suche nach dem Kopf der Cosa Nostra, Bernardo Provenzano. Als ein Passant den Sack später mitnahm, wurde er von der Polizei beschattet. Ein Paar Tage verstrichen, dann wurde der Sack an einen zweiten Mann weitergereicht und einige Tage später an einen dritten. Nach mehreren Wochen landete er schließlich bei einem Schäfer, der in einem einsamen Bauernhaus bei Corleone lebte. Eines Morgens ging der Schäfer dann zu dem scheinbar leer stehenden Gebäude – die Tür öffnete sich, ein Arm erschien und nahm den Sack entgegen.

„Glückwunsch"

Die Polizei entschloss sich sofort zu einer Razzia, um der Flucht des Verdächtigen durch einen eventuellen Geheimgang zuvorzukommen. Nur wenige Tage zuvor hatte der Verteidiger des Superpaten noch erklärt: „Die Fortsetzung der Polizeisuche ist zwecklos, er starb vor einigen Jahren." Das Interview, das auch im Fernsehen gezeigt wurde, sollte höchstwahrscheinlich eine verschlüsselte Warnung an Provenzano sein.

Als Erster schritt Renato Cortese zur Tat. Der Leiter der Spezialeinheit riss die Tür zum Haus auf und sah sich einem reglos dastehenden Mann gegenüber, der völlig anders aussah als das computergenerierte Phantombild nach den Beschreibungen von Kronzeugen, das wenige Wochen zuvor von der Polizei verbreitet worden war. Auf dem Tisch lag aber Chicorée, den der Mafiaboss wegen seiner Prostataprobleme bekanntlich viel aß. Cortese wusste, nach all den Jahren hatte er seinen Mann gefunden. Provenzano sagte nur ein einziges Wort: „Glückwunsch", und auf dem Weg zur Zentrale fügte er noch hinzu: „Ihr wisst nicht, was ihr da tut."

In dem Bauernhaus wurden keinerlei technische Geräte gefunden. Der Mafiapate hatte weder ein Mobiltelefon noch einen Computer benutzt, stattdessen gab es nur einen kleinen Fernseher und eine alte Schreibmaschine, auf der er seine *pizzini* tippte, die Zettelchen, mit denen er seine komplette Organisation steuerte. Außerdem entdeckte man fünf Bibeln, eine davon mit vielen Unterstreichungen, sowie einige Musikkassetten und die Filmmusik zu *Der Pate*. Es gelang den Ermittlern schließlich auch, den Zusammenhang zwischen den *pizzini* und der Bibel aufzudecken: Jedem Mafioso war eine Versnummer in einem alttestamentarischen Buch zugewiesen, die dann als Code in den *pizzini* auftauchte.

Werdegang eines Verbrechers

Der 73-jährige Bernardo Provenzano hat seinen Geburtsort Corleone nur selten, wenn überhaupt jemals verlassen. Seit 1963 war er auf der Flucht vor der italienischen Justiz. Sein Spitzname lautet „u tratturi" – der „Traktor", der unbeirrt alles vernichtet, was ihm im Weg steht.

Er wurde am 31. Januar 1933 als dritter von sieben Söhnen geboren und verließ die Schule nach nur einem Jahr, um auf dem Feld zu arbeiten. Während die Mafiafamilien von Palermo in den 1970er-Jahren den Drogenhandel beherrschten, blieben dem Corleone-Clan als Einnahmequelle nur Entführungen. Dies änderte sich mit dem blutigen Putsch von 1981, mit dem die *corleonesi* das Kommando über die gesamte Organisation an sich rissen. Nach der Ermordung der Untersuchungsrichter Giovanni Falcone und Paolo Borsellino 1992 verabschiedete die Regierung eine Serie von Anti-Mafia-Gesetzen und fasste Totò Riina, den Kopf der Cosa Nostra. Damals rückte Provenzano nach. Auf seine Anweisung hin gingen die Blutbäder noch bis Ende 1993 in ganz Italien bis auf Sizilien weiter. Auch danach blieb Provenzano im Untergrund, bis er 2006 verraten wurde – vermutlich aber nicht durch einen einfachen Sack, sondern von hochrangigen Informanten.

OBEN Das Fahndungsplakat von 2005 zeigt ein Phantombild von Provenzano. Er war so lange untergetaucht, dass sein tatsächliches Aussehen der Polizei nicht bekannt war.

UNTEN Provenzano nach seiner Festnahme in Corleone 2006. Zusammen mit Mafiaboss Totò Riina bekam er 2009 eine weitere lebenslängliche Freiheitsstrafe zusätzlich zu den zwölf für das Viale-Lazio-Massaker von 1969.

WAS INFORMANTEN SAGEN

Parallel zum Prozess wegen mutmaßlicher Mafiabeihilfe musste sich Giulio Andreotti auch wegen Anstiftung zum Mord an dem Journalisten Mino Pecorelli verantworten. In diesem Verfahren wurde er erst vollständig freigesprochen, dann aber in der Berufungsinstanz zu 24 Jahren Gefängnis verurteilt. 2003 hob das Kassationsgericht dieses Urteil endgültig auf, und damit wurde der ursprüngliche Freispruch rechtskräftig. Nach Aussage von Informanten – darunter auch Buscetta – hatte Andreotti höchstpersönlich den Mord bei den Mafiosi-Vettern Salvo bestellt, die seinem Flügel in der Democrazia Cristiana (CD) angehörten. Als Journalist war Pecorelli an brisante Informationen über illegale Parteienfinanzierungen der CD sowie die Entführung und Ermordung des CD-Politikers Aldo Moro durch die Roten Brigaden gelangt.

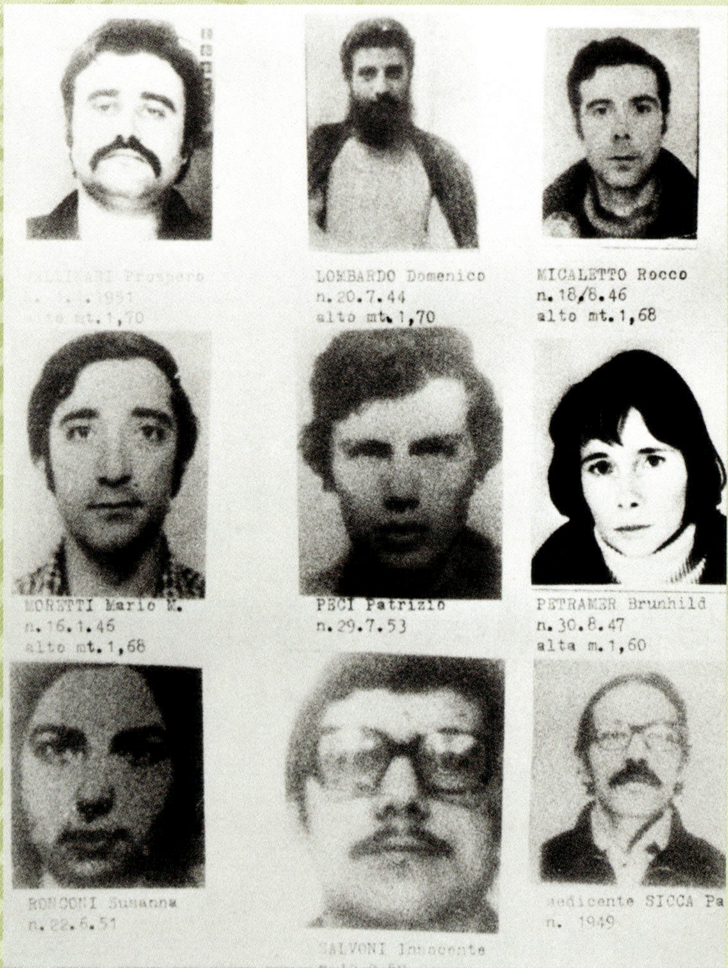

Neun der 20 Terroristen, die der Entführung des ehemaligen italienischen Ministerpräsidenten Aldo Moro verdächtigt werden.

2002 Nino „Händchen" Giuffrè ergibt sich. Er war Bezirkschef bei Provenzano.

2005 Giusy Vitale, die stellvertretend für ihren Bruder den Partinico-Clan leitete, wird Kronzeugin.

2006 Ergreifung von 45 mutmaßlichen Mafiosi in Sizilien. Viele von ihnen waren schon beim Maxi-Prozess dabei.

2006 Wiederwahl von Totò Cuffaro zum sizilianischen Regionalpräsidenten. 2008 wurde er wegen Mafiabeihilfe zu einer Gefängnisstrafe von 7 Jahren verurteilt.

Jahrhundertprozess

Ende 1995 nahm der sogenannte Jahrhundertprozess seinen Anfang, als mit Giulio Andreotti einer der bedeutendsten italienischen Politiker in der zweiten Hälfte des 20. Jahrhunderts wegen Beihilfe der Mafia vor Gericht erscheinen musste. 1999 wurde der siebenmalige Ministerpräsident in allen Punkten freigesprochen, auch wenn das Berufungsurteil vom 2. Mai 2003 feststellte: „Die strafbare Beteiligung an der kriminellen Vereinigung (Cosa Nostra) … ist bis zum Frühjahr 1980 konkret erkennbar."

Dieser Befund war viel gravierender als die Anschuldigungen, die die Untersuchung ursprünglich ausgelöst hatten. Doch war das Vergehen inzwischen verjährt. Das Gesetz, das die Zugehörigkeit zur Mafia unter Strafe gestellt hatte, datierte von 1982, also nach dem Zeitraum, für den Andreotti schuldig befunden wurde. Wäre das Urteil noch im Jahr 2002 ergangen statt 2003, hätte er wegen Beteiligung an der Cosa Nostra verurteilt werden können. Die Langsamkeit des italienischen Justizwesens hatte ihm in die Hände gespielt.

Ein *obiter dictum* – eine dem Urteil beigefügte Rechtsansicht – sprach von einer „authentischen, dauerhaften und freundschaftlichen Beziehung zwischen dem Ange-

klagten und Mitgliedern der Mafia bis zum Frühjahr 1980", und das später vom Kassationsgericht bestätigte Berufungsurteil erkannte eine „Beteiligung an einer kriminellen Vereinigung nicht nur im beschränkten Sinn eines reinen Entgegenkommens, sondern im weiten und juristisch relevanten Sinn einer konkreten Zusammenarbeit" [also letztlich eine Zugehörigkeit, nicht einfach nur Beihilfe und Begünstigung]. Dieser Entscheid brachte zum Ausdruck, dass einige italienische Politiker vom Ende des Zweiten Weltkriegs bis zu den frühen 1990er-Jahren, mindestens aber bis 1980 enge Beziehungen zur Mafia gepflegt hatten.

Rechte Hand

Zur selben Zeit mussten auch andere wichtige Repräsentanten des Staates vor den Richter treten. Senator Marcello Dell'Utri, die rechte Hand Berlusconis und ein Mitbegründer der Partei Forza Italia, wurde 2004 wegen Beihilfe und Komplizenschaft mit der Mafia zu neun Jahren Gefängnis verurteilt. Die Anklage stützte sich dabei auf die Aussagen von Aussteigern, die Kronzeugen (*pentiti*) geworden waren.

Das Urteil stellte seinerzeit fest: „Die verschiedenen Aktivitäten Dell'Utris … haben einen konkreten, freiwilligen, vorsätzlichen, spezifischen und wertvollen Beitrag zur Aufrechterhaltung, Konsolidierung und Stärkung der Cosa Nostra geleistet; darüber hinaus erhielt sie durch Vermittlung Dell'Utris auch Gelegenheit, mit wichtigen Wirtschafts- und Finanzsphären in Kontakt zu kommen, was die Verfolgung ihrer illegalen ökonomischen und politischen Ziele förderte."

2008 bekam Dell'Utri eine fünfjährige Haftstrafe wegen Begünstigung der Cosa Nostra. Er hat Berufung gegen das Urteil eingelegt.

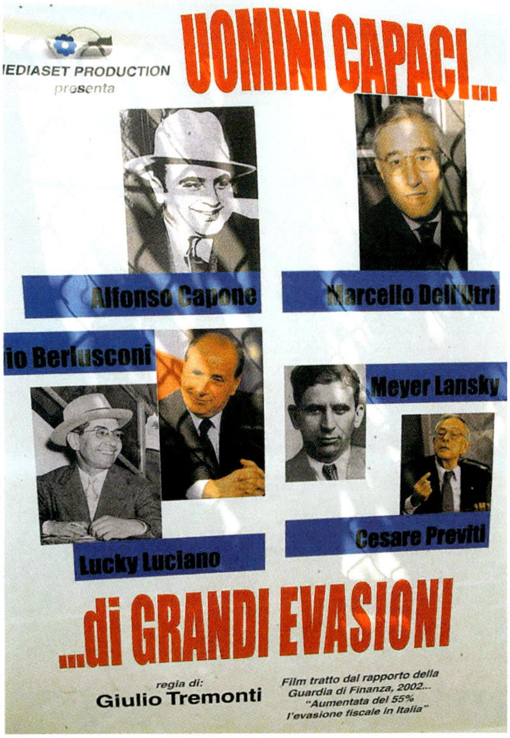

UNTEN Im Stil eines Filmplakats sieht man hier „Männer, die zu großen [Kino- und Steuer-]Fluchten fähig sind". Neben anderer Prominenz sind auch der italienische Ministerpräsident Silvio Berlusconi und der US-Gangster Al Capone vertreten.

OBEN Calogero Mannino wurde der Mafiabeihilfe beschuldigt, vor Gericht aber aus Mangel an Beweisen freigesprochen. Er hat inzwischen wieder seine politische Karriere aufgenommen.

Die Justiz

2002 sprach das Oberste Gericht den Richter Corrado Carnevale frei. Als Präsident des Ersten Senats im Kassationsgericht hatte er sich den Spitznamen „Urteilskiller" eingehandelt, weil er Formfehler reihenweise nutzte, um vorinstanzliche Urteile zu den unterschiedlichsten Bereichen aufzuheben, darunter auch Haftstrafen für viele Mafiosi, die brutalste Morde und Verbrechen begangen hatten. Vorher war Carnevale in seiner Berufungsverhandlung zu sechs Jahren Gefängnis wegen Mafiabeihilfe verurteilt worden.

Politische Erfolge und Misserfolge

Am 26. Februar 2006 erhielt der Ex-Chef von Palermos Sonderkommando und spätere Offizier beim italienischen Nachrichtendienst SISDE eine zehnjährige Freiheitsstrafe aufgrund von Mafiabeihilfe. Dagegen kam im Januar 2010 nach einem langwierigen Verfahren der Freispruch für Calogero Mannino, einen ehemaligen Minister der Christdemokraten, der ebenfalls wegen Beihilfe der Mafia vor Gericht stand.

Im Lauf der letzten 15 Jahre haben sich die engen Bande der Mafia zur Politik – wohl der Hauptgrund für ihre erstaunliche historische Kontinuität – gefestigt und intensiviert wie niemals zuvor in der Geschichte Italiens. Während die Ordnungskräfte trotz aller Schwierigkeiten und Behinderungen weiterhin gegen den bewaffneten Arm vorgehen, genießt der Rest der Mafia scheinbar Straffreiheit. Der cleverste Mord ist immer noch jener, der am Gesetz selbst begangen wird.

Maßnahmenpaket

Ab Mitte der 1990er-Jahre traten zahlreiche Maßnahmen in Kraft, die vor allem politische Verbrechen und die Mafia betreffen. Erwähnenswert ist hier eine Reform in der Gesetzgebung, die die Verjährungsfrist für gefälschte Rechnungsbücher von 15 auf 7,5 Jahre herabsetzt. Angesichts der langwierigen Gerichtsverfahren in Italien bedeutet dies, dass quasi alle Straftaten dieser Art als verjährt gelten können. Ein weiteres derartiges Instrument war die „Geldamnestie", dank der illegal aus dem Land geschleustes Kapital nach einer Abgabe von 2,5 Prozent wieder eingeführt werden durfte, und das bei garantierter Anonymität.

Es gibt noch viele weitere Beispiele: die Herabsetzung der Aussagefrist für Mafiakronzeugen auf 150 Tage sowie ein komplettes Maßnahmenpaket, das abtrünnigen Mafiosi die Zusammenarbeit mit der Polizei erschwert, außerdem das Streichen oder Reduzieren des Personenschutzes für Untersuchungsrichter und Staatsanwälte, die sich am Kampf gegen die Mafia beteiligen und nun gegenüber Einschüchterungsversuchen und Schlimmerem deutlich verwundbarer sind, und nicht zuletzt auch Einschränkungen für das Abhören von Telefongesprächen – bisher ein entscheidendes Werkzeug im Kampf gegen die Mafia.

Schweigen

RECHTE SEITE Im April 1985 versammeln sich Tausende von Menschen zu einer Anti-Mafia-Demonstration im sizilianischen Trapani. Viele hochrangige Beamte, die sich ähnlich geäußert hatten, mussten damals sterben.

Bei den Wahlen von 2006 traten in Sizilien Kandidaten an, die in der Vergangenheit wegen Verbindungen zur Mafia vor Gericht gestanden hatten. Dies galt sowohl für das von Berlusconi geleitete Mitte-rechts-Bündnis als auch für seinen Mitte-links-Herausforderer Veltroni. War dies an sich schon bestürzend genug, so waren das Erlahmen und die Isolierung jeder echten Anti-Mafia-Aktivität noch beunruhigender. Hier genügt der Hinweis darauf, dass es im politischen System des Landes eine Anti-Mafia-Kommission gibt, in der auch mehrere verurteilte Delinquenten sitzen.

NO ALLA MAFIA
SICILIANI DEMOCRATICI
UNITI NELLA
LOTTA

Camorra & 'Ndrangheta
Geheimbünde

2000 Ein Milchskandal wird aufgedeckt: Große Milcherzeuger waren Opfer von Erpressung geworden.

2002 Italienischen Zeitungsberichten zufolge verdient die 'Ndrangheta am Millionenvertrag für den Autobahnbau in Kalabrien.

2004 Verhaftung von 18 Personen in Caserta nach Ermittlungen über Camorra-Erpressungen.

2005 Entdeckung eines riesigen Waffenlagers, das offenbar dem Schmuggel diente, in Sant'Anastasia in Vesuvnähe. Dort finden sich Maschinengewehre, Uzis und Panzerabwehrwaffen.

2005 Die Rotterdamer Behörden stoßen auf tonnenweise englischen Müll, den Camorra-Clans als Recycling-Material deklariert hatten.

Nicht nur in Sizilien, auch auf dem süditalienischen Festland entfalteten sich kriminelle Organisationen. Die bösartigsten unter ihnen sind die neapolitanische Camorra und die kalabrische 'Ndrangheta.

Die Camorra

Die Wurzeln der Camorra lassen sich bis zum Beginn der Neuzeit zurückverfolgen. In der Novelle *Rinconete y cortadillo* erwähnte der spanische Dichter Miguel de Cervantes eine Verbrechervereinigung ganz ähnlich wie jene, die sich im späten 16. Jahrhundert in Süditalien entwickelte. Das Wort „Camorra" leitet sich ab von *gamurra*, einer kurzen roten Leinenjacke, die von sardischen Kaufleuten in Neapel eingeführt wurde und noch bis zum späten 19. Jahrhundert beliebt war. Die hispanosardischen Händler brachten im 15. Jahrhundert, als Spanien große Teile von Italien beherrschte, aber nicht nur die *gamurra*-Jacke mit, sondern auch kriminelle Praktiken, die zur Bildung der Camorra führten.

Nährboden Armut

Die erste Studie über die Geschichte der Camorra wurde 1863 herausgegeben. Ihr Verfasser war der Gelehrte Marc Monnier von der Genfer Universität, dessen Familie enge Verbindungen nach Neapel hatte. Er nannte die Camorra eine „Geheimgesellschaft der Arbeiterklasse mit böswilligen Absichten" und argumentierte, der Hauptgrund für die Entwicklung dieser Verbrecherbünde sei die schreckliche Armut, in der die Arbeiterschicht unter der Bourbonherrschaft leben musste. Unter dem Einfluss dieser Theorie machten viele Gelehrte im sozialen Elend die Haupt- oder sogar einzige Ursache für das Aufkommen und die Entwicklung von kriminellen Gruppen in Italien aus. Tatsächlich gediehen solche Organisationen aber auch in reichen Ländern wie den USA und Japan.

Camorra und Cosa Nostra: Ähnlichkeiten …

Die Camorra entwickelte sich außerhalb wie auch innerhalb der Gefängnismauern – wo ihre Mitglieder sich der Erpressung widmeten – und hat vieles mit der sizilianischen Cosa Nostra gemeinsam. Dazu gehört etwa die Ausübung der Kontrolle über ihr Territorium (die Unterteilung von Neapel in zwölf Bezirke, die vollständig durch Erpressung kontrolliert wurden), die Unterstützung und Billigung bei weiten Teilen der Bevölkerung, vom Katholizismus inspirierte Aufnahmerituale und vor allem die Infiltration von staatlichen Einrichtungen.

… und Unterschiede

Manch wichtige Unterschiede haben jedoch dafür gesorgt, dass die Cosa Nostra insgesamt zählebiger und dauerhafter war. Obschon Neapel ebenso wie ganz Süditalien unter

UNTEN Die erste offizielle Erwähnung der Camorra als Organisation datiert von 1820. Historische Quellen von 1842 dokumentieren unter anderem die Aufnahmerituale.

LINKS Die Polizei untersucht den Tatort eines Camorra-Doppelmordes bei Neapel. Am selben Tag im Oktober 2006 kam es noch zu einem dritten Mord, der möglicherweise in einen Zusammenhang mit den beiden anderen steht.

Die Situation in Kampanien wird sich noch verschärfen, denn wenn ihr in eine Camorra-Gruppe einschneidet, erwachsen daraus zehn weitere.

Pasquale Galasso (*1955), ehemaliger Boss der Galasso-Familie, die zur Camorra gehört

spanischer Herrschaft stand, lässt sich die Geschichte der Stadt nicht mit jener Siziliens vergleichen. Die Camorra weist nicht denselben hohen Grad von Kontinuität in ihrer Geschichte auf wie ihre sizilianische Schwester, denn in Kampanien gab es im 18. Jahrhundert kaum Banditen, und den Großgrundbesitzern im Neapler Umland war es in den vorangegangenen beiden Jahrhunderten auch nie gelungen, ein eigenes Rechtssystem so wie in Sizilien aufzubauen. Im Gegenteil – die neapolitanischen Richter bezogen sogar häufig Stellung gegen die mächtigen Landbesitzer.

Eine weitere entscheidende Differenz liegt darin begründet, dass die Camorra sich in der städtischen Unterschicht herausbildete, während die Cosa Nostra vor allem im ländlichen Sizilien entstand. Außerdem büßte die Camorra im Lauf der Zeit – anders als die Cosa Nostra – ihre ursprünglich oligarchische Struktur ein.

Staatliche Sanktionierung

Die Ereignisse, die zur Einigung des Landes 1861 führten, sowie die Jahre unmittelbar danach erwiesen sich nicht nur für die Historie der Cosa Nostra als entscheidend, sondern auch für die Camorra. Im Königreich Italien standen die Präfekten als Vertreter der Exekutive vor großen Problemen beim Verwalten ihrer Gebiete, in denen eine hohe Dichte krimineller Aktivitäten herrschte. Sie instrumentalisierten daraufhin Mitglieder von kriminellen Vereinigungen und beriefen sie in die verschiedenen Polizeikräfte, wo sie Aufstände unterdrücken und die Unterschicht im Zaum halten sollten. Somit gelangte die Cosa Nostra ebenso wie die Camorra mit direkter staatlicher Genehmigung in eine Rolle der sozialen Kontrolle bzw. der Herrschaftsausübung.

OBEN Der mutmaßliche Camorra-Boss Giuseppe Setola entzog sich der Festnahme im Januar 2009 durch einen Fluchttunnel unter seinem Haus in Trentola-Ducenta.

MAFIAFRAUEN

Auch wenn die Mafia in ihrer Geschichte von Männern dominiert wurde, mischten doch einige Frauen aktiv bei den Straftaten mit. So etwa Anfang des 20. Jahrhunderts bei einem Münzfälscherring in Amerika, dessen New-Jersey-Ableger unter der Leitung von Stella Frauto stand. Dem Chicagoer Ableger gehörte angeblich auch Lena D'Andrea an, die Frau von Mafiaboss Antonio D'Andrea.

In Italien rückte das weibliche Geschlecht allmählich auch in Führungspositionen nach, als erfolgreiche Strafverfolgung und Bandenkriege die Reihen der Camorra lichteten. 1993 fasste die Polizei Rosetta Cutolo, die stellvertretend für ihren eingesperrten Bruder Raffaele Cutolo das Kommando führte.

Andere Verbrechen waren weniger dramatisch. 2007 gestand die englische Hausfrau Ann Hathaway in einem italienischen Gerichtssaal Kurierdienste für ihren Mann ein, einen inhaftierten sizilianischen Mafiaanführer.

In den USA wurde Camille Serpico, deren Mann mit der Genovese-Familie assoziiert war, von den Behörden beschuldigt, eine mafiöse Autowerkstatt für die Hehlerei mit gestohlenen Autoteilen zu führen.

Rosetta Cutolo, genannt „Eisaugen", war eine der meistgesuchten Frauen Italiens. Sie wurde 1993 nach 13 Jahren auf der Flucht verhaftet.

OBEN Der einstige New Yorker Unterweltkönig Charles (Lucky) Luciano lässt sich von der Polizeiüberwachung nicht verdrießen. Seine Abschiebung erwies sich als Glücksfall.

RECHTE SEITE Luftaufnahme der Mülldeponie Villa Literno bei Neapel. Seit Jahren herrscht Müllnotstand in Südkampanien, was nicht zu geringen Teilen der Camorra zu verdanken ist.

Nicht nur Glück

Erst in jüngerer Zeit begann die Camorra, ihren gegenwärtigen Charakter auszubilden. Diese Entwicklung ergab sich hauptsächlich durch zwei Faktoren: die Rolle des italoamerikanischen Mafiosos Lucky Luciano, der von der US-Regierung unmittelbar nach dem Zweiten Weltkrieg nach Neapel abgeschoben wurde, und Absprachen mit Parteimitgliedern der Democrazia Cristiana seit den 1950er-Jahren.

Lucky Luciano war einer der Hauptorganisatoren des Schmuggels in großem Maßstab und führte damals die Neapolitaner in Schiebergeschäfte auf internationalem Niveau ein. Vor allem beteiligten sie sich gemeinsam mit kriminellen Banden aus Marseille am Zigarettenschmuggel. Die Zusammenarbeit mit Behörden und christdemokratischen Politikern vom Kriegsende bis zu den 1990er-Jahren erleichterte ihnen zudem Grundstücksspekulationen vor Ort, die Kontrolle über Großaufträge der öffentlichen Hand und den Aufbau eines Netzwerks mit Kontakten zu Geschäftsleuten, Behörden und Politikern.

Der Cutolo-Clan

Den Versuch, die Macht innerhalb der Organisation zu zentralisieren, unternahm *capo* Raffaele Cutolo in den 1970er-Jahren. Während seiner Haftzeit wegen Mordes bemühte er sich um den Aufbau einer hierarchischen Struktur nach dem Vorbild der sizilianischen Cosa Nostra und gründete zu diesem Zweck die Nuova Camorra Organizzata (NCO) (Neue organisierte Camorra). Dies weckte aber Widerstand bei den alten Clans, die nichts von ihrer Macht einbüßen wollten und sich zu einer einzigen Gegengruppe namens Nuova Famiglia (Neue Familie) zusammentaten.

Der erbarmungslose Bandenkrieg, der daraufhin entflammte, endete mit der Niederlage des Cutolo-Clans. In den frühen 1990er-Jahren scheiterte ein neuer ernsthafter Versuch, eine vertikale Struktur einzuführen, sodass die Camorra auch heute noch horizontal organisiert ist. Dadurch rivalisieren zahlreiche Clans um Territorien, was häufig zu Blutfehden führt, die zwischen 2004 und 2006 besonders mörderisch ausfielen.

Wichtige Ertragsquellen

Die Hauptaktivitäten der Camorra sind öffentliche Ausschreibungen (schon im 19. Jahrhundert dokumentiert), Zigarettenschmuggel und Drogenhandel (derzeit am einträglichsten). Dazu gesellen sich Prostitution, Zinswucher, Waffenhandel, Müllentsorgung, Erpressung und Kontrolle über Unternehmen, was alles zusammen einen Jahresumsatz von geschätzten zwölf Milliarden Euro ergibt.

Andere Clans

Neben der Camorra in Neapel und Umland gibt es noch mehrere wichtige Clans in der Provinz Caserta, allen voran der Casalesi-Clan, der ein kriminelles Kartell von internationalem Zuschnitt managt. Seine Spezialität ist das Investieren von Einkünften aus illegalen Tätigkeiten in Immobilien in Norditalien und anderen Teilen Europas.

Enthüllungen

Die Camorra erregte weltweit Aufsehen durch Insiderberichte und ihre Verfilmungen. Sie schildern die Lebenswirklichkeit in den Arbeitervierteln von Neapel und anderen Gebieten Kampaniens unter dem Einfluss der Camorra, wo „die Polizei sich weit und breit nicht sehen lässt“. Während die einen das als überzogen negatives Zerrbild abtun, sehen andere darin eine authentische Schilderung des Lebensalltags in weiten Teilen Süditaliens.

DIE MAFIA IM FILM

Gomorrha

Der italienische Journalist Roberto Saviano steht unter permanentem Polizeischutz, seitdem er Todesdrohungen von der Camorra erhielt. „'O Sistema" sieht sich demaskiert durch die Veröffentlichung des Tatsachenromans Gomorrha und die von Domenico Procaccis Firma Fandango produzierte Filmadaption. Damit bestätigt sich die Authentizität des Filmes auf dramatische Weise, und Savianos Buch wird als Enthüllungsbericht gefeiert. Der Regisseur Matteo Garrone wandte sich an Saviano und erarbeitete gemeinsam mit ihm das Drehbuch. *Gomorrha* gewann bei seiner Weltpremiere in Cannes 2008 den Großen Preis der Jury und sammelte in der Folge zahlreiche Auszeichnungen und Nominierungen.

Der Titel des Films *Gomorrha – Reise in das Reich der Camorra* ist eine Anspielung auf die dekadente und gesetzlose biblische Stadt. Doch die Camorra ist höchst präsent, und ihr wird nachgesagt, mächtiger und effizienter zu sein als ihre sizilianische Schwester.

Recherche

Für seine Buchrecherche arbeitete der Autor Roberto Saviano als Kellner auf einer Camorra-Hochzeit sowie bei einem chinesischen Textilhersteller und auf einer Baustelle, die beide von „'O Sistema" kontrolliert wurden. Der gebürtige Neapolitaner wurde mit 14 erstmals Zeuge eines Mordes und erlebte auch mit, wie sein Vater, ein Arzt, brutal verprügelt wurde für die Hilfeleistung an einem 18-jährigen Opfer, das halb tot auf der Straße zurückgelassen wurde.

Der Film spielt in den Provinzen Neapel und Caserta, wo die Einwohner tagtäglich mit den Camorristi konfrontiert werden. Unter der Regie von Matteo Garrone werden fünf fiktive und in einer blutigen Wirklichkeit verwurzelte Schicksale nachgezeichnet.

Die Charaktere

Der älteste unter den Protagonisten, Don Ciro (Gianfelice Imparato), ist il *sottomarino*, der im Auftrag des Clans Gelder an die Familien von Häftlingen überbringt. Seinem Job geht der Buchhalter pedantisch und diskret nach, ohne sich um die sonstigen Aktivitäten zu kümmern. Als der Clan zu zerfallen droht, gerät er zwischen die Fronten.

Der jüngste Charakter, Totò (Salvatore Abruzzese), ist erst 13 Jahre alt und will endlich bei den älteren Jungs mitmachen. Er beginnt Schritt für Schritt seine Ausbildung in der Schule des Lebens, bis er eines Tages eine schwierige Entscheidung treffen muss.

Marco (Marco Macor) und Ciro (Ciro Petrone) wähnen sich in einem Film von Brian De Palma, in den Augen des Systems sind sie aber nur streunende Hunde, die mit ihrem albernen Draufgängertum die Geschäftsroutine stören.

Der Universitätsabsolvent Roberto (Carmine Paternoster) ist auf der Suche nach Arbeit. Franco (Toni Servillo) kann ihm eine feste Stelle mit guten Erwerbsaussichten in der Giftmüllentsorgung bieten – doch die grauenvolle Realität belastet Robertos Gewissen.

Ich kann sie nicht schonen, nur weil sie jung sind. Die Jungs sterben, basta. Giovanni (Giovanni Venosa)

Gut, du hast recht. Aber es gehört sich, vorher den Familien Bescheid zu sagen.

Zio Vittorio (Bernardino Terracciano)

Der begabte Schneider Pasquale (Salvatore Cantalupo) arbeitet schwarz für einen Kleinbetrieb, der für die Haute Couture fertigt. Als er sich von chinesischen Konkurrenten dazu verleiten lässt, ihnen heimlich die Tricks seines Metiers beizubringen, bringt er sich in große Gefahr.

Realismus

Der Film zeigt weder die großen *capi* der Camorra beim Einstreichen von Millionengewinnen noch die Ämterpatronage. Stattdessen sehen wir ein hartes Leben in Unterdrückung und Charaktere, die auf dem Spielbrett die Bauern sind – schnell abgetan, geopfert und hingerichtet.

Während im Buch der Journalist Saviano eine zentrale Rolle spielt, wählt der Film einen kinematografischen, aber wahrheitsgetreuen Ansatz, der garantiert glamourfrei ist. Im Gegensatz zum Mafiaklischee mit seinen elegant bis extravagant auftretenden Kriminellen ziehen sich hier die Camorristi so schlampig an wie Gelegenheitsarbeiter und leben in Wohnungen, die man in den Slums der westlichen Welt verorten kann.

Regisseur

Der Filmemacher Matteo Garrone drehte an Originalschauplätzen und im sozialen Brennpunkt Vele di Sampi. In der Kodak-Zeitschrift *InCamera* berichtete der Kameramann Marco Onorato, dass das Team nur in den Morgenstunden drehen konnte, weil die Leute unter dem Einfluss von Crack aggressiv wurden.

Der 1968 in Rom geborene Garrone hat schon mehrere preisgekrönte Filme abgeliefert, darunter *Oreste Pipoli, L'Imbalsamatore* und *Körper der Liebe. Gomorrha* war Italiens offizieller Beitrag für die Oscar-Nominierungen 2009.

OBEN Kritiker sagten, *Gomorrha* finde „eine seltsame Schönheit in der hässlichen Realität" von Neapel und seinem Umland. Hier ballern die Halbstarken Marco und Ciro am Flussufer munter drauflos.

OBEN Gebräunte Muskelmänner scherzen in der Eröffnungsszene unter der Sonnendusche. Wieso nicht? Morgen sterben sie ja – vielleicht auch früher.

OBEN Im Februar 1985 mussten sich etwa 640 von Don Cutolos Camorra-Leuten vor Gericht verantworten. Der Prozess fand im Gefängnis Poggioreale auf einem umgebauten Fußballfeld statt.

OBEN 1981 wurde das Rote-Brigaden-Mitglied Roberto Peci von anderen Anhängern ermordet, nachdem sein Bruder mit Ermittlern kollaboriert hatte.

Der „Professor"

Raffaele Cutolo verdankt seinen Spitznamen „Professor" wohl der Tatsache, dass er Brillenträger ist, während einige sogar meinen, er sei seinerzeit einer der wenigen Verbrecher gewesen, die lesen und schreiben konnten. Abgesehen davon ist er auch einer der wichtigsten Gangster in der Geschichte der neapolitanischen Unterwelt, und dies, obwohl er fast sein gesamtes Erwachsenenleben im Gefängnis verbracht hat.

Der Beginn seiner kriminellen Laufbahn ist unklar. Eine Version weiß zu berichten, dass er 1963 einen Jungen aus seiner Heimatstadt tötete, der anzügliche Bemerkungen über Cutolos Schwester machte. Dagegen soll er nach einer zweiten Version ein Mädchen angefahren haben, als er mit leerem Benzintank und im Leerlauf die Straße entlangrollte. Ein Mann beschwerte sich darüber, es brach ein Streit aus, und Cutolo tötete ihn. Danach tauchte er ab, stellte sich aber zwei Tage später der Polizei. Egal welche Version stimmen mag – er erhielt jedenfalls eine Freiheitsstrafe von 24 Jahren.

Das Einführen einer Machtbasis

1970 kam Cutolo wieder frei, weil das Urteil zu spät ergangen war. Als das Kassationsgericht, die letzte Instanz im italienischen Strafsystem, das alte Urteil bestätigte, tauchte er unter, trat der Camorra bei und widmete sich dem Zigaretten- und Drogenschmuggel. Ein Jahr später wurde er erneut verhaftet. Diesmal nahm er im Gefängnis die Umstrukturierung der Verbrechergruppe in Angriff und schuf dafür die Nuova Camorra Organizzata (NCO) mit einem eigenen Aufnahmeritual und einem bewaffneten Arm.

Vor allem verstand sich Cutolo aber darauf, das Potenzial des strategisch bedeutsamen Hafens von Neapel zu nutzen. Dieser war in den Jahren zuvor zum wichtigsten

VATERSCHAFT HINTER GITTERN

2007 wurde Raffaele Cutolo nach 25 Jahren Haft wieder Vater. Seit 1982 verbüßt er neun lebenslange Freiheitsstrafen, weshalb seine Tochter mithilfe neuester Methoden der Reproduktionsmedizin empfangen wurde. Das wäre nicht weiter erwähnenswert, gäbe es da nicht die Tatsache, dass dies nach dem italienischen Gesetz nur sterilen Personen erlaubt ist – unter diese Kategorie fällt Cutolo aber nicht. Dies bedeutet, das ein im Hochsicherheitstrakt einsitzender Häftling Verfahren der künstlichen Empfängnis nutzen durfte, die freien Bürgern in Italien verwehrt sind.

Salvino Madonia sitzt lebenslänglich wegen Mafiaverbrechen und einem Mord in der Stadt L'Aquila und hat ebenso wie Raffaele Cutolo eine staatlich finanzierte künstliche Befruchtung beantragt.

Umschlagplatz für den Schmuggel von Drogen und Zigaretten im Mittelmeer avanciert, sodass sich die Interessen der sizilianischen Cosa Nostra, der 'Ndrangheta in Kalabrien und der Clans von Marseille auf den Hafen richteten. Sämtliche Gruppen waren bestrebt, Vereinbarungen mit der neapolitanischen Unterwelt zu treffen – anders gesagt mit Cutolo. Seine Macht basierte vornehmlich auf seinem Organisationsgeschick und seiner Fähigkeit, sich ins Zentrum der Verhandlungen zu rücken.

Gefängniskontakte

Cutolos Prestige wuchs noch 1980, als ihm viele wichtige italienische Staatsmänner in seiner Zelle einen Besuch abstatteten. Der Grund dafür war die Entführung des Christdemokraten Ciro Cirillo, einem Mitglied der Regionalregierung von Kampanien. Seine Kidnapper gehörten der linksextremen Terrorgruppe Brigate Rosse an, und da deren Anhänger oft in denselben Gefängnissen einsaßen wie jene der Camorra, stellte diese einen potenziellen Kanal für Verhandlungen mit den Terroristen dar. Ob der italienische Staat mit dem organisierten Verbrechen verhandelt hat oder nicht, wurde nie offengelegt, doch nach den Treffen mit Cutolo kam Cirillo jedenfalls frei.

Zersplitterte Familien

1981 taten sich nach den Erdbeben in der Irpinia ganz neue Aussichten für die Verbrecherorganisationen auf, und Cutolos Macht mehrte sich noch einmal. Die Camorra verdiente am Notstand, indem sie abgefangene Hilfsgüter auf dem Schwarzmarkt vertickte und sich die Ausschreibungen für den Wiederaufbau sicherte. Jedoch weckten die 50 Billionen Lire, die die Regierung für den Notstand bereitgestellt hatte, auch den Appetit der alten Camorra-Familien. Sie entschlossen sich zur Bildung der Nuova Famiglia, was Anlass zu einem erbitterten Konflikt mit Cutolos NCO wurde, der erschreckend viele Todesopfer forderte. Die siegreiche Nuova Famiglia kontrollierte die Organisation mehrere Jahre lang, bis interne Streitigkeiten einen weiteren blutigen Machtkampf provozierten und so noch einmal in aller Deutlichkeit die uneinheitliche und eher desorganisierte Natur der neapolitanischen Mafia bestätigten.

UNTEN 21. März 2005. Die Leiche von Nunzio Giuliano liegt auf einer Straße in Neapel. Der 57-Jährige wurde im Krieg zwischen rivalisierenden Camorra-Lagern erschossen.

OBEN 23. April 1994. Nach Ausweisung aus den USA trifft ein mutmaßlicher 'Ndrangheta-Pate in Italien ein – einer von vielen, die die Rückreise antreten mussten.

UNTEN Francesco Vottari wird nach der Ermordung von sechs Italienern in Duisburg 2007 abgeführt. Grund für die Morde war eine Blutfehde zwischen zwei 'Ndrangheta-Clans in San Luca.

Die kalabrische 'Ndrangheta

Im Gegensatz zur sizilianischen Cosa Nostra war die 'Ndrangheta nie besonders gut ausgebildet. Dennoch ist sie heute die mächtigste und gefährlichste Verbrechergruppe in Italien und gehört sogar zu den wirtschaftlich stärksten weltweit. Einem jüngsten Bericht des Instituts für politische, wirtschaftliche und soziale Studien (EURISPES) zufolge hat sie einen geschätzten Jahresumsatz von 44 Milliarden Euro. Diese Zahl berücksichtigt aber noch nicht die Geldwäsche-Einkünfte.

Ursprünge

Über das Wort 'Ndrangheta weiß man nur mit Gewissheit, dass es ursprünglich aus dem Griechischen kommt. Höchstwahrscheinlich leitet es sich ab von *andragathía*, was „Heldentum" bedeutet, oder aber von *Andragathia Regio*, der Bezeichnung für das Grenzgebiet zwischen Kalabrien und der Basilicata.

Die kalabrische Mafia bildete sich im Laufe des 19. Jahrhunderts heraus, als in der Region viele sizilianische Mafiosi interniert wurden. Sie kamen dort in Kontakt mit der lokalen Unterwelt und ermutigten sie zur Gründung der *'ndrine* – der kalabrischen Familien. Jedoch ist bekannt, dass auch im Kalabrien des 17. Jahrhunderts schon eine lockere Form des organisierten Verbrechens existierte. Wie bei der sizilianischen Cosa Nostra liegen seine Ursprünge im Problem der Landverteilung begründet. Auf einer Seite standen die Grundbesitzer und das Bürgertum und auf der anderen die Landarbeiter, und der Vermittler zwischen beiden Seiten wurde in Kalabrien als *industriante* bezeichnet, während er in Sizilien *gabelloto* hieß. Er pachtete die Ländereien vom Hochadel und verwaltete sie mithilfe von bewaffneten Garden, die die ausgebeuteten und am Existenzminimum dahinvegetierenden Bauern einschüchterten.

Organisationsstrukur

Die Strukturen der 'Ndrangheta wurden von Serafino Castagna offengelegt, einem mehrfachen Mörder und Ex-Mitglied, der ab 1955 mit den Justizkräften kollaborierte. Nach seinen Beschreibungen war sie eingeteilt in Familien, die *'ndrine*, und aufgebaut wie eine Firma, bestehend aus einem Kopf und 24 vertrauenswürdigen Männern, die in kalabrischen Städten mit einem Gericht lebten. Ihre Hochburg war die Stadt Reggio di Calabria, in deren Umland sich die Organisation zuerst entwickelt hatte.

Obschon es eine allgemeine *'ndrina* gab, die aus den *'ndrine* mehrerer Städte bestand und in eine große und eine kleine *'ndrina* unterteilt war, entsprach diese Form der Organisation nicht dem oligarchischen Modell, sondern war horizontal ausgerichtet. Noch nie in ihrer Geschichte hatte die 'Ndrangheta einen vertikalen Aufbau. Stattdessen ist sie sehr zersplittert und spiegelt das breite Spektrum von historischen und kulturellen Traditionen, die in der Region Kalabrien nebeneinander bestehen. Die parlamentarische Anti-Mafia-Kommission in Italien bescheinigt ihr „eine Tentakelstruktur ohne strategische Ausrichtung, dafür aber mit einer Art organischer Intelligenz". Ebenso wie die El Kaida ist sie eher rhizomatisch als pyramidenförmig aufgebaut, mit vielen Zellen ohne direkte Verbindung, die aber eine identische Denkweise haben und imstande sind, über ihre Herkunftsregion hinaus zu expandieren.

Kokain

Kokain ist die Haupteinnahmequelle der 'Ndrangheta. Als die sizilianische Cosa Nostra in den späten 1970er- und frühen 1980er-Jahren zum ernsten Problem für die öffentliche Ordnung wurde, konzentrierte sich der italienische Staat vor allem auf sie. Derweil knüpften die Banden in Kalabrien Kontakt zu kolumbianischen Drogenhändlern und südamerikanischen paramilitärischen Organisationen, und es gelang ihnen schließlich, die Führungsrolle im internationalen Kokainschmuggel an sich zu reißen.

Dies war eine entscheidende Epoche in der Historie der 'Ndrangheta und der Auftakt zu einem Expansionsprozess, durch den sie in den 1990er-Jahren zu einer der mächtigsten kriminellen Organisationen der Welt aufstieg. Um die verschiedenen Aktionen zu finanzieren, die sich aus dem Rauschgifthandel ergeben, intensivierten die Kalabrier ihre Strategie, hauptsächlich in Norditalien wohlhabende Personen zu entführen und Lösegeld zu verlangen. Mehr und mehr ähnelte sie der Cosa Nostra, und in den 1990er-Jahren überholte das Geschäftsvolumen der 'Ndrangheta sogar das ihrer sizilianischen Schwester.

OBEN Am 24. Oktober 1992 konfiszierte die Polizei 44 Kilogramm Kokain in Rom – ein Tropfen im Meer des 'Ndrangheta-Schmuggels.

RECHTE SEITE Carabinieri verhaften Giuseppe Nirta, den mutmaßlichen Kopf des Nirta-Strangio-Clans der 'Ndrangheta. Er wird verdächtigt, der Drahtzieher hinter der Ermordung von sechs Italienern zu sein, die 2007 in Duisburg regelrecht hingerichtet wurden.

Reggio di Calabria

Einzig und allein in der Provinz Reggio di Calabria, die mit etwa 73 *'ndrine* das Zentrum der Organisation darstellt, sind die Banden ähnlich aufgebaut wie die Cosa Nostra und haben einen zentralen Dachverband, der dort „Santa" heißt. In Kalabrien sind mehr als 150 *'ndrine* mit etwa 6000 Anhängern aktiv. Mitglied einer *'ndrina* wird man entweder durch Geburt oder durch eine Taufe ab dem Alter von 14 Jahren. Das neue Mitglied bindet sich bei einer Aufnahmezeremonie ein Leben lang an die Gruppe, die exklusiv und elitär ist und eine eigene interne Rechtsprechung hat. Formal steht sie auch Frauen offen, die ebenfalls einen Treueeid ablegen.

Blutsbande

Im Fall eines Verstoßes oder Fehlers wird das Strafgericht des Clans einberufen, vor dem sich die gesamte Familie des Beschuldigten zu verantworten hat. Aus diesem Grund entschlossen sich auch nur sehr wenige Mitglieder der 'Ndrangheta, Kronzeugen zu werden. Die Blutsverwandtschaft spielt eine noch größere Rolle als in der sizilianischen Cosa Nostra, und Eheschließungen zwischen den verschiedenen *'ndrine* sind explizit dazu bestimmt, starke Bindungen innerhalb der einzelnen Verbände zu schaffen. Jede Familie kontrolliert ihr eigenes Gebiet. Interessant ist auch die Tatsache, dass die Organisation ihre Satzungen in einem Kodex niedergelegt hat.

Politische Bündnisse

Aus der fragmentarischen und horizontalen Grundstruktur ergab sich auch eine ähnliche Zersplitterung in den Beziehungen zur Parteienlandschaft. Die Bündnisse werden je nach Situation und Region mit wechselnden Parteien geschlossen. In den 1970er-Jahren pflegten die *'ndrine* neben Kontakten zu subversiven Kräften der extremen Rechten auch solche zur Democrazia Cristiana und deren Rivalin, der Kommunistischen Partei. Die Teile der 'Ndrangheta, die den Landarbeitern nahestanden, tendierten zum Bündnis mit den Kommunisten, während sich andere Banden eher mit dem Mittelstand identifizierten und es daher lieber mit den Christdemokraten hielten. Auch heute noch lässt sich die 'Ndrangheta als Ganzes keiner spezifischen Partei zuordnen.

UNTEN Ein Carabiniere durchsucht einen 'Ndrangheta-Bunker in Siderno in Reggio di Calabria. Bei der international durchgeführten Operation wurden am 17. September 2008 etwa 200 Personen rund um den Globus verhaftet.

Multinational

Die 'Ndrangheta ist eine bewegliche Organisation, die sich von Kalabrien auf alle Kontinente ausgedehnt hat. Besonders stark ist die multinationale Verbrechergruppe heute in Australien, Deutschland und Kanada – Länder, in die im 19. und 20. Jahrhundert viele Kalabrier einwanderten.

Mit dem Einstieg in den Kokainhandel, der heute die größte Einkommensquelle darstellt, setzte sie sich seit den 1980er-Jahren in fast allen nordeuropäischen Ländern, Großbritannien, den Niederlanden, der Schweiz und Österreich fest, und sie ist auch in den Ländern des ehemaligen Ostblocks vertreten, wo der Zusammenbruch der früheren Regimes ein Machtvakuum entstehen ließ, in dem die kri-

minellen Vereinigungen relativ mühelos die Kontrolle übernehmen konnten. Die 'Ndrangheta unterhält auch einträgliche Beziehungen zu südamerikanischen Narcoterroristen und paramilitärischen Organisationen in Kolumbien, die im Kokainschmuggel eine große Rolle spielen. Außerdem verfügt sie über Ableger in allen südamerikanischen Ländern.

In den letzten Jahren ist sie nicht nur mit einem enormen Geschäftsvolumen in Erscheinung getreten, sondern auch mit einem Massaker in Duisburg, bei dem im August 2007 sechs Personen in einem wahren Kugelhagel ihr Leben ließen. Ursache dafür war eine Familienfehde in dem kleinen Städtchen San Luca in der Provinz Reggio di Calabria.

Abgesehen von der Expansion im Ausland besitzt die 'Ndrangheta auch Brückenköpfe in Nord- und Mittelitalien: „Zweigstellen" der Clans existieren in vielen italienischen Provinzen, wo sie durch das Ankaufen und Verwalten von Immobilien, Hotels, Diskotheken und Geschäften Geld waschen.

1995 kam es deshalb zu einem Novum in der Geschichte Mittel- und Norditaliens, als ein Gemeinderat wegen geheimer Absprachen mit der Mafia aufgelöst werden musste. Eine solche Auflösung eines von der Mafia infiltrierten Rates ist seit 1991 gesetzlich verankert und sogar recht geläufig in Sizilien, Kalabrien, Kampanien und Apulien – den vier italienischen Regionen, aus denen Mafiaorganisationen hervorgingen.

OBEN Die Fahne des Italienischen Gewerkschaftsbundes CGIL weht über dem neapolitanischen Vorort Scampia.

Amerikanische Mafia
Informationszeitalter

Im 21. Jahrhundert brach in den Verbrecherclans die Disziplin zusammen, als strenge Gerichtsstrafen dafür sorgten, dass sich auf den Anklagebänken die Zungen der Gangster lösten.

OBEN Little Italy in Manhattan. Hier schlug das Herz der New Yorker Mafia.

RECHTE SEITE Wie der Vater, so der Sohn. John „Junior“ Gotti, der Sohn von John J. Gotti, verlässt 1999 den Gerichtssaal, wo er Bestechung, Erpressung, illegales Glücksspiel und Betrug eingestanden hatte.

Ermittlungsmethoden

Eine Kombination aus verbesserten Erfassungsmethoden der Ermittler und härteren Anti-Mob-Gesetzen machte der Mafiaführung zum Ende des 20. Jahrhunderts das Leben schwer. Abhöranlagen des FBI zeichneten zum Beispiel 1989 eine komplette Aufnahmezeremonie auf, geleitet von Neuengland-Boss Raymond Patriarca jr. Es war der allererste Mitschnitt einer derartigen Mafiainitiation, und er führte zu Anklageerhebungen gegen Patriarca und weitere Mitglieder seiner Familie.

Eine FBI-Wanze erbrachte 1990 wichtige Indizien gegen den Gambino-Boss John J. Gotti. Sein Spitzname „Teflon Don“, der darauf anspielt, dass Verurteilungen an ihm abzuperlen schienen, war bald vergessen, als er durch seine eigenen Worte überführt wurde.

Strohmänner

Einige Unterweltbosse suchten Schutz vor Strafverfolgung, indem sie möglichst unauffällig blieben. So erklärte sich Carmine Persico in den 1970er-Jahren zur Nummer zwei der Colombo-Familie nach Vincenzo Aloi, doch während *acting boss* Aloi den Titel hatte, lag die eigentliche Macht beim inoffiziellen Kopf Persico. Das Täuschungsmanöver aber war letztlich aussichtslos, denn Persico erhielt beim Prozess der Mafiakommission 1985/86 eine lange Freiheitsstrafe. Selbst im Gefängnis noch regierte er über seinen Sohn Alphonse und Verbündete.

Der Unterweltboss Joey Merlino aus Philadelphia benutzte Mitte der 1990er-Jahre kurzfristig Ralph Natale als Tarnung und unterstützte ihn als *acting boss*, während er für sich selbst die Position des Unterbosses in Anspruch nahm. Als Natale Ende des Jahrzehnts Informant wurde, war auch Merlino entlarvt. 2001 erhielt er wegen krimineller Machenschaften 14 Jahren Gefängnis, die er heute noch absitzt.

Auf der Flucht

Joseph Lombardo war ein hochrangiger Gangster im Chicago-Outfit mit Verbindungen zur Teamster-Gewerkschaft. Als er im Frühjahr 2005 von einer bevorstehenden Anklage gegen ihn im Rahmen der FBI-Operation „Family Secrets" erfuhr, suchte er das Weite. Neun Monate lang versteckte er sich vor der Justiz im Raum Chicago, dann musste er zusammen mit anderen Unterweltgrößen im August und September 2007 vor den Richter treten. Alle Angeklagten wurden verurteilt, außerdem befand man Lombardo, Frank Calabrese sr. und James Marcello des Mordes für schuldig.

Verjährung

John Angelo „Junior" Gotti fand dagegen Schutz vor dem Gesetz durch eine zwischenzeitlich eingetretene Verjährung. Zwar musste er 1999 ins Gefängnis, nachdem er seine Aufsichtsfunktion in der Gambino-Familie während der Haft seines Vaters eingeräumt hatte, doch in den 1990er-Jahren will er alle kriminellen Kontakte gekappt haben. Passenderweise sind alle vor dieser Frist liegenden Mobdelikte bereits verjährt. Die Staatsanwaltschaft konnte bei drei aufeinanderfolgenden Prozessen die Geschworenen nicht davon überzeugen, dass Gotti noch nach 1999 als Gangster aktiv war. 2008 wurde erneut Anklage gegen ihn erhoben.

JOHN J. GOTTI

Geboren 1940, schloss sich John Gotti früh Straßenbanden an und wurde schließlich Mitglied der Mafia. Er übernahm 1985 die Leitung der Gambino-Familie nach dem Tod von Paul Castellano, gegen den er ein Komplott geschmiedet hatte. Gotti heiratete 1962, und FBI-Bänder belegen, dass er seine Frau und fünf Kinder regelmäßig verprügelte. Seine Publicitysucht und sein Prominentenstatus brachten ihm Berühmtheit ein.

Nach vielen erfolglosen Versuchen, ihn verurteilen zu lassen, musste er schließlich wegen Mordes und anderen Straftaten hinter Gitter. Er erkrankte 1998 an Kehlkopfkrebs und starb 2002 im Gefängnis.

Ein entspannter und charismatischer John J. Gotti plaudert 1990 im laufenden Verfahren wegen Körperverletzung mit seinen Rechtsanwälten.

VERRÄTER UND SPIONE

Alle Versuche der Bosse, die Disziplin durch das Töten von Informanten wiederherzustellen, trieben die Mafiosi nur vermehrt in die Arme der Behörden. Gleichzeitig gelangen dem FBI Erfolge bei der Infiltration der Mafia.

Gregory Scarpa

Gregory Scarpa, Chefschläger der Colombo-Familie und mächtiger Verbündeter von Boss Carmine Persico, unterstützte heimlich drei Jahrzehnte lang das FBI bis zu seinem Tod 1994. Parallel zur Zusammenarbeit mit den Ermittlern führte er die Pro-Persico-Kräfte in einem Familienkrieg gegen das Lager von Vittorio Orena. Scarpa soll dem FBI auch geholfen haben, einen Schlüsselzeugen für die Morde an drei Bürgerrechtlern 1964 in Mississippi zu finden.

Jimmy the Weasel

In den späten 1970er-Jahren begann Aladena „Jimmy the Weasel" Fratianno seine Kooperation mit dem FBI. Er besaß Erfahrung mit der organisierten Kriminalität in Cleveland, Los Angeles, San Francisco und Las Vegas. Damit konnte er den Behörden bei ihrem Angriff auf die südkalifornischen Verbrecherfamilien helfen und auch tiefe Einblicke in das Mobgeschehen in Las Vegas liefern.

Angelo Lonardo

Eine lange Gefängnisstrafe wegen Gangstertum und Drogenhandel vor Augen, entschloss sich Unterboss Angelo Lonardo von der Clevelandmafia 1983, die Seite zu wechseln. Er war der Sohn von Joseph Lonardo, der 1927 vom Mob ermordet worden war, und als langjähriger Unterweltchef im Mittleren Westen besonders hilfreich bei den Mafiakommission- und Strohmann-Prozessen.

UNTEN „Sammy the Bull" Gravano öffnet beim Verlassen des Ravenite Social Club die Tür für John J. Gotti. Nach Ansicht Gottis war Sammy die größte Ratte.

Sammy the Bull

Salvatore „Sammy the Bull" Gravano war Unterboss in der Gambino-Familie und trat 1992 als Regierungszeuge gegen seinen Ex-Boss John J. Gotti auf. Seine Aussage verhalf den Staatsanwälten endlich zu einer lebenslänglichen Gefängnisstrafe für den aalglatten Gotti, der sich bis dahin einer Verurteilung stets zu entziehen wusste.

D'Arco, Gaspipe und Henry Hill

Zwei Schlüsselfiguren der Lucchese-Familie – Alphonse D'Arco und Anthony „Gaspipe" Casso – wurden in den frühen 1990er-Jahren abtrünnig. Casso wäre nach der Verurteilung Anthony Corallos beim Prozess der Mafiakommission um ein Haar Boss einer Familie geworden. D'Arco diente 1991 kurz als *acting boss* des Clans. Obschon Henry Hill kein offizielles Mitglied der Familie war, führte seine Zusammenarbeit mit den Behörden doch in den frühen 1980er-Jahren zum Sturz mehrerer mächtiger Mobster, darunter etwa Topmann Paul Vario und der hoch bezahlte *associate* Jimmy Burke.

LINKS Anthony „Tony Ducks“ Corallo, das Haupt der Lucchese-Familie, bekommt Einsteigehilfe nach dem Prozess der Mafiakommission von 1985/86.

LINKE SEITE Ein vergnügter Frank Sinatra im Kreise von mutmaßlichen Mobster-Bossen. Jimmy the Weasel (zweiter von rechts) machte seinem Namen alle Ehre und plauderte mit dem FBI.

Joe Massino

Mit Joseph Massino gewann das FBI 2004 seinen wichtigsten Überläufer. Der einstige Protegé von Philip Rastelli führte zwischen 1991 und 2004 die Bonanno-Familie. Angesichts einer drohenden Todesstrafe wegen seiner Rolle bei Mobmorden willigte Massino ein, Informationen zu liefern und bei einem Gespräch mit seinem Nachfolger Vincent Basciano ein Abhörgerät zu tragen.

Big Billy

Ende 2008 stimmte auch der Boss der Bufalino-Familie aus Pennsylvania einer Kooperation mit den Behörden zu, um eine kürzere Strafe wegen Geldwäsche und Zeugenbestechung auszuhandeln. William „Big Billy“ D'Elia, der früher als Leibwächter für den verstorbenen Russell Bufalino gearbeitet hatte, war bis zur Anklage 2006 noch nie eines Verbrechens beschuldigt worden.

Spione

Der bekannteste Geheimdienstagent des FBI ist sicher Joseph Pistone. In der Rolle des Diebes Donnie Brasco erwarb er sich zwischen 1976 und 1981 das Vertrauen von Bossen der Bonanno- und Lucchese-Familie. Das während seiner Undercoverarbeit gesammelte Material führte zu Hunderten von Anklageerhebungen und mehr als hundert Verurteilungen. Pistone trug zur Sprengung der Pizza Connection bei, die einen Heroinschmuggelring betrieb, wirkte mit am Prozess der Mafiakommission und sagte gegen Mafiosi in Milwaukee, Tampa und New York aus. Als seine Rolle in Mafiakreisen ruchbar wurde, ermordete die Bonanno-Familie sofort ihren *caporegime* Dominick „Sonny Black“ Napolitano, der Brasco ins Milieu eingeführt hatte.

Ein weiterer wichtiger Undercoveragent war Joaquin Garcia, der sich als Unterwelthehler Jack Falcone ausgab. Kurz vor Beendigung seines Einsatzes 2005 wäre er beinahe in das Team der Gambino-Familie aufgenommen worden. Ihr Boss Gregory DePalma prahlte gern mit seinen Unterweltkontakten, und um seine Bemerkungen aufzuzeichnen, trug Garcia ein Aufnahmegerät. Die Aussage des FBI-Agenten trug dazu bei, DePalma 2006 hinter Gitter zu bringen.

OBEN Joe Pistone war einer der erfolgreichsten Undercoveragenten des FBI. Unter dem Decknamen Donnie Brasco infiltrierte er große Verbrecherfamilien.

BLUT IST GAR NICHT SO DICK

Obschon Verwandtschaftsbande die Grundlage vieler Mafiaorganisationen bilden, hält die Geschichte zahlreiche Beispiele bereit, in denen sich Familienmitglieder gegeneinander wandten. In den 1960er-Jahren kam es fast zum Krieg zwischen den beiden Gangster-Cousins Joseph Bonanno aus Brooklyn und Stefano Magaddino aus Buffalo. Als Letzterer Bonanno stürzen wollte, verriet ein anderer Magaddino-Cousin den Plan.

Die Verurteilung des Chicagoer Mobsters Frank Calabrese sr. beim großen „Family Secrets"-Prozess stützte sich hauptsächlich auf die Aussagen von Verwandten, etwa seines Bruders Nicholas, der ein Auftragsmörder war, bevor er zum Informanten wurde.

Auch Frank Calabreses Sohn Frank jr. sagte aus. Er erinnerte sich, seinem Vater und Onkel beim Einsammeln von kriminellen Geldern geholfen zu haben. Als Frank sr. einmal herausfand, dass sein Sohn ihn bestohlen hatte, setzte er ihm die Pistole an den Kopf und sagte: „Lieber sehe ich dich tot, als dass du mir nicht gehorchst."

Joe Bonanno war einer von vielen Mafiosi, die bedenkenlos Familienangehörige verrieten.

Korruption

Im Lauf der Zeit bewies das organisierte Verbrechen in Amerika auch großes Geschick beim Infiltrieren seiner Gegenspieler. Durch das Bestechen von ausgewählten Personen im Polizei- und Justizwesen gelang es Gangstern wiederholt, sich vor Strafverfolgung zu schützen und den durch Aussteiger verursachten Schaden zu begrenzen.

So arbeitete James „Whitey" Bulger, der skrupellose Anführer der irischen Winter Hill Gang im Raum Boston, bei den Ermittlungen gegen die Neuenglandmafia mit der Bundespolizei zusammen. Bulger war der Bruder eines Staatssenators in Massachusetts und hatte eine für beide Seiten vorteilhafte Beziehung zu FBI-Agent John Connolly aufgebaut. Als dieser im Januar 1995 von einer anstehenden RICO-Klage gegen den Kopf der Winter Hill Gang erfuhr, konnte Bulger abtauchen.

Später kamen Details über das kriminelle Gebaren des FBI-Agenten ans Licht der Öffentlichkeit. Besonders erschreckend war die Enthüllung, dass das FBI bei der Verurteilung der neuenglischen Mafiosi Peter Limone, Louis Greco, Joseph Salvati und Henry Tameleo geholfen hatte, obwohl ihm bekannt war, dass sie den fraglichen Mord nicht begangen hatten. Die vier Männer mussten 1968 ins Gefängnis, Tameleo und Greco starben dort, und Limone und Salvati kamen erst 2001 frei, nachdem die Manipulationen des FBI bekannt wurden.

Der neuenglische Mafioso Angelo „Sonny" Mercurio, der ebenfalls mit Connolly zusammengearbeitet hatte, half schließlich bei der Überführung des früheren FBI-Agenten, der 2002 eine zehnjährige Gefängnisstrafe erhielt. Ende 2008 wurde Connolly außerdem des Mordes mit bedingtem Vorsatz für schuldig befunden, weil er Informationen über einen Informanten weitergegeben hatte, der deshalb 1982 von der Winter Hill Gang erschossen wurde. Dafür bekam er 40 Jahre.

Mafiacops

2006 befand eine Bundesjury, dass zwei hoch dekorierte Detectives der New Yorker Stadtpolizei, Stephen Caracappa und Louis Eppolito, Ende der 1980er-Jahre gemeinsame Sache mit Anthony „Gaspipe" Casso, einem Unterboss der Lucchese-Familie, gemacht hatten. Die Ex-Polizisten Caracappa und Eppolito wurden auch der Verschwörung mit Casso bei elf Morden und versuchten Morden überführt. Außerdem verwies die Staatsanwaltschaft darauf, dass das Duo 4000 Dollar monatlich von Casso eingestrichen hatte sowie bei Mordfällen zusätzliche Geldbeträge.

Obwohl Richter Jack Weinstein der Ansicht war, dass Caracappa und Eppolito lebenslänglich verdienten, hob er die Urteile später wegen der eingetretenen Verjährung auf. In der Berufungsinstanz beschied ein dreiköpfiges Richtergremium im September 2008, Weinstein habe den Begriff der Gangsterverschwörung zu eng ausgelegt, und bestätigte die Urteile gegen die sogenannten Mafiacops. Im März 2009 erhielten beide in der Berufungsverhandlung lebenslängliche Haftstrafen.

LINKE SEITE Dieser einfache Spirituosenladen wurde insgeheim von Whitey Bulger kontrolliert. Angeblich hat er dort in der Lotterie gewonnen, was ihm 20 Jahre lang Einkünfte von 89.000 Dollar bescherte.

LECKS IM FBI

Die Mafia verbuchte in den 1970er-Jahren auch Erfolge bei ihrem Vorgehen gegen die wachsende Zahl von Informanten, indem sie rangniedriges FBI-Personal schmierte und dafür die Namen von Verrätern erhielt.

Kurz nachdem der Mafiabonze Jimmy Fratianno seine Informantentätigkeit aufgenommen hatte, hörte er vom Cleveland-Boss Jack „Blackie" Licavoli, dass die Unterwelt eine Spionin im FBI hatte. Licavoli wusste bereits, dass der kurz zuvor ermordete Gangsterboss Frank „Bomp" Bompensiero aus San Diego mindestens ein Jahrzehnt lang Informant gewesen war.

„Wir haben über eine Tusse Verbindung ins FBI-Büro", sagte Licavoli zu Fratianno. Aus Furcht vor Entdeckung begab sich Fratianno sofort ins Zeugenschutzprogramm und verriet alles, was er über die undichte Stelle wusste. Mithilfe seiner Aussage konnte der Gangster Anthony Liberatore aus Cleveland 1982 wegen Bestechung einer Büroangestellten überführt werden, die eine Liste von kooperierenden Gangstern weitergegeben hatte. Im selben Jahr wurde auch Licavoli verurteilt.

Der Gerichtszeuge Jimmy „the Weasle" Fratianno tut seinen Verrat mit einem Achselzucken ab.

DER KENNEDY-MORD

Ob die amerikanische Mafia bei der Ermordung von US-Präsident John F. Kennedy ihre Finger im Spiel hatte oder nicht, ist bis heute ungeklärt. Erst 2009 waren wieder neue Beweise aufgetaucht. Diesen zufolge soll der New Orleanser Boss Carlos Marcello mit Santo Trafficante jr. aus Tampa und dem Mafioso Johnny Roselli aus Chicago zusammengearbeitet haben, um dem Präsidenten eine Falle zu stellen und den Mord an Kennedy als das Werk kubanischer Kommunisten erscheinen zu lassen. Drei Attentate wurden geplant. Die ersten beiden, die in Chicago und Tampa stattfinden sollten, wurden abgebrochen, der dritte Versuch erfolgte am 22. November 1963 in Dallas in Texas.

Die Behörden machten für das Attentat einen Alleintäter verantwortlich – Lee Harvey Oswald, der aus dem fünften Stock des Schulbuchdepots auf Kennedys Wagenkolonne schoss. Dagegen behaupten Verschwörungstheorien, dass die Kugeln aus einer anderen Richtung kamen. Oswald verantwortete sich nie vor Gericht für den Mord an Kennedy, denn er starb noch im Polizeigewahrsam durch die Kugel von Jack Ruby, einer Unterweltfigur mit Kontakten nach Dallas und Chicago.

Als man 2008 vergessene Akten in einem Safe im Büro des Bezirksstaatsanwalts von Dallas County fand, löste dies erneut eine Diskussion aus. Denn bei den Unterlagen fand sich auch eine Transkription eines Gesprächs, das die beiden Männer am 4. Oktober 1963 über die Ermordung des US-Präsidenten führten, um den Anti-Mafia-Ermittlungen unter Justizminister Robert Kennedy endlich ein Ende zu bereiten. Ruby warnte Oswald davor, sich fassen zu lassen, denn „die Jungs setzen mich auf dich an, egal wohin du gehst, um dich kaltzumachen“. Experten für den JFK-Mord bewerten das Dokument schließlich als Fälschung – es gehörte zu einer Sammlung mit fingierten Unterlagen für einen Spielfilm.

Präsident John F. Kennedy mit seiner Frau in der Wagenkolonne am 22. November 1963 in Dallas. Momente später wurde er in den Kopf geschossen und starb kurz darauf. Die Mafia wird immer wieder als Drahtzieher verdächtigt, obwohl es keine stichhaltigen Beweise für ihre Beteiligung gibt.

Ungelöst

Seit dem Apalachin-Fiasko hat die amerikanische Mafia ein halbes Jahrhundert der Enttarnung und des Niedergangs erlebt. Trotzdem blieben mehrere ihrer Verbrechen unaufgeklärt.

Hoffas Verschwinden

Ein Geheimnis umgibt weiterhin die letzten Lebensmomente von Jimmy Hoffa und den Verbleib der Leiche. Seit seinem spurlosen Verschwinden 1974 haben die Behörden mehrere Spuren verfolgt und setzen ihre Ermittlungen auch heute noch fort, obwohl der Ex-Präsident der Teamster-Gewerkschaft 1982 offiziell für tot erklärt wurde. 2001 führte das FBI DNA-Tests an Haaren aus dem Heck eines Leihwagens durch, den Hoffas Freund Charles O'Brien am Tag von dessen Verschwinden gefahren hatte, und tatsächlich stammten die Haare von Hoffa.

Zwei Jahre später gestand Frank Sheeran eine Beteiligung an Jimmy Hoffas Verschwinden ein. Der langjährige Freund Hoffas war Gewerkschaftler bei den Teamsters und zugleich Vollmitglied der Pennsylvaniamafia, die von Russell Bufalino geführt wurde. Sheerans Aussagen waren allerdings widersprüchlich. Einmal behauptete er, Hoffa persönlich auf Anordnung von Bufalino und Salvatore Briguglio, einem Helfershelfer des New Jerseyer Gangsters Anthony Provenzano, umgebracht zu haben. Dann wieder gab er zu Protokoll, er sei erst nach dem Mord erschienen und habe bei der

OBEN Russell Bufalino war eine führende Gestalt in der Pennsylvaniamafia. 1968 wurde er wegen eines Komplotts zur Verschiebung gestohlener Fernseher verhaftet.

Beseitigung der Leiche mitgeholfen. Er starb im Jahr 2003, noch bevor seine Aussagen überprüft werden konnten.

Einige Monate später fanden Ermittler in dem Haus, wo laut Sheeran der Mord an Hoffa stattgefunden hatte, tatsächlich Blut unter den Dielen, das aber nach umfassenden DNA-Tests nicht dem Gewerkschaftsführer zugeordnet werden konnte.

Nach einem Tipp führte das FBI dann im Frühjahr 2006 eine medienwirksame Grabungsaktion durch und rückte bei einer Pferdefarm in Milford Township in Michigan mit schwerem Gerät und Leichenhunden an. Der Abriss einer Scheune und das Durchwühlen des Untergrunds verschlangen Hunderttausende von Dollars, erbrachten aber keinerlei Indizien auf den Verbleib von Hoffa.

UNTEN Der Teamster-Chef Jimmy Hoffa gibt vor dem Bezirksgericht eine Presseerklärung ab. Er tritt danach eine Haftstrafe wegen Bestechung der Geschworenen an.

Die Suche nach Whitey Bulger

Seit 1995 fahnden die Behörden nach James „Whitey" Bulger aus Neuengland. Der ehemalige Kopf der Bostoner Winter Hill Gang war jahrelang auch Informant des FBI gewesen und hatte in enger Zusammenarbeit mit Agent John Connolly geholfen, die neuenglische Patriarca-Familie auffliegen zu lassen. Dafür blickte Connolly beim kriminellen Treiben Bulgers großzügig weg und warnte ihn im Januar 1995 sogar vor einer bevorstehenden Anklageerhebung. Der Gangster flüchtete daraufhin. Inzwischen rangiert Bulger unter den Top Ten auf der Fahndungsliste des FBI, und 2008 wurde die Belohnung für seine Erfassung auf zwei Millionen Dollar aufgestockt.

OBEN Die Entsorgung von Petroleumabfällen wurde in den 1970er-Jahren streng reglementiert. Dies lockte den Mob an, der legalen Firmen „behilflich" war.

2000 Anklageerhebung gegen 120 Personen in New York wegen Wertpapierbetrugs.

2002 Verhaftung von 17 Mitgliedern der Gambino-Familie wegen Erpressung.

2005 Festnahme von zwei pensionierten New Yorker Polizeibeamten wegen Mordverschwörung mit der Mafia. Das Urteil ergeht 2006.

2008 Verhaftung von John A. „Junior" Gotti in Zusammenhang mit drei Morden.

Schutzdienste

Der „Family Secrets"-Prozess von 2007 zeigt, dass die Mafia auch heute noch eine traditionelle Version der Schutzgelderpressung betreibt, bei der Geschäftsleute für den Schutz der Unterwelt zahlen müssen. So erhob Joseph „Joey the Clown" Lombardo eine Straßensteuer auf illegale Tätigkeiten in seinem Revier. Nach Schätzungen der Staatsanwälte zahlte ihm ein Glücksspielbetrieb bis zu 2000 Dollar im Monat, um nicht den Zorn der Chicagoer Gangster auf sich zu ziehen.

Geheime Monopole

In legalen Wirtschaftsbereichen können durch die Korruption der Mafia geheime Monopole entstehen, was nicht nur die Preise für die Verbraucher in die Höhe treibt, sondern auch Gelegenheit zu Geldwäsche, Vergütungen ohne Gegenleistung und allerlei kriminellen Aktivitäten bietet. Beispielsweise kamen beim Prozess der Mafiakommission Absprachen der New Yorker Familien über Baumaterialien zutage. Ähnliche Monopole bestehen dem abtrünnigen Michael DiLeonardo aus der Gambino-Familie zufolge überall in der Bau- und Abbruchbranche.

2006 beschuldigte man Dutzende von Personen bei scheinbar unabhängigen Müllentsorgern im westlichen Connecticut und im Bundesstaat New York der Absprachen. Noch im selben Jahr bekannte sich Matthew „Matty the Horse" Ianniello der Beteiligung an diesem Komplott für schuldig und erhielt zwei Jahre Haft.

DER MOB IM MÜLLGESCHÄFT

Stärkere Reglementierungen zur Entsorgung von Feststoffabfall, gepaart mit einer unzulänglichen Kontrolle ihrer Durchsetzung, machten die Abfallwirtschaft in den 1970er-Jahren zum Magneten für das organisierte Verbrechen, ähnlich dem Alkoholschmuggel während der Prohibition. Die neuen Bestimmungen bedeuteten für die Firmen eine deutliche Erhöhung der Kosten, und so bestand ein enormer finanzieller Anreiz, Bündnisse mit geschäftstüchtigen kriminellen Gruppen einzugehen.

Ermittler entnehmen Proben aus Giftmülltonnen. Die organisierte Kriminalität verdient Millionen am Giftmüll.

DIE MAFIA IM FILM

Casino

Martin Scorseses Film *Casino* (1995) kann ein hohes Maß an Authentizität für sich in Anspruch nehmen, auch wenn er in den historischen Details nicht immer ganz genau ist.

OBEN Das Auto von Ace Rothstein (Robert de Niro) geht in Flammen auf. *Casino* ist bekannt für seine gewalttätigen Szenen.

UNTEN Sharon Stone spielt Aces Ehefrau Ginger. Die Rolle als Edelnutte brachte ihr einen Golden Globe ein.

Vorlage

Das Drehbuch beruht auf dem Roman von Nicholas Pileggi. Robert de Niro spielt in der Hauptrolle Sam „Ace" Rothstein, einen jüdischen Kettenraucher und Berufsspieler, der den Auftrag erhält, sich um das Spielcasino Tangiers in Las Vegas zu kümmern. Der echte Rosenthal leitete für das Chicago Outfit die Casinos Stardust, Fremont und Hacienda.

Schauspieler

Joe Pesci spielt Nicky Santoro – eine Figur, die auf Anthony „Tony the Ant" Spilotro, einem Schläger und Psychopathen, basiert. Für die Rolle von Aces Ehefrau Ginger wurde Sharon Stone mit einem Golden Globe und einer Oscar-Nominierung belohnt.

Brutalität

Martin Scorsese erklärte, die Szene mit dem Kopf im Schraubstock habe er eigentlich als eine Art Bauernopfer geschaffen, um von anderen Gewaltszenen abzulenken. Als die Filmbewertungsstelle MPAA aber keine Einwände erhob, beließ er sie leicht abgeändert im Film. Dieser Vorfall hatte sich etwa zehn Jahre vor dem Dreh tatsächlich ereignet.

Charaktere

Die meisten Filmcharaktere haben Vorbilder in der Wirklichkeit. Zum Beispiel orientiert sich die Figur von Ginger Rothstein an Geraldine Rosenthal, jene von Frankie Marino an Frank Cullotta (Cullotta spielt in dem Film Curly), jene von Billy Sherbert an Murray Ehrenberg und jene von Lester Diamond an Leonard Marmor.

OBEN James Hoffa ist nicht nur der Sohn des früheren Teamster-Chefs Jimmy Hoffa, sondern auch selbst Teamster-Präsident. Hier nimmt er am Protestmarsch gegen den WTO-Gipfel in Seattle 1999 teil.

Gangster und Gewerkschaften

Trotz aller Bemühungen um Regulierung und der vielen pressewirksamen Erfolge der Polizei dauern kriminelle Machenschaften in der Gewerkschaft an. Ein Bericht vom „Präsidentenrat zum organisierten Verbrechen" bestätigte 1986 den Einfluss des Mafianetzwerks in großen amerikanischen Arbeitnehmervertretungen wie den Teamsters, der Gewerkschaft der Hafenarbeiter, der Arbeiter von Nordamerika, der Hotel- und Restaurantangestellten und Barkeeper. Zwischen 1995 und 2000 führten Bundesbeamte mit einem Reformlager in der Laborers' Union eine Säuberungsaktion durch, was zur Entlassung von 220 korrupten Gewerkschaftsfunktionären führt.

Abgesehen vom Stehlen und Umleiten von Gewerkschaftsgeldern handelten korrupte Funktionäre und ihre Unterweltverbündeten auch direkt gegen die Interessen der Gewerkschaften, um persönliches Vermögen anzuhäufen. Ein führender Vertreter der Genovese-Familie räumte im Jahr 2006 ein, unberechtigte Zahlungen an die Führung einer Busfahrer-Ortsstelle in New York veranlasst zu haben. Ein ehemaliger Präsident dieser New Yorker Ortsstelle wurde schließlich 2008 zu vier Jahren Gefängnis verurteilt, weil er Schmiergelder von gewerkschaftsfreien Busunternehmen angenommen hatte.

Das Internet

Die weltweite Vernetzung per Computer fördert auch das Wachstum bestimmter Unterweltbranchen, und gerade die Glücksspielgangster haben sich schon bestens im Internetzeitalter eingelebt. Eine Studie von 2006 offenbarte Kontakte zwischen einer Internetfirma für Sportwetten auf Costa Rica und der Bonanno-Familie in New York. Dieses Wettimperium zog vermutlich mehr als eine Milliarde Dollar im Jahr von US-Spielern ab und leistete regelmäßig Zahlungen an die Bonanno-Spitze. 2008 konnte die Staatspolizei von New Jersey einen Spielbetrieb mit Verbindung zur Genovese-Familie sprengen, der Niederlassungen in der Dominikanischen Republik unterhielt und jeden Monat schätzungsweise eine Million Dollar erwirtschaftete.

Identitätsbetrug

Inzwischen erhöht sich auch die Gefahr des Identitätsdiebstahls, vor allem angesichts der Tatsache, dass sich das Hinterlegen von persönlichen Informationen auf dem Computer und das Abwickeln von Geschäftsvorgängen übers Internet mehr und mehr einbürgert. Dabei geht man im Allgemeinen

IN VOLLER SICHT VERSTECKT

Nachdem der Genovese-Boss Vincent Gigante durch die Verurteilung von „Fat Tony“ Salerno seinen Strohmann verloren hatte, ersann er eine neue Tarnmethode. Gigante wird nachgesagt, der Schütze bei dem missglückten Anschlag 1957 auf Frank Costello gewesen zu sein. Nach der Übernahme der Genovese-Familie um 1981 täuschte er geistige Verwirrtheit vor und wanderte regelmäßig im Bademantel und vor sich hin murmelnd durch die Straßen von Greenwich Village. Einmal trafen ihn Bundespolizisten beim Überreichen einer Vorladung sogar mit Regenschirm in der Dusche an. Als Gigante in den 1990er-Jahren wegen krimineller Machenschaften vorgeladen wurde, bescheinigten ihm psychiatrische Gutachten Verhandlungsunfähigkeit. Schließlich bestätigten New Yorker Mafiainformanten, dass Gigante geistig kerngesund und Oberhaupt der Gangsterfamilie sei. Er bekannte sich 2003 der Strafvereitelung für schuldig und gab zu, seine Geisteskrankheit jahrelang nur vorgetäuscht zu haben.

Der zurückgezogen lebende Vincent Gigante galt als einer der listigsten und durchtriebensten der Topbosse.

Wer taub, blind und schweigsam ist, lebt tausend Jahre in Frieden.

John J. Gotti (1940–2002), Boss der Gambino-Familie

von einer Alleintäterschaft aus, doch wurde beim Diebstahl von Finanzinformationen bei Banken und Rechnersystemen des Einzelhandels bereits die Handschrift des organisierten Verbrechens erkannt.

Drogen

Die Pizza Connection, der 1984 der Prozess gemacht wurde, betrieb einen Heroinring unter Führung der Bonanno-Familie sowie aus Sizilien eingetroffenen Immigranten. Doch seitdem die Reihen der Bonannos von der Justiz gelichtet wurden, scheuen die Anführer der Unterwelt vor einer offenen Beteiligung am Rauschgiftschmuggel zurück. Dennoch ist der Drogenhandel dank der alten Kontakte immer noch ein Goldesel für die Mafia.

Menschenhandel

Die Mafia ist eine von mehreren kriminellen Organisationen, die im internationalen Menschenhandel tätig sind. Dieser umfasst den Verkauf von Menschen in kriminelle Branchen, in erster Linie die Prostitution.

Kriminelle Machenschaften im Informationszeitalter

Mit dem Einzug ins neue Jahrtausend suchte sich die amerikanische Mafia des Informationszeitalters neue Ertragsquellen und passte ihre Strategien an.

LINKE SEITE Streikposten der Teamster-Gewerkschaft verhindern 1988 die Lieferung von Autos an das Händlernetz.

Yakuza

Neuordnung

Im Lauf von 300 Jahren stieg die Yakuza von Straßenspielern und lokalen Marktgaunern zu einer der mächtigsten Gruppen des organisierten Verbrechens weltweit auf.

Neue Herausforderungen

In ihrer langen Geschichte hat die Yakuza Triumphe und Rückschläge erlebt. Mit Beginn des neuen Jahrtausends wird sie mit vielen neuen Herausforderungen konfrontiert – darunter eine weniger duldsame Öffentlichkeit, striktere gesetzliche Maßnahmen und ein harter globaler Wettbewerb. Doch die größte ist wohl die interne Neuordnung.

Ihre traditionelle Kultur und Organisationsstruktur, ihr Ethos und ihre Gebräuche drohen zu veralten. Diese Umgestaltung beunruhigt Gangsterbosse und Polizei gleichermaßen.

UNTEN Japanische Soldaten helfen bei Aufräumarbeiten nach dem Giftgasanschlag einer Bande auf die U-Bahn von Yokohama 1995.

Hüter der Gesellschaft

Die traditionelle Yakuza ist stolz darauf, sich von der italienischen und amerikanischen Mafia zu unterscheiden, denn ihre Mitglieder verstehen sich nicht als gewöhnliche Kriminelle, die nur um des Profits willen töten. Sie handeln vielmehr nach einem überlieferten Moralkodex und sehen sich als Nachfahren edel gesinnter Männer aus dem einfachen Volk – den Robin Hoods der Feudalzeit. Das wahre Ziel der „echten" japanischen Gangster besteht darin, für alle Schichten der Gesellschaft Sorge zu tragen und sich für die Armen und Schwachen einzusetzen. Ein Angriff auf die einfachen Leute ist für sie tabu. Das Selbstbild des ritterlichen Außenseiters spiegelt sich sehr gut in der Bemerkung, die ein japanischer Boss machte: „Wenn der Yakuza die Straße entlanggeht, überlässt er dem einfachen Volk im Winter die Sonnenseite und im Sommer die beschattete Seite."

OBEN Als Samurai verkleidete Teilnehmer beim Jidai-Matsuri-Fest. Es findet jedes Jahr im Oktober statt und feiert die feudalen Traditionen in Japan, denen auch die Yakuza ihr Ansehen verdankt.

Die Tradition verblasst

Die überlieferten Sitten verschwinden jedoch. Die alten Bosse sterben oder verabschieden sich in den Ruhestand, und die Banden werden von einer neuen Generation von Anführern übernommen, die ebenso wie ihre Rekruten einem ganz anderen Gangstertypus entsprechen.

Diese junge Anhängerschaft interessiert sich kaum mehr für die *oyabun-kobun*-Struktur und ist nicht mehr bereit, ihren Bossen in jedem Punkt zu gehorchen. Anders als bei den Gangstern der alten Schule liegt ihr Ziel nicht mehr beim Fortkommen innerhalb der Organisation, sondern im Zusammentragen eines großen Privatvermögens. Nur wenige sind noch bereit, ihr Leben im Sinne der Pflichterfüllung zu opfern. Einige junge Mitglieder haben ihre Bosse und Brüder sogar an die Polizei verpfiffen – ein in der alten Yakuza-Welt undenkbarer Vorgang.

Bei den heutigen Bandenkriegen beschränkt sich die Gewalttätigkeit zudem nicht mehr nur auf die Yakuza. Auch gewöhnliche Leute und Polizeibeamte sind schon Opfer von Schießereien der Gangster geworden.

Neue Werte

In der neuen Yakuza-Welt verschwinden nicht nur moralische Bedenken, sondern auch geläufige Traditionen wie das Tätowieren und Fingerabschneiden. Den jüngeren Gangstern liegt nichts mehr an einem kostspieligen Ganzkörperschmuck – sie entscheiden sich lieber für ein einfaches, weniger kostspieliges Tattoo und sind auch deutlich seltener dazu bereit, das Ritual des Fingerabschneidens an sich zu praktizieren.

Kultureller Status

Dennoch hat die Unterwelt in Japan selbst heute noch eine noble Seite, die sie dem Einfluss der japanischen Kultur verdankt. Keine der organisierten Verbrechergruppen in anderen Industrieländern ist mit der Yakuza hinsichtlich ihrer Akzeptanz und Tolerierung in der Öffentlichkeit vergleichbar. Diesen Status innerhalb der Gesellschaft verdanken die japanischen Gangster in erheblichem Maße ihrem überlieferten Ritterlichkeitsideal.

2005 Der Yamaguchi-gumi-Pate Kenichi Shinoda stellt sich, nachdem er das Berufungsverfahren wegen illegalen Waffenbesitzes verloren hat.

2007 Ein hohes Mitglied der Sumiyoshi-kai wird von einem Mitglied der rivalisierenden Yamaguchi-kai erschossen.

2007 Ein Anhänger der Yamaguchi-gumi erschießt den Bürgermeister von Nagasaki.

2007 Als einem Yakuza-Boss Organe transplantiert werden, löst dies eine Debatte über Ausländer aus, die sich ins US-Gesundheitssystem einkaufen.

Als Tochter eines Gangsters hatte ich es schwer, aber rückblickend hätte ich nicht anders leben wollen. Ich bin stolz, dass mein Vater ein Yakuza war. Ich weiß, dass in seiner Welt kein richtiger Platz für Frauen ist. Aber ich habe seine DNA.

Shoko Tendo, Tochter von Yakuza-Boss Hiroyasu Tendo in einem Interview mit dem britischen *Guardian*, 2007

Wandel

Mit der Umgestaltung der Yakuza ändert sich auch das Gesicht des organisierten Verbrechens in Japan. In dem Maße, wie das Image des edelmütigen Banditen sich verflüchtigt und die internen Kompetenzregelungen nicht mehr funktionieren, werden die Banden deutlich gewalttätiger und sind auch zum Äußersten bereit.

Waffenschmuggel

Das viel gepriesene Verbot für den Besitz von Schusswaffen hat den Waffenschmuggel nicht unterbinden können. Vor nur zwei Jahrzehnten gab sich die Polizei noch mit der Tatsache zufrieden, dass sie das organisierte Verbrechen im Großen und Ganzen entwaffnet hatte. Heute sind die Yakuza schwer bewaffnete Kriminelle und nutzen routinemäßig Waffen für ihre Bandenkriege, kriminellen Machenschaften und Erpressungen. Die Behörden sehen sich inzwischen mit einer völlig neuen Situation konfrontiert – Gangstern, die der amerikanischen Mafia ähneln.

UNTEN Die Polizei sichert Beweismaterial. Ein Amokläufer – ein bekennender Gangster – hat mindestens sieben Menschen erstochen und etwa zwölf verletzt.

Veränderte Einstellung

Der Wandel in der Bandenstruktur und den Operationsmodi hat sich auch auf die Haltung der Öffentlichkeit ausgewirkt, die inzwischen deutlich weniger Nachsicht an den Tag legt. Die Yakuza selbst ist in Japan nicht verboten und kann daher ihre Büros inmitten normaler Stadtviertel betreiben – ein Nebeneinander, das die Nachbarn lange Zeit hingenommen haben. Angesichts der neuen Hinwendung zur Brutalität jedoch und der Tatsache, dass die Banden ihre Kriege auf offener Straße austragen, finden viele Anwohner diese Koexistenz heute unerträglich. In manchen Fällen hörten sie sogar Maschinengewehrfeuer und Explosionen, und verärgert strengen sie Klagen an, um die Yakuza aus der Gemeinschaft zu vertreiben.

Angesichts der sinkenden öffentlichen Toleranz greifen auch Gesetzgeber und Polizei zu aggressiveren Maßnahmen. Härtere Gesetze werden verabschiedet, und die Polizei geht verstärkt gegen die Yakuza vor.

Umschichtung

Die härteren Gesetze reduzierten die Zahl der Yakuza-Anhänger und brachten das Aus für mehrere kleinere Gruppen, die dem Druck der Polizei unter den neuen Gesetzen nicht standhalten konnten und sich auflösten. Dies bewirkte aber nur eine Umschichtung, weil sich die Reihen der großen Syndikate umso mehr füllten.

Freiberufliche Verbrecher

Die großen Organisationen treten nun raffinierter auf, haben ein besseres Finanzpolster und können sich die Hilfe von Experten sichern. Derzeit gehören über 70 Prozent der 85.000 Yakuza-Mitglieder zu einem der drei großen Syndikate. Dennoch haben viele ehemalige Yakuza die Unterwelt nicht ganz verlassen, sondern sind entweder Partner der Yakuza oder freiberufliche Verbrecher. Als unorganisierte Kriminelle lassen sie sich von Firmen oder Einzelpersonen anheuern und sind sogar für mehr Straftaten verantwortlich als die Yakuza-Vollmitglieder.

Globaler Wettbewerb

Die harten Anti-Banden-Maßnahmen sind aber nicht die einzige Sorge der Yakuza im beginnenden 21. Jahrhundert. Im heftigen globalen Wettbewerb müssen sie umstrukturieren, um sich ihre Geschäftstüchtigkeit zu erhalten. Die großen und ausgebufften Yakuza-Gruppen haben inzwischen erkannt, dass die alten Methoden ihnen nicht länger ein bequemes Leben bieten können. Notgedrungen entscheiden sie sich für Verbrechen von größerer Komplexität und sind im Begriff, sich von Straßengaunern zu Gangstern zu wandeln, die in der Wirtschafts- und Hightech- ebenso wie in der Firmen- und Finanzwelt zu Hause sind. Parallel zur Globalisierung sind sie nach Übersee expandiert und haben ihre Geschäfte auf Korea, die Philippinen, die südostasiatischen Länder und die USA ausgedehnt.

Image im Wandel

Das neue Jahrhundert brachte für die Yakuza eine schwere Zeit mit deutlich härteren Anti-Banden-Gesetzen, höherem Polizeidruck, sehr schlechten ökonomischen Bedingungen und einer stetig wachsenden öffentlichen Desillusionierung. Aber sie ist noch keineswegs am Ende, und ihre Gefolgschaft ist immer noch riesig. Die Banden sind zudem außerordentlich einfallsreich beim Ersinnen neuer Geschäftstaktiken und -ideen.

Dennoch hängt ihre Zukunft wohl stark davon ab, ob sie sich den guten Willen und die Duldung der Öffentlichkeit erhalten können. Der Verzicht auf den traditionell ehrenhaften Aspekt kann möglicherweise langfristig den Niedergang des japanischen Gangstertums bedeuten oder zumindest seine Überlebenschancen weiter reduzieren.

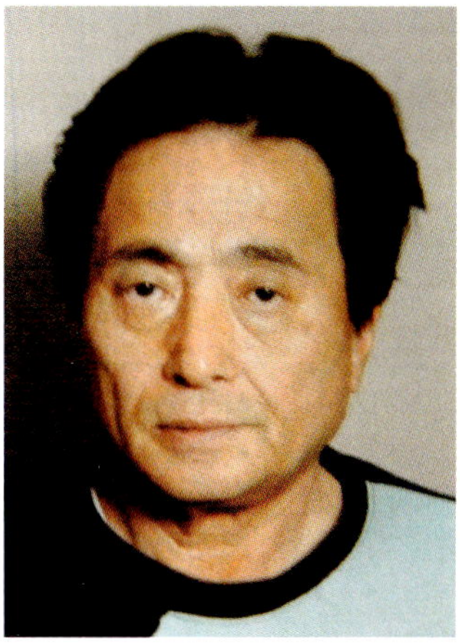

OBEN Tetsuya Shiroo, Mitglied in einer der Yamaguchi-gumi angegliederten Bande, erschoss 2007 Nagasakis Bürgermeister Iccho Ito.

LINKS Das neue Image der Yakuza? Ein junges Paar bezieht seine Kinder in die Aktivitäten der Bikergang ein.

Triaden
Snakeheads und Tongs

2001 Der Obersten Volksstaatsanwaltschaft in China zufolge wurden 2000 mehr als 2500 Beamte von Triadenbanden bestochen.

2001 Die BBC berichtet, dass etwa 50 Triadenbanden in Hongkong operieren.

2006 Rechtsexperten in China schätzen die Zahl der heimischen Gangster auf über eine Million.

2006 Der Pekinger Volksgerichtshof verhandelt gegen die Hu-Brüder, denen illegaler Handel mit Altmetall und Sand sowie Triadenkontakte vorgeworfen werden.

2007 Der führende Hongkonger Händler Douglas Young wird aufgrund des Verkaufs von T-Shirts und Postkarten mit dem 14K-Logo festgenommen. In Hongkong ist jeder Bezug auf die Triaden gesetzlich verboten.

Nach den Terrorangriffen vom 11. September 2001 rückte die Sicherheit der US-Außengrenzen vermehrt in den Fokus. Verbrechersyndikate, die heimlich Menschen ins Land schmuggeln, galten in den USA und Großbritannien als ernste Bedrohung für die nationale Sicherheit.

Furcht vor Terroristen

Man befürchtete, mit den Flüchtlingen könnten auch Extremisten ins Land gelangen, um eine Terrorkampagne zu starten. Auch wenn dieses Szenario nicht ganz von der Hand zu weisen ist, sind doch die meisten Menschen, die von kriminellen Banden über die Grenze geschleust werden, alles andere als Terroristen. Sie bezahlen Tausende von Dollars für eine Reise, die Monate dauern kann und deren Endstation meist ein Ausbeuterbetrieb ist.

Snakeheads

Der Menschenhandel ist ein enorm lukratives Geschäft, das offiziellen Europol-Berichten zufolge jedes Jahr zweistellige Milliardenprofite abwirft. Chinesische Banden, die sogenannten Snakeheads, sind stark darin verwickelt. Sie arbeiten bisweilen auch in enger Zusammenarbeit mit den Triaden, doch in der Regel operieren die professionellen Menschenschieber allein in diesem einträglichen Gewerbe.

Zu den berühmtesten Snakeheads gehört eine Frau namens Cheng Chui Ping, die in der Chinatown von Manhattan lebte, wo sie einen Laden und ein Restaurant führte. In der Nachbarschaft nannte man sie „Sister Ping", und sie genoss hohes Ansehen, weil sie Landsleute aus China herüberbrachte und fair behandelte. Ping wurde 1949 in

Die chinesische Polizei stürmt in der Provinz Fujian einen Frachter, auf dem illegale Immigranten der Snakehead-Schleuser vermutet werden.

VERLOCKUNG DES WESTENS

Jedes Jahr suchen Tausende von verzweifelten Chinesen eine bessere Zukunft und eine anständige Arbeit in reichen Ländern der westlichen Welt. Um dorthin zu gelangen, wenden sie sich an die Menschenschieber, sogenannte Snakeheads.

Der Snakehead erhält eine Anzahlung von mehreren tausend Dollar und den Restbetrag von 25.000 bis 45.000 Dollar, wenn sein Kunde am versprochenen Zielort angekommen ist. Da der illegale Einwanderer nach der Ankunft unmöglich so viel Geld aufbringen kann, arbeitet er seine Schulden oft in einem Betrieb der Snakehead-Bande ab.

Shengmei in der chinesischen Provinz Fujian geboren und zog in den 1970er-Jahren mit ihrem Mann nach Hongkong, wo sie gemeinsam einen Minimarkt betrieben. In den frühen 1980er-Jahren kam Ping in die USA und eröffnete auf der Hester Street in New York einen Schnäppchenladen. Als dieser zum Treffpunkt für Chinesen aus der Provinz Fujian wurde, startete sie zusätzlich einen Finanztransfer, sodass Auswanderer Geldbeträge an ihre Familien in China schicken konnten.

Ihre Kontakte brachten sie schnell ins Schleusergeschäft. Während sie zunächst selbst illegale Ausländer auf Flügen in die USA begleitete, vergab sie diese Tätigkeiten später an Gruppen wie die Fuk-Ching-Bande. Angesichts der stetig zunehmenden Nachfrage nach den Diensten von Sister Ping und anderen Menschenschiebern gingen die Snakeheads schließlich dazu über, ihre Kunden auf großen Schiffen aus China in die USA zu schleusen.

OBEN Passagiere vom Frachter *Golden Venture* äußern sich nach vierjährigem Gewahrsam zu ihrem Rechtsstatus.

Die *Golden Venture*

An diesem Punkt wendete sich das Blatt. Anfang Juni 1993 stieß die New Yorker Polizei vor Queens auf ein großes Schiff, das auf Grund gelaufen war. Von Deck sprangen bereits Passagiere ins Wasser, und als die Polizisten intensiver nachschaute, fanden sie fast 300 Chinesen vor. Viele waren in schrecklichem Zustand und nach dem monatelangen Aufenthalt an Bord der *Golden Venture* halb verhungert und verdurstet. Die Behörden nahmen sofort Ermittlungen auf und entdeckten schnell, dass Sister Ping dahintersteckte. Sie konnte aber vor einer Verhaftung nach Hongkong fliehen und setzte ihre Schiebergeschäfte aus ihrem Heimatort Shengmei fort.

Festnahme

Da die USA kein Auslieferungsabkommen mit China haben, war sie vorerst in Sicherheit. Doch die US-Behörden gaben nicht auf und konnten Sister Ping schließlich am Hongkonger Flughafen verhaften. Sie wurde 2003 in die USA abgeschoben und nach einmonatigem Prozess der Verschwörung zum Menschenhandel für schuldig befunden. Am 16. März 2006 verurteilte das Gericht sie zu 35 Jahren Gefängnis.

Weltmarkt

Das bevorzugte Betätigungsfeld der chinesischen Banden ist auch heute noch der illegale Transport ihrer Landsleute. Am 23. Januar 2009 erhielten 15 Snakeheads Haftstrafen von bis zu elf Jahren, weil sie 111 Personen zu verschiedenen Zielorten von Israel bis Südkorea geschmuggelt hatten. Enttarnt wurde die Bande durch Ermittlungen, die von Oktober 2007 bis Juli 2008 stattgefunden hatten. Die Routen der Menschenschieber führen auch nach Australien, wo jeden Sommer Ladungen von *boat people* aufgegriffen werden.

UNTEN Eine junge Textilarbeiterin mit Staubmaske in einem Hongkonger Ausbeuterbetrieb.

DIE MACHT DER POLITIK

Das Land der Mitte ahndet Verbrechen mit harten Strafen, und trotzdem scheint die organisierte Kriminalität etwas von ihrem alten Einfluss aus der Ära zurückzugewinnen, bevor Maos Armee sie in den Untergrund oder sogar zur Flucht aus Festlandchina gezwungen hatte. In den letzten Jahren ist es zu zahlreichen Vorfällen gekommen, die eine Verwicklung reicher chinesischer Geschäftsleute und Politiker an kriminellen Machenschaften belegen. Der Lockruf vom großen Reichtum erwiesen sich wohl als zu verführerisch.

Im November 2007 führten Hunderte von chinesischen Polizisten, ausgerüstet mit halbautomatischen Waffen, eine Razzia in der Stadt Yangjiang in der Provinz Guangdong durch. In einem Restaurant ergriffen sie Dutzende mutmaßlicher Triadenmitglieder mitsamt ihren Anführern Lin Guoqin und Xu Jianqiang. Der Lokalpolitiker Lin ist nicht nur Mitglied im Volkskongress und ein wichtiger Unternehmer, sondern soll für das Durchsetzen seiner Geschäftsinteressen auch zu Repressalien gegriffen haben.

Eine solche Verfilzung von Lokalpolitik und Verbrechen war zuvor eher unüblich in China, wo korrupte Politiker mit der Todesstrafe rechnen müssen. Trotzdem ist die organisierte Kriminalität auch dort auf dem Vormarsch: Der Nachrichtenagentur Xinhua zufolge haben die chinesischen Behörden seit Februar 2006 etwa 4000 Verbrechergruppen gesprengt.

Dieses bunte Plakat wirbt in China für die Gesetzeshüter – mit den Worten „Die Pintang-Polizei zu Ihren Diensten“.

Die Unberührbaren

Da die chinesischen Triaden in globalem Rahmen operieren, ist auch ein abgestimmtes Vorgehen mehrerer Länder unabdingbar. China und die USA scheinen ein ungleiches Team, aber im Fall der „Unberührbaren“ arbeiteten sie sehr erfolgreich Seite an Seite.

Die Bande der Unberührbaren war auch bekannt als „125 Organization“ und trug diesen Namen nach dem Gewicht ihres Anführers Kin Cheung Wong, der stolze 125 Kilogramm auf die Waage brachte. Er hatte seine Verbrecherlaufbahn in New Yorks Chinatown begonnen, wurde dort wegen Heroinschmuggels festgenommen und nach vier Jahren Haft 1994 nach China abgeschoben.

UNTEN Die chinesische Polizei befragt Dealer in einem Zug von Kunming nach Schanghai. In den BHs der beiden Mädchen fanden sich 400 Gramm Heroin.

Highlife

Dies war aber nicht das letzte Mal, dass Kin Cheung Wong von sich hören ließ. In China gründete er in der Stadt Fuzhou den Nachtclub Huamei Entertainment Company, wo sich die Reichsten der Reichen gern stilvoll vergnügten. Dort kam er auch in Kontakt mit einflussreichen Persönlichkeiten, darunter auch der reichste Geschäftsmann der Stadt, Chen Kai. Wong soll seine Kontakte zum Aufbau eines überaus erfolgreichen Drogenrings genutzt haben. Von 2000 bis 2003 schmuggelte seine Organisation Heroin im Wert von schätzungsweise 100 Millionen Dollar aus dem Goldenen Dreieck in die USA und nach Kanada.

Dass ich ein guter Mensch sei, kann ich nicht behaupten. Aber ich weiß, dass ich auch nicht schlecht bin.

Raymond Chow über seine Zeit als Gangster, *San Francisco Chronicle*, 2007

OBEN Manöverübung von Küstenwache und Zollpolizei, um Drogenschmuggler vor der Küste von Macau abzufangen.

Umsichtige Banden

Die Gruppe ging dabei mit äußerster Vorsicht vor und konnte dank Korruption und großzügigen Schmiergeldzahlungen fast unbemerkt von einem Land ins nächste reisen. Die Kontakte ihres Anführers reichten angeblich bis in die oberste Etage der politischen Hierarchie hinein und umfassten auch viele hochrangige Polizeibeamte. Nach Aussage der New Yorker Polizei traten Wongs Dealer auch in den USA sehr diskret auf, wechselten stets Autos und Kleidung und mieden geschickt die neugierigen Blicke von Ermittlern.

Internationale Operation

Wong selbst war immer sehr vorsichtig mit dem Ort und den Personen seiner Drogendeals, aber am 16. Mai 2003 unterlief ihm ein entscheidender Fehler, und er wurde mit 35 Kilogramm Heroin gefasst. Parallel dazu nahmen Behörden in den USA, Kanada, Hongkong und Indien zahlreiche Personen fest, die an der Drogenverschwörung beteiligt waren. Ein chinesisches Gericht verurteilte Wong zum Tod.

Später mussten auch zahlreiche Politiker und Polizisten hinter Gitter. Der Skandal erschütterte China bis in die Grundfeste, und Staatspräsident Hu Jintao beauftragte persönlich 30 Ermittler, die die korrekte Abwicklung des Falles überwachen sollten. Als sich die Aufregung wieder legte, kam auch noch Wongs Kumpan Chen wegen Beamtenbestechung und Führen eines Bordells vor Gericht und erhielt für das zweite Delikt die Todesstrafe. Damit endete eine Prozessserie, die vor Augen führt, welch großen Einfluss sich das organisierte Verbrechen in China in den letzten Jahrzehnten erwerben konnte.

UNTEN Einst eine Form von Strafe, sind Tätowierungen inzwischen eine beliebte Kunstform in China.

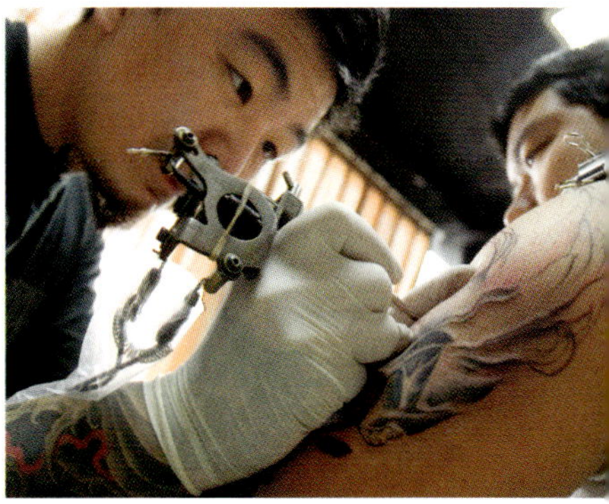

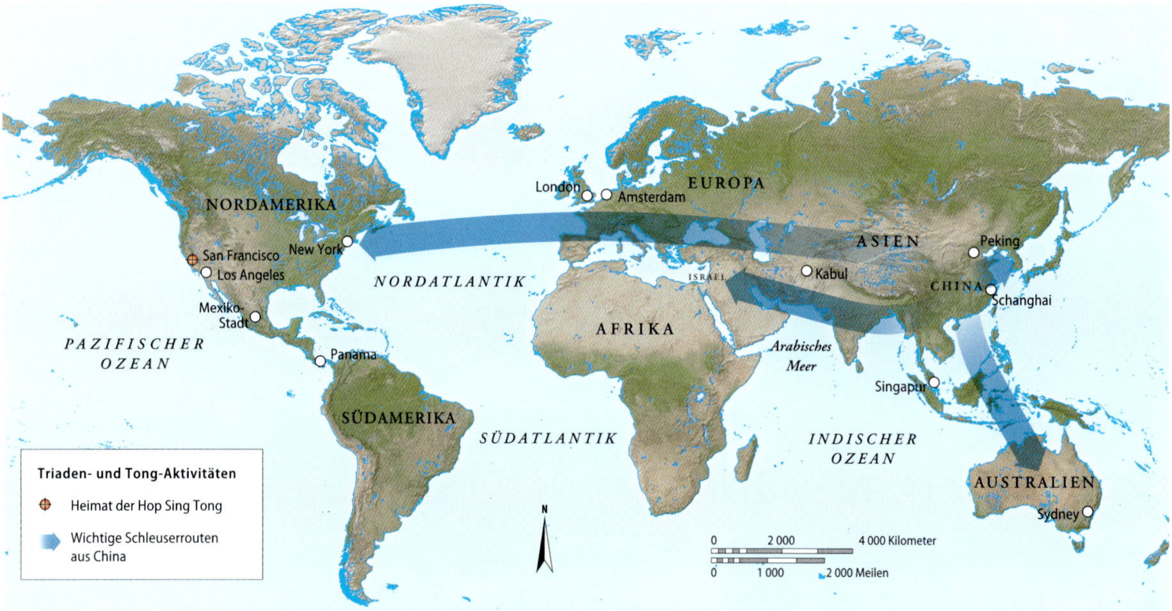

Kalifornische Tongs

Kalifornien hat eine große chinesischstämmige Minderheit, deren Vorfahren schon im 19. Jahrhundert auf der Suche nach Arbeit in die USA gekommen waren. Gerade San Francisco war schon immer Nährboden für Tong-Aktivitäten, die bis zum heutigen Tag andauern. Interessant an den dortigen Tongs ist die Tatsache, dass einer ihrer Führungsleute ein ehemaliger Gangster und Informant ist: Raymond „Shrimp Boy" Chow war Anführer bei der Hop Sing Tong und diente als Unterboss bei Peter Chong, der die Triade Wo Hop To leitete.

Zusammenschluss

In den frühen 1990er-Jahren schmiedeten die beiden Männer den Plan, mehrere amerikanische Tongs und chinesische Straßenbanden in einer einzigen großen Triade zusammenzuführen, die den Namen Tien Ha Wui oder „Verband für den ganzen Erdkreis" tragen sollte. Noch bevor sie aber ihre Absicht in die Tat umsetzen konnten, wurden sie wegen organisierter Kriminalität angeklagt. Chong gelang 1992 die Flucht nach Hongkong, er wurde aber an die USA ausgeliefert und dort 2000 zu 15 Jahren Haft verurteilt.

Chows Prozess hatte schon 1996 stattgefunden und war wegen schwerer Rechtsfehler für ungültig erklärt worden. Anschließend erhielt Chow aber 24 Jahre wegen Waffenschmuggels. Im Gefängnis entschloss er sich zu einem Deal mit der Regierung und sagte gegen seinen Ex-Boss aus. Daraufhin kam er 2003 auf freien Fuß.

In den Straßen von Chinatown erneuerte er seine Kontakte zu asiatischen Bandenmitgliedern und vor allem seinen ehemaligen Helfershelfern bei der Hop Sing Tong. Diese wurde inzwischen von Allen Ngai Leung geleitet, der in den 1970er-Jahren als 20-Jähriger nach Kalifornien gekommen war. Als erfolgreicher Geschäftsmann spielte er eine immer größere Rolle in den Reihen der Tong. Nach Chows Entlassung ließ nun einer seiner Kumpane Leung wissen,

UNTEN Die Polizei versammelt sich vor einem Restaurant in der New Yorker Chinatown, nachdem bei einer Bandenschießerei acht Personen verletzt wurden.

dass mehrere junge Hop-Sing-Mitglieder Geld „für Geschäfte" bräuchten. Als die Hop-Sing-Tong-Führung gegen den Kredit für den Nachwuchs stimmte, wurde am nächsten Tag von Unbekannten auf ihre Eingangstür geschossen.

OBEN Der Eingang zum Chinesenviertel in London. Fast jede Großstadt auf der Welt rühmt sich einer Chinatown, wo die Triaden meist erheblichen Einfluss ausüben.

Ermordung

Dies war zu viel für Leung, der sich zur Zusammenarbeit mit den Behörden entschloss. Es war ein gefährlicher Schachzug, der böse für ihn endete. Im Februar 2006 betrat ein maskierter Bewaffneter Leungs Büro und erschoss ihn vor den Augen seiner entsetzten Frau. Für den Mord wurde nie jemand vor Gericht gestellt, auch nicht der unter Verdacht stehende Chow.

Zu Leungs Begräbnis kamen Hunderte von Menschen, darunter auch ein Kabinettsminister aus Taiwan. Raymond Chow ließ sich ebenfalls dort blicken, um – so teilte er chinesischen Reportern mit – dem „großen Bruder" die letzte Ehre zu erweisen.

Die Zukunft

In ihrer Geschichte haben die chinesischen Triaden immer wieder bewiesen, dass sie Rückschläge verkraften können. Egal ob ihr Gegner ein Kaiser oder kommunistischer Diktator war – stets ist ihnen ein Comeback gelungen. Sie sind in der chinesischen Tradition zutiefst verwurzelt und werden von ihren Landsleuten überall auf der Welt geschützt. Ihre Macht und ihr Zugriff auf die Weltwirtschaft reichen von Hongkong und China bis in die USA, die Niederlande, Großbritannien und Australien. Aus diesem Grund kann man mit Sicherheit die Prognose wagen, dass die Triaden keinesfalls zu unterschätzen sind.

Die russische Mafia
Feste Instanz

RECHTE SEITE Zollbeamte vernichten in der Stadt Rjasan den bislang größten Fang gefälschter Tabakwaren in Russland. Die Ladung hat einen Wert von fünf Millionen Dollar.

Verbrechergruppen kontrollieren 40 Prozent der russischen Wirtschaft und mehr als 50.000 Firmen, zudem kassieren sie Schutzgelder bei 70 Prozent der Firmen. Diese Zahlen machen deutlich, dass die organisierte Kriminalität nicht nur eine Gefahr für ein demokratisches Russland darstellt, sondern auch für die Sicherheit weltweit.

Statistiken

Das organisierte Verbrechen ist eine mächtige und gefährliche Konstante im russischen Alltag und wird dies wohl auch bleiben. Mitte der 1990er-Jahre gab das russische Ministerium für innere Angelegenheiten bekannt, dass im Land 8222 kriminelle Organisationen mit insgesamt 32.068 Mitgliedern existieren. Seither scheinen die Zahlen stabil, denn jüngste Schätzungen verweisen darauf, dass derzeit etwa 10.000 Banden und 30.000 Anhänger aktiv sind. Man kann allerdings nicht von einer geschlossenen Russenmafia sprechen, denn es gibt etwa 30 bis 50 mächtige Unterweltgruppen.

Lose Struktur

Das organisierte Verbrechen in Russland zeichnet sich dadurch aus, dass es im Gegensatz zur italienischen Mafia, den Triaden oder Yakuza keine charakteristischen Traditionen oder Mythologien kennt.

Die russischen Gruppen unterliegen auch nicht der klassischen Pyramidenstruktur mit einem Paten als oberster Instanz in der Hierarchie und bilden keinen monolithischen Block. Sie sind vielmehr höchst heterogen strukturiert und beinhalten viele Splittergruppen. Zwar gibt es durchaus mächtige Verbrecherpersönlichkeiten, unter anderem die der Vory v zakone, aber man kann nicht von Paten im eigentlichen Sinne sprechen, denn sie üben – obwohl sie große Autorität besitzen – nur wenig direkte Macht über andere aus. Aufgrund ihres Ansehens treten sie oft als Vermittler bei Unterweltstreitigkeiten auf, ansonsten aber sind sie einfach nur mächtiger und einflussreicher als die gewöhnlichen Bandenmitglieder, die größten Wert auf ihre Autonomie legen und nicht wie Untergebene behandelt werden wollen. Wer Bossallüren an den Tag legt, geht das Risiko ein, seine Gefolgsleute vor den Kopf zu stoßen. Verprellte Mitglieder werden die Gruppe verlassen und in eine rivalisierende Bande eintreten oder aber einen *vor* um Schlichtung bitten, wenn sie nicht einfach beschließen, ihren Anführer zu töten.

UNTEN Insassen in einem Hochsicherheitsgefängnis in St. Petersburg beim Neujahrskonzert. Tätowierungen verlieren zunehmend an Beliebtheit bei den Häftlingen.

Unkalkulierbar

Diese Uneinheitlichkeit und lockere Organisationsstruktur sowie das Fehlen des traditionellen Ehrbegriffs sorgen dafür, dass die russische Kriminalität in ihrem Handeln wenig einschätzbar ist. Als Beispiel dafür kann ein Entführungsfall in den USA dienen: Eine Russengruppe kidnappte dort fünf Landsleute, und obwohl ihre Familien das Lösegeld wie gefordert zahlten, sahen sie ihre Angehörigen nie wieder. Nach der Festnahme gestand die Bande, die Geiseln schon bald nach der Entführung getötet zu haben, weil sie – unabhängig von der Zahlung des Lösegelds – nie die Absicht hatte, sie wieder laufen zu lassen. Die Russenmafias fühlen sich keinem Ehren- und Verhaltenskodex verpflichtet und lassen sich auch im neuen Jahrtausend nicht von Unterweltgesetzen aufhalten.

Wir müssen die Praxis von rechtswidrigen Beschlüssen „auf Anfrage" oder gegen Geldzahlungen ausmerzen.

Dmitri Medwedjew, Präsident Russlands

2002 Russische Abgeordnete erhalten eine Diätenerhöhung von 160 Prozent, um Korruption zu unterbinden.

2005 Ein Gesetz gewährt Regierungsschutz für Opfer, Zeugen und andere Beteiligte, die einwilligen, zum organisierten Verbrechen auszusagen. Die unzulängliche Finanzierung aber macht den Erfolg leider durchaus zweifelhaft.

2005 Der Direktor der ukrainischen Geheimpolizei beschuldigt den bekannten Öl- und Erdgashändler Semjon Mogilewitsch offen der Korruption. Dieser wird 2008 verhaftet, kommt aber wieder frei.

GLOBALE KONTAKTE

Die Öffnung Russlands zur Welt bot eine einzigartige Chance für die organisierte Kriminalität, Geschäfte nun auch global auszuweiten. In den 1990er-Jahren gingen viele Russen auf der Suche nach Arbeit ins Ausland, und die Verbrecher folgten ihnen auf dem Fuß. Seitdem haben sich die Russenmafias in mehr als 50 Ländern rund um den Globus festgesetzt. Ihre Operationsnetzwerke arbeiten inzwischen Hand in Hand mit allen großen Verbrechersyndikaten auf der Welt einschließlich der italienischen Mafia, der japanischen Yakuza, den chinesischen Triaden und den kolumbianischen Drogenkartellen.

Gemeinsam mit den Triaden widmen sich die Russenmafias auch dem überaus rentablen Menschenhandel. Sie kürten Moskau zur zentralen Verteilungsstelle für Migranten und Verbrecher, die illegal Zutritt nach Westeuropa und in die USA suchen. In Zusammenarbeit mit der Yakuza bringen sie junge Frauen aus Russland, den ehemaligen Sowjetrepubliken und den osteuropäischen Ländern nach Japan, wo die Opfer in der Sexindustrie arbeiten müssen. Den russischen Banden fällt ebenfalls eine Schlüsselrolle im Betrieb von Prostitutionsringen in Ost- und Westeuropa zu.

Außerdem arbeiten sie mit kolumbianischen und mexikanischen Kartellen im internationalen Rauschgifthandel zusammen. Ein russischer Pate versuchte sogar, den Verkauf eines alten sowjetischen U-Boots an die Kolumbianer in die Wege zu leiten – zum Zweck leichterer Drogentransporte in die USA.

Russische Grenzwachen helfen bei der Vernichtung von Drogen, die im tadschikisch-afghanischen Grenzgebiet beschlagnahmt wurden – ein Erfolg in der globalen Verbrechensbekämpfung.

Hoher Bildungsstand

Den Banden in Russland mag es vielleicht an einem traditionellen Ehrenkodex fehlen, dafür aber weder an krimineller Raffinesse noch an Ehrgeiz: Viele ihrer Gangster verfügen heute über einen Doktortitel in Physik, Finanzwirtschaft, Mathematik, Technik oder Informatik. Daneben sind sie weiterhin in alle klassischen Bandenverbrechen verwickelt und übertreffen in vielerlei Hinsicht ihre Berufsgenossen in anderen Ländern, wenn sie sich erfolgreich illegalem Glücksspiel, Erpressung, Prostitution, Entführung, Auftragsmorden, Gewerkschaftskorruption, Geldfälschen, Kreditkartenbetrug, Zinswucher, Geldwäsche und dem Schmuggeln von Drogen, Waffen und Menschen widmen.

Massenvernichtungswaffen

Besonders problematisch ist die Beteiligung des russischen organisierten Verbrechens am Schmuggel aufgrund seines Zugangs zu Massenvernichtungswaffen. In den 1990er-Jahren vereitelte die russische Polizei mehr als 400 Versuche, Nuklearmaterial ins Ausland zu schaffen. Die Gefahr hat seitdem keineswegs abgenommen. Solange es eine Nachfrage von Staaten und terroristischen Gruppen nach Massenvernichtungswaffen gibt, besteht auch die Möglichkeit, dass die Russenbanden ihnen Zugang dazu verschaffen werden.

OBEN Der „Händler des Todes“ wird in Thailand verhaftet. Wiktor But gilt als führender Kopf der Russenmafia und ist weltweit einer der größten Waffenhändler.

Herausforderung

Die russische Regierung hat in den letzten Jahren ungeheure Anstrengungen zur Bekämpfung des organisierten Verbrechens unternommen. Dabei steht sie vor einer gewaltigen Aufgabe, denn wenn sie Erfolg haben will, ist angesichts der tief greifenden Verfilzung von Gangstertum, Regierung und Geschäftswelt eine interne Säuberung unumgänglich – ein gewagtes Vorhaben für jede Regierung.

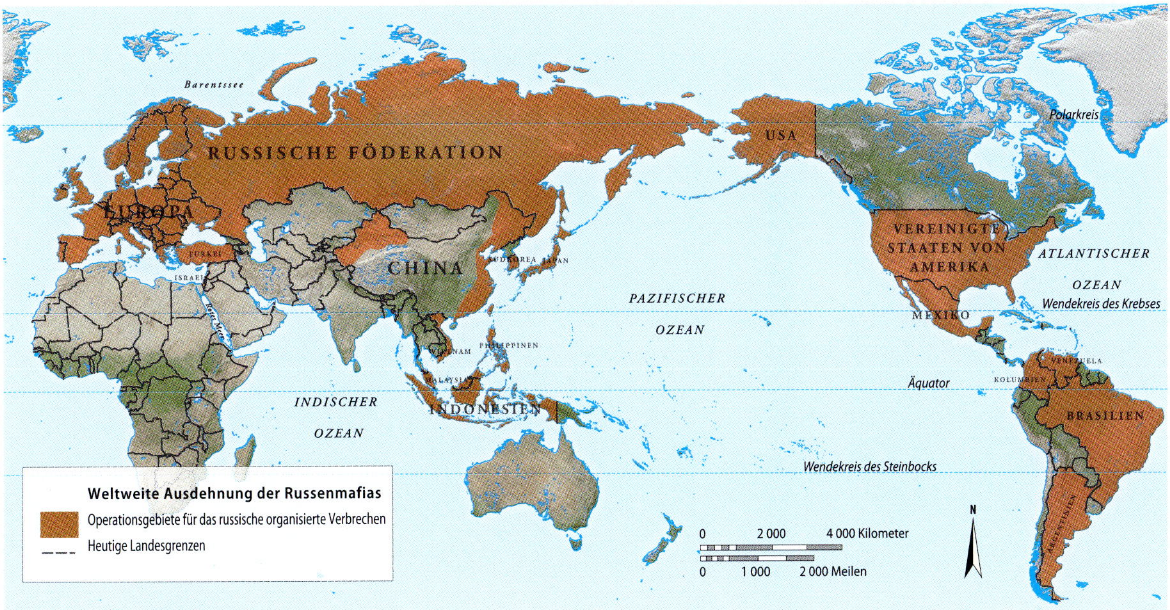

DIE SOPRANOS

Die Mafia in den Medien

OBEN Tony Soprano (James Gandolfini) bespricht beim Abendessen ein „Problem".

Im Januar 1999 startete in den USA die Fernsehserie *The Sopranos*, die von David Chase geschaffen wurde und um den fiktiven New Jerseyer Boss Tony Soprano (James Gandolfini) kreist – im Job, in der Freizeit und in der Therapiesitzung bei Dr. Jennifer Melfi (Lorraine Bracco). Dies war der Auftakt zu einem wahren Medienphänomen, das Zuschauer rund um den Globus mit 86 Episoden in den Bann schlug.

„'Nen Laden in die Luft jagen? Das nennst du Mumm? Mumm ist, wenn du einem ins Auge glotzt und ihm dann 'nen Eispickel in die Lunge rammst."

Butch (Greg Antonacci), Episode 77, Die Sopranos

Die Familie

Ehefrau Carmela (Edie Falco), Teenager-Tochter Meadow (Jamie-Lynn Sigler), Sohn Anthony „AJ“ Soprano jr. (Robert Iler) und weitere Sopranos – sie alle machen nur Probleme für Tony, der außerdem ein Komplott am Hals hat, weil Onkel Junior (Dominic Chianese) ihn loswerden will.

Zum inneren Kreis gehören noch seine Mutter Livia, Schwester Janice, sein „Neffe“ Christopher Moltisanti, Vetter Tony Blundetto, sein New Yorker Gegenpart, der gelassene und weltläufige Johnny Sack, und schließlich sein *consigliere* Silvio Dante, dem der Bada Bing Club gehört, wo Dante den *associates* regelmäßig seine legendäre Al-Pacino-Nummer vorführt.

OBEN Die Besetzung von Die Sopranos mit ihren Auszeichnungen von der amerikanischen Screen Actors Guild. Die Serie wurde seit Staffel eins immer wieder prämiert.

Der Humor

Die Serie zeigte eine authentische Präsentation vom Alltagsleben eines Mafiabosses und der extremen Gewalt, die zu seinem Arbeitsumfeld gehört.

Aber sie war auch bekannt für ihren schwarzen, schrägen und zuweilen absurden Humor. Ein Dialog aus Episode 65 lautet etwa so:

„Wir sind von den Anonymen Alkoholikern.“ Phil Leotardo (Frank Vincent)
„Und wie heißen Sie?“ Joanne Moltisanti (Marianne Leone Cooper)
„Na ja, wir sind anonym.“ Phil Leotardo

Der Stil

Der Schöpfer der Serie, David Chase, schrieb für viele Episoden das Drehbuch und führte Regie. Den Part des Regisseurs übernahmen unter anderem aber auch der Schauspieler Steve Buscemi, der Tony Blundetto spielte, und der bekannte Filmemacher Peter Bogdanovich, der die Rolle von Melfis Psychiater Dr. Elliot Kupferberg übernahm.

Die Details

Ebenso wie bei einem Spielfilm unterteilten der ursprüngliche Kameramann Alik Sahkarov und David Chase die Szenenabläufe in verschiedene Einstellungen. Die Kleidung spielte ebenfalls eine große Rolle, und die prämierte Kostümdesignerin Juliet Polcsa wachte akribisch über jedes Detail – sie diktierte der Besetzung sogar, welche Socken sie zu tragen hatte. „Auch wenn man es im Film nicht sehen kann, der Schauspieler merkt den Unterschied“, behauptete sie.

LINKS Paulie Walnuts (Tony Sirico) legt Hand an Christopher (Michael Imperioli).

Die Ware

Der Erfolg der Serie war so groß, dass eine ganze Palette von Soprano-Markenprodukten für den Vertrieb auf der offiziellen Website entstand – von T-Shirts, Hüten, Accessoires bis zu Gläsern, Wein, Bürozubehör, Bierkrügen und Flipflops.

Bündnis der Kartelle
Internationaler Handel

2000 US-Präsident Bill Clinton gewährt Finanzhilfe für den Plan Colombia, um Kolumbien im Krieg gegen Kokain zu unterstützen.

2003 Drei Anti-Drogen-Kämpfer werden von Guerillas als Geiseln genommen.

2004 In Kabul wird ein Anti-Drogen-Implementierungsplan vorgelegt, der die Heroinproduktion in Afghanistan reduzieren soll.

2006 In einem Grenztunnel von Tijuana in die USA wird tonnenweise Marihuana konfisziert. Der Tunnel ist fast einen Kilometer lang und angeblich der größte bislang entdeckte.

Der andauernde Drogenkrieg in Mexiko bedroht das Land selbst ebenso wie seinen unmittelbaren Nachbarn, die USA. Die Lage dort rangiert bei den US-Sicherheitskonzepten gemeinsam mit dem Iran ganz vorn.

Kolumbien

Im 21. Jahrhundert dominiert das Land immer noch den Großvertrieb von Kokain an der nordamerikanischen Ostküste. Anders als bis zur Mitte der 1990er-Jahre unterliegt der Drogenhandel aber nicht mehr einem einzigen Kartell, sondern ist unter mehreren Akteuren aufgeteilt, die an verschiedenen Produktions- und Vertriebsschritten beteiligt sind. Die US-amerikanische Drogenbekämpfungsbehörde DEA vermutet, dass Hunderte kleiner autonomer Gruppen in Kolumbien die Räder der Kokainindustrie am Laufen halten.

Plan Colombia

Mit dem Plan Colombia, der 2000 in Kraft trat, legte die kolumbianische Regierung ein Programm für die Eindämmung des illegalen Drogenanbaus vor. Bauern sollten unter anderem ökonomische Anreize für Anbaualternativen erhalten. Die USA unterstützte den Plan mit den erforderlichen Ressourcen und hat seitdem mehr als sechs Milliarden Dollar in Militärhilfe investiert, um die Herstellung und den Vertrieb von Drogen zu unterbinden. Doch der Kokaanbau ließ sich bislang nicht unter Kontrolle bringen.

Fast 100 Prozent der Gärten, die wir in den letzten zwei oder drei Jahren ausgemerzt haben, gehörten den mexikanischen Drogenkartellen ... Das ist beunruhigend, wenn man darüber nachdenkt.

James Parker, US-Bundesrichter

LINKE SEITE Eine India sammelt das Harz von Samenkapseln. Die kolumbianische Stadt Silvia ist unter Kontrolle der Regierung, während die umliegenden Hügel von den FARC beherrscht werden.

Mexikos Drogenkriege

Die Macht der Kartelle in Mexiko ist weitreichend und multidimensional. Die Bevölkerung in den von Drogenhändlern dominierten Gebieten lebt in Furcht vor willkürlichen Gewalttaten in einem System, das außerstande oder nicht willens ist, die geltenden Gesetze durchzusetzen und für Ordnung zu sorgen. Das meiste Kokain gelangt über die mexikanische Grenze in die USA.

Mit dem Niedergang der großen Kartelle in Kolumbien konnten sich mexikanische Drogenbanden einen prozentualen Anteil an jeder Kokainlieferung sichern. Dies bot ihnen Gelegenheit zum Einstieg in den Vertriebsprozess, und seitdem besetzen sie eine Schlüsselposition beim Transit von kolumbianischem Kokain zu den internationalen Märkten.

Außerdem haben sich seit 2000 Drogenkonsum und Suchtraten in Mexiko stark erhöht. Als Felipe Calderón 2006 Präsident wurde, startete er deshalb eine landesweite Kampagne gegen die mächtigen Drogenkartelle im Land.

Grenzschutz

Viele Verbrechen ereignen sich zwischen Ciudad Juárez und Nuevo Laredo im mexikanisch-US-amerikanischen Grenzgebiet, das sich über etwa 960 Quadratkilometer erstreckt. Ciudad Juárez ist eine der gewalttätigsten Städte landesweit mit einer Mordrate von mehr als 1600 Toten im Jahr 2008. Angesichts der völlig überforderten Polizei hat die mexikanische Regierung Tausende von Soldaten geschickt, um die Sicherheit wiederherzustellen.

Die USA unterstützen die Behörden mit der sogenannten Mérida-Initiative. Das Maßnahmenpaket beinhaltet Datenaustausch und hochmoderne Aufklärungsflugzeuge, Überwachungstechnik und die Ausbildung von Polizisten.

Heute befinden sich mehr als 60.000 Polizisten und mexikanische Soldaten im Kampf gegen Drogenbanden, die sich die Schlüsselrouten zu den lukrativen US-Märkten streitig machen. Diese Kartelle sind finanzstark und mit Präzisionsgewehren, Raketenwerfern, israelischen Uzis und AK-47-Sturmgewehren ausgerüstet, die oft aus den USA kommen.

Der Kokainmarkt hat allein in den USA ein Jahresvolumen von 38 bis 40 Milliarden Dollar. Dort gelten die Mexiko-Kartelle, die auch in US-Großstädten aktiv sind und sich mit dortigen Drogenbanden verbünden, als die größte Gefahr im organisierten Verbrechen.

MEXIKANISCHE MAFIA

„La Eme" oder die „Mexican Mafia" ist eine mexikanisch-amerikanische Gefängnisgang, die um 1957 entstand und mit Drogen und vor allem Heroin handelt. Die Gruppe ist in kalifornischen Strafanstalten stark vertreten und hat Mitglieder sowohl in Bundesgefängnissen überall in den USA als auch auf der Straße.

Als ihre Konkurrentin gilt eine andere mexikanisch-amerikanische Gefängnisgang, die in den 1960er-Jahren gebildete „Nuestra Familia" (Unsere Familie). Sie stammt ursprünglich aus Nordkalifornien, bildete sich in den dortigen Haftanstalten zur organisierten Gruppe aus und ist auch in Gefängnissen in Colorado präsent. Auch sie beteiligt sich am Drogenhandel und an zahlreichen Gewalttaten.

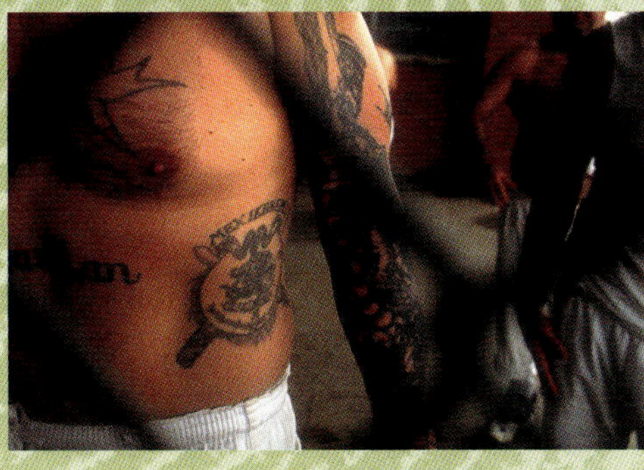

Die Mexican Mafia wird von Gefängnisinsassen besonders gefürchtet. Ihre Mitglieder tragen ein auffälliges Tattoo.

OBEN Eine mit einer Burqa bekleidete Frau kauft Gemüse in der Stadt Herat im westlichen Afghanistan. Dort sank der Opiumanbau um 20 Prozent, während er im Süden weiterhin prosperiert.

RECHTE SEITE Pakistanische Beamte stehen Wache bei der Vernichtung beschlagnahmter Drogen am Anti-Drogen-Tag 2007.

Internationale Bündnisse

Obschon beide, Verbrecher- und Terroristengruppen, eine Gefahr für die internationale Sicherheit darstellen und sich in vielerlei Hinsicht ähneln, sind sie doch sehr verschieden im Hinblick auf ihre Organisation. Kriminelle Straftaten sind vom Profit motiviert, terroristische nicht. Dennoch nutzen auch Terroristen bereitwillig Chancen für illegale Geldeinnahmen, wenn sie dadurch ihren Bedarf an Anwerbung, Ausbildung und logistischer Unterstützung decken können. Eine Verbindung zwischen Verbrecher- und spezifischen Terroristengruppen existiert normalerweise aus der Notwendigkeit und einem gemeinsamen Bedarf heraus. In einem Land wie Afghanistan mit schwachen, korrupten oder gar nicht existierenden Ordnungskräften beispielsweise können Terroristen mit Schmugglern ins Geschäft kommen und den Transport von Drogen gegen Waffen oder eine finanzielle Vergütung übernehmen.

Andererseits gibt es durchaus Terroristengruppen, die sich Delikten wie dem Drogenhandel verweigern. In diese Entscheidung fließen mehrere Faktoren ein, so etwa die dadurch gesteigerte Anfälligkeit für Militär- und Polizeiaktionen, ein Einbüßen der öffentlichen Unterstützung und der Verlust von Sponsoren, die bestimmte Vergehen als Verletzung eines religiösen oder sozialen Grundsatzes ansehen.

Begehen Terroristen dennoch Straftaten, so mag dies zwar organisiert in dem Sinne sein, dass konsistente Handlungsmuster und Modi Operandi am Werk sind, doch handelt es sich im Kern um etwas anderes als ein dauerhaftes Arbeitsbündnis mit Gruppen wie der albanischen, italienischen und russischen Mafia. Kolumbianische Rauschgifthändler etwa schlossen offizielle Allianzen mit mexikanischen, dominikanischen, italienischen und russischen Verbrechergruppen, was ihnen neue Drogenmärkte eröffnete und neue Vertriebskanäle, über die sie den wachsenden Rauschgiftbedarf in Europa, Russland und den ehemaligen sowjetischen Satellitenstaaten befriedigen konnten.

Entmutigend ist die Tatsache, dass es dabei auch um Waffenlieferungen sowie das Waschen riesiger Geldbeträge geht. In solche Waffen-Drogen-Deals waren angeblich auch ehemalige KGB-Angehörige verwickelt, und es gibt Hinweise auf eine Zusammenarbeit zwischen Banden aus Nigeria und kolumbianischen Kokain- und Heroinverbrechern, um Drogen in die USA, nach Europa und Südafrika zu schmuggeln.

Der internationale Handel mit Drogen ist schon allein deshalb so schwer zu bekämpfen, weil er global ist, denn die Nachfrage nach Rauschgift besteht in den meisten Ländern der Welt.

AFGHANISTAN

Der Opiumhandel

UNTEN Afghanische Mädchen lauschen Präsident Hamid Karsai bei einer Drogenkonferenz in Kabul. Afghanistan liefert 93 Prozent des Opiums global.

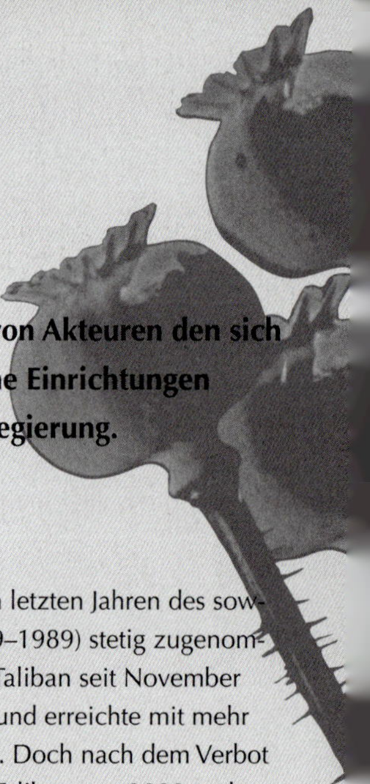

In Afghanistan beherrscht ein komplexes Geflecht von Akteuren den sich ausweitenden Opiumhandel. Er unterhöhlt staatliche Einrichtungen ebenso wie den landesweiten Zugriff der Kabuler Regierung.

Opiumerzeugung

Die Opiumherstellung hat seit den letzten Jahren des sowjetisch-afghanischen Krieges (1979–1989) stetig zugenommen. Zeitgleich zum Aufstieg der Taliban seit November 1994 wuchs auch die Produktion und erreichte mit mehr als 3400 Tonnen ihren Höhepunkt. Doch nach dem Verbot des Schlafmohnanbaus durch die Taliban von 2000 sackte sie rapide auf 185 Tonnen ab. Der Großteil der Ernte stammte damals aus den Gebieten der Nordallianz, die gegen die radikal-islamistischen Taliban kämpfte.

Den Handel mit Opiaten betraf das Verbot allerdings nicht. Die Talibanmiliz war während ihrer Herrschaft sogar von ihm abhängig, weil sie von der Erhebung einer Erzeuger- und Händlersteuer bei Bauern, Kaufleuten und Schmugglern profitierte. Außerdem waren vor dem 11. September einige Anführer und Mullahs der Taliban direkt am Opium- und Heroinhandel beteiligt und sicherten sich die Unterstützung lokaler Kriegsherren, indem sie deren Handel duldeten.

Nach der Invasion der USA im Oktober 2001 explodierte die Opiumproduktion in Afghanistan erneut und nimmt seitdem jährlich zu. Zurückführen lässt sich dies auf das Machtvakuum nach der Niederlage des Talibanregimes und auch auf die Entscheidung der USA, sich für ihren Krieg gegen die Taliban und El Kaida mit ehemaligen Warlords zu verbünden.

Südprovinzen

Das Zentrum des Drogenhandels befindet sich in den Südprovinzen, wo Aufruhr und Gewalttätigkeit nicht nur andauern, sondern an Intensität zunehmen. Hier ist die öffentliche Sicherheit nicht mehr gewährleistet und der Anbau von Schlafmohn weit verbreitet. Dies betrifft vor allem die Provinz Helmand als größten Opiumerzeuger des Landes.

Heute stehen weite Teile von Afghanistan unter der Kontrolle von regionalen Kriegsfürsten, die die Taliban und El Kaida mithilfe der USA und der von ihr angeführten Allianz vertreiben wollen. Dabei rivalisieren sie miteinander nicht nur um Einfluss, sondern auch um die Drogengelder, sodass die politische Macht in den Händen von einem Dutzend regionaler Warlords konzentriert ist. Sie befehligen private Armeen und herrschen über die Anbaugebiete, was ihnen wiederum die Ausrüstung ihrer Milizen und die Ausdehnung ihrer Machtbasis ermöglicht.

Die enormen Einnahmen aus dem Opiumhandel liefern den Kriminellen einen ausreichenden finanziellen Spielraum, um in den politischen Prozess einzusteigen oder ihn zumindest zu beeinflussen. Dies alles untergräbt die Autorität der Zentralregierung in Kabul und verschärft die Sicherheitslage der internationalen Kräfte.

LINKE SEITE Ein Mann schneidet eine unreife Mohnkapsel auf, um den für die Opiumherstellung benutzten Milchsaft zu gewinnen.

UNTEN Sayed Rahim mit Mengen von Baumwolle, die er nicht verkaufen konnte. Daraufhin sattelte er um auf den Anbau von Schlafmohn.

Korrumpierender Einfluss

Das kriminelle Streben nach Macht und Reichtum schafft ein sich selbst reproduzierendes System. Selbst Einzelpersonen haben es sehr schwer, sich dem Lockruf der hohen illegalen Gewinnspannen zu entziehen – eine Entwicklung, die Korruption auf der lokalen wie der nationalen Ebene festigt und ausweitet. Seitdem sich mit dem Sturz der Taliban neue Chancen auf einen Wiederaufbau eröffneten, hängt der Erfolg in erheblichem Maße von der Fähigkeit der Regierung in Kabul ab, den Einfluss und die Macht der Warlords, ihrer Milizen und anderer bewaffneter Fraktionen zu mindern. Der Aufstieg der regionalen Anführer – Kriegsherren, Privatmilizen, Verbrecherbanden – schuf einen überaus fruchtbaren Nährboden für den ungehemmten Anbau von Schlafmohn. Damit entstand zugleich ein Umfeld, das Instabilität, Gewalttätigkeit und Korruption generiert, denn die Drogenindustrie deckt nicht nur den Finanzbedarf vieler auf dem Land lebender Afghanen, sondern bietet auch Einnahmequellen für die Taliban und ihre Verbündeten.

Transnationale Kriminalität
Balkan, Afrika, Australien

Mit dem 21. Jahrhundert änderte sich die Machtverteilung bei den Verbrechergruppen rund um den Globus. Im Nahen Osten und in Afghanistan nahmen Schmuggel und Terror zu, und auch der Balkan und Afrika rückten ins Zentrum des Interesses.

Türkische Clans

Die Türkei war zusammen mit dem Libanon lange Zeit eines der größten Opiumanbaugebiete der Welt. Der illegale Handel mit Heroin und Opium brachte Macht und Einfluss für mehrere türkische Clans. Dank der Gewinne aus dem Handel konnten sie tief in die Führungsspitzen der Türkei eindringen – die politischen ebenso wie die wirtschaftlichen – und einen Geldstrom in den Industrialisierungsprozess des Landes lenken.

Als die Situation in den Grenzgebieten im Osten brenzlig wurde, sahen sich die türkischen Gruppen gezwungen, Labors und Logistik nach Westen zu verlegen – nach Ankara und Istanbul, nach Griechenland, Bulgarien und auf den Balkan. Ihr Know-how, ihr Ruf und ihre Kontakte zu italienischen Familien in Italien und Nordamerika haben das verstärkte Auftreten auf der internationalen Bühne begünstigt, wo sie den Transport von Heroin aus den Erzeugergebieten in Afghanistan und im Goldenen Dreieck zu den westeuropäischen Konsumenten organisieren. Gemeinsam mit den Grauen Wölfen, einer politischen Bewegung der extremen Rechten, sind türkische Banden häufig in Verbrechen im Ausland verwickelt.

RECHTE SEITE Türkische Demonstranten in Deutschland präsentieren das Zeichen der Grauen Wölfe. Die Gruppe war in den Jahren zwischen 1974 und 1980 für etwa 694 Morde verantwortlich.

DIE BALKAN-ROUTE

Die sogenannte Balkan-Route des Drogenhandels professionalisierte sich in den 1970er-Jahren, als mehr und mehr Lkws das damalige Jugoslawien durchquerten. Mit der Ausrichtung der Olympischen Spiele in Sarajevo 1984 öffnete sich Jugoslawien verstärkt nach außen, was den Schmuggel von Menschen und Waren im ganzen Land intensivierte. Die Eröffnung der Balkan-Route bedeutete eine radikale Änderung in der Machtbalance des Opium- und Heroinhandels, der in Westeuropa damals noch von korsischen Netzwerken via Marseille abgewickelt wurde. Die türkischen Gruppen nutzten drei verschiedene Transitstrecken des organisierten Verbrechens zusammen mit bulgarischen und jugoslawischen Banden – die Nordroute am Schwarzen Meer durch Bulgarien und Rumänien, die zentrale Route durch Bulgarien und Serbien nach Ungarn und schließlich die Südroute, die Griechenland, Makedonien, Serbien und die Stadt Niš durchquert, um dann auf der zentralen Route in Richtung Ungarn weiterzuführen.

Mit Klebeband umwickelte Heroinpakete, die 2009 in München beschlagnahmt wurden. Auch fünf Schmuggler und einige Waffen fielen der Polizei in die Hände.

Den Markt aufbrechen

In der Frühzeit der Balkan-Route dienten Jugoslawen als Strohmänner und sorgten für einen sicheren Transport der Drogen vor allem durch Serbien. Bald dirigierten serbische Gruppen die Operationen in den Ländern, in denen die Balkan-Route endete – England, den Niederlanden, Belgien und Teilen von Frankreich. Die Märkte in Deutschland und der Schweiz verblieben dagegen in den 1970er- und 1980er-Jahren in den Händen von libanesischen und türkischen Clans.

Schon damals bestanden Blutsbande zwischen Serben und Italienern. Luigi Francesco Di Paolo, in das „La Strega"-Massaker 1979 in Mailand verwickelt, war der Schwager von Dragomir Petrović, dem Kopf eines in Marseille etablierten Clans. Dennoch gab es kontinuierliche Feindseligkeiten zwischen den verschiedenen Gruppen. In einem Untergrundkrieg machten sich in den späten 1970er- und frühen 1980er-Jahren die italienischen, korsischen und jugoslawischen Clans die Kontrolle über den Heroinhandel streitig.

Boom

Nach dem Tod Titos erlebte das Verbrechen eine Blütezeit im Jugoslawien-Krieg, als sich seine Märkte erweiterten. Im klassischen Drogenhandel hatten kroatische, bosnische und serbische Banden in den 1990er-Jahren Hochkonjunktur.

Der Waffenhandel

Während das Hauptaugenmerk zunächst auf dem Drogenhandel lag, entwickelte sich auch der Markt für illegale Waffen. In den frühen 1990er-Jahren gab es vor allem in Bosnien und Kroatien Transaktionen in großem Stil, bei denen italienische Clans eine wichtige Rolle spielten. Entscheidend aber waren die Albaner. Bei dem Aufstand 1997 wurden fast alle Militärbestände entwendet und aus dem Kosovo, Bosnien und Serbien herausgeschmuggelt. So fand man in einer Höhle bei Gjirokastër in Albanien zehn Boden-Luft-Raketen, die aus dem Armeestützpunkt bei Arshi Lengo südlich von Tirana stammten.

UNTEN Was kostet das Maschinengewehr in Ihrer Auslage? In diskreter Entfernung von der Hauptstadt bedient dieser jemenitische Händler einen illegalen, kaufwilligen Markt.

ARKAN Serbischer Warlord

OBEN Bis zu seiner Ermordung war Arkan der einflussreichste unter den serbischen Verbrecherbossen und stand über 20 Jahre lang auf den Fahndungslisten.

In der serbischen Mafia Nasa Stvar bahnte sich der berühmte Željko Ražnatović, genannt Arkan, in den 1970er-Jahren seinen Weg nach oben.

1969 musste der 17-jährige „Arkan“ Ražnatović wegen Einbruchs ins Gefängnis, wo der Sprössling einer strengen Offiziersfamilie seine eigene Bande organisierte. Italienische Richter stellten im Juli 1972 und erneut im September 1973 einen Haftbefehl wegen versuchten Diebstahls aus, aber der Gesuchte konnte nicht festgenommen werden, und auch 1974 entwischte er wieder bei einem Raubüberfall in Mailand. Im selben Jahr war er an einer Raubserie in Schweden beteiligt, darunter dem berühmten Überfall auf die Enselid Bank in Stockholm.

Arkan setzte seine Verbrecherkarriere in ganz Europa fort und trat zunehmend in Wettbewerb mit albanischen Clans, darunter allen voran dem Mafiaboss Daut Kadriovski, der Kontakte in die Türkei und nach Deutschland hatte.

Im Bosnien-Krieg baute er eine paramilitärische Einheit auf, die für mehrere Kriegsverbrechen im ehemaligen Jugoslawien verantwortlich war. „Arkans Tiger“ betrieben auch kriminelle Geschäfte in Europa und den USA und nutzten dafür die engen Verbindungen ihres Chefs zu politischen Verbündeten sowie den im Westen bestens vernetzten italienischen Clans.

Bei einem sehr gut vorbereiteten Anschlag am 15. Januar 2000 im Belgrader Hotel Intercontinental wurde Arkan von einem Schuss ins linke Auge getroffen und starb zwei Stunden später im Krankenhaus.

Zu jener Zeit besetzten seine kriminellen Freunde Spitzenpositionen in mehreren Ländern – Dragan Joksović in Schweden, Ljubomir Magaš in Deutschland (auch Mitglied der Zemun-Bande), Slavko Labović in Dänemark, Veljko Krivokapić in Österreich und Sreten Jocić in Amsterdam.

UNTEN Ein Mitglied von „Arkans Tigern“ bei der Ausbildung im jugoslawischen Bürgerkrieg. Arkan wurde beschuldigt, seinen „Tigern“ ethnische Säuberungen befohlen zu haben.

Korruption, der größte Fluch unserer heutigen Gesellschaft.

Olusegun Obasanjo, ehemaliger Präsident von Nigeria

UNTEN Der bosnisch-muslimische Kriegsheld Naser Orić kommandierte einst die bosnische Armee in Srebrenica. Er wurde 2008 in Sarajevo wegen organisierter Kriminalität verhaftet.

Serbische Banden im Ausland

Schon in den frühen 1970er-Jahren trafen Serben verstärkt in Mailand ein, angezogen von den familiären Bindungen, die zu verschiedenen Clans aus Sizilien und Kalabrien bestanden. Im Jahr 1972 bildete sich dort eine jugoslawische Verbrecherbande aus, die vor allem Raubüberfälle, Morde und Einbrüche in Mailand, Rom und Triest ausführte.

In Serbien erlebte die organisierte Kriminalität einen Höhepunkt unter Slobodan Milošević und konzentrierte sich auf Geldfälscherei, Drogenhandel, Autodiebstähle, Zigarettenschmuggel und Morde – die anerkannte Spezialität der serbischen Banden. Führend waren damals Željko „Arkan" Ražnatović, Kristijan Golubović und Milorad Ulemek in Belgrad sowie Branislav „Dugi" Lainović in Novi Sad. Letzterer war Chef der paramilitärischen Srpska Garda und wurde 2000 von einem Mitglied der Zemun-Bande ermordet.

Die Zemun-Bande

Die Zemun-Bande war in den 1980er-Jahren die erste bekannte Gruppe des organisierten Verbrechens in Serbien. Sie zählte angeblich mehr als 200 Kriminelle, die sich gern ihrer 300 Verurteilungen aufgrund von Drogenhandel und Mord rühmten. Berichten zufolge gehörte Milorad Ulemek zusammen mit Dušan Spasojević zu ihren obersten Bossen. Obwohl die serbischen Polizeikräfte im Frühjahr 2000 mehrere Bosse festnahmen, ist die Bande heute immer noch äußerst rege. Ursprünglich war auch Arkan ein Topmitglied der Zemun-Bande.

Kriminelle Kriegshelden

Im Jugoslawien-Krieg erledigten kroatische Schwerverbrecher die Drecksarbeit in der Armee, bei der Polizei und bei paramilitärischen Operationen. Auch zu Hause setzten sie ihre kriminelle Karriere mit stillem Einverständnis der Behörden fort.

Es heißt, in Tomislav Merćeps Einheiten aus Sisak (die „Wölfe"), im Strafbataillon von Mladen „Tuta" Naletilić und bei der Militärpolizei in Gospić, Šibenik und Split habe es nur so gewimmelt von Gangstern, Mördern und Kriegsverbrechern, die sich bei den Plünderungen bereicherten und am Schmuggel von Waffen, Drogen, gestohlenen Autos und allem verdienten, was schnelles und leichtes Geld brachte. Geschützt durch ihren neuen Status als Kriegshelden, gingen viele auch später noch ihrem kriminellen Gewerbe nach. Wurden sie auf frischer Tat ertappt, so erhielten sie nur symbolische Strafen, auch wenn einige wenige schließlich im Gefängnis landeten, weil sie so tief ins Milieu verstrickt waren, dass sogar ihre Kontakte zu Staat und Justizbehörden sie nicht schützen konnten.

Die Verhältnisse in Kroatien waren geprägt von einem Dreiecksgeflecht zwischen staatlichen Behörden, Privatunternehmen und lokalen Verbrechergruppen.

Bosnisch-muslimische Gruppen

Serbische und kroatische Banden übernahmen die illegalen Märkte in Bosnien. Die Stadt Mostar beispielsweise galt als einer der größten offenen Märkte für gestohlene Autos auf dem Balkan und wurde Ende der 1990er-Jahre von einem kroatischen Armeeoffizier und dem Mafiaboss der muslimischen Seite dirigiert.

In Bosnien und Herzegowina avancierten Pale und Banja Luka zu wichtigen Stationen auf den Schmuggelrouten für illegale Waren, Drogen und Waffen, die aus Albanien und Montenegro nach Westen und auch nach Osten transportiert wurden.

LINKE SEITE Milorad Ulemek beim Prozess gegen die Mörder des serbischen Reform-Präsidenten Zoran Djindjić. Wegen Beteiligung an dem Anschlag erhielt Ulemek im Mai 2007 eine Freiheitsstrafe von 40 Jahren.

UNTEN Dejan „Bagsi" Milenković, ein früheres Mitglied der Zemun-Bande, kooperierte mit den Behörden bei den Ermittlungen zum Mord an Zoran Djindjić.

FREDERIK DURDA

Die Existenz der albanischen organisierten Kriminalität ist in den USA nicht unbekannt. Aus Albanien wegen einer lebenslangen Haftstrafe geflüchtet, baute Frederik Durda zusammen mit Skender Fici und Xhevdet „Joey" Lika in New York einen Drogen- und Menschenschieberring auf. 1980 flogen sie auf, und Durda wurde daraufhin als erster Albaner wegen Drogenhandels verurteilt.

Frederik Durda war eine Schlüsselfigur im Kokainhandel zwischen Kolumbien und Europa.

Kosovo-albanische Familien

Das spektakulärste Wachstum unter den Verbrecherbanden verzeichneten die kosovo-albanischen Familien. Die erste internationale Kosovomafia entstand unter Federführung von Mehmed Ali Karakafa, der bereits in den frühen 1970er-Jahren große Herointransporte aus der Türkei durch Jugoslawien nach Italien organisierte. An den Operationen beteiligten sich seine lokalen Partner, die Osmani-Brüder Adnan und Fatmir sowie Latif Memeti und Ismet Arifi.

Karakafa war im früheren Jugoslawien einschlägig bekannt und erhielt mehrere Verurteilungen wegen Drogen-, Gold- und Munitionsschmuggels. Seine Bande war die erste in Albanien, die enge Kontakte zur italienischen Mafia und den türkischen Clans aufbaute.

In den 1970er-Jahren arbeiteten einige Albaner für die fünf Mafiafamilien aus New York und sammelten dabei Erfahrungen im Betreiben einer kriminellen Großorganisation.

Der albanische Boss Nedmedin Zeka, der seine Geschäfte aus dem slowakischen Bratislava führte, konnte 1999 noch einmal aus Prag flüchten, wo er den Vorsitz über einen großen Drogenring in Tschechien führte, doch gegen Jahresmitte nahm ihn die ungarische Polizei fest und lieferte ihn zwecks Strafverfolgung nach Italien aus. Zur gleichen Zeit wurde mit Remzi Canaj ein weiterer albanischer Boss verhaftet, diesmal in den Niederlanden, wo er im Drogenhandel tätig war.

UNTEN Der albanische Staatsführer Enver Hoxha. Sein Tod 1985 erwies sich als entscheidend für die Entwicklung der organisierten Kriminalität im Land und in der ganzen Region.

Die albanisch-italienische Connection

Albanien war bis zum Tod seines politischen Führers Enver Halil Hoxha 1985 völlig isoliert, danach folgten die Öffnung des Landes und damit einhergehend massive Unruhen. In krimineller Hinsicht brachten die neuen Zeiten eine plötzliche Invasion von Mafiosi aus Italien, bedingt durch die Tatsache, dass beide Länder geografisch und historisch eng verbunden waren. 1939

waren italienische Truppen noch vor dem Ausbruch des Zweiten Weltkriegs in Albanien einmarschiert, um 1980 übernahm das Land eine wichtige Rolle für die Balkan-Route und 1982 flüchteten italienische Verbrecher scharenweise nach Albanien, um sich vor den Polizeiaktionen gegen einen Heroinring in Sicherheit zu bringen.

Ab 1986/87 nahm auch die Emigration der Albaner nach Italien und Griechenland zu. Konsumgüter aus Westeuropa überschwemmten das Land, und das westliche Fernsehen trat seinen Siegeszug an. In dem Jahrzehnt nach Hoxhas Tod kamen mehr und mehr Albaner in der Land- und Bauwirtschaft im Westen des Kontinents unter, oft über Menschenschiebernetze mit Verbindungen nach Italien und Griechenland.

Da das italienische Fernsehen in Albanien gut empfangen werden konnte, lernte die Küstenbevölkerung die Sprache schnell, und in den frühen 1990er-Jahren kam im Land sogar der Wunsch auf, Italien als Provinz beizutreten. In dieser Zeit förderte Michelangelo Aiello, der reiche Bürgermeister der sizilianischen Stadt Bagheria, intensiv die Aufnahme wirtschaftlicher Beziehungen mit Albanien.

Auch die Mafiaclans aus Apulien verstärkten die Bande zur albanischen Unterwelt bei einem Treff 1987 in Mailand. Er war von Dora Vendola aus der apulischen Mafia Sacra Corona Unita zwecks Klärung der Details zum Zigaretten- und Drogenschmuggel zwischen dem Balkan und Italien einberufen worden.

OBEN Ein Beamter der spanischen Guardia Civil mit dem Ergebnis einer Großaktion gegen das organisierte Verbrechen. Sie erbrachte 16 Verdächtige und konfiszierte Waren mit einem Schätzwert von zwei Millionen Euro.

SCHNEEBALLSYSTEM IN ALBANIEN

Es überrascht nicht, dass die fünf wichtigsten Pyramidengesellschaften – Vefa, Silva, Cenaj, Gjallica und Kamberi – ihren Sitz in der Stadt Vlora unweit der italienischen Küste hatten. Diese Investmentfirmen kanalisierten fast 90 Prozent der 300 Millionen Dollar, die von der albanischen Diaspora ins Heimatland geschickt wurden. Aber auch normale Anleger, Rentner, Unternehmen, Staatsbetriebe und andere nutzten die Kapitalanlagemöglichkeiten zum Investieren ihrer Ersparnisse und Rentenfonds.

Im Dezember 1996 kollabierte als Erstes das betrügerische Schneeballsystem der Investmentgesellschaft Sudja. Die albanische Regierung von Sali Berisha nahm eine 30-jährige Frau fest und fror bei Xhaferri und Populli Fonds im Wert von 1,5 Milliarden Dollar ein. Die Albaner hatten insgesamt sieben bis neun Milliarden Dollar in diese Formen der Geldanlage eingebracht. Anfang 1997 geriet das ganze Land in Panik. Alle Investoren ergriffen die Flucht, mal mit Geld und mal ohne. Die albanische Polizei weiß zu berichten, dass am Tag nach dem Crash des ersten Anlagesystems ein Boot mit 130 Millionen Dollar an Bord den Hafen von Vlora in Richtung Italien verließ. Durin Pogani, der Eigentümer der Gesellschaft Pogani, floh nach Australien, wo er noch immer lebt.

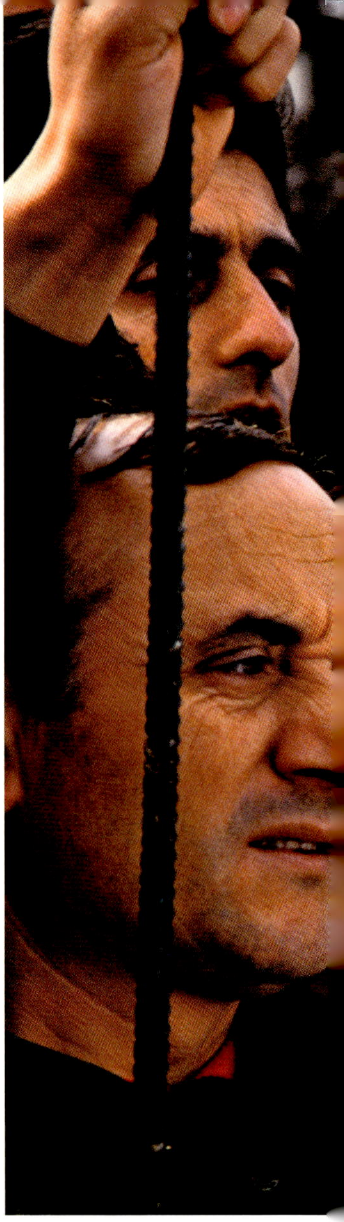

OBEN Ohnehin fürs Anzünden bestimmt, werden diese Schmuggelzigaretten bald vernichtet. Der Handel mit Zigaretten ist in unruhigen und Kriegszeiten besonders lukrativ.

Mafiosi auf der Flucht

Der Zuzug der italienischen Mafiosi beschleunigte sich nach 1992, dem Jahr der Anschläge auf die Mafiajäger Giovanni Falcone und Paolo Borsellino, denn die Reaktion des Staates fiel so energisch aus, dass die Clans fast besiegt worden wären. Vor einer drohenden Verhaftung flüchteten viele Mafiabosse vor allem aus Sizilien nach Albanien, wo sie sich zunächst in den Hafenstädten Durrës und Vlora niederließen, um dann nach Montenegro überzusiedeln. Begleitet wurden sie von Camorristi, die den Clankriegen zwischen Cutolos NCO und den traditionellen Familien entgehen wollten.

Zigarettenschmuggel

Wie eh und je eröffnete der Krieg auch neue Aussichten für den Zigarettenschmuggel. Mindestens sieben italienische Topbosse, die meisten mit Kontakten zur Camorra und nach Sizilien, kümmerten sich von ihrem Stützpunkt in der Schweiz aus um die Tabakunternehmen. Aber sie gründeten auch neue Unternehmen in Serbien, im Kosovo, in

Makedonien und Montenegro, um die Zigaretten direkt aus den Niederlanden auf den Balkan und dann per Boot über die Straße von Otranto nach Italien zu transportieren. Das Geschäft war so profitträchtig, dass es bald eine Haupteinnahmequelle für die Regierungen von Montenegro und Albanien bildete. Die komplette Abwicklung übernahmen Italiener mit albanischen und montenegrinischen Handlangern.

OBEN Als der albanische Bankensektor wegen eines kriminellen Schneeballsystems 1997 zusammenbrach, verloren viele Albaner ihre gesamten Ersparnisse.

Schmutziges Geld waschen

In den Jahren 1990 bis 1997 ergossen sich illegale Geldströme nach Albanien und Montenegro, die gewaschen werden mussten. Ungeachtet des UN-Embargos gegen Jugoslawien gelangte es aus vielfältigsten Quellen ins Land – Drogenhandel, Menschenschieberei, Waffen-, Zigaretten- und Benzinschmuggel, um nur einige zu nennen. Die Notwendigkeit, dieses Geld zu säubern, führte zur Zunahme der berüchtigten Schneeballsysteme und zu ihrem anschließenden Zusammenbruch, der verheerende finanzielle, politische und soziale Auswirkungen auf die Balkanstaaten hatte.

Aufstand in Albanien

Der Zusammenbruch der Pyramidengesellschaften stürzte das Land in den Ruin und entfachte 1997 einen Aufstand, der mehr als 2000 Todesopfer forderte. Damals kamen auch die Waffenbestände der albanischen Armee weitgehend abhanden, landeten jedoch in den folgenden Jahren bei kosovarischen, italienischen, bosnischen und anderen Clans. Die Netzwerke des Großwaffenhandels reichten bis nach Asien, Russland, Kolumbien und in weitere Konfliktregionen. Fast 60 Prozent der albanischen Kleinwaffen tauchten später wieder auf, was vor allem dem Programm „Waffen gegen Geld" zu verdanken ist, das die albanische Regierung mit massiver Finanzhilfe der internationalen Gemeinschaft auflegte.

OBEN Röntgengeräte dienen der britischen Polizei seit einiger Zeit dem Aufspüren von Menschenschiebern.

Ein krimineller Korridor

Die kriegsbedingte Verlegung der Schmuggelrouten nach Montenegro und Albanien bewirkte zusammen mit den wirtschaftlichen Problemen, denen die Bevölkerung im Kosovo und in Makedonien gegenüberstand, das Entstehen eines „kriminellen Korridors". Er stand unter der Direktive kosovarischer Familien und führte auf einer neuen Route von der Türkei nach Italien.

Der Aufstand von 1997 hatte auch erhebliche Auswirkungen auf die Auswanderung. Scharen von Albanern und Kosovaren flüchteten aus ihrer Heimat und landeten in überfüllten Booten an der Küste Apuliens.

KANUN – FAMILIENKODEX

Strikte Regeln zum Familienleben machen die Clans in Albanien und im Kosovo praktisch immun gegen Verrat und geben genau vor, was zu geschehen hat, wenn es zwischen zwei Familien zum Konflikt kommt. Dieses Regelwerk – genannt „Kanun" – bildet den Verhaltenskodex der albanischstämmigen Bevölkerungen.

Das Wort „Kanun" leitet sich vom griechischen *kanón* ab und wurde von türkischen Invasoren nach Albanien mitgebracht. Der Kodex selbst datiert ungefähr aus dem 15. Jahrhundert und beinhaltet nicht nur die Bestimmungen zur Blutrache, sondern auch das komplette Zivil- und Strafrecht.

Die Macht des Kanuns in der heutigen Zeit spiegelt sich in den Statistiken der EU und der albanischen Regierung. Danach sank die Zahl der Morde, die in direktem Zusammenhang mit Kanun-Vendettas stehen, von 45 im Jahr 1978 auf nur 12 in 2002. Eine Familie in Blutrache-Konflikten ändert ihre Lebenssituation dramatisch und zieht sich zuweilen sogar in eine völlig abgeschottete Umgebung zurück. 2002 galt das für 140 Familien in Tirana, 98 in Durrës, 111 in Vlora, 62 in Berat und 33 in Lushnja.

Pashke Sokol Ndocaj und ihre Onkel. Seit dem Tod von Vater und Brüdern lebt Pashke als Mann in der alten Balkantradition der Schwurjungfrauen. Dabei „werden" Frauen Männer, um der Familie als Oberhaupt vorzustehen.

Albanische *fis*

Dank ihrer Vormachtstellung im Schmuggel von Drogen, Zigaretten, Menschen und Waffen und ihrer Absprachen mit italienischen und türkischen Bossen haben die albanischen Clans (*fis*) rasant an Macht gewonnen. Ursprünglich Hilfskräfte der türkischen und italienischen Banden, sind sie binnen weniger Jahre zu einer höchst präsenten neuen und grenzüberschreitenden Macht geworden. Mit dem Kosovo und Albanien beherrschen sie zwei Länder direkt, und zudem kontrollieren sie Montenegro und Makedonien über die Diaspora.

AlbaKos im Ausland

Italienische Richter haben einige kosovo-albanische Bosse identifiziert, die Kokainhandel und Prostitution im Mailänder Raum dominieren. Die kosovo-albanische Mafia ist auch in Großbritannien aktiv, wo sie vor allem die Prostitution in Soho in London beherrscht. Die Polizei hat zudem Beweise für Verbindungen zwischen AlbaKos-Clans (kosovo-albanischen Clans) und chinesischen Banden bei der Menschenschieberei und auch dafür, dass die Albaner Auftragsmörder für italienische Familien stellen.

Internationale Billigung

Fast alle kosovarischen Bosse unterhalten enge Kontakte in die Schweiz, wo die Kosovaren die zweitgrößte ausländische Minderheit stellen. Da ihr politischer Kampf gegen die serbischen Invasoren nicht nur von der NATO, sondern von der gesamten Weltgemeinschaft und den USA im Besonderen unterstützt wurde, die einen ihrer größten ausländischen Militärstützpunkte in der Region unterhält, konnten sich die Clans im warmen Glanz der internationalen Billigung sonnen und ihre Aktivitäten in relativer Sicherheit weltweit ausbauen.

2002 Zwei serbische Journalisten werden nach Veröffentlichung von Artikeln über das organisierte Verbrechen im Land verhaftet.

2007 In Duisburg sterben sechs Italiener im Kugelhagel wegen einer Fehde zwischen Verbrecherclans.

2009 Die Anklage gegen den südafrikanischen Staatspräsidenten Jacob Zuma wegen Korruption bei einem milliardenschweren Waffengeschäft wird fallen gelassen.

2009 Somalische Piraten entführen im Golf von Aden einen Schlepper mit 16 Besatzungsmitgliedern.

LINKE SEITE Ein kleines Boot hat sein Grab in einem einsamen albanischen Hafen gefunden. Seine Schmuggeltage sind gezählt, die Ladung ist längst gelöscht.

Rasche Ausdehnung

Die steten Zuwachsraten beim Schmuggel liefern ebenso wie der vermehrte Einfluss und Reichtum der Familien immer wieder Zündstoff für Blutrachekonflikte, die gemäß dem Kanun gelöst werden. In den 1990er- und frühen 2000er-Jahren waren AlbaKos-Clans an fast allen Tätigkeiten des organisierten Verbrechens beteiligt, und dies nicht nur in ihrer Heimatregion, sondern weltweit. Diese erstaunlich rasante Expansion erklärt sich auch durch die massiven Auswanderungsschübe parallel zum albanischen Aufstand und dem Balkan-Krieg. Damals sollen mehr als 10.000 Albaner und Kosovaren jeden Monat nach Westeuropa und Nordamerika geflohen sein.

UNTEN Die makedonische Polizei verhaftet Stanislava Cocorovska-Poletan. Sie soll die Organisatorin einer Kokainlieferung von Venezuela nach Makedonien gewesen sein.

Albaner als Mittelsmänner

2003/04 erstellte das amerikanische FBI eine Liste der 15 Verbrecherfamilien, die in Albanien operieren und dort in der Unterwelt, der legalen Geschäftswelt und der Politik aktiv sind. Aussagen des FBI zufolge sind sie mehr oder weniger wie die italienischen Verbrecherclans strukturiert, und ihre Kontakte zum politischen Establishment behindern die Suche von Polizeibehörden nach weiteren Informationen erheblich. 2004 sollen Albaner nach Angaben des FBI auch als Mittelsmänner zwischen afghanischen und türkischen Opiumerzeugern einerseits und dem globalen Heroinmarkt andererseits aufgetreten sein. Rund 80 Prozent des gesamten Heroinhandels passierte Albanien.

Who's who

Dieselben FBI-Quellen bezeichnen Daut Kadriovski als den wichtigsten Paten im Land. Nach seiner Verhaftung 1985 in Deutschland beschlagnahmten die Behörden zwar seine Villen, seine Jacht und seine Autos, doch konnte er sich dem Prozess angeblich durch Beamtenbestechung entziehen. 1993 flog er in die USA, wo er engen Kontakt zu den italienischen Verbrecherclans in New York und Philadelphia pflegte. Es gibt auch Beweise für eine intensive Zusammenarbeit mit der Familie von Nardino Colotti, die zum Gambino-Clan gehört.

Aber Kadriovski steht nicht allein auf weiter Flur. Andere Geheimdienstquellen nennen weitere albanische Bosse wie Princ Dobroshi, Ismail Lika, Alex Rudaj und Victor Hoxha.

Geheimdienstinformationen

Berichte aus den Jahren 2005 und 2006, die vom deutschen Geheimdienst, den Vereinten Nationen und der KFOR („Kosovo Force") stammen, sprechen von einem Zusammenhang zwischen führenden Politikern und dem organisierten Verbrechen.

Heute sind sich fast alle Geheimdienste rund um den Globus darin einig, dass die AlbaKos-Mafiagruppen die größte Gefahrenquelle im organisierten Verbrechen darstellen. International, skrupellos, bis an die Zähne bewaffnet, mit einem umfassenden Pool von Kontakten und Arbeitskräften ausgestattet, sind sie in nur 20 Jahren in eine Position hineingewachsen, in der sie alle anderen transnationalen Gruppen ohne Weiteres herausfordern könnten. Stattdessen arbeiten sie zurzeit lieber mit ihnen zusammen. Einzig die Russen legen dabei noch eine gewisse Scheu an den Tag. Dass seit Kurzem russisches Geld nach Montenegro strömt, lässt sich auf zweierlei Weise deuten – als Wiederkehr des Russeneinflusses in der Region oder aber als Bestätigung einer starken Allianz.

LINKE SEITE Büsten von Ministerpräsident Enver Hoxha. Sein Erbe der Isolierung und der Abkehr vor der Außenwelt wurde von den organisierten Verbrechergruppen ins Gegenteil verkehrt.

UNTEN KFOR-Soldaten durchsuchen das Serbenviertel von Mitrovica im Kosovo-Krieg 1999 nach Waffen. Die Stadt wurde zum Symbol für die ethnische Teilung des Kosovo.

OBEN Der Australier Tony Mokbel war flüchtig, bis er 2007 in Athen gefasst werden konnte. Der Drogenbaron ist inzwischen für sein verschwundenes Toupet bekannt.

Australien

Obschon der Kontinent nach 1788 von britischen Sträflingen und ihren Gefängniswärtern kolonisiert wurde, war er aufgrund seiner geografischen Lage noch mehr als 100 Jahre vor dem Einfluss der organisierten Kriminalität geschützt. Mit dem Zustrom von Einwanderern besonders nach dem Zweiten Weltkrieg gelangten schließlich auch Verbrecherorganisationen in seine Gefilde.

Multikulturelle Kriminalität

In Australien bezeichnet man die italienischstämmigen 'Ndrangheta-Clans auch als „Honoured Society". Eines ihrer wichtigsten Mitglieder war Robert Trimbole, der in direktem Zusammenhang mit dem Verschwinden des Politikers Donald Mackay 1977 stehen soll. Mackay hatte Trimbole und seine Kumpane vorher bei der Polizei wegen Marihuanaschmuggels angezeigt, was zu ihrer Verhaftung führte.

Auf dem Kontinent sind zudem fast alle großen chinesischen Triaden vertreten. Früher waren vietnamesische Banden als „Soldaten" für chinesische Clans tätig, doch inzwischen treten auch sie international auf. Auch japanische Gangster – die Yakuza – sind im Land. Einem Medienbericht von 1994 zufolge besaß die Yamaguchi-gumi mindestens drei „Firmenvillen" in der Stadt Gold Coast in Queensland.

Unterweltkrieg

Das australische Verbrechermilieu erregte weltweit Aufsehen mit den Melbourne Gangland Killings, bei denen zwischen 1995 und 2006 insgesamt 34 Unterweltgrößen ermordet wurden. Damals kämpften die 'Ndrangheta-Familien gegen die Moran-Familie, die Carlton Crew, die Radev Gang, die Sunshine Crew und die Williams-Familie sowie griechische Familien wie die von Tony Mokbel.

Der Druck auf die 'Ndrangheta hat sich seit der Verhaftung von Francesco Madafferi und 20 seiner Partner 2008 noch verstärkt, während parallel Ecstasytabletten, Kokain und mehr als 30 Millionen Euro Bargeld beschlagnahmt wurden. Unter den Inhaftierten befanden sich auch mutmaßliche Bosse einer Verbrecherfamilie aus Griffith und der libanesischen Mafia sowie der Drogenbaron einer Bikergang. Die Präsenz von Gruppen des organisierten Verbrechens aus allen Weltregionen hat in Australien stark zugenommen, wobei die Banden nicht nur im internationalen Schmuggel, sondern auch bei anderen Straftaten und kriminellen Investitionen zusammenarbeiten.

RECHTS Der Flughafen von Sydney wurde am 22. März 2009 zum Tatort, als bis zu 15 Mitglieder einer australischen Bikergang vor den Augen entsetzter Passagiere einen Rivalen totschlugen. Durch die öffentliche Empörung auf den Plan gerufen, verstärkte die Landesregierung ihre Anti-Gang-Spezialeinheit von 50 auf 125 Mann.

OBEN Die australische Unterweltgröße Carl Williams 2004 beim Begräbnis seines Freundes Andrew „Benji“ Veniamin, 22. Opfer der Gangland Killings.

UNDERBELLY

Ein realer Unterweltkrieg

***Underbelly* startete als Fernsehserie mit 13 Episoden und erzählte über einen Zeitraum von etwa einem Jahrzehnt – von Mitte bis Ende der 1990er-Jahre – die Geschichte der Melbourner Gangland Killings anhand der berüchtigten Carlton Crew. Die Serie basiert auf dem Sachbuch *Leadbelly* von John Silvester und Andrew Rule, das die 1998 einsetzenden Unterweltmorde behandelt.**

Öffentliche Empörung

Die Morde, die unter anderem auf offener Straße stattfanden, sorgten für öffentliche Empörung und einen politischen Imperativ, die Gangster endlich hinter Gitter zu bringen. Darüber hinaus dienten sie aber auch als Ausgangspunkt einer Krimiserie, die den Aufstieg und Fall des inhaftierten Carl Williams (Gyton Grantley) behandelt.

Weitere Unterweltgrößen, die in die Melbourner Folklore eingingen, sind Alphonse Gangitano (Vince Colosimo), Roberta Williams (Kat Stewart), Mick Gatto (Simon Westaway), Mario Condello (Martin Sacks), Lewis Moran (Kevin Harrington), Mark Moran (Callan Mulvey), Jason Moran (Les Hill), Tony Mokbel (Robert Mammone) und die Moran-Matriarchin Judy (Caroline Gillmer).

Prequel

Nach dem großen Erfolg der Serie entstand 2009 eine zweite Staffel: *Underbelly: A Tale of Two Cities*. Da die meisten Charaktere inzwischen entweder tot oder im Gefängnis sind, ist der Nachfolger als Prequel angelegt und spielt in den Jahren 1976 bis 1987, angefangen bei dem Mord am Anti-Drogen-Aktivisten Donald Mackay. Porträtiert werden Chris Flannery (Dustin Clare), auch Mr. Rent-A-Kill genannt, und Terry Clark (Matt Newton) aka Mr. Asia.

UNTEN Vince Colosimo fällt diesmal aus der Rolle, als er mit Polizisten bei der Premiere von *Underbelly* 2008 posiert.

OBEN Ein Elefantenstoßzahn wird mit Ort und Datum der Konfiszierung versehen. Der illegale Elfenbeinschmuggel besteht in Teilen Afrikas nach wie vor.

UNTEN Ein Schwarzhändler paddelt mit leeren Benzintonnen durch den Hafen von Warri in Nigeria. Der Tanker mag verlassen sein, dafür blüht der Schwarzmarkt.

Afrika

Das organisierte Verbrechen entfaltete sich in Afrika eigentlich erst mit dem Aufstieg der nigerianischen Gruppen in den 1980er-Jahren. Als die Entkolonialisierung den Kontinent zur Spielwiese von Staatsinteressen machte, blieb nur wenig Spielraum für andere Akteure, vor allem für illegale. Trotzdem boten die lokalen Konflikte, die nach der Unabhängigkeit in den meisten afrikanischen Ländern aufflammten, reichlich Gelegenheit für den Schmuggel von Waffen und Munition.

Im Algerien-Krieg kämpfte die französische Armee gegen private Waffenschmuggler. Das von der Apartheid beherrschte Südafrika lag mit allen seinen Nachbarn im Krieg und brauchte wegen des internationalen Embargos dringend Hilfe aus dem Ausland. Zentralafrika führte Krieg ebenso wie die Sahara-Länder. Alle diese Staaten beteiligten sich trotz der Verwicklung in lokale Konflikte am Welthandel mit Bodenschätzen. Die Präsenz von natürlichen Ressourcen inmitten regionaler Instabilität eröffnete mehr und mehr Möglichkeiten für organisierte Verbrechergruppen, die Länder zu infiltrieren.

Auch der Zustrom indischer und asiatischer Einwanderer an den Ostküsten von Afrika – Tansania, Kenia, Mosambik, Südafrika und Madagaskar – hat dafür gesorgt, dass sich die organisierte Kriminalität in den stetig anwachsenden und wohlhabenden ethnischen Communitys einnisten konnte.

419 scams und mehr

Afrikaner verstehen unter dem „organisierten Verbrechen“ hauptsächlich die nigerianischen Banden, die auf dem Kontinent sowie global operieren. Obgleich sie keinem strengen und hierarchischen Aufbau unterliegen, werden sie von den Geheimdiensten weltweit als Gefahr angesehen. In den frühen 1980er-Jahren erwarben sie sich beträchtliche Macht, doch sind sie schon seit den 1970er-Jahren in massive internationale Geldbetrügereien verwickelt, die heute nach dem entsprechenden Paragrafen im nigerianischen Strafgesetzbuch als *419 scams* bezeichnet werden.

PIRATERIE

An Bedeutung gewonnen hat jüngst auch der Öldiebstahl und -schmuggel, dem vor allem Yoruba-Clans nachgehen. Manchmal „greifen“ sie Öltanker im Golf von Guinea und auf den Schifffahrtsstraßen entlang der nigerianischen Küste auf, oder sie zapfen die Pipelines an und stehlen literweise Rohöl, das dann vor Ort oder in der Region auf dem Schwarzmarkt landet. Zur Zeit der hohen Ölpreise fand das Kapergut sogar seinen Weg auf die internationalen grauen Märkte. Somalia nimmt derzeit die Spitzenstellung ein, wenn es um Ölpiraterie geht. Oft werden die Besatzungsmitglieder auch als Geiseln genommen. Die US-Regierung unter Präsident Obama ist entschlossen, der Zunahme der Seeräuberei entgegenzuwirken, und die Vereinten Nationen haben ein von 24 Ländern unterstütztes Anti-Piraten-Programm initiiert.

Captain Richard Phillips (rechts) war vier Tage Geisel von Piraten vor der somalischen Küste und wurde von US-Marinesoldaten gerettet.

Familie und Stamm

Nigerianische Verbrechergruppen unterscheiden sich von anderen Banden insofern, als ihre Strukturen von Familie und Stamm bestimmt werden. Das Staatsgebiet von Nigeria kennt über 75 verschiedene Stammessprachen. Die Stämme im Süden und im Westen gelten aufgrund ihrer Ölressourcen als die reichsten.

Nigerianische Diaspora

Die Macht der nigerianischen Banden ist in erster Linie der Auswanderung im großen Stil zu verdanken, bei der sich nigerianische Communitys in fast allen Ländern der Welt, vor allem in den Industriestaaten, ansiedelten. Solche nigerianischen Gebiete bestehen in Indien, Pakistan, Thailand, Südamerika, den USA und in letzter Zeit auch in Großbritannien, wo Nigerianer eine der größten schwarzafrikanischen Minderheiten stellen. Dank ihrer Kontakte betreiben sie neue Kokainrouten aus Lateinamerika via Afrika nach Europa sowie Heroinrouten, die aus Pakistan und Indien nach Westeuropa und in die USA führen.

Arbeit für die Arbeitslosen

Neben dem Drogenschmuggel sind nigerianische Kriminelle seit den späten 1980er-Jahren auch im Menschenhandel aktiv. Zunächst organisierten sie nur den Transit von Landsleuten nach Westeuropa, dehnten ihn aber schon bald auf Emigranten aller Regionen aus. Sie bedienen die Schmuggelrouten von Ländern südlich der Sahara zu den Mittelmeerküsten sowie die Luftrouten zu „freundlichen“ europäischen Flughäfen. Mithilfe lokaler Kontaktleute – Nigerianer ebenso wie Europäer – besorgen sie den Immigranten Schwarzarbeit in fast jeder Branche. Außerdem betreiben sie in Eigenregie und zusammen mit anderen Banden Bordelle und füllen den dortigen Bedarf über dieselben Menschenschiebernetzwerke.

UNTEN Die „Crime Wall“ gedenkt allen, die in Südafrika Verbrechen zum Opfer fielen. Das Land hat eine der höchsten Kriminalitätsraten der Welt.

RECHTE SEITE oben Kämpfer patrouillieren auf einem Fluss im ölreichen Deltagebiet Südnigerias. Attacken in der Region haben die Weltölpreise in die Höhe getrieben und Nigerias Output gedrosselt.

RECHTE SEITE UNTEN Der 48-jährige Christian Julian Irwin fiel 2005 vermutlich nigerianischen Internetbetrügern zum Opfer. Er verschwand im Umland von Los Angeles, nachdem er noch in einem hastigen Anruf melden konnte, dass er von Leuten mit Hunden verfolgt wird.

Campuskulte

Ein bemerkenswertes Phänomen des organisierten Verbrechens in Nigeria ist die *confraternity* (Bruderschaft), die ihren Anfang auf dem Universitätscampus machte und um 1950 auch breitere Kreise der Bevölkerung erreichte.

Die berühmteste *confraternity* – die Pyrates – soll am University College in Ibadan, damals mit der University of London assoziiert, von sechs Freunden gegründet worden sein. Unter ihnen war auch der Schriftsteller Wole Soyinka, ein künftiger Nobelpreisträger. Fast 20 Jahre lang waren die Pyrates sehr populär an den Universitäten, nutzten den Piratenmythos und seine Symbole und übernahmen bekannte Seeräubernamen wie Long John Silver.

Das *confraternity*-Konzept expandierte nach dem Bürgerkrieg von 1969, und in den 1980er-Jahren waren aus der ursprünglichen Gruppe mehr als 300 hervorgegangen. Damals erfolgte auch der Übergang zu mafiösen Verbrechen und Gewalttaten.

In den 1990er-Jahren expandierte die Bewegung international, vor allem im Geschäft mit Raubüberfallen, Entführungen und politischer Erpressung. Eine Schätzung von 2002 bezifferte die Zahl der Campuskult-Morde in den 1990er-Jahren auf 250 – vergleichsweise wenig, wenn man bedenkt, dass allein Benin City, die Hauptstadt des Bundesstaats Edo, in den Jahren 2008 und 2009 monatlich über 40 Todesfälle im Zusammenhang mit Kultaktivitäten verzeichnete.

UNTEN Ein beschlagnahmtes Drogen-U-Boot an der Zentrale der kolumbianischen Küstenwache. Die Schmuggler kamen frei, als die Beweismittel im Meer versanken.

Cyber-Kriminalität

Die Betrügereien der nigerianischen Banden sind in Industrieländern wohlbekannt. Wer hat noch keine E-Mail erhalten, die bei Angabe der Bankverbindung mit großen Geldsummen lockt? Die Gauner senden E-Mails an Adressensätze aus Verzeichnissen in Frankreich, der Schweiz, Deutschland, Italien, den USA, Japan und Australien und erbitten darin Bankdetails.

Die Kreativität, die die Betrüger beim Erfinden ihrer Geschichten an den Tag legen, ist fast schon bewundernswert. Die meisten Empfänger ignorieren die E-Mails, aber einige tun es nicht, in der Hoffnung auf die Chance ihres Lebens. Dieses Spiel funktioniert nach dem Massenprinzip und erbringt schon seit Jahren einen geschätzten Gesamtgewinn von ein bis zwei Milliarden Dollar.

Hinter solchen Internetgaunereien stecken aber nicht nur Netze in Nigeria. Längst haben die Nigerianer Nachahmer im Senegal, in der Elfenbeinküste, in Togo, Sierra Leone, Benin und im Kongo gefunden, die manchmal auch in direkter Verbindung zu einem oder mehreren ihrer nigerianischen Kollegen stehen.

Das Know-how dieser Netzwerke ist höchst eindrucksvoll. Bekundet jemand Interesse und fährt auf Einladung nach Afrika, so werden ihm dort große Summen (gefälschtes) Bargelds präsentiert, damit er mehr und mehr „Startinvestitionen“ zahlt. Wer aber unaufgefordert die Reise nach Lagos antritt und dort mehr erfahren will, der verschwindet vielleicht spurlos, wie das vor einigen Jahren zwei Schweizer Geschäftsleuten widerfuhr.

Nigerianer im Ausland

Der größte Goldesel der nigerianischen Clans aber ist der Heroin- und Kokainschmuggel, der aus Latein- und Mittelamerika nach Europa und in die USA führt. Die Clans sind tief in den illegalen Handel verstrickt, für den sie mit kolumbianischen Kartellen, italienischen und albanischen Gruppen zusammenarbeiten. Sie überwachen den Schmuggel mittels „Maultieren" aus Afrika nach Europa und bauen dabei auf ihre Kenntnis der jeweiligen Rechtslage sowie der europäischen Flughafenkontrollen.

In Europa können sie auf ein komplettes logistisches Netzwerk bauen, das ganz auf die Wiederbeschaffung und Verteilung der Drogen auf den Straßen ausgerichtet ist. Oft bindet es Nigerianer, Sierra Leoner, Togoer, Liberianer, Beniner und andere Flüchtlinge aus Ländern südlich der Sahara ein. Vor allem in Großbritannien sind die nigerianischen Schmuggler mit einem zuverlässigen Unterstützungsnetz vertreten.

Ein Dreiecksgeflecht

Im 21. Jahrhundert umfasst das organisierte Verbrechen sämtliche Formen der Schieberei und unterschiedlichste Waren: Menschen, Zigaretten, Drogen, Waffen, Autos und Organe. Und alle seine Gruppen bilden ein Dreiecksgeflecht zwischen lokalen Clans, örtlichen Behörden und Konzernen aus.

Geld hinterlässt Spuren
Profite zurückverfolgen

OBEN Die druckfrischen 100-Pfund-Scheine werden von Mitarbeitern einer britischen Münzanstalt geprüft, bevor sie an die Banken gehen.

Das organisierte Verbrechen lebt für den Profit. Seine riesigen Gewinne müssen versteckt und dann so umverteilt werden, dass die Behörden keinerlei Rückschlüsse auf die eigentlichen Herkunftsquellen oder Eigentümer ziehen können.

Geldwäsche

Geldwäsche nennt man das Einschleusen von illegalen Geldbeträgen in diverse legale oder illegale Geschäftsunternehmungen, die auch im Ausland angesiedelt sein können, um sich der Einkommensteuer und der Aufmerksamkeit der Strafverfolgungsbehörden zu entziehen. Wenngleich immer wieder vermutet wurde, dass sich der Begriff von den Waschsalons ableitet, mit denen Al Capone seine „Nebeneinkünfte" tarnte, so kam er doch erst nach dem Watergate-Skandal in den USA 1973 in Gebrauch.

Die Geldwäsche ist eine regelrechte Epidemie. Man schätzt, dass sie fünf Prozent des globalen Bruttoinlandsprodukts ausmacht, das bei 60 Billionen Dollar liegt. Einige Geschäftsmodelle eignen sich besser als andere, um die Ursprünge von unrechtmäßig erwirtschafteten Geldern zu verschleiern. Ideal sind zum Beispiel solche mit einem

hohen Cashflow und leicht zu manipulierenden Produkten oder Dienstleistungen. Unter den vielen verschiedenen Praktiken der Geldwäscher gibt es auch einige traditionelle Verfahren, die schon seit Jahrzehnten zum Verbergen von schmutzigen Profiten dienen.

Bars und Clubs

Je nach den geltenden Alkoholgesetzen eines Landes bieten sich besonders Geschäfte mit Alkoholausschank an. Das Prozedere kann beispielsweise so ablaufen, dass Belege für den Verkauf von zwei Flaschen vorgelegt werden, während in Wirklichkeit nur eine Flasche über den Tresen ging. Allerdings hat der Club nun eine Flasche Wodka übrig und muss den überschüssigen Alkohol loswerden. Als Alternativen dafür kommen der Weiterverkauf, die Umleitung in einen anderen Betrieb oder die Weitergabe als Geschenk in Betracht.

Die Gewinnmöglichkeiten erhöhen sich, wenn der kriminellen Organisation nicht nur der Club gehört, sondern auch das Unternehmen, das ihn mit Alkohol beliefert. Nun kann sie gefälschte Bestellungen und Zahlungsbelege vorlegen und auf diese Weise weitere Gelder umleiten.

Eine andere praktische Methode des Einspeisens sind Eintrittsgebühren. Zahlen an einem Abend 200 Personen jeweils 20 Euro Eintritt, gibt das Management beispielsweise 500 Personen an. Die 300 Gäste auf dem Papier machen rechnerisch 6000 Euro, die nun in den Betrieb eingeschleust werden. Bei fünf Arbeitstagen in der Woche erbringt das wiederum 30.000 Euro, die scheinbar legal als Eintrittsgelder erwirtschaftet wurden. Solche Dienstleistungen eignen sich im Gegensatz zu Produkten deshalb so gut für die Geldwäsche, weil kein verdächtiger Überschuss verbleibt.

Inzwischen achten die Behörden aber genauer auf das Treiben in Bars und Clubs. Auch die Erteilung von Alkohollizenzen wird stärker reglementiert, und die Buchhaltungsvorschriften wurden verschärft.

OBEN Großer Andrang zur Happy Hour. In der illegalen speakeasy der Prohibitionszeit drängelt sich die Kundschaft, um verbotenen Alkohol zu kaufen.

OBEN MITTE Dieser massive Tresorraum befindet sich tief im Inneren eines Bankgebäudes. Sein Inhalt lagert gut geschützt hinter einem wahren Aufgebot an Zahlenschlössern, Sicherheitstüren und Riegeln.

OBEN Die Geldwäsche durch Konzerne ist unproblematisch, wenn die Verträge von korrupten Politikern geschützt werden. Hier umzingelt die georgische Polizei eine Massenkundgebung in Tiflis, die die Freilassung des wegen Geldwäsche verhafteten Oppositionsführers Irakli Okruaschwili fordert.

Reinigungen und Bargeschäfte

Bei Reinigungen und anderen Betrieben, die eine Vielzahl kleiner Geldsummen annehmen, aber einen hohen Cashflow haben, lassen sich die Einnahmen besonders leicht verschleiern. Beispielsweise lassen sich die Mengen der tatsächlich verbrauchten Chemikalien oder angenommenen Artikel nur schwer überprüfen. Der Besitzer kann ohne Weiteres die Reinigung von zehn Hemden angeben, während er in Wirklichkeit nur fünf annahm. Auf diese Weise hat er den vorgetäuschten Umsatz von fünf Hemden in die Legalität überführt.

Große Konzerne

Maklergesellschaften und Spielcasinos sind ebenfalls ideale Tarnfirmen, da dort so viel Geld im Umlauf ist, dass ein Überblick nur schwer möglich ist. Dabei geht es darum, den schmutzigen Geldstrom mit dem sauberen zu mischen.

Briefkastenfirmen

Da Briefkastenfirmen keinerlei Vermögenswerte haben und auch keine „echten" Geschäfte tätigen, sind sie eine perfekte Tarnung für alle, die ihre Identität oder ihre Profite verbergen wollen. Besonders geeignet sind Consultinggesellschaften, die keine

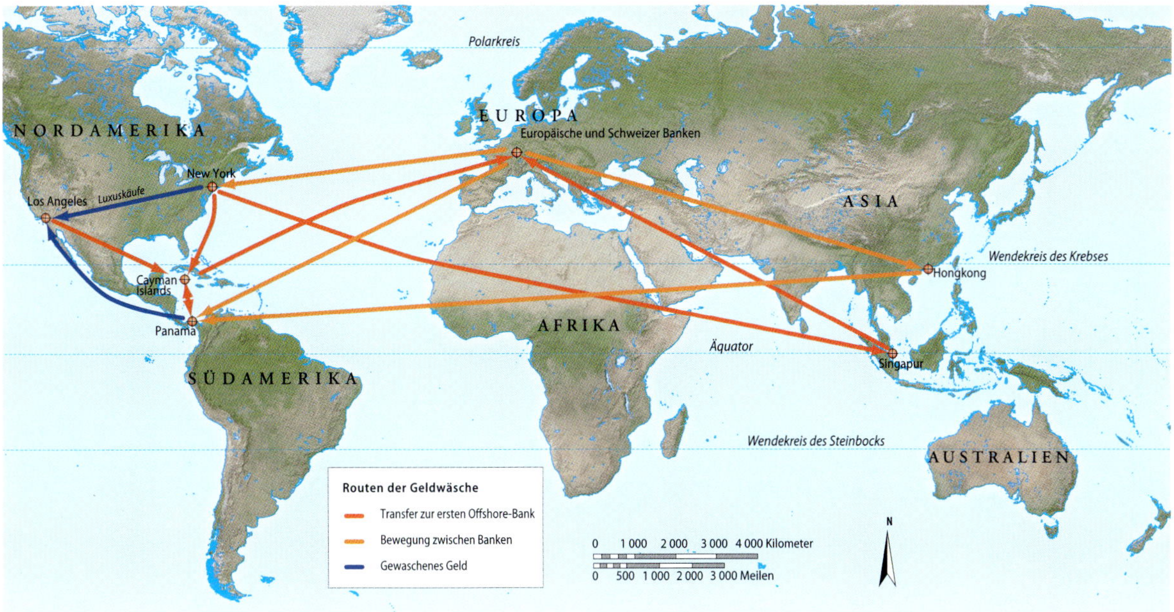

buchhalterisch zu erfassenden Produkte anbieten, sondern nur Dienstleistungen und Beratungen.

Offshore-Finanzplätze

Im neuen Jahrtausend sehen sich kriminelle Organisationen beim Verschleiern ihrer Geldgewinne zu einem raffinierteren Vorgehen gezwungen, denn Regierungen und Behörden legen inzwischen ein größeres Geschick an den Tag und haben mehr Erfolg mit ihren Aufspür- und Nachverfolgungsmethoden.

Banken

Kann eine Gruppe des organisierten Verbrechens Einfluss auf Banken ausüben, bereitet die Gefahr, ertappt zu werden, kein großes Kopfzerbrechen mehr. Zum Beispiel weiß man, dass die Russenmafias Banken kontrollieren, was ihnen das mühelose Vornehmen von Einzahlungen und Transfers erlaubt. Eine Organisation ohne solchen Einfluss muss ihr Geld oft mehrfach weiterverschieben, bis sich die heiße Spur verliert.

Die erste Transaktion erfolgt normalerweise auf Offshore-Konten auf den Cayman Islands oder in Singapur, wo die Einzahlungen häufig auf mehrere Konten verteilt werden. Sowie das Geld dort landet, ist die erste Hürde genommen, denn nun haben die Behörden des Ursprungslands keinen Zugriff mehr. Als Nächstes folgt der Transfer von den Cayman Islands oder anderen Orten auf Schweizer, europäische oder panamaische Konten. Manchmal kommt es zu Mehrfachtransaktionen zwischen verschiedenen Offshore-Banken, um ein nicht mehr zu durchblickendes Dickicht zu schaffen.

Auch der Kauf von teuren Luxusartikeln wie Jachten, Autos, Schmuck und Immobilien hilft beim Einspeisen von großen Geldbeträgen in den legalen Wirtschaftskreislauf. Alternativ schleust man das Geld wieder zurück zu Finanzinstituten im Ursprungsland und investiert es dort in Aktien, Obligationen, Anlagefonds und reguläre Unternehmen.

Wer sein schmutziges Geld ausgeben will, hat es allerdings nicht leicht, weil Finanzämter immer aufmerksam werden und nachhaken, wenn sich Inhaber von fünf Trockenreinigungen mehrere Häuser, Autos, Boote und Luxusurlaube gönnen.

UNTEN Der „Mafiabankier" Michele Sindona steht in Mailand vor Gericht, nachdem der Bankrott seines Unternehmens Tausende von Italienern in den Ruin gestürzt hat. Er hatte der Mafia Geldwäsche und -transfers über seine Firma erlaubt.

DIE BEWEISFÜHRUNG

Forensik und organisierte Kriminalität

Das organisierte Verbrechen deckt vom Drogenhandel über Zinswucher bis zum Mord ein breites Spektrum ab. Doch die forensischen Teilgebiete, mit denen man ihm auf die Spur kommt, entwickeln sich rasant weiter.

OBEN Im ganzen Land installierte High-tech-Überwachungskameras haben in Großbritannien dazu beigetragen, die Straßenkriminalität zu reduzieren und Großoperationen von Verbrechergruppen zu kontrollieren. Hier sieht man die Überwachungszentrale in Manchester.

Forensic Accounting

Forensic Accounting ist ein Spezialgebiet, das Buchhaltungs-, Revisions- und andere Methoden zu Ermittlungszwecken einsetzt. Sie kommen in so unterschiedlichen Fällen wie Urheberrechtsverletzungen, Betrug und Geldwäsche zur Anwendung.

Formalitäten

Formalitäten müssen nicht unbedingt langweiliger Papierkram sein. 1978 gründeten FBI-Agenten die Scheinfirma Abdul Enterprises Ltd. mit einem falschen Scheich als Strohmann, der Bargeld im Tausch für politisches Entgegenkommen bot. Die Masche war so überzeugend, dass sie zur Verurteilung eines US-Senators sowie von sechs Mitgliedern des US-Repräsentantenhauses und mehreren rangniederen politischen Funktionären führte – ein Erfolg, der den Kongress veranlasste, dem Justizministerium „Richtlinien" zur strengeren „Beaufsichtigung" solcher Undercoveraktionen aufzuzwingen.

2006 verfing sich die Gambino-Familie in den RICO-Gesetzen von 1970, die eine straf- und zivilrechtliche Haftung für Organisationen vorsahen, die sich mit Bestechung, Diebstahl, Betrug, Unterschlagung und Geldwäsche befassen.

Die Forensik ist die Verbindung zwischen dem Verbrecher und dem Verbrechen.

Ken Goddard, Schriftsteller

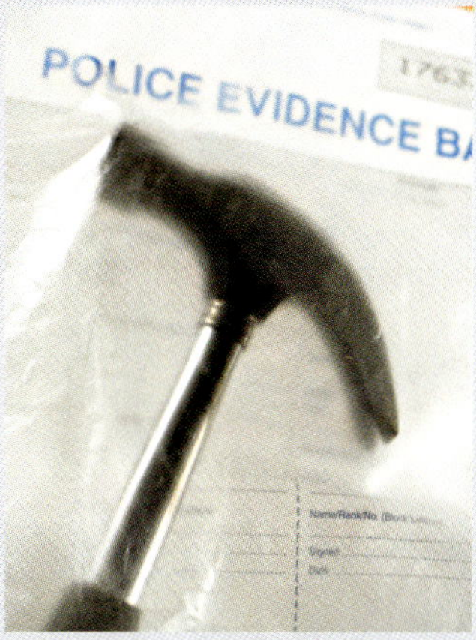

OBEN Der Erfolg der Forensik fußt auf dem akribischen Sammeln von unkontaminierten Beweisen. Um Fehler zu vermeiden, isolieren Experten die verschiedenen Artikel in Beuteln oder anderen versiegelten Behältern.

Überwachung

Mit der Entwicklung von kleinen Videokameras und Abhörgeräten gewann die Überwachung von Verdächtigen an technischer Komplexität. Die aufgekommenen Mobil- und Einwegtelefone bescherten dem Lauschangriff ganz neue Möglichkeiten.

Forensische Chemie

Die Spurenelemente von konfiszierten Drogen ermöglichen Rückschlusse auf die Herstellungs- und Reinigungsverfahren sowie die Materialien, mit denen sie verschnitten oder gestreckt wurden. Es braucht nur ein Millionstelgramm, um mittels Gaschromatografie und Massenspektrometrie alle Komponenten und ihren prozentualen Anteil festzustellen. Anhand der Isotopenanalyse lässt sich heute sogar die Region identifizieren, in der die Pflanze kultiviert wurde.

Tötungsdelikte

Die traditionelle Lösung bei einem Tötungsfall in der Mafia besteht seit eh und je darin, dass der Täter spurlos verschwindet. Der Nachbar, der versehentlich John J. Gottis Sohn in New York überfuhr, wurde nie wieder gesehen. Ein Bombenleger in Philadelphia hingegen, der einen Rivalen mit einer Nagelbombe getötet haben soll, wurde tot mit einem Kracher im Mund aufgefunden.

UNTEN UV-Licht wird in diesem Labor für das Lesen von DNA-Strängen eingesetzt.

Forensische Anthropologie

Selbst stark verweste Leichen müssen von forensischen Anthropologen identifiziert werden. Die Feststellung der Todesursache übernimmt der Gerichtsmediziner. Werden Kugeln gefunden, so gehen diese an die Spezialisten für die Schusswaffenidentifizierung, um Zusammenhänge zu anderen Fällen herzustellen oder um die Kugeln – im Glücksfall – sogar einer bestimmten Schusswaffe zuzuordnen. Das Kriminalistische Labor analysiert alle Spurenmaterialien, die bei einer Ermittlung gefunden wurden.

US-Geheimdienst

Bei Erpressungen und Entführungen fallen meist auch Schriftstücke an, mit denen sich die entsprechende Abteilung im Polizeilabor befasst, indem sie Papier- und Schriftarten, Tinten und Handschriften vergleicht. Sie untersucht auch gefälschte Steuermarken auf gestohlenen Zigarettenpackungen. Der US-Geheimdienst unterhält zudem eigens ein großes und modernes Labor für das Prüfen von Falschgeld, gefälschten Steuermarken und Drohungen gegen Bundesbeamte.

DNA

Die DNA-Analyse hat das Gebiet der Forensik regelrecht revolutioniert. Inzwischen kann man durch das Untersuchen von Schweiß-, Speichel-, Blutspuren und anderen Körperflüssigkeiten Zusammenhänge zwischen verschiedenen Beweismaterialien und Tatorten herstellen. Die DNA-Analyse erweist sich als besonders nützlich in Fällen, wo die Leiche in „Wurstmanier" entsorgt wurde und an die Forensik-Spezialisten die Frage gestellt wird: „Wen hatte man da verwurstet?"

RECHTE SEITE Mong La in Birma ist ein asiatisches Las Vegas, in dem Spielcasinos und Bordelle dicht an dicht stehen. Es dient Rauschgifthändlern als Zentrum für die Geldwäsche.

UNTEN Diego Sánchez, Anführer eines kolumbianischen Drogenkartells, wird an die USA ausgeliefert.

Gesetz und Strafe

Das Büro der Vereinten Nationen für Drogen- und Verbrechensbekämpfung (UNODC) schätzt, dass bis zu 70 Prozent aller Regierungen keine Gesetze oder Strategien gegen Geldwäsche haben – und selbst wenn, werden Wirtschaftsverbrechen in der Regel doch deutlich leichter bestraft als andere Delikte.

Die USA haben die „Gesetze gegen Gangstereinfluss und korrupte Organisationen" (RICO) als nützliches Werkzeug im Kampf gegen das organisierte Verbrechen verabschiedet. Unter diese Kategorie fällt, wer sich innerhalb einer Zehnjahresfrist zwei von 35 aufgelisteten Straftaten zu Schulden hat kommen lassen. Die gängigsten unter den 35 Delikten sind Drogenhandel, Erpressung, illegales Glücksspiel, Bestechung, Unterschlagung, Geldwäsche und Entführung, die Strafen bei Verurteilung betragen 20 Jahre Gefängnis und/oder 25.000 Dollar Geldstrafe. RICO ermächtigte die Polizeibehörden auch, Einzelpersonen auf Grundlage ihres Besitzes zu überprüfen.

Ursprünglich war RICO speziell als Instrument für den Kampf gegen die organisierte Kriminalität ins Leben gerufen worden, doch inzwischen wenden die Behörden die Gesetze auch auf andere Täterkreise an, etwa auf korrupte Polizeiorganisationen, Motorradclubs, die Baseball-Profiligen, Anti-Abtreibungsaktivisten und andere Personen, die keine Verbindung zum organisierten Verbrechen haben.

Solange es aber noch Länder gibt, die sich nicht an der Durchsetzung von Anti-Geldwäsche-Strategien beteiligen, finden kriminelle Organisationen immer wieder einen Ort für ihre dunklen Geschäfte.

ERFOLGE UND MISSERFOLGE BEIM AUFSPÜREN VON GELDWÄSCHERN

1913 Mit dem 16. Zusatzartikel zur US-Verfassung – er betrifft die Erhebung von Einkommenssteuer – entsteht auch der Bedarf nach Geldwäsche.

1919 Der 18. Zusatzartikel zur US-Verfassung führt die Alkoholprohibition ein und schafft damit ein neues Betätigungsfeld für Gangster. Gleichzeitig verstärkt sich der Kampf gegen die organisierte Kriminalität.

1929 Die Weltwirtschaftskrise stürzt Länder rund um den Erdball ins Chaos, während die kriminellen Organisationen überleben. Als Einzige bieten sie Dienstleistungen, die wirklich gefragt sind, und das zu erschwinglichen Preisen.

1933 Die Prohibition in den USA endet mit der Ratifizierung des 21. Zusatzartikels zur Verfassung. Die Gangsterbanden müssen sich nach neuen Einkommensquellen umsehen.

1945 Mit dem Ende des Zweiten Weltkriegs intensiviert sich in vielen Ländern der Kampf gegen das Verbrechen.

1951 Der Revenue Act in den USA setzt die Einkommens- und Lohnsteuer fest. Er wird später als verfassungswidrig aufgehoben.

1970 Die „Gesetze gegen Gangstereinfluss und korrupte Organisationen" (RICO) werden in den USA verabschiedet.

1974 Der Basler Ausschuss für Bankenaufsicht initiiert in den G-10-Staaten eine Debatte über Geldwäsche.

1982 In den USA behindert das Drogenbekämpfungsprogramm OCDETF die organisierte Kriminalität bei ihren Drogen-, Waffen- und Wirtschaftsverbrechen sowie bei der Geldwäsche.

1988 Die Vereinten Nationen verabschieden eine Konvention gegen den illegalen Handel mit Rauschgift und psychotropen Substanzen. Dies ist der erste Versuch zu einem umfassenden globalen Vorgehen gegen Geldwäsche.

1989 Der Fall der Berliner Mauer und der Sturz des Kommunismus bieten Zugang zu den kapitalistischen Märkten, die sich in den ehemaligen Sowjetstaaten auftun. Dies ist auch die Geburtsstunde neuer osteuropäischer und russischer Verbrecherbanden.

1989 Die aus 34 Mitgliedsländern bestehende Financial Action Task Force (FATF) wird gegründet, um Geldwäsche und Terrorismusfinanzierung auf internationaler Ebene zu bekämpfen.

1995 Die Egmont Group – ein internationaler Zusammenschluss von Finanzmeldestellen – sammelt Finanzinformationen über verdächtige Geschäfte. Derzeit beteiligen sich sechs Länder.

1997 Der Expertenausschuss des Europarats zur Bewertung von Maßnahmen gegen Geldwäsche und Terrorismusfinanzierung (MONEYVAL) wird eingesetzt, um bei den Mitgliedsländern die Einhaltung von Anti-Geldwäsche-Strategien zu beurteilen.

2001 Der Patriot Act in den USA bevollmächtigt die Polizei zur Verhaftung von Mitgliedern des organisierten Verbrechens, die nun als „einheimische Terroristen“ definiert werden.

DIE INTERNATIONALE FINANZKRISE

Die organisierte Kriminalität boomt normalerweise in Zeiten wirtschaftlicher Krisen, weil ihre Geschäfte am besten gedeihen, wenn sich die Menschen in Notsituationen befinden. Die jüngste Finanzkrise aber hat auch die Unterwelt in Aufruhr versetzt.

OBEN Der Wall-Street-Makler Bernard Madoff fährt beim Gericht vor, wo er sich wegen Wertpapier-, Post- und Überweisungsbetrugs sowie Geldwäsche zu verantworten hat.

Legale Tarnung

Im Lauf der Jahre hat sich die organisierte Kriminalität zunehmend in die legalen Geschäftsmärkte eingebracht, sodass auch der Schwarzmarkt kriselt, wenn die reguläre Wirtschaftswelt in Schwierigkeiten gerät. Ihre Investitionen in den Aktienmarkt sind ganz genauso in Gefahr wie jene der normalen Aktionäre. In Zeiten einer Rezession finden kriminelle Organisationen nur schwerlich eine plausible Erklärung dafür, dass ihre Strohfirmen ohne offenkundigen Cashflow trotzdem existenzfähig bleiben.

Zwickmühle

Ein Konjunkturabschwung stellt Geldwäscher vor große Probleme. In Zeiten einer Rezession steigt häufig die Nachfrage nach speziellen Dienstleistungen der Verbrechervereinigungen, und wenn die Menschen ihr Geld für Drogen, Glücksspiel und Prostituierte ausgeben, bleibt ihnen nicht mehr genug übrig für Restaurants und Clubs, an denen die Unterwelt wegen der Geldwäsche so großes Interesse hat. In solchen Situationen legt sie notgedrungen einen Großteil ihrer illegal erwirtschafteten Profite zurück. Dies birgt jedoch ein Risiko, weil sich große Summen Bargeld nur schwer verstecken und verschieben lassen.

Die Zukunft

Die Weiterentwicklung in der Computertechnologie nützt vor allem kriminellen Organisationen, auch wenn die Strafverfolgungsbehörden Zugang zu denselben Techniken haben. Verbrechervereinigungen gibt es schon seit vielen Jahrhunderten, und sie sind heute immer noch sehr stark. Es gibt deshalb keinerlei Grund zur Annahme, dass sie bald von der Bildfläche verschwinden werden. Kriminelle Organisationen wachsen, schrumpfen und wandeln sich, aber sie passen sich den Gegebenheiten stets an.

UNTEN Der kolumbianische Unternehmer David Murcia Guzmán wird in Panama festgenommen. Er wird beschuldigt, über seine Firma millionenschwere Anschaffungen zwecks Geldwäsche getätigt zu haben.

RECHTE SEITE 24. Oktober 2008. Ein nachdenklicher Händler an der New Yorker Börse, als der Dow-Jones-Index um mehr als 300 Punkte fällt.

2004

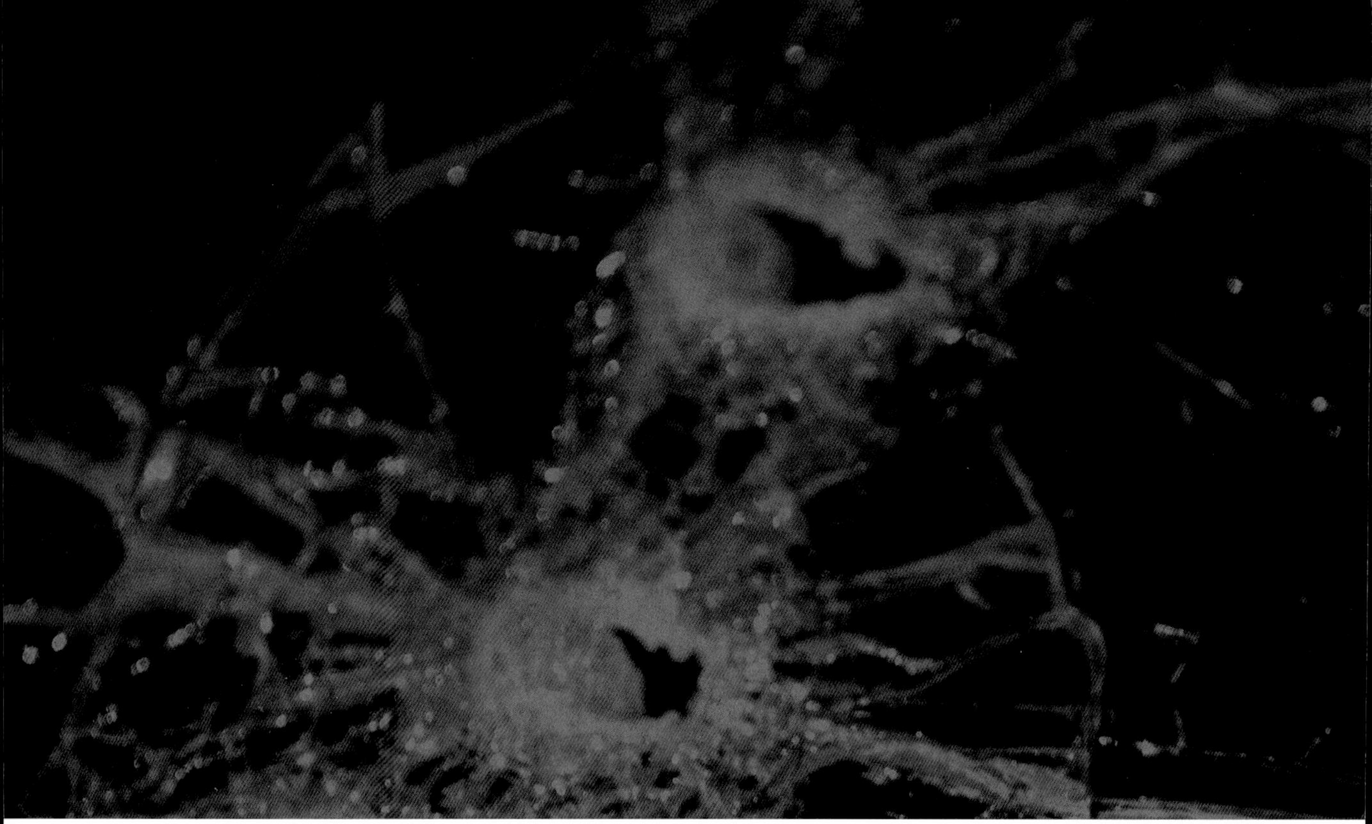

EIN JAHRHUNDERT MAFIA UND ORGANISIERTE KRIMINALITÄT

Personen und Ereignisse erscheinen in den Jahren ihrer größten Bedeutung.

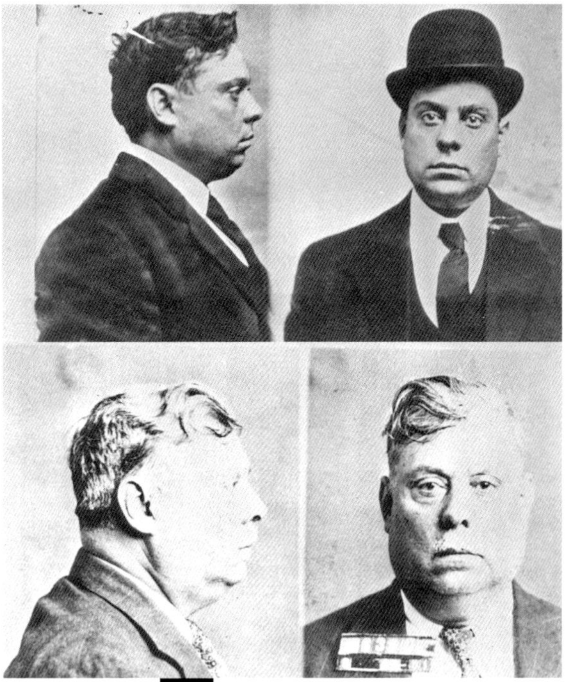

IGNAZIO SAIETTA (LUPO DER WOLF)

Geboren 1877, Corleone, Sizilien
Gestorben 1947, Atlanta, USA, natürliche Todesursache
Auftragsmörder, Anführer der Black Hand Gang, Erpressung

< 1909

JAMES „BIG JIM“ COLOSIMO

Geboren 1877, Kalabrien, Italien
Gestorben 1920, Chicago, USA, erschossen
Illegales Glücksspiel, Prostitution, organisierte Kriminalität

1912 >

JACK ZELIG

Geboren 1888, New York, USA
Gestorben 1912, New York, USA, erschossen
Monk Eastman Gang, Mord

OWNEY MADDEN (LINKS)

Geboren 1891, Leeds, Großbritannien
Gestorben 1965, Arkansas, USA, natürliche Todesursache
Boxpromoter, Mörder, Straßenkämpfer, Besitzer einer illegalen Kneipe, Besitzer des Cotton Club

CALOGERO „DON CALÒ“ VIZZINI

Geboren 1877, Sizilien, Italien
Gestorben 1954, Sizilien, natürliche Todesursache
In Sizilien capo *dei capi* im Ersten Weltkrieg, Betrug, Korruption, Mord

MONK EASTMAN (EDWARD OSTERMAN)

Geboren 1873, New York, USA
Gestorben 1920, New York, USA, erschossen
Eastman Gang, Krieg mit der Five Points Gang, Zusammenarbeit mit Tammany Hall
(*Foto:* Beerdigung)

< 1914 1920 >

JOHNNY TORRIO

Geboren 1882, Irsina, Italien
Gestorben 1957, Chicago, USA, natürliche Todesursache
Illegales Glücksspiel, Prostitution

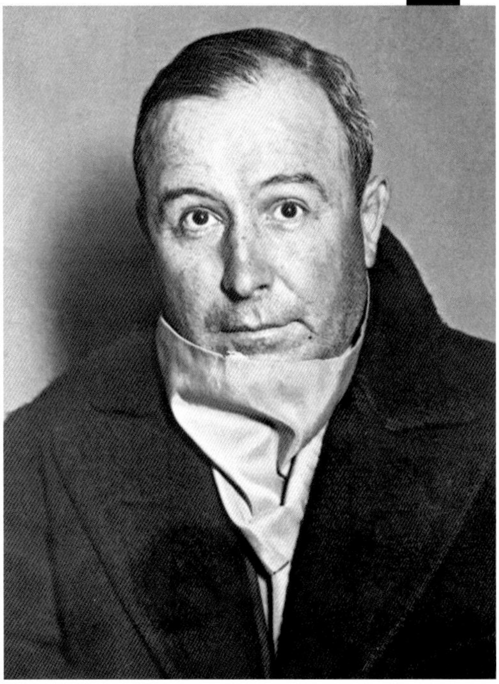

< 1920

THOMPSON-MASCHINENPISTOLE

Erfunden 1919 von John T. Thompson
Genannt „Tommy Gun“
Lieblingswaffe der amerikanischen Mafia in der ersten Hälfte des 20. Jahrhunderts
(*Foto*: John Thompson mit einer Tommy Gun)

DUTCH SCHULTZ (ARTHUR FLEGENHEIMER)

Geboren 1902, New York, USA
Gestorben 1935, Newark, Newark, USA, erschossen
Alkoholschmuggel, Straßenlotterie
(*Foto*: Der tote Dutch Schultz im Leichenschauhaus)

JOE ADONIS

Geboren 1902, Kampanien, Italien
Gestorben Rom, Italien, natürliche Todesursache
Führte ein Gangsterimperium aus einem Restaurant in Brooklyn, Schläger für Frankie Yale
(*Foto*: Joe's Restaurant zur Zeit von Willie Morettis Tod 1951)

GEORGE CLARENCE „BUGS“ MORAN (LINKS)

Geboren 1893, St. Paul, USA
Gestorben 1957, Chicago, USA, natürliche Todesursache
Alkoholschmuggel, Kampf mit Johnny Torrio, bekannt für seine Hitzköpfigkeit

1925 >

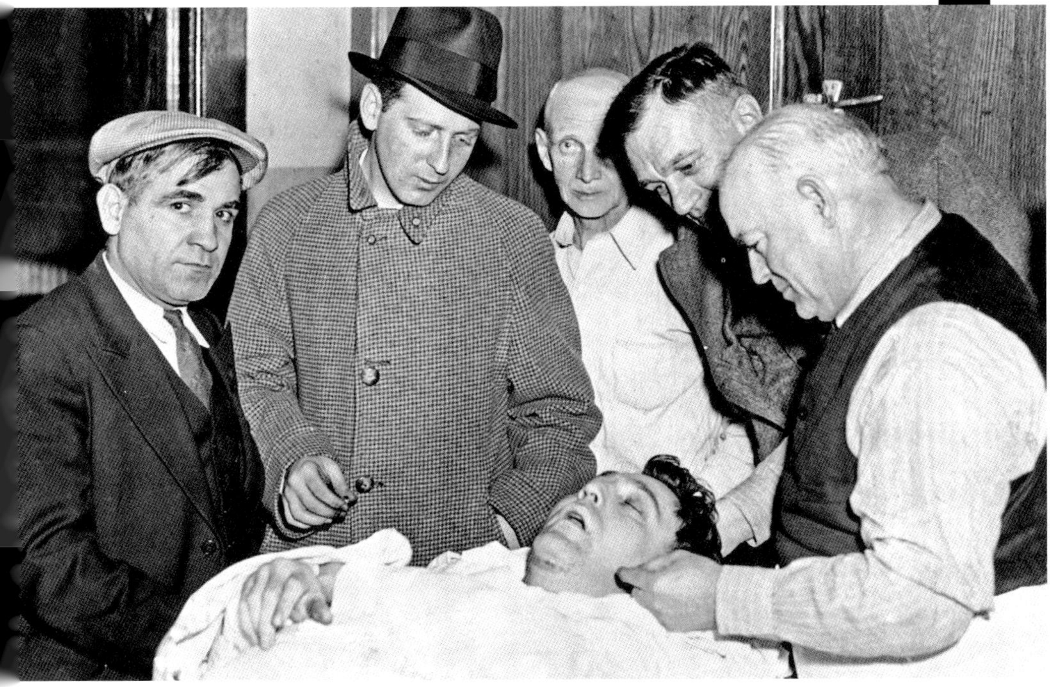

CHICAGO CRIME COMMISSION (CCC)

Gegründet 1919 von führenden Geschäftsleuten, um gegen das organisierte Verbrechen vorzugehen

Unterstützt heute noch Polizei und Justiz

(*Foto*: Der Ausschuss untersucht 1927 verschiedene Gangsterwaffen)

MAFIAPROZESS

Datum 1928, Palermo, Sizilien

(*Foto*: 153 Mitglieder der Andaloro-Ferrarello-Bande warten auf ihren Prozess in Sizilien)

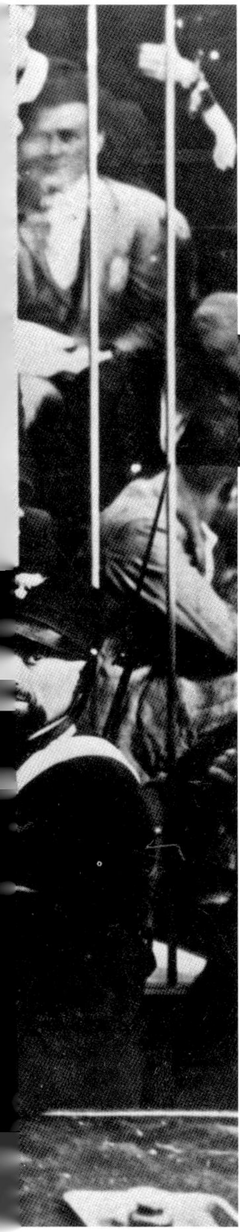

< 1927 1928 >

FRANK COSTELLO

Geboren 1891, Kalabrien, Italien

Gestorben 1973, New York, USA, natürliche Todesursache

Luciano-Familie, Krieg von Castellammare, organisierte Kriminalität, Spielcasinos

ALPHONSE „AL“ CAPONE

Geboren 1899, New York, USA
Gestorben 1947, St. Louis, USA, natürliche Todesursache
Alkoholschmuggel, Steuerhinterziehung
(Foto: Al Capone unterzeichnet 1931 nach seiner Verurteilung wegen Steuerhinterziehung eine Verpflichtung über die Zahlung von 50.000 Dollar.)

LOUIS „LEPKE“ BUCHALTER

Geboren 1897, New York, USA
Gestorben 1944, New York, USA, Hinrichtung auf dem elektrischen Stuhl
Murder Inc., Auftragsmörder

< 1929

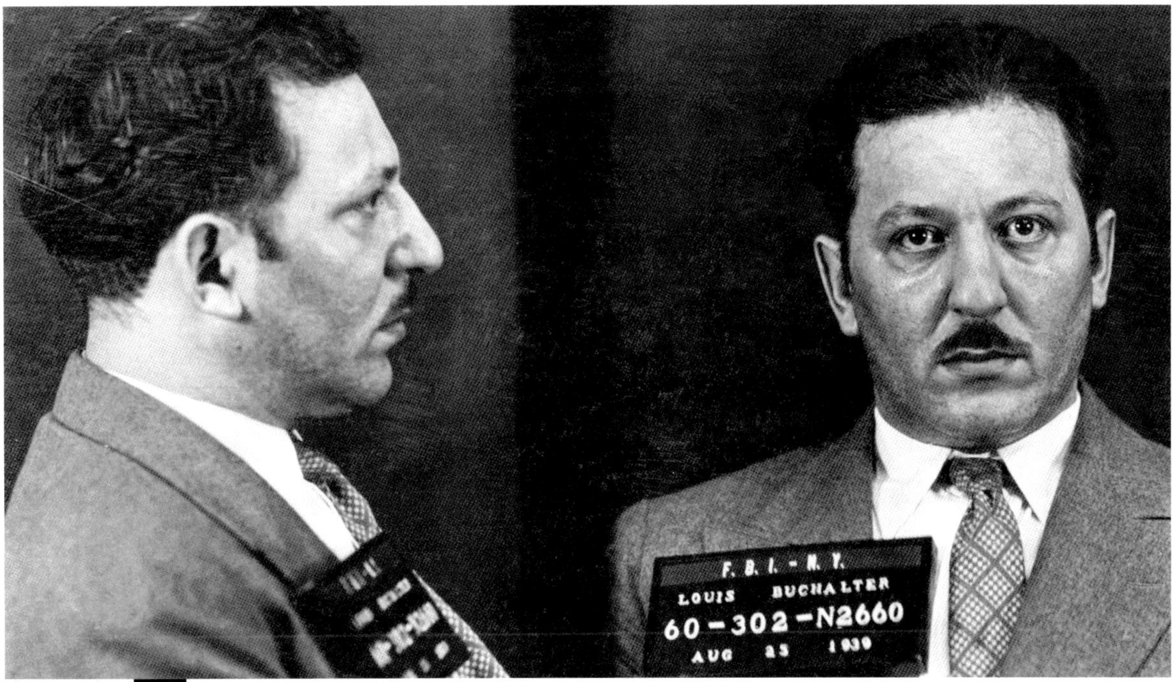

1931 >

CHARLES „LUCKY" LUCIANO

Geboren 1897, Sizilien, Italien
Gestorben 1962, Neapel, Italien, natürliche Todesursache
Boss der Genovese-Familie, Vorsitzender der Mafiakommission, internationaler Heroinhandel

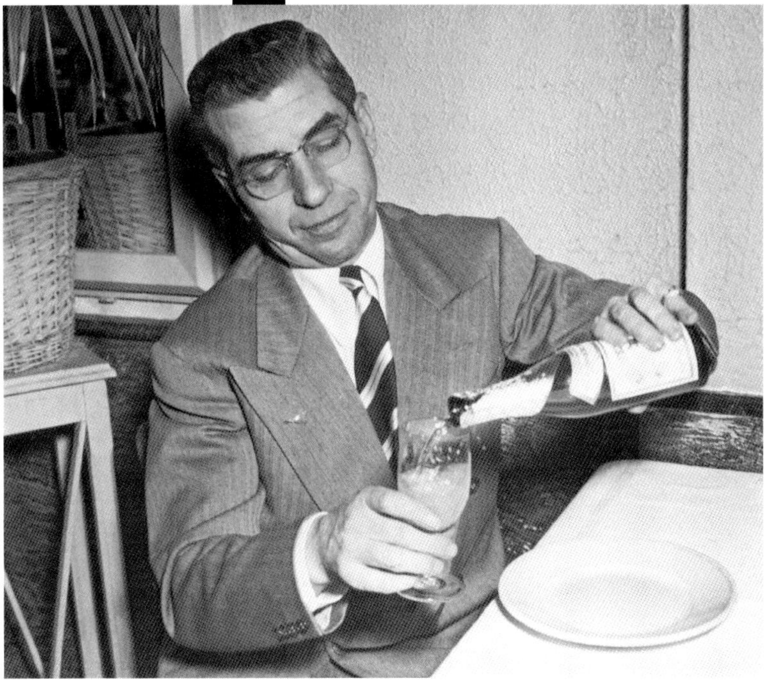

VALENTINSMASSAKER

Datum 14. Februar 1929
Ort North Side in Chicago
(*Foto*: Vor einer Wand hingemähte Leichen, erschossen auf Befehl von Al Capone)

GIUSEPPE „JOE THE BOSS“ MASSERIA

Geboren 1887, Marsala, Sizilien
Gestorben 1931, New York, USA, erschossen
Genovese-Familie, Krieg von Castellammare
(*Foto*: Ort seines Todes, Coney Island)

MASSAKER VON KANSAS CITY

Datum 17. Juni 1933, Union Station, Kansas City, USA
(*Foto*: Leichen zweier Polizisten, die von gedungenen Killern der Mafia niedergeschossen wurden)

JOSEPH „JOE BANANAS“ BONANNO

Geboren 1905, Castellammare del Golfo, Italien

Gestorben 2002, Tucson, USA, natürliche Todesursache

Kopf der Bonanno-Familie, Krieg von Castellammare, Bananenkriege

1931 1933 >

ALBERT ANASTASIA (LINKS)

Geboren 1902, Kalabrien, Italien
Gestorben 1957, New York, USA, erschossen
Leiter der Murder Inc., Auftragsmörder, Schläger für Luciano

MURDER INC.

Die Gruppe wurde eigens für die Ausführung von Auftragsmorden der amerikanischen Mafia gegründet. Zu ihren Opfern gehörten Dutch Schultz, Gerichtszeugen und Informanten.
(*Foto*: Die Auftragsmörder Harry Malone (links) und Frank Abbandando vor Gericht)

< 1935

ELIOT NESS

Geboren 1903, Chicago, USA
Gestorben 1957, Pennsylvania, USA, natürliche Todesursache
Prohibitionsagent, erreichte die Verurteilung von Al Capone

1940 >

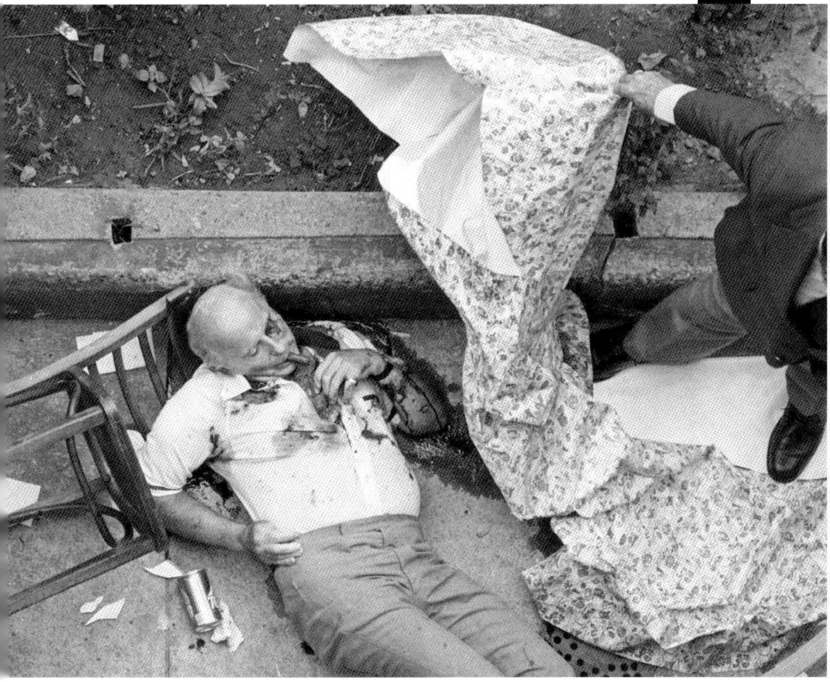

CARMINE GALANTE

Geboren 1910, New York, USA
Gestorben 1979, New York, USA, erschossen
Anführer der Bonanno-Familie, Auftragsmörder für Vito Genovese

< 1941 1947 >

MEYER LANKSY

Geboren 1902, Grodno, Polen

Gestorben 1983, Miami Beach, USA, natürliche Todesursache

Mitbegründer der Mafiakommission, illegales Glücksspiel, gründete Spielcasinos auf Kuba

LOUIS CAPONE (LINKS)

Geboren 1896, Chicago, USA
Gestorben 1944, New York, USA, Hinrichtung auf dem elektrischen Stuhl
Mord

MENDY WEISS (RECHTS)

Geboren 1906, Chicago, USA
Gestorben 1944, New York, USA, Hinrichtung auf dem elektrischen Stuhl
Mord

SALVATORE GIULIANO

Geboren 1922, Montelepre, Sizilien
Gestorben 1950, Castelvetrano, Sizilien, erschossen
Bandit, Separatist, Entführungen
(*Foto*: Tatort)

PURPLE GANG

Gegründet 1910, Detroit, USA

Mord, Erpressung, Alkoholschmuggel

(*Foto*: Mitglied Harry Fleischer wird abgeführt.)

< 1950

MICKEY COHEN

Geboren 1913, New York, USA
Gestorben 1976, Los Angeles, USA,
natürliche Todesursache
Chicago Outfit, Wettdienste, Spielcasinos,
Steuerhinterziehung

1951 >

J. EDGAR HOOVER

Geboren 1895, Washington D.C., USA
Gestorben 1972, Washington D.C., USA,
natürliche Todesursache
Diente acht US-Präsidenten als Direktor
des FBI

VIRGINIA HILL

Geboren 1916, Alabama, USA
Gestorben 1966, Koppl, Österreich,
scheinbar Selbstmord
Freundin von Benjamin „Bugsy“ Siegel,
Zeugin bei den Kefauver-Anhörungen, leugnete jedes Wissen von organisierter
Kriminalität

ALEX „LOUIS" GREENBERG

Geboren ?

Gestorben 1955, Chicago, USA, erschossen

Freund und Förderer von Al Capone, erpresste angeblich Geld von Frank Nitti

(*Foto*: Als Zeuge vor dem Senatsausschuss)

McCLELLAN-AUSSCHUSS

Datum 1957

Im Fernsehen übertragene Anhörungen zu Gewerkschaftskorruption und Veruntreuung von Geldern bei den Teamsters

(*Foto*: John F. und Robert Kennedy bei Anhörungen)

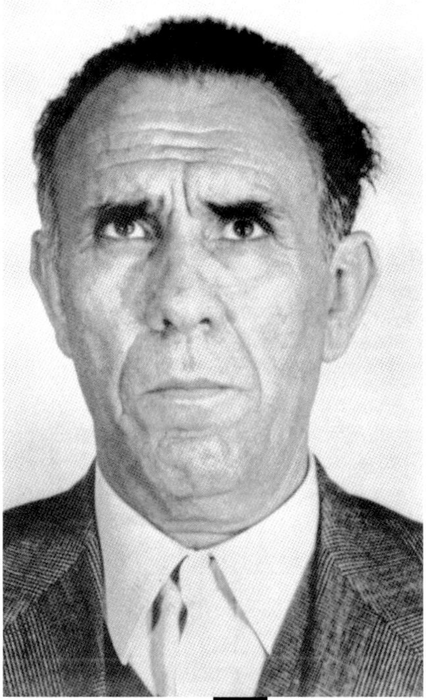

GAETANO BADALAMENTI

Geboren 1923, Cinisi, Sizilien

Gestorben 2004, Massachusetts, USA, natürliche Todesursache

Kopf der sizilianischen Cosa Nostra, Pizza Connection, Drogenschmuggel

< 1951 1957 >

VITO GENOVESE

Geboren 1897, Neapel, Italien
Gestorben 1969, Springfield, USA, natürliche Todesursache
Genovese-Familie, Krieg von Castellammare, Apalachin-Treffen

JOHNNY STOMPANATO

Geboren 1925, Illinois, USA
Gestorben 1958, Beverly Hills, USA, erstochen
Bodyguard von Mickey Cohen, Freund von Lana Turner, erstochen von Cheryl Crane (Turners Tochter) nach einem Kampf (*Foto*: Lana Turner (zweite von links), Johnny Stompanato (Mitte), Cheryl Crane (rechts)

< 1957

1961 >

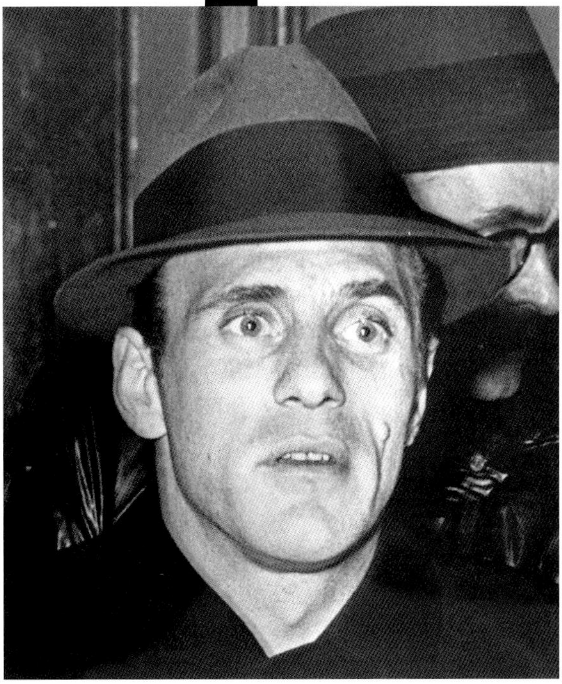

CARLO GAMBINO

Geboren 1902, Palermo, Italien

Gestorben 1976, New York, USA, natürliche Todesursache

Gambino-Familie, Krieg von Castellammare, Mafiakommission

JOSEPH „CRAZY JOE" GALLO

Geboren 1929, New York, USA

Gestorben 1972, New York, USA, erschossen

Auftragsmörder, Erpressung

JACQUES ANGELVIN (VORNE RECHTS)

Geboren 1914, Marseille, Frankreich
Gestorben 1978, Cannes, Frankreich, natürliche Todesursache
Schauspieler, Heroinschmuggel

GAMBINO-FAMILIE

Diagramm zur Hierarchie einer führenden amerikanischen Mafiafamilie, die heute noch aktiv ist

< 1962

1963 >

RICHIE ROBERTS

Geboren 1929, New York, USA
Lebt noch
Polizeibeamter und später Strafverteidiger, beteiligt an den Ermittlungen gegen den Harlemer Drogenboss Frank Lucas

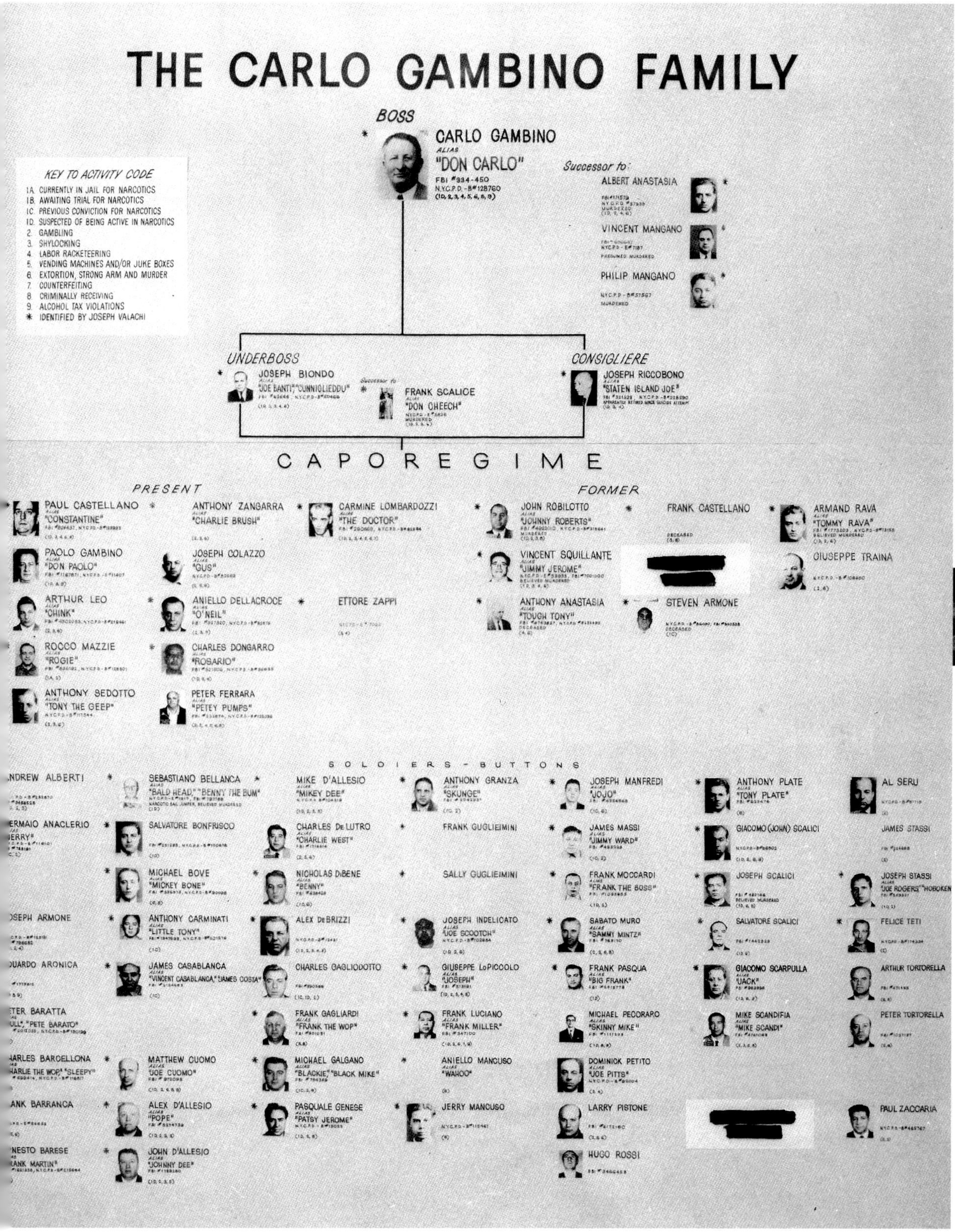
THE CARLO GAMBINO FAMILY
BOSS
CARLO GAMBINO
ALIAS
"DON CARLO"
FBI #334-450
N.Y.C.P.D.-B#128760
Successor to:
ALBERT ANASTASIA
VINCENT MANGANO
PRESUMED MURDERED
PHILIP MANGANO
MURDERED
KEY TO ACTIVITY CODE
1A. CURRENTLY IN JAIL FOR NARCOTICS
1B. AWAITING TRIAL FOR NARCOTICS
1C. PREVIOUS CONVICTION FOR NARCOTICS
1D. SUSPECTED OF BEING ACTIVE IN NARCOTICS
2. GAMBLING
3. SHYLOCKING
4. LABOR RACKETEERING
5. VENDING MACHINES AND/OR JUKE BOXES
6. EXTORTION, STRONG ARM AND MURDER
7. COUNTERFEITING
8. CRIMINALLY RECEIVING
9. ALCOHOL TAX VIOLATIONS
* IDENTIFIED BY JOSEPH VALACHI
UNDERBOSS
JOSEPH BIONDO
ALIAS
"JOE BANTI," "CUNNIGLIEDDU"
Successor to:
FRANK SCALICE
ALIAS
"DON CHEECH"
MURDERED
CONSIGLIERE
JOSEPH RICCOBONO
ALIAS
"STATEN ISLAND JOE"
CAPOREGIME
PRESENT
FORMER
PAUL CASTELLANO
"CONSTANTINE"
ANTHONY ZANGARRA
"CHARLIE BRUSH"
CARMINE LOMBARDOZZI
"THE DOCTOR"
JOHN ROBILOTTO
"JOHNNY ROBERTS"
MURDERED
FRANK CASTELLANO
DECEASED
ARMAND RAVA
"TOMMY RAVA"
BELIEVED MURDERED
PAOLO GAMBINO
"DON PAOLO"
JOSEPH COLAZZO
"GUS"
VINCENT SQUILLANTE
"JIMMY JEROME"
BELIEVED MURDERED
[redacted]
GIUSEPPE TRAINA
ARTHUR LEO
"CHINK"
ANIELLO DELLACROCE
"O'NEIL"
ETTORE ZAPPI
ANTHONY ANASTASIA
"TOUGH TONY"
DECEASED
STEVEN ARMONE
DECEASED
ROCCO MAZZIE
"ROGIE"
CHARLES DONGARRO
"ROSARIO"
ANTHONY SEDOTTO
"TONY THE GEEP"
PETER FERRARA
"PETEY PUMPS"
SOLDIERS - BUTTONS
ANDREW ALBERTI
SEBASTIANO BELLANCA
"BALD HEAD," "BENNY THE BUM"
BELIEVED MURDERED
MIKE D'ALLESIO
"MIKEY DEE"
ANTHONY GRANZA
"SKUNGE"
JOSEPH MANFREDI
"JOJO"
ANTHONY PLATE
"TONY PLATE"
AL SERU
ERMAIO ANACLERIO
"JERRY"
SALVATORE BONFRISCO
CHARLES De LUTRO
"CHARLIE WEST"
FRANK GUGLIEIMINI
JAMES MASSI
"JIMMY WARD"
GIACOMO (JOHN) SCALICI
JAMES STASSI
MICHAEL BOVE
"MICKEY BONE"
NICHOLAS DiBENE
"BENNY"
SALLY GUGLIEIMINI
FRANK MOCCARDI
"FRANK THE BOSS"
JOSEPH SCALICI
BELIEVED MURDERED
JOSEPH STASSI
"JOE ROGERS," "HOBOKEN
JOSEPH ARMONE
ANTHONY CARMINATI
"LITTLE TONY"
ALEX DeBRIZZI
JOSEPH INDELICATO
"JOE SCOOTCH"
SABATO MURO
"SAMMY MINTZ"
SALVATORE SCALICI
FELICE TETI
EDUARDO ARONICA
JAMES CASABLANCA
"VINCENT CASABLANCA," "JAMES COSTA"
CHARLES GAGLIODOTTO
GIUSEPPE LoPICCOLO
"JOSEPH"
FRANK PASQUA
"BIG FRANK"
GIACOMO SCARPULLA
"JACK"
ARTHUR TORTORELLA
PETER BARATTA
"BULL", "PETE BARATO"
FRANK GAGLIARDI
"FRANK THE WOP"
FRANK LUCIANO
"FRANK MILLER"
MICHAEL PECORARO
"SKINNY MIKE"
MIKE SCANDIFIA
"MIKE SCANDI"
PETER TORTORELLA
CHARLES BARCELLONA
"CHARLIE THE WOP," "SLEEPY"
MATTHEW CUOMO
"JOE CUOMO"
MICHAEL GALGANO
"BLACKIE," "BLACK MIKE"
ANIELLO MANCUSO
"WAHOO"
DOMINICK PETITO
"JOE PITTS"
FRANK BARRANCA
ALEX D'ALLESIO
"POPE"
PASQUALE GENESE
"PATSY JEROME"
JERRY MANCUSO
LARRY PISTONE
[redacted]
PAUL ZACCARIA
ERNESTO BARESE
"FRANK MARTIN"
JOHN D'ALLESIO
"JOHNNY DEE"
HUGO ROSSI

FRANK LUCAS

Geboren 1930, La Grange, USA
Lebt noch
Internationaler Drogenhandel

< 1965

RONALD „RONNIE“ UND REGINALD „REGGIE“ KRAY

Geboren 1933, Hoxton, London, Großbritannien
Gestorben Ronnie 1995, Crowthorne, Großbritannien, Reggie 2000, Norwich, Großbritannien
Gangster, organisierte Kriminalität, Schutzgelderpressung, Mord (*Foto*: Ronnie und Reggie mit Mutter und Großvater)

CARMINE TRAMUNTI (MIT VERDECKTEM GESICHT)

Geboren 1910, New York, USA
Gestorben 1978, New York, USA, natürliche Todesursache
Lucchese-Familie

SALVATORE „TOTÒ" RIINA

Geboren 1930, Corleone, Sizilien

Lebt noch

Verhaftet 1993, noch in Haft

Corleonese-Clan, Auftragsmörder

1970 >

PAUL CASTELLANO

Geboren 1915, New York, USA
Gestorben 1985, New York, USA, erschossen
Gambino-Familie, organisierte Kriminalität

1975 1976 >

JAMES RIDDLE „JIMMY" HOFFA

Geboren 1913, Indiana, USA
Vermisst 1975, Bloomfield Hills, USA
Gewerkschaftsführer der Teamsters, Bestechung

YOSHIO KODAMA

Geboren 1911, Nihonmatsu, Japan
Gestorben 1984, Tokio, Japan, natürliche Todesursache
Yakuza-Pate, Lockheed-Skandal

JOHNNY ROSELLI

Geboren 1905, Esperia, Italien
Gestorben 1976, Miami, USA, erwürgt, erschossen, verstümmelt
Chicago Outfit, arbeitete für Capone, angeblich beteiligt an einem CIA-Komplott zur Ermordung Castros

BARON ÉDOUARD-JEAN EMPAIN

Geboren 1937, Budapest, Ungarn
Entführt 23. Januar 1978, Paris, Frankreich
Freigelassen 26. März 1978, Paris, Frankreich
Entführt von einer Gruppe, darunter auch Georges Bertonicini, Mafioso und Mitglied eines kolumbianischen Drogenkartells

< 1976 1978 >

ALDO MORO

Geboren 1916, Apulien, Italien
Gestorben 1978, Rom, Italien, entführt und ermordet
Der Ex-Ministerpräsident wurde 55 Tage lang von den Roten Brigaden gefangen gehalten und dann tot in einem Wagen in Rom abgelegt.
(*Foto*: Gedenkfoto)

LOCKHEED-SKANDAL

Datum Ende der 1950er-Jahre bis 1976
Die Lockheed Corporation zahlte Schmiergelder, um sich in Japan Aufträge für den Flugzeugbau zu sichern.
(*Foto*: Der japanische Ministerpräsident Kakuei Tanaka nach Anklageerhebung wegen Bestechung, 1976)

DROGENFLOP

Absturz 1981, Florida, nach Verfolgung
durch die US-Zollbehörde
Beladen mit 365 Kilogramm jamaikanischem
Marihuana von einem Kartell in Südamerika

ZUGBOMBE IM SCHNELLZUG NEAPEL – MAILAND

Datum 23. Dezember 1984
16 Tote, 266 Verletzte
Der Zug 904 explodierte etwa 40 Kilometer vor Bologna in einem der längsten Tunnel Italiens. Hinter dem Anschlag sollen rechtsextreme Terroristen zusammen mit der Cosa Nostra und der Camorra gesteckt haben.

ANTHONY „FAT TONY" SALERNO (LINKS)

Geboren 1911, New York, USA
Gestorben 1992, Springfield, USA, natürliche Todesursache
Genovese-Familie, illegales Glücksspiel, Straßenlotterie, Zinswucher, Schutzgelder

< 1981 1985 >

< 1985

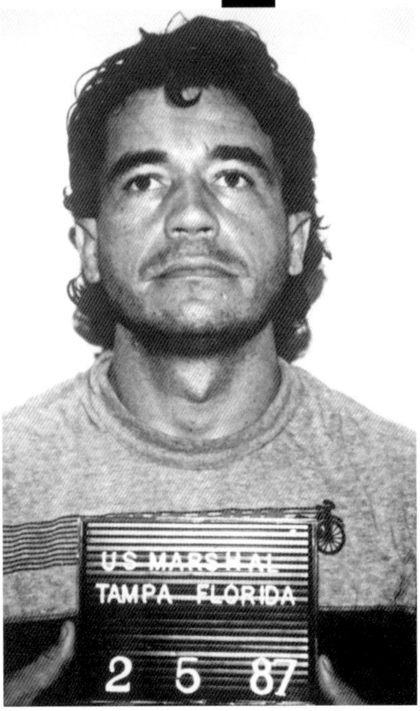

CARLOS LEHDER RIVAS

Geboren 1950, Armenia, Kolumbien

Lebt noch, in US-Haft

Mitbegründer des Medellín-Kartells, Drogenhandel

MASSENPROZESS

Datum 1985

Ort Neapel, Italien

Anklageerhebung gegen 640 Camorra-Mitglieder, die alle unter Boss Don Cutolo arbeiteten

GESETZE GEGEN GANGSTEREINFLUSS UND KORRUPTE ORGANISATIONEN (RICO)

Datum 1970
Das US-Bundesgesetz ermöglichte die Verhaftung und Klage gegen Einzelpersonen, die im Lauf von zehn Jahren zwei von 35 aufgelisteten Straftaten begangen hatten. Bundesstaatsanwalt Rudolph Giuliani nutzte die RICO-Gesetze für den Prozess gegen die Mafiakommission 1985/86.
(*Foto*: Rudolph Giuliani bei einer Pressekonferenz, 1986)

PABLO „EL PADRINO" ESCOBAR

Geboren 1949, Rionegro, Kolumbien
Gestorben 1993, Medellín, Kolumbien, erschossen bei einer Schießerei mit einer kolumbianischen Anti-Drogen-Einheit
Drogenbaron, Medellín-Kartell

1989 >

KRIEG GEGEN DROGEN IN KOLUMBIEN

Begann 1989 nach der Ermordung von Luis Carlos Galán durch das Medellín-Kartell. In Reaktion wird die Andenstrategie entwickelt, die mithilfe von US-Militärberatern und -Soldaten den Drogenschmuggel in die USA eindämmen soll.
(*Foto*: Autobombe, Bogotá, Kolumbien, 1989)

< 1989 1990 >

US-INVASION IN PANAMA

Datum 1989
Der Operation „Just Cause" (Gerechte Sache) gelingt die Ergreifung des panamaischen Machthabers Manuel Noriega, dem später in acht Fällen wegen Drogenhandel, organisierter Kriminalität und Geldwäsche der Prozess gemacht wird.
(*Foto*: Zerstörungen durch die US-Bombardierungen, El Chorrillo, Panama)

JOHN J. GOTTI (LINKS)

Geboren 1940, New York, USA
Gestorben 2002, Springfield, USA, natürliche Todesursache
Gambino-Familie, organisierte Kriminalität, Mord, illegales Glücksspiel, Erpressung

< 1992

THE MOB CREW

US-Gang, bekannt für Verwicklung in die organisierte Kriminalität
(*Foto*: TMC-Mitglied mit Waffe und Geld)

PAKISTANISCHE ANTI-DROGEN-EINHEIT

Gegründet 1995 für die Bekämpfung des Drogenschmuggels an der pakistanischen Grenze
(*Foto*: Mitglieder der Anti-Drogen-Einheit bewachen an der pakistanisch-afghanischen Grenze gefasste Rauschgiftschmuggler.)

GIOVANNI FALCONE

Geboren 1939, Palermo, Sizilien
Gestorben 1992, Capaci bei Palermo, Sizilien, Autobombe
Italienischer Untersuchungsrichter und Mafiajäger
(*Foto*: Nach dem Bombenanschlag)

JOHN A. „JUNIOR“ GOTTI (MITTE VORN)

Geboren 1964, New York, USA
Lebt noch
Sohn von John J. Gotti, Gambino-Familie, organisierte Kriminalität, Schutzgelderpressung

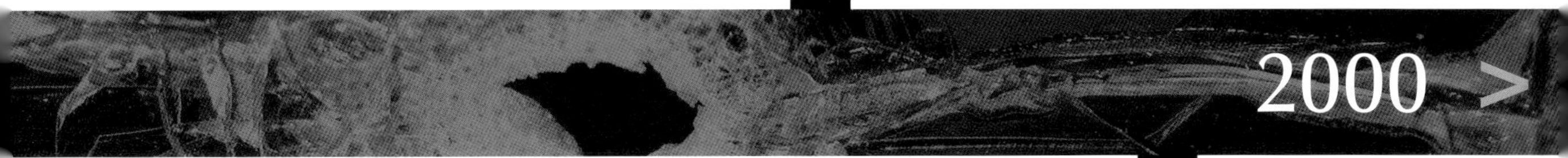

2000 >

AFGHANISCHE NORDALLIANZ

Gegründet 1996 als Bündnis gegen die Taliban setzte sie sich weiterhin für die Bekämpfung des Drogenschmuggels an der afghanischen Grenze ein. (*Foto*: Mitglieder der afghanischen Nordallianz präsentieren beschlagnahmtes Heroin aus dem Dorf Khadja-Bakhoutdin.)

< 2001

2003

DROGENFANG

Datum 7. April 2003

Beamten einer US-Drogeneinheit entdeckten im Huallaga-Tal in Peru ein Labor für die Verarbeitung von Kokapaste.

(*Foto*: Verhaftete Laborarbeiter)

PIRATERIE

Datum 17. Dezember 2002

Jemenitische und somalische Piraten unter Bewachung. Nach dem Versuch, einen Öltanker im Golf von Aden zu entführen, wurden sie von der indischen Marine festgesetzt.

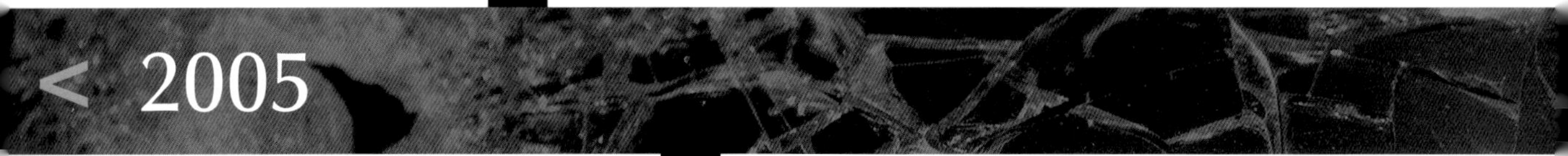

< 2005

BERNARDO PROVENZANO

Geboren 1933, Corleone, Sizilien
Lebt noch, nach 43 Jahren
auf der Flucht in Haft
Corleonese-Clan, Mord, Erpressung

WIKTOR BUT

Geboren 1967, Duschanbe, Sowjetunion
(heute Tadschikistan)
Lebt noch, 2008 verhaftet
2012 zu 25 Jahren Haft verurteilt
Internationaler Waffenschmuggel

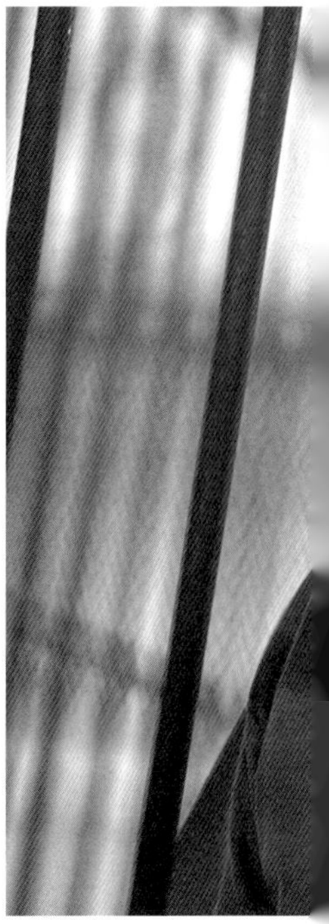

DORA AKUNYILI

Geboren 1954, Nigeria

Lebt noch

Bis 2008 Generaldirektorin der nigerianischen Arzneimittelzulassungsbehörde (NAFDAC). Sie engagierte sich im Kampf gegen Arzneimittelfälschung durch das organisierte Verbrechen.

DROGENHANDEL

Datum 31. Juli 2007

Polizeibeamte und Bundesbehörden verhaften Gangmitglieder und beschlagnahmen Drogen und Waffen in South Los Angeles (*Foto*: Beamte präsentieren einige konfiszierte Waffen.)

2007 >

ANTHONY DOYLE

Verhaftet Chicago 2005
Ex-Beamter der Chicagoer Polizei
Angeklagt im „Family Secrets“-Prozess wegen Weitergabe von Informationen ans Chicago Outfit

MONGOLS MOTORCYCLE CLUB

Gegründet 1969, Kalifornien, USA
Drogenhandel, Mord, Geldwäsche, Erpressung
Seit 2010 auch in Deutschland vertreten
(*Foto*: Fahndungsplakat für Gangmitglieder, Oktober 2008)

< 2007 2008 >

JESÚS „EL REY“ ZAMBADA GARCÍA

Verhaftet 22. Oktober 2008, Mexiko-Stadt, Mexiko, 2012 an die USA ausgeliefert
Mexikanischer Drogenbaron, Sinaloa-Kartell

RICARDO GUTIERREZ "RICKO"
Sergeant-at-arms Highland Park Chaper - DRUGS
WILLIAM CRAGG OWENS "TARGET"
President Oxnard Chapter DRUGS
SAM TREVINO "WAPO"
President Henderson Chapter

NASER ORIĆ

Geboren 1967, früheres Jugoslawien
Lebt noch
Verhaftet 2008, Sarajevo, Bosnien und Herzegowina
Organisierte Kriminalität, Waffenschmuggel, Erpressung

BENEDETTO CAPIZZI

Geboren 1944, Palermo, Sizilien
Lebt noch
Angeblich 2008 zum *capo dei capi* der sizilianischen Cosa Nostra bestimmt
(*Foto*: Verhaftung 2008)

< 2008

2009 >

LA FAMILIA MICHOACANA

Drogenkartell aus Michoacán, Mexiko
Drogenhandel, Erpressung, beteiligt an einem blutigen Krieg mit rivalisierenden Kartellen, vor allem der Gruppe Los Zetas
(*Foto*: Massenverhaftung von 44 Mitgliedern am 18. April 2009 bei einer Familientaufe in Morelia in Mexiko)

POLIZEIAKTION „DIRIGENT“

Im Laufe des Jahres 2010 wurden in der internationalen Polizeiaktion „Dirigent“ 69 Verdächtige in Wien und 300 in Deutschland verhaftet. Neben Frankfurt war Wien der Hauptwirkungskreis der Mazedonier, die hier fast den gesamten Heroinmarkt kontrollierten.
Die mazedonische Innenministerin Gordana Jankulovska prüft die Waffen und Drogen kurz vor deren Vernichtung.

MICHELE ZAGARIA

Geboren 1958, San Cipriano d’Aversa, Italien
Lebt noch
Verhaftet 2011
Chef des Casalesi-Clans, Giftmüllskandal, Mord, Erpressung, Entführung

LEOLUCA ORLANDO

Geboren 1947, Palermo, Italien
Lebt noch
Italienischer Politiker und Jurist, der für seinen Kampf gegen die Mafia mit internationalen Preisen ausgezeichnet wurde. Am 21.05.2012 wurde er mit 72 % der Stimmen erneut zum Bürgermeister von Palermo gewählt.

2012 >

12.07.2012

Knapp vier Jahre nach dem sechsfachen Mafia-Mord von Duisburg endet der Prozess im italienischen Locri mit einer Verurteilung des Drahtziehers Giovanni Strangio zu einer lebenslänglichen Haftstrafe. Hintergrund für den Mord war eine Blutfehde zwischen zwei Familienclans.

Glossar

Abtrünniger jemand, der seine Verbrecherfreunde an die Gegenseite verrät

acting boss offizieller Titel in der amerikanischen Mafiahierarchie. Agiert stellvertretend für einen inhaftierten Boss

associate („Partner") jemand, der mit einem Mafiaclan zusammenarbeitet, aber kein formelles Mitglied ist.

Betrug gezielte Falschdarstellung von Sachverhalten mit Bereicherungsabsicht

Blüten gefälschte Banknoten

Boss offizielles Oberhaupt einer amerikanischen Mafiafamilie

Buchmacher ein Unternehmer, der legal oder illegal Wetten vor allem zu Sportveranstaltungen anbietet

capo offizielles Oberhaupt einer italienischen Mafiafamilie

capo dei capi oder ***capo di tutti capi*** („Boss der Bosse") inoffizieller Titel für den Kopf der italienischen und amerikanischen Mafia.

Carabiniere italienischer Polizist. Plural – Carabinieri

Clan Verbrechergruppe mit meist verwandten Mitgliedern, die anhand von verschiedenen (auch kriminellen) Aktivitäten illegale Profite erwirtschaften

consigliere („Berater") offizieller Titel in der Hierarchie der italienischen und der amerikanischen Mafia. Plural – *consiglieri*

Cosa Nostra („unsere Sache") sizilianische Mafia und die nach ihrem Vorbild entstandene Verbrecherorganisation in den USA

Erpressung Bereicherung durch Nötigung anderer mithilfe von Drohungen oder Gewalt

Fälschung Herstellen von unechten Objekten oder Verändern von echten Objekten, auch Dokumenten, um andere irrezuführen

Femegericht staatlich nicht legitimierte Gerichtsverhandlung, bei der missliebige Täter aufgrund einer Privatgerichtsbarkeit verurteilt werden

Geldwäsche das Verschieben von Profiten, Investitionen, Bargeld und anderen Geldmitteln zu verschiedenen Orten oder Unternehmen, um sie dem Finanzamt zu entziehen und ihre oft illegale Herkunft zu verschleiern

Glücksspielautomat auch einarmiger Bandit genannt. Gerät, bei dem sich nach Geldeinwurf Rädchen in Bewegung setzen. Zeigen alle nach dem Stoppen dasselbe Motiv, hat der Spieler gewonnen.

Hehler Straftäter, der wissentlich Diebesgut an- und verkauft

Identitätsdiebstahl missbräuchliche Nutzung der persönlichen Daten anderer Personen (Identität), etwa um mit Kreditkartenangaben illegal Geld abzuheben

Killer Auftragsmörder

Kreditwucher Verleihung von Geld zu stark überhöhten Zinsen

made man oder ***wiseguy*** englische Bezeichnung für ein formelles Mitglied in einer Mafiagruppe. Die Aufnahme erfolgt meist über eine Initiationszeremonie

Mafia kriminelle Vereinigung. Ursprünglich kommt der Begriff aus Italien, wird heute aber auch auf organisierte Verbrechergruppen weltweit angewandt

Mafioso Angehöriger einer Mafia oder kriminellen Organisation. Plural – Mafiosi

Nasa Stvar serbische Mafia

Offshore-Bank Bank in Steueroasen mit geringen Steuern, hoher Diskretion und minimaler Finanzaufsicht

organisierte Kriminalität Verbrechergruppen mit hohem Organisationsgrad und die von ihnen begangenen Straftaten. Typisch sind eine transnationale und zunehmend internationale Ausrichtung

outfit englischer Slangausdruck für eine Verbrechergruppe, insbesondere den Chicagoer Mafiazweig (Chicago Outfit)

pentito („Reuiger") italienischer Mafioso, der zum Kronzeugen wird und gegen seinen ehemaligen Clan aussagt. Plural – *pentiti*

Rechtsprechung die Recht sprechende Gewalt und ihre Ausübung durch Gerichte auf dem Hoheitsgebiet eines Landes

RICO („Gesetze gegen Gangstereinfluss und korrupte Organisationen") ein US-Bundesgesetz gegen das organisierte Verbrechen. Es erlaubt die Anklage von Einzelpersonen, die im Verlauf von zehn Jahren zwei von 35 aufgelisteten Straftaten begangen haben.

Schmuggel illegaler Transport und Handel mit Gegenständen, etwa Drogen, Menschen, Waffen, Organen und Zigaretten

skimming („abschöpfen") Abzweigen von Geldern aus einem legalen Geschäftsbetrieb, vor allem Spielkasinos, um sich dem Finanzamt zu entziehen

speakeasy illegale Kneipen, in denen während der Prohibition in den USA Alkohol verkauft wurde

Taschendieb jemand, der Geld oder Sachen stiehlt, die das Opfer unmittelbar am Körper trägt

Teamsters große Transportarbeitergewerkschaft in den USA

Unterboss offizieller Titel in der amerikanischen Mafiahierarchie. Zweiter Mann nach dem Boss

Unterschlagung rechtswidriges Zueignen von fremden Sachen, die schon im Besitz des Täters sind, vor allem von Geld

verkabeln Ausrüsten von Abtrünnigen und Informanten mit Abhörgeräten, um ihre Gespräche mit Gangstern heimlich aufzunehmen oder mitzuhören

Veruntreuung Unterschlagung von fremden Sachen, die dem Täter anvertraut wurden, vor allem von Geld

vor („Dieb") Mitglied von russischen Verbrechergruppen (oft Häftlinge), die für ihre Brutalität und Tätowierungen bekannt sind. Plural – *vory*

Vorladung Gerichtsbescheid an eine Person, als Zeuge bei einer Verhandlung zu erscheinen

Wettdienst ursprünglich ein Dienst, der Informationen über Sportergebnisse telegrafisch an Wettbüros übermittelt, bevor die Ergebnisse offiziell auf dem Postweg bekannt gegeben werden

wiseguy siehe *made man*

Zeugenschutzprogramm Maßnahmen zum Schutz von Zeugen, die wegen ihrer Aussage gegen Kriminelle vor Gericht in Lebensgefahr geraten

Register

C

D

E

F

G

H

L

M

N

O

T

U

V

W

X

Y

Z

Die Verfasser

Jonathan Carlozzi
Jonathan Carlozzi machte seinen Abschluss an der California State University in Sacramento, wo er sich dem Studium der Kriminologie, Geschichte und Sicherheit sowie dem Verhältnis zwischen moderner Kultur, Medien und Verbrechen gewidmet hatte. Als Mitglied der Western Society of Criminology hielt er bei Tagungen Vorträge über die Beziehung zwischen Kommunikationstechnologie und Kriminalität. Derzeit lehrt er am John Jay College of Criminal Justice in New York und forscht zu Technologie und Kriminalität, der Geschichte des Strafjustizsystems und zu Wirtschaftsverbrechen.

Nicolas Giannakopoulos
Der renommierte Experte für die transnationale organisierte Kriminalität und ihre Strukturen leitete von 1996 bis 2000 ein nationales Forschungsprogramm zu Schweizer Korruption und organisierter Kriminalität, das von der Schweizerischen Eidgenossenschaft finanziert wurde. Seine Forschungsschwerpunkte beinhalten neben Geldwäsche, Strategien des organisierten Verbrechens und Korruption vor allem das Schaffen von Modellen und Werkzeugen zur Unterstützung der Arbeit von Analysten. 2000 gründete Nicolas Giannakopoulos zusammen mit sechs weiteren Spezialisten die Gesellschaft Inside.CO SA in Genf und begründete international einzigartige Qualitätsstandards, um Privatunternehmen gegen Netzwerke des organisierten Verbrechens zu schützen.

David Hompes
Der freiberufliche Journalist lebt in den Niederlanden und veröffentlicht unter dem Namen David Amoruso. Seit fast einem Jahrzehnt forscht er über das organisierte Verbrechen. Im Sommer 2001 lancierte er die englischsprachige Website www.gangstersinc.nl, die Artikel über die organisierte Kriminalität weltweit vorstellt. Seine Arbeiten wurden in der Encyclopedia of International Organized Crime (2005) publiziert, und er schreibt regelmäßig für die amerikanische Mafiazeitschrift Mob Candy.

Thomas Hunt
Der Autor und Forscher befasst sich mit der Geschichte des organisierten Verbrechens, speziell der amerikanischen Mafia. Er ist Herausgeber und Verleger der Zeitschrift Informer: The Journal of American Mafia History, veröffentlicht Websites und moderiert Internetforen zu diesem Thema. Zusammen mit Martha Macheca Sheldon schrieb er die preisgekrönte Biografie Deep Water: Joseph P. Macheca and the Birth of the American Mafia. Darüber hinaus ist er Verfasser und Mitverfasser von Artikeln für On the Spot Journal of Crime and Law Enforcement History und fungiert als Herausgeber für die Kategorien „crime“ und „organized crime“ im englischsprachigen Internetverzeichnis Open Directory Project.

Lorenzo Picchi
Lorenzo Picchi bereitet seine Promotion an der Universität von Florenz vor und lehrt zudem zur Geschichte der italienischen Mafia an der Fairfield University, der University of New Haven, der Richmond University und der George Mason University, die alle Studienprogramme in Florenz anbieten. Er nahm an mehreren Universitätskonferenzen teil, darunter Yale, Rutgers und De Paul. Seine Forschungsgebiete beinhalten die Geschichte der Mafia von 1992 bis 2006, den Aufstieg des Agrarfaschismus in der Toskana, das Frontleben italienischer Soldaten im Ersten Weltkrieg anhand von Briefen und Tagebüchern sowie den Einfluss von Freimaurerlogen auf die italienische Politik vom Ende des Zweiten Weltkriegs bis zur Gegenwart.

Frank Shanty
Der Mitbegründer und Forschungsdirektor des Cobra Institute in Abingdon in Maryland, das sich der Forschung zu Terrorismus und Gegenterrorismus widmet, schrieb seine Dissertation zum Thema „Der Nexus zwischen internationalem Terrorismus und Drogenschmuggel aus Afghanistan (1979–2006)“ an der University of South Australia. Er trat bereits als Herausgeber und Mitverfasser von mehreren Studien über Terrorismus in Erscheinung. Außerdem verfügt Frank Shanty über praktische Erfahrung in der Polizeiarbeit, ist geschult im Umgang mit Gefahrgutunfällen und verfügt über eine Ausbildung als Ersthelfer. Seine Forschungsgebiete umfassen die transnationale organisierte Kriminalität und den illegalen Handel mit konventionellen Klein-, Leicht- und CBRN-Waffen. Er steht auf der Expertenliste der Terrorismuspräventionseinheit der Vereinten Nationen.

Charles Tumosa
Charles Tumosa promovierte 1972 in Chemie am Virginia Polytechnic Institute and State University in Blacksberg, Virginia. Als langjähriger Leiter des Kriminalistischen Labors der Polizeibehörde von Philadelphia analysierte er Beweismaterial zu Gewalt-verbrechen. Nach dem Wechsel zur Smithsonian Institution in Washington, D. C., wo er ein Analyselabor aufbaute, forschte er 16 Jahre zur Materialkunde von Kulturgut. Derzeit lehrt er Spuren- und instrumentelle Analytik sowie Forensik und Kunst im Rahmen des Forensik-Studienprogramms der University of Baltimore.

Andrew Urban
Der Filmjournalist ist Verleger und Heraus-geber eines preisgekrönten Magazins, das wöchentlich online erscheint. Von 1985 bis 1994 leitete er die australische Niederlassung einer Londoner Filmfachzeitschrift. Andrew Urban war Moderator für den australischen Pay-TV-Filmkanal World Movies, und zusammen mit seiner Partnerin Louise Keller produzierte und moderierte er das Fernsehprogramm Movies This Week. Er leitete darüber hinaus mehrere Filmanalyseseminare am Zentrum für Erwachsenenbildung der Sydney University. Im Januar 2007 erhielt er von der Australian Film Television and Radio School den Auftrag für eine umfassende Interviewserie mit Film- und Fernsehschaffenden für die CBS-Website.

Yue Ma
Yue Ma ist Dozent für Jura und Polizeiwissenschaft am John Jay College of Criminal Justice in New York. Er promovierte an der Rutgers University und besitzt neben einem J.D. der Rutgers University Law School auch einen LL.M. der University of Minnesota Law School. Sein besonderes Interesse gilt dem vergleichenden Studium von Rechtsfragen. Er publizierte zu einem breiten zivil- und strafrechtlichen Themenspektrum im transnationalen Kontext, darunter auch zum Einfluss der internationalen Menschenrechtsgesetzgebung auf die Strafjustiz, zum Ermessensspielraum der Staatsanwaltschaft und zum Vernehmungs-recht, zur Verständigung im Strafverfahren und zur richtlichen Aufsicht über die staatsanwaltliche Entscheidungsfindung. Yue Ma interessiert sich darüber hinaus für Fragestellungen der organisierten Kriminalität.

Bildnachweis

THE ART ARCHIVE
27 unten The Art Archive / British Museum / Eileen Tweedy; 81 unten rechts The Art Archive / Kharbine-Tapabor

CORBIS
1 Mitte © Corbis Australia; 2-3 © Corbis Australia; 4-5 Mitte © Corbis Australia; 6 Mitte links © Corbis Australia; 6 Mitte rechts © Corbis Australia; 7 Mitte links © Corbis Australia; 7 Mitte rechts © Corbis Australia; 8 unten links © Corbis Australia; 9 Mitte rechts © Corbis Australia; 9 oben © Corbis Australia; 10 unten links © Corbis Australia; 10 oben rechts © Corbis Australia; 11 unten rechts © Corbis Australia; 12-13 © Corbis Australia; 14-15 oben © Corbis Australia; 15 unten rechts © Corbis Australia; 16 oben © Corbis Australia; 17 unten rechts © Corbis Australia; 18 unten rechts © Corbis Australia; 18 oben links © Corbis Australia; 19 unten rechts © Corbis Australia; 20 unten links © Corbis Australia; 20 oben links © Corbis Australia; 21 oben © Corbis Australia; 22 oben © Corbis Australia; 023 unten links © Corbis Australia; 23 Mitte rechts © Corbis Australia; 24 unten links © Corbis Australia; 25 unten rechts © Corbis Australia; 26 unten links © Corbis Australia; 27 oben rechts © Corbis Australia; 29 oben links © Corbis Australia; 30 unten links © Corbis Australia; 31 oben rechts © Corbis Australia; 32-33 © Corbis Australia; 34 Mitte links © Corbis Australia; 34-35 unten © Corbis Australia; 37 unten rechts © Corbis Australia; 37 oben © Corbis Australia; 38 unten rechts © Corbis Australia; 39 unten rechts © Corbis Australia; 39 oben rechts © Corbis Australia; 40 unten links © Corbis Australia; 40 oben links © Corbis Australia; 41 unten rechts © Corbis Australia; 42 oben © Corbis Australia; 42 oben rechts © Corbis Australia; 43 oben © Corbis Australia; 43 unten © Corbis Australia; 44 Mitte © Corbis Australia; 44-45 oben © Corbis Australia; 46 oben © Corbis Australia; 47 unten links © Corbis Australia; 47 Mitte rechts © Corbis Australia; 47 oben rechts © Corbis Australia; 48 Mitte links © Corbis Australia; 48-49 oben Mitte © Corbis Australia; 49 Mitte rechts © Corbis Australia; 50 unten links © Corbis Australia; 50 oben © Corbis Australia; 51 unten links © Corbis Australia; 52 oben © Corbis Australia; 53 unten rechts © Corbis Australia; 53 oben rechts © Corbis Australia; 54 unten links © Corbis Australia; 54 Mitte links © Corbis Australia; 55 oben © Corbis Australia; 56 unten © Corbis Australia; 56 oben links © Corbis Australia; 57 oben rechts © Corbis Australia; 58 oben © Corbis Australia; 59 unten links © Corbis Australia; 59 unten rechts © Corbis Australia; 59 oben rechts © Corbis Australia; 60 unten links © Corbis Australia; 60 oben links © Corbis Australia; 60-61 oben Mitte © Corbis Australia; 61 unten rechts © Corbis Australia; 62 oben © Corbis Australia; 63 unten rechts © Corbis Australia; 63 oben rechts © Corbis Australia; 64 oben © Corbis Australia; 65 Mitte rechts © Corbis Australia; 65 oben rechts © Corbis Australia; 68 unten links © Corbis Australia; 68 oben © Corbis Australia; 69 Mitte rechts © Corbis Australia; 70 unten links © Corbis Australia; 70 oben © Corbis Australia; 71 unten links © Corbis Australia; 72 unten links © Corbis Australia; 73 unten rechts © Corbis Australia; 73 oben © Corbis Australia; 74 oben © Corbis Australia; 75 unten rechts © Corbis Australia; 75 oben rechts © Corbis Australia; 76 unten rechts © Corbis Australia; 76 oben links © Corbis Australia; 77 oben © Corbis Australia; 78 unten links © Corbis Australia; 78 oben links © Corbis Australia; 79 oben © Corbis Australia; 80 unten © Corbis Australia; 81 oben links © Corbis Australia; 82 oben © Corbis Australia; 83 oben rechts © Corbis Australia; 84 unten links © Corbis Australia; 86 oben rechts © Corbis Australia; 87 unten rechts © Corbis Australia; 88 oben © Corbis Australia; 89 unten rechts © Corbis Australia; 90 unten links © Corbis Australia; 90 oben © Corbis Australia; 91 unten links © Corbis Australia; 92 unten links © Corbis Australia; 93 unten © Corbis Australia; 93 oben rechts © Corbis Australia; 94 oben links © Corbis Australia; 94 oben rechts © Corbis Australia; 95 Mitte rechts © Corbis Australia; 96 unten © Corbis Australia; 97 unten Mitte © Corbis Australia; 97 Mitte © Corbis Australia; 99 rechts © Corbis Australia; 100 Mitte rechts © Corbis Australia; 100 oben links © Corbis Australia; 101 oben © Corbis Australia; 102 unten © Corbis Australia; 103 oben rechts © Corbis Australia; 104 unten links © Corbis Australia; 104 oben © Corbis Australia; 105 unten links © Corbis Australia; 105 oben rechts © Corbis Australia; 106 unten © Corbis Australia; 107 unten rechts © Corbis Australia; 107 oben rechts © Corbis Australia; 108-109 © Corbis Australia 110 Mitte links © Corbis Australia; 110-111 unten © Corbis Australia; 112 unten rechts © Corbis Australia; 113 unten rechts © Corbis Australia; 113 Mitte links © Corbis Australia; 114 oben links © Corbis Australia; 114 oben rechts © Corbis Australia; 115 unten rechts © Corbis Australia; 115 oben © Corbis Australia; 116 oben © Corbis Australia; 117 unten rechts © Corbis Australia; 117 oben rechts © Corbis Australia; 118 unten links © Corbis Australia; 118 Mitte links © Corbis Australia; 119 oben © Corbis Australia; 120 unten links © Corbis Australia; 121 © Corbis Australia; 122 unten links © Corbis Australia; 122 oben rechts © Corbis Australia; 123 oben © Corbis Australia; 125 unten rechts © Corbis Australia; 125 oben © Corbis Australia; 126 Mitte links © Corbis Australia; 126 oben rechts © Corbis Australia; 127 unten © Corbis Australia; 128 oben © Corbis Australia; 129 Mitte rechts © Corbis Australia; 129 oben rechts © Corbis Australia; 130 unten © Corbis Australia; 130 oben links © Corbis Australia; 131 unten rechts © Corbis Australia; 132 oben © Corbis Australia; 134 Mitte links © Corbis Australia; 135 unten rechts © Corbis Australia; 135 Mitte rechts © Corbis Australia; 135 oben © Corbis Australia; 136 unten links © Corbis Australia; 137 unten rechts © Corbis Australia; 137 oben © Corbis Australia; 138 unten © Corbis Australia; 138 oben links © Corbis Australia; 139 unten rechts © Corbis Australia; 139 oben links © Corbis Australia; 140 oben © Corbis Australia; 141 unten rechts © Corbis Australia; 141 oben rechts © Corbis Australia; 142 oben © Corbis Australia; 143 unten rechts © Corbis Australia; 143 Mitte rechts © Corbis Australia; 144 oben links © Corbis Australia; 145 oben © Corbis Australia; 146 unten links © Corbis Australia; 147 unten rechts © Corbis Australia; 147 oben © Corbis Australia; 148 unten links © Corbis Australia; 150 unten rechts © Corbis Australia; 150 oben links © Corbis Australia; 151 oben © Corbis Australia; 152 oben links © Corbis Australia; 152 oben rechts © Corbis Australia; 153 unten rechts © Corbis Australia; 154 unten © Corbis Australia; 156 oben rechts © Corbis Australia; 157 unten rechts © Corbis Australia; 158 unten links © Corbis Australia; 159 unten © Corbis Australia; 159 oben rechts © Corbis Australia; 160 oben © Corbis Australia; 161 oben rechts © Corbis Australia; 162-163 oben Mitte © Corbis Australia; 163 oben rechts © Corbis Australia; 164 oben links © Corbis Australia; 164 oben rechts © Corbis Australia; 165 unten rechts © Corbis Australia; 166 unten rechts © Corbis Australia; 166 oben links © Corbis Australia; 167 oben © Corbis Australia; 168 unten rechts © Corbis Australia; 169 oben links © Corbis Australia; 169 oben rechts © Corbis Australia; 170 oben © Corbis Australia; 171 unten rechts © Corbis Australia; 172 oben links © Corbis Australia; 173 oben rechts © Corbis Australia; 174 unten links © Corbis Australia; 174 oben © Corbis Australia; 175 oben rechts © Corbis Australia; 178 unten links © Corbis Australia; 178 oben rechts © Corbis Australia; 179 unten © Corbis Australia; 179 oben rechts © Corbis Australia; 180 oben © Corbis Australia; 181 oben rechts © Corbis Australia; 182 unten © Corbis Australia; 182 oben links © Corbis Australia; 183 unten rechts © Corbis Australia; 183 oben links © Corbis Australia; 184 Mitte links © Corbis Australia; 184 oben links © Corbis Australia; 187 unten rechts © Corbis Australia; 187 oben © Corbis Australia; 188 unten rechts © Corbis Australia; 188 oben links © Corbis Australia; 189 © Corbis Australia; 190 Mitte links © Corbis Australia; 191 © Corbis Australia; 199 unten rechts © Corbis Australia; 192 unten rechts © Corbis Australia; 193 unten rechts © Corbis Australia; 194 oben links © Corbis Australia; 195 oben © Corbis Australia; 196 unten © Corbis Australia; 197 unten rechts © Corbis Australia; 197 oben links © Corbis Australia; 198 oben © Corbis Australia; 199 oben rechts © Corbis Australia; 200-201 © Corbis Australia; 202-203 oben © Corbis Australia; 203 unten rechts © Corbis Australia; 204 unten links © Corbis Australia; 207 unten rechts © Corbis Australia; 208 oben rechts © Corbis Australia; 211 © Corbis Australia; 213 unten rechts © Corbis Australia; 213 oben links © Corbis Australia; 214 Mitte links © Corbis Australia; 215 unten rechts © Corbis Australia; 216 oben links © Corbis Australia; 218 unten links © Corbis Australia; 218 oben © Corbis Australia; 219 oben rechts © Corbis Australia; 220 unten links © Corbis Australia; 220 oben links © Corbis Australia; 221 oben © Corbis Australia; 222 unten links © Corbis Australia; 223 unten rechts © Corbis Australia; 223 oben © Corbis Australia; 224 oben © Corbis Australia; 225 unten rechts © Corbis Australia; 225 oben rechts © Corbis Australia; 226 unten links © Corbis Australia; 226 oben links ©

Corbis Australia; 229 unten rechts © Corbis Australia; 231 unten rechts © Corbis Australia; 231 oben links © Corbis Australia; 231 oben rechts © Corbis Australia; 232 unten rechts © Corbis Australia; 232 oben © Corbis Australia; 234 unten links © Corbis Australia; 234 oben links © Corbis Australia; 236 unten © Corbis Australia; 237 oben rechts © Corbis Australia; 239 unten links © Corbis Australia; 241 unten rechts © Corbis Australia; 242-243 oben Mitte © Corbis Australia; 243 unten rechts © Corbis Australia; 243 Mitte rechts © Corbis Australia; 244 unten links © Corbis Australia; 245 oben © Corbis Australia; 246 unten links © Corbis Australia; 247 oben © Corbis Australia; 248 unten © Corbis Australia; 249 oben rechts © Corbis Australia; 251 oben rechts © Corbis Australia; 252 oben © Corbis Australia; 253 unten rechts © Corbis Australia; 254 oben links © Corbis Australia; 255 © Corbis Australia; 256 unten links © Corbis Australia; 256 oben © Corbis Australia; 257 unten rechts © Corbis Australia; 258 unten rechts © Corbis Australia; 259 © Corbis Australia; 260 unten © Corbis Australia; 261 unten rechts © Corbis Australia; 261 oben © Corbis Australia; 262 unten links © Corbis Australia; 262 oben © Corbis Australia; 264 unten links © Corbis Australia; 265 oben © Corbis Australia; 266 Mitte © Corbis Australia; 267 oben © Corbis Australia; 268 unten © Corbis Australia; 268 oben links © Corbis Australia; 269 oben rechts © Corbis Australia; 270 oben © Corbis Australia; 271 unten © Corbis Australia; 272 oben links © Corbis Australia; 274 unten © Corbis Australia; 274 oben links © Corbis Australia; 275 unten rechts © Corbis Australia; 275 oben links © Corbis Australia; 276 unten links © Corbis Australia; 277 unten rechts © Corbis Australia; 277 oben © Corbis Australia; 278 oben links © Corbis Australia; 278-279 oben Mitte © Corbis Australia; 279 oben rechts © Corbis Australia; 280 oben © Corbis Australia; 281 unten rechts © Corbis Australia; 282 oben © Corbis Australia; 283 unten rechts © Corbis Australia; 283 oben rechts © Corbis Australia; 284 Mitte links © Corbis Australia; 285 oben © Corbis Australia; 286 unten links © Corbis Australia; 286 oben links © Corbis Australia; 287 © Corbis Australia; Vorsatz © Corbis Australia

GETTY

85 rechts Popperfoto/Getty Images; 146 oben links AFP/AFP/Getty Images; 149 Mitte Kazuhiro Nogi/AFP/Getty Images; 153 oben rechts National Geographic/Getty Images; 160 unten links Getty Images; 172 unten links Alexey SAZONOV/AFP/Getty Images; 184 unten rechts Luis Acosta/AFP/Getty Images; 186 unten links Paul Smith/AFP/Getty Images; 192 oben Getty Images; 193 Mitte rechts Popperfoto/Getty Images; 194 unten rechts Getty Images; 205 Mitte rechts Giulio Napolitano/AFP/Getty Images; 206 oben Filippo Monteforte/AFP/Getty Images; 207 oben rechts Fabrizio Villa/AFP/Getty Images; 209 unten rechts Franco Silvi/AFP/Getty Images; 210 oben links Marcello Paternostro/AFP/Getty Images; 214 oben rechts AFP/Getty Images; 219 unten rechts Mario Laporta/AFP/Getty Images; 227 Mitte rechts Getty Images; 227 oben Mitte Getty Images; 228 unten rechts Time & Life Pictures/Getty Images; 228 oben Time & Life Pictures/Getty Images; 235 oben links Bob Strong/AFP/Getty Images; 238 unten links STR/AFP/Getty Images; 239 oben rechts STR/AFP/Getty Images; 240 unten links STR/AFP/Getty Images; 241 oben rechts Getty Images; 242 unten links Getty Images; 263 unten STR/AFP/Getty Images; 264 oben links Gent Shkullaku/AFP/Getty Images; 270 unten links Robert Atanasovski/AFP/Getty Images; 272 unten rechts Steven Siewert/AFP/Getty Images; 273 unten rechts Getty Images; 273 oben Paul Crock/AFP/Getty Images

KOBAL

66 oben links Desilu / The Kobal Collection; 67 unten rechts Paramount / The Kobal Collection; 67 oben Paramount / The Kobal Collection; 133 oben rechts Paramount / The Kobal Collection; 133 unten rechts Eagle Point/Horseshoe Bay/Mandalay/Param / The Kobal Collection / Caruso, Phillip; 155 Mitte rechts Paramount / The Kobal Collection; 155 unten links Warner Bros / The Kobal Collection; 161 unten rechts Alpha Films / The Kobal Collection; 176 unten links BBC / Celador Productions / The Kobal Collection; 176 Mitte links BBC / Celador Productions / The Kobal Collection; 177 unten rechts Focus Features / BBC Films / The Kobal Collection; 177 oben Focus Features / BBC Films / The Kobal Collection / Mountain, Peter; 185 oben rechts Fine Line Features / The Kobal Collection; 185 unten rechts Fine Line Features / The Kobal Collection / Corral, Christobal; 217 unten rechts Fandango / The Kobal Collection; 217 oben Fandango / The Kobal Collection; 233 unten rechts Universal / The Kobal Collection; 233 oben Universal / The Kobal Collection; 250 oben HBO / The Kobal Collection; 250-251 unten Mitte HBO / The Kobal Collection / Wetcher, Barry

SCALA

c36 Mitte links DeAgostini Picture Library/Scala, Florence; 212 unten links White Images/Scala, Florence.

254 Quelle für die Karte: US Drug Enforcement Administration

NACHWEISE FÜR DEN BILDTEIL

288-289 © Corbis Australia; 290 unten Mitte © Corbis Australia; 290 oben links © Corbis Australia; 290-291 Mitte © Corbis Australia; 291 oben rechts © Corbis Australia; 292 unten Mitte © Corbis Australia; 292 oben links © Corbis Australia; 293 unten links © Corbis Australia; 294 oben © Corbis Australia; 295 unten links © Corbis Australia; 295 oben rechts © Corbis Australia; 296 unten © Corbis Australia; 297 unten rechts © Corbis Australia; 297 oben rechts © Corbis Australia; 298 unten © Corbis Australia; 298 oben links © Corbis Australia; 299 unten rechts © Corbis Australia; 299 oben © Corbis Australia; 300 oben © Corbis Australia; 301 unten © Corbis Australia; 301 oben rechts © Corbis Australia; 302 unten rechts © Corbis Australia; 302 oben links © Corbis Australia; 303 unten links © Corbis Australia; 303 oben © Corbis Australia; 304 unten Mitte © Corbis Australia; 304 oben links © Corbis Australia; 305 unten © Corbis Australia; 306 unten © Corbis Australia; 306 oben links © Corbis Australia; 307 unten rechts © Corbis Australia; 307 oben links © Corbis Australia; 308 oben © Corbis Australia; 309 unten © Corbis Australia; 309 oben Mitte © Corbis Australia; 310 unten © Corbis Australia; 310 oben Mitte © Corbis Australia; 311 unten rechts © Corbis Australia; 311 oben © Corbis Australia; 312 unten rechts © Corbis Australia; 312 oben links © Corbis Australia; 313 © Corbis Australia; 314 unten links © Corbis Australia; 314 oben rechts © Corbis Australia; 315 unten links © Corbis Australia; 315 rechts © Corbis Australia; 316 © Corbis Australia; 317 unten rechts © Corbis Australia; 317 oben links © Corbis Australia; 318 unten links © Corbis Australia; 318 Mitte rechts © Corbis Australia; 318 oben links © Corbis Australia; 319 © Corbis Australia; 320 oben © Corbis Australia; 321 unten © Corbis Australia; 321 oben links © Corbis Australia; 322 unten links © Corbis Australia; 322 oben © Corbis Australia; 323 unten © Corbis Australia; 323 oben rechts © Corbis Australia; 324 unten links © Corbis Australia; 324 oben rechts © Corbis Australia; 325 © Corbis Australia; 326 unten links © Corbis Australia; 326 oben © Corbis Australia; 327 unten © Corbis Australia; 327 oben rechts © Corbis Australia; 328 oben rechts © Corbis Australia; 328-329 unten © Corbis Australia; 329 oben rechts © Corbis Australia; 330 unten links © Corbis Australia; 330 oben © Corbis Australia; 330-331 Mitte unten © Corbis Australia; 331 rechts © Corbis Australia; 332 unten links © Corbis Australia; 332 oben links © Corbis Australia; 333 © Corbis Australia; 334 oben links © Corbis Australia; 334-335 unten © Corbis Australia; 335 oben © Corbis Australia; 336 unten-337 oben © dpa Report; 337 unten © epa-Bildfunk; 336 oben © dpa